JEAN HERBETTE
(1878-1960)

Journaliste et ambassadeur

P.I.E.-Peter Lang

Bruxelles • Bern • Berlin • Frankfurt/M • New York • Oxford • Wien

Yves DENÉCHÈRE

JEAN HERBETTE
(1878-1960)
Journaliste et ambassadeur

Collection « Diplomatie et Histoire »

Direction des Archives
Ministère des Affaires étrangères

Cet ouvrage a bénéficié du soutien de la fondation Herbette de l'Université de Lausanne

Éditeur : P.I.E.-Peter Lang S.A.
PRESSES INTERUNIVERSITAIRES EUROPÉENNES
Bruxelles, 2003
1 avenue Maurice, 1050 Bruxelles, Belgique
info@peterlang.com ; www.peterlang.net

Illustration de couverture : Jean Herbette à la sortie de la cérémonie de remise de ses lettres de créance au président de la République espagnole en 1931 (Bibliothèque cantonale et universitaire de Lausanne, Fonds Herbette, IS 4147)

Dépôt légal : Bibliothèque Nationale de France (1er trimestre 2003)

Information bibliographique publiée par « Die Deutsche Bibliothek »
« Die Deutsche Bibliothek » répertorie cette publication dans la « Deutsche Nationalbibliografie » ; les données bibliographiques détaillées sont disponibles sur le site <http://dnb.ddb.de>.

ISSN 1377-8765
ISBN 90-5201-164-8
D/2003/5678/09

À mes parents

TABLE DES ABRÉVIATIONS UTILISÉES DANS LES NOTES DE BAS DE PAGE

MAE	Ministère des Affaires Étrangères
ADN	Archives Diplomatiques de Nantes
AQO	Archives du Quai d'Orsay
AN	Archives Nationales
BCUL	Bibliothèque Cantonale et Universitaire de Lausanne
Coll. part.	Collection Particulière (archives de la famille de François Herbette)
D.D.F.	*Documents Diplomatiques Français*
MfB	Madrid fonds B guerre civile 1936–1939 (ADN)
MfC	Madrid fonds C 1918–1940 (ADN)
DAPC	Direction des Affaires Politiques et Commerciales du MAE
SIP	Service d'Information et de Presse du MAE
SOFE	Service des Oeuvres Françaises à l'Étranger du MAE
vol.	volume
car.	carton
reg.	registre
dép.	dépêche
tél.	télégramme

PRÉFACE

Yves Denéchère qui me fait l'honneur de commencer son livre par une citation interrogative et dubitative sur l'intérêt historique de la biographie pour les relations internationales, y répond magistralement par celle de Jean Herbette, connu, sinon simplement répertorié, comme chef de mission à Moscou et à Madrid pendant l'entre-deux-guerres. Malgré ou en raison des particularités de sa carrière qui paraît atypique, sa gestion et sa personnalité n'ont guère suscité la curiosité des historiens, ni sollicité, sauf le plus souvent pour les dénigrer, la plume des mémorialistes. Il demeurait donc une abstraction d'ambassadeur, dont le nom ne s'attache à aucune négociation notoire, aucun accord notable, aucune mission remarquée. Pourtant, dans une analyse sérielle du corps diplomatique en fonction, il se distinguait de plusieurs points de vue : la durée de son service (presque 13 ans), une à deux fois plus longue que celle de ses quelque cinquante autres collègues, la précocité de sa promotion à ce rang (46 ans) auxquels n'accèdent les autres diplomates que près de six ans plus tard et comme un couronnement de carrière, l'accession directe par le tour extérieur, encore que cette voie ne soit pas exceptionnelle, 1 sur 6 des ambassadeurs du premier XXème siècle étant dans ce cas, mais sans même passer par le grade de ministre plénipotentiaire (caractéristique partagée avec André François-Poncet), le profil antérieur à sa nomination, beaucoup plus rare encore : il ne provient pas de la haute fonction publique, civile ou militaire, mais, encore comme François-Poncet, du secteur privé, ici la grande presse (*L'Écho de Paris*) ; s'il était titulaire, comme tous les autres, d'une licence en droit, complétée par une licence de lettres (moins prisée que le diplôme de l'École de science politique), il avait obtenu aussi une licence en sciences, qu'il avait prolongée par un doctorat en sciences physiques, un cas unique dans le corps diplomatique de la IIIème République. De la minéralogie au reportage puis à la représentation à l'étranger, cet itinéraire surprenant pour l'époque appelait des explications que les dossiers administratifs ne donnent pas. Yves Denéchère qui avait rencontré

Herbette dans sa thèse, soutenue en 1998, sur « la politique espagnole de la France de 1931 à 1936 », les apporte par ce livre, à la faveur et dans les limites de ce que les archives privées lui ont permis.

Certes la correspondance fonctionnelle renseigne sur la sensibilité, la clairvoyance du diplomate en poste, rédacteur ou signataire des dépêches officielles et il en est un peu de même pour les articles du journaliste, encore que la subjectivité puisse être accentuée par l'irresponsabilité formelle et par des calculs personnels, pas toujours désintéressés. La correspondance privée est alors une manne qui éclaire les intentions, corrige les positions affichées et entrouvre une fenêtre sur la personnalité du personnage. Même si cette source essentielle est moins ample que celle dont a bénéficié Laurent Villate pour les frères Cambon, Yves Denéchère l'a découverte, fort substantielle malgré les lacunes qu'il nous signale, – en particulier pour les décennies qui suivent la retraite de Jean Herbette –, dans la famille de l'ambassadeur et à la Bibliothèque cantonale et universitaire de Lausanne, à la faveur du legs de ses biens à l'Université de Lausanne.

L'itinéraire de Jean Herbette ne révèle pas, comme chez les Cambon, une « logique carriériste » mais elle s'inscrit cependant dans un champ socio-familial et une culture personnelle qui atténuent le caractère hors norme, suggéré par l'approche externe, ci-dessus évoquée. Retenons en deux composantes, l'environnement et le tempérament.

L'horizon de sa jeunesse et de sa formation est très ouverte sur le monde extérieur. Son père, Louis, après une carrière préfectorale, voyage beaucoup en Europe dans les années 1890 et se consacre à l'Alliance française, dont il devient le vice-président en 1906. Son oncle, Jules, est un diplomate de carrière, en poste à Berlin de 1886 à 1896 ; il accueille (principalement en 1893–1894) à l'ambassade son neveu qui y voit vivre une représentation à l'étranger, s'y sensibilise aux questions de politique intereuropéenne et y apprend l'allemand. Jules a deux enfants, d'une dizaine d'années plus âgés que Jean : l'un, Maurice, a choisi la carrière diplomatique en 1889 et sert à la Direction politique à Paris en 1896 ; l'autre, Adrienne, a épousé en 1888 Henri Allizé, issu du concours de 1884 et qui était secrétaire d'ambassade à Berlin où elle l'a connu. Cet environnement familial, sans formellement prédisposer le jeune Jean Herbette à s'engager dans la carrière diplomatique, le place dans un milieu fort engagé dans la vie internationale. Son entrée professionnelle dans la presse, du *Siècle* puis *L'Action* à *L'Écho de Paris*, ne l'en dégage pas ; il s'intéresse aux questions de l'étranger, aux crises diplomatiques, comme celle du Maroc avant la guerre, il se rend en Perse en 1911, où il manque même de s'y tailler une place officielle. Il a aussi cette relation durable avec son condisciple de Condorcet, André Tardieu qui deviendra le grand maître de la politique étrangère au *Temps*. Coïncidence, bien relevée par Yves Denéchère, que dans la promotion du concours général de 1895, se côtoient Herbette, Tardieu, Henry de Jouvenel et Albert Thomas, ces deux derniers appelés à effectuer des missions internationales officielles. Assurément quand Herriot lui offre l'ambassade à Moscou, Jean Herbette, pour être nouveau dans la carrière, n'a rien d'un novice en politique extérieure et, outre ses connaissances de journaliste, il ne manque pas de relations personnelles à l'étranger.

L'environnement lui était propice mais son exploitation dépendait d'un autre paramètre, très personnel, le tempérament de l'intéressé. C'est ce qui, semble-t-il, détermine le parcours original d'Herbette. Il paraît animé d'une profonde passion d'indépendance dans ses comportements comme dans ses opinions et affirme par là sa personnalité qui se réalisera pleinement pendant sa carrière diplomatique. La première manifestation importante en est certainement son mariage en 1907 avec une ballerine de l'Opéra et qu'il impose à ses proches, qui y étaient soit peu favorables, soit franchement opposés. Elle reflète une propension certaine à l'égocentrisme qui se renforce avec l'âge et qui ne se soucie pas de le conduire à une solitude, si même il ne s'y complaît pas. On lui voit plus de relations que d'amitiés et, dans sa famille, peu de rencontres suivies, sauf à correspondre par lettres, jusqu'au refus même, dans ses dernières années à Montreux, de recevoir ses neveux. Dans l'exercice de la fonction diplomatique, cet esprit d'indépendance est à double tranchant : il garantit une évaluation personnelle, et présumée objective par son auteur, de la situation qu'il vit ou observe dans, de son poste, ici à Moscou puis à Madrid mais il risque aussi d'inspirer une gestion des affaires qui se démarque de celle que le gouvernement a choisie pour toutes autres raisons de politique générale que l'ambassadeur peut désapprouver mais que fonctionnellement il doit appliquer. Cette discordance est d'autant plus difficile à gérer qu'elle survient en cours de mission par suite d'un revirement d'opinion du diplomate à l'égard du gouvernement auprès duquel il est accrédité ; ainsi Herbette passe-t-il d'une sympathie envers les Soviétiques à une franche hostilité et, en Espagne, du soutien au gouvernement républicain à la conviction, dès le début de la guerre civile, d'une nécessaire reconnaissance de Franco, pressenti comme le vainqueur, qu'il sera en effet (on n'a malheureusement pas de trace écrite de son sentiment en 1939 quand cette prévision se réalisera). Certes son évolution peut-elle se justifier par un souci de

Realpolitik qui met au premier rang l'intérêt national de la France et transcende les contradictions ; lui-même, a-religieux, sinon athée, ne défend-il pas pour cette raison en Russie les intérêts du Saint-Siège qui lui en témoignera de la reconnaissance ? Mais, si élevé soit-il dans la hiérarchie du pouvoir, il n'est pas au niveau décisionnel décisif, tout au plus à celui qui fournit une information et un avis et, fort classiquement, Herbette estime que l'on n'en tienne pas suffisamment compte, et, dans son cas, sans doute pas du tout pour l'Espagne. Il reste que, dans une situation de ce genre, le gouvernement ne peut maintenir en fonction un agent qui ne le « représente » plus, ce qui arrive en 1937 à Herbette qui, néanmoins, parvient à donner à son rappel un tour original, finalement bien dans le sillage de son comportement indépendant ; il refuse ce qui lui paraîtrait une compromission, le statut de mise en disponibilité avec traitement pendant les quelques mois restants avant l'âge de la retraite : une fière attitude que ses revenus lui permettaient aussi d'adopter.

C'est une bien intéressante figure – sympathique serait une autre question –, que révèle Yves Denéchère par cette biographie de Jean Herbette. Son approche sereine relativise les rares et souvent incisifs témoignages sur cet acteur privé, puis public de la diplomatie française, replacé dans son cadre familial et, autant qu'il était possible par les sources, dans le milieu quotidien et matériel de sa vie (du coût des réceptions aux chats de son épouse) de chef de mission appelé à mettre en oeuvre la politique soviétique puis espagnole de la France pendant l'entre-deux-guerres. L'histoire diplomatique, ainsi conduite, montre bien son utilité à la compréhension de celles des relations intereuropéennes et de la politique extérieure française en particulier, qui, toutes, n'ont d'existence et d'efficience que par les hommes qui, les uns, la conçoivent, les autres la réalisent. La chaîne de commandement est sujette aux aléas des personnalités en fonction ; si, de son point de vue, l'ambassadeur Jean Herbette avait matière à se plaindre du gouvernement, celui-ci ne devait pas moins considérer comme un handicap à gérer dans la conduite de sa politique la personnalité dérangeante de son représentant officiel.

Jean-Claude Allain
professeur émérite d'histoire
à l'Université de Paris III – Sorbonne Nouvelle

AVANT-PROPOS

« Toute personne est biographiable mais toute biographie est-elle utile à l'histoire, celles des relations internationales notamment ? » se demandait Jean-Claude Allain lors des journées d'étude organisées en 1995 en hommage à Jean-Baptiste Duroselle[1]. Pour sa part, René Rémond, introduisait sa communication par ces mots : « s'il est une question de fond qu'aucun historien ne peut éluder parce que la réponse qu'il lui donne oriente sa propre recherche, c'est celle assurément de la part qui revient à l'action des individus dans la conduite des sociétés »[2]. Tous les deux soulignaient ainsi le souci de Jean-Baptiste Duroselle de placer l'homme au centre des relations internationales. Le grand historien des relations internationales a notamment exprimé cette préoccupation en rédigeant la partie de l'*Introduction à l'histoire des relations internationales* consacrée aux actions des hommes d'État, tandis que son maître Pierre Renouvin traitait des « forces profondes »[3].

Lors de mes recherches sur les relations franco-espagnoles à la veille de la guerre civile d'Espagne, je me suis penché tout naturellement sur l'ambassadeur de France à Madrid. La personnalité et l'action de Jean Herbette me sont tout de suite apparues comme étant dignes d'un grand intérêt. C'est en méditant sur la place des individus dans les relations internationales que j'ai entrepris d'écrire ce livre, en essayant de ne pas tomber dans les nombreux pièges du genre biographique et en particulier « l'illusion biographique » dont Pierre Bourdieu mettait en

1 Jean-Claude ALLAIN, « De la personnalité au groupe de décision : leur pouvoir sur le cours de l'histoire internationale », in *Relations Internationales*, n° 83, automne 1995, pages 317–326.

2 René RÉMOND, « Le rôle des hommes dans la pensée et l'œuvre de Jean-Baptiste Duroselle », in *Relations Internationales op. cit.*, pages 311–316.

3 Pierre RENOUVIN et Jean-Baptiste DUROSELLE, *Introduction à l'histoire des relations internationales*, 1991 (4ème édition).

garde[1]. Il s'agissait pour moi de mettre en valeur un acteur de la politique étrangère de la France, en distinguant ses initiatives individuelles des normes en vigueur dans les deux domaines d'activité qui ont été les siens : le journalisme et la diplomatie. Ces deux « carrières » successives, assez tardives et assez courtes l'une et l'autre, ont fait que Jean Herbette n'a pas été considéré à sa juste place, ni comme journaliste, ni comme diplomate. En effet, dans l'historiographie de la presse, de l'*Histoire générale de la presse française* aux *Journalistes en France 1880–1950* de Christian Delporte, le nom de Jean Herbette n'est pas cité bien qu'il ait exercé le métier de journaliste de 1907 à 1924[2]. L'historiographie des relations internationales le mentionne parfois, mais dans *La Décadence*, Jean Baptiste Duroselle ne l'inclut pas dans les « grands » ambassadeurs de l'entre-deux-guerres, bien qu'il ait été le premier ambassadeur de France en URSS (1924–1931) avant d'être en poste à Madrid jusque pendant la guerre civile (1931–1937)[3]. Cependant, beaucoup d'historiens qui se sont penchés sur les années 1920 et 1930 ont été intrigués par la personnalité de Jean Herbette. Ainsi, mon directeur de thèse, Yves-Henri Nouailhat et les membres du jury de soutenance présidé par Jean-Claude Allain, Elisabeth du Réau, Jean-Marc Delaunay et Jacques Weber, m'ont vivement invité à entreprendre la biographie de cet ambassadeur qui leur apparaissaient si singulier. De même, les nombreux encouragements à mener à bien ce travail que j'ai reçus, notamment de la part d'Andrée Bachoud, Annie Lacroix-Riz, Michel Ostenc, David Wingeate Pike, Jacqueline Sainclivier et Maurice Vaïsse, montrent que le personnage n'a pas laissé indifférents celles et ceux qui l'ont croisé dans leurs différents domaines de recherche. Ils évoquent une sorte d'« énigme Herbette », en raison de la difficulté à saisir sa personnalité, ses idées politiques et sa pratique diplomatique. Que tous soient ici remerciés de leur soutien et de l'intérêt qu'ils ont manifesté pour ce travail. Ma reconnaissance va également aux membres du comité de lecture de la collection « Diplomatie et Histoire », archivistes, diplomates et universitaires, qui ont estimé que ce travail méritait d'être édité par le ministère des Affaires étrangères.

[1] Pierre BOURDIEU, « L'illusion biographique », *Actes de la recherche en sciences sociales*, juin 1986, n° 62–63, pages 69–72 ; Colette COSNIER, « les pièges de la biographie », in Marta DVORAK (dir.), *La création biographique*, 1997, p. 25–33.

[2] Claude BELLANGER (dir.) et al., *Histoire générale de la presse française*, tome III *1870–1940*, 1976. Christian DELPORTE, *Les journalistes en France 1880–1950. Naissance et construction d'une profession*, 1999.

[3] Jean-Baptiste DUROSELLE, *Politique étrangère de la France. La décadence 1932–1939*, 1979. Jean Herbette est présenté comme un « fils d'ambassadeur », ce qui est erroné.

L'enfance de Jean Herbette est marquée par le traumatisme de la mort de sa mère alors qu'il est âgé de 7 ans. Il est donc élevé par sa grand-mère maternelle et son père, Louis Herbette, conseiller d'État. Jean et son jeune frère François grandissent dans le milieu bourgeois et athée des dynasties républicaines qui naissent et s'évanouissent avec la Troisième République. La dynastie Herbette est administrative et diplomatique : l'oncle de Jean, Jules Herbette, et ses cousins Maurice Herbette et Henri Allizé, sont tous trois ambassadeurs[1]. L'évocation de cette famille est donc une petite contribution à l'histoire des élites de la république française et complète ce que l'on a déjà écrit sur le père et l'oncle de Jean Herbette[2]. Ce milieu, la place et l'ombre du père, dont l'autorité et les mérites sont grands, vont déterminer l'éducation du jeune Jean et ses premiers pas dans sa vie d'homme. Ensuite, il devra s'affranchir de cette tutelle familiale pour s'affirmer et créer autour de lui d'autres cercles de relations. C'est alors le premier tournant de la vie de Jean Herbette, il quitte son laboratoire de sciences pour les salles de rédaction des journaux.

La méconnaissance du journaliste Jean Herbette évoquée plus haut peut s'expliquer de différentes manières. Tout d'abord, son parcours professionnel est assez déroutant à suivre. Débuté au *Siècle* et à *L'Action*, il se poursuit à *L'Écho de Paris* (1913–1917) puis au *Temps* (1917–1924) avant de se terminer à *L'Information* (1924). Les lignes politiques de tous ces journaux sont bien différentes et cela pose le problème de l'engagement personnel d'Herbette. Si les années qu'il passe au sein de la rédaction de *L'Écho de Paris* sont assez connues, c'est que dans ce quotidien ses articles sont signés et par conséquent facilement identifiables[3]. Au contraire, son travail au *Temps* est le plus souvent ignoré car selon la pratique ayant cours dans cette rédaction, peu d'articles sont signés. De plus, Jean Herbette n'a pas été considéré par Victor Goedorp comme une *Figure du Temps* digne d'être mise en lumière[4]. Pourtant, il est le responsable du service de politique étrangère du quotidien au début des années 1920. Ainsi, de nombreux

[1] Ils ont été notamment en poste en Allemagne (Jules Herbette), à Bruxelles (Maurice Herbette) et à Berne (Henri Allizé, qui a épousé Adrienne, la fille de Jules Herbette).

[2] Christophe CHARLE, *Les élites de la république 1880–1900*, 1987, mentionne les activités et les relations de Louis et Jules Herbette qui ont beaucoup écrit sur l'administration républicaine.

[3] Catherine FAURE, *L'Écho de Paris et les relations internationales, des crises marocaines à la Grande Guerre, 1905–1914*, thèse, 1993, présente notamment l'analyse de la situation internationale suivie par Herbette en 1913 et 1914.

[4] Victor GOEDORP, *Figures du « Temps »*, 1943.

ouvrages font référence aux articles et aux positions d'Herbette dans les affaires internationales, mais sans le savoir, et en les présentant anonymement comme étant celles du journal *Le Temps*. Il était donc temps de rendre à César …

Nous montrerons que Jean Herbette a été un journaliste spécialisé dans les affaires extérieures, important et influent, comme le prouve sa correspondance avec de nombreux hommes politiques français et diplomates étrangers de l'époque. Avec certains d'entre eux, comme Raymond Poincaré, Louis Marin, Édouard Beneš ou Édouard Herriot, Herbette a même eu des relations privilégiées. Sa carrière journalistique présente en outre l'intérêt de commencer sept ans avant la Grande Guerre et de se terminer six ans après. Son étude permet donc de dégager comment les grands problèmes internationaux qui demeurent pendant toute cette période (Balkans, Proche et Moyen-Orient, etc.) se posent en termes très différents avant ou après la guerre. Avec Jean Herbette nous parvenons à mieux connaître le milieu journalistique et les relations qu'il entretient avec les cercles du pouvoir politique et de la diplomatie. Notre personnage est par ailleurs un spécimen du type assez peu répandu du journaliste qui devient ambassadeur. En tant que diplomate, Jean Herbette va concevoir ses relations avec la presse d'une manière très personnelle, tenant compte de son expérience au sein des rédactions. Cet aspect là nous montre comment un ex-journaliste, connaissant parfaitement les armes et les faiblesses de la presse, peut avoir l'ambition de la contrôler et parfois même de lutter contre elle.

Si la « carrière » diplomatique de Jean Herbette est également mal connue, c'est que ses 13 années d'ambassade n'en constituent pas vraiment une. C'est en effet à 46 ans et sans avoir exercé les fonctions diplomatiques subalternes qu'il est nommé ambassadeur. Cette nomination politique fait qu'il est considéré par les milieux diplomatiques comme un intrus qui ne connaît pas les usages et pratique une diplomatie de franc-tireur. Cela se ressent assez fortement dans les évocations d'Herbette que l'on trouve dans les souvenirs de diplomates français ou étrangers. De plus, les conditions dans lesquelles il est amené à quitter sa fonction d'ambassadeur en 1937, dans le contexte de la guerre civile d'Espagne, ont incontestablement terni l'image de notre personnage. Opposé à la politique du Front populaire – trop favorable selon lui au gouvernement légal espagnol – il est alors écarté par le Quai d'Orsay. Cet épisode fait de lui un « mouton noir » du personnel diplomatique français que l'on n'a pas dû citer beaucoup en exemple au ministère des Affaires étrangères ; surtout après l'utilisation d'une partie de sa correspondance de Moscou par la propagande nazie en 1943. Il est d'ailleurs assez symptomatique de la méconnaissance du personnage, que l'ouvrage en question, auquel Herbette n'a rien à voir, lui est nominativement attribué dans pratiquement toutes les bibliographies qui le mentionnent.

L'ambassade de Jean Herbette à Moscou est à plus d'un titre exceptionnelle. D'abord, il est le premier ambassadeur français à s'installer dans la capitale de l'URSS juste après la reconnaissance des Soviets par le gouvernement Herriot. Ensuite, parce que – de l'avis général – les positions d'Herbette vis-à-vis de l'URSS vont considérablement évoluer, de la bienveillance à l'opposition frontale. L'épisode concernant Herbette que l'on retrouve le plus souvent cité dans l'historiographie est celui des ordinations clandestines d'évêques catholiques en Russie, dans lesquelles l'ambassadeur athée a joué un rôle essentiel[1]. Mais dans l'ensemble, la connaissance des relations franco-soviétiques, pâtit cruellement de l'absence d'une thèse en français sur les années 1924–1931, qui assurerait la continuité chronologique du travail d'Anne Hogenhuis-Seliverstoff[2]. Dans sa thèse consacrée à l'image des Soviets en France, Sophie Coeuré déplorait l'absence d'une étude sur le rôle joué par Jean Herbette dans la détermination de la politique soviétique de la France[3]. La biographie proposée ici ne prétend pas combler toutes les lacunes de cette période, loin s'en faut, mais elle apporte sa pierre à la reconstruction historique des relations franco-soviétiques après la reconnaissance de 1924.

En 1931, Jean Herbette quitte Moscou pour Madrid où la république vient de s'installer après avoir chassé Alphonse XIII et la dictature militaire. Commence alors pour lui une tout autre mission compte tenu de la nature du régime espagnol, de la proximité de la France, de l'importance des affaires marocaines, etc. D'autres facettes de son personnage apparaissent alors, notamment à travers son engagement personnel dans la vie politique espagnole. Après les années de Russie, les années d'Espagne permettent d'évaluer quel poids Herbette a pu avoir dans les décisions prises au Quai d'Orsay, et plus généralement le crédit qu'un ambassadeur peut avoir auprès des décideurs parisiens

[1] Notamment dans Annie LACROIX-RIZ, *Le Vatican, l'Europe et le Reich de la Première Guerre mondiale à la guerre froide*, 1996 et Antoine WENGER, *Rome et Moscou 1900–1950*, 1987.

[2] Anne HOGENHUIS-SELIVERSTOFF, *Les relations franco-soviétiques de 1917 à 1924*, 1981. L'ouvrage en russe de Borisov sur les relations franco-soviétiques de 1924 à 1984 n'est pas traduit en français.

[3] Sophie COEURÉ, *Images de la Russie soviétique dans la culture politique française (1919–1939)*, thèse microfichée, 1992, page 139.

dans les années 1930. En tant qu'ancien journaliste de politique étrangère et diplomate de haut rang, Herbette ne s'attache pas seulement à traiter les affaires d'Espagne, mais analyse l'ensemble de la situation internationale. La guerre civile qui éclate en 1936 le place au centre de l'une des grandes tragédies du XXème siècle européen. L'attitude d'Herbette à l'égard des deux camps antagonistes a suscité quelque intérêt chez les historiens espagnols[1]. Dans les ouvrages français ou anglo-saxons consacrés à la guerre d'Espagne, force est de constater que l'ambassadeur de France est le plus souvent oublié. Lorsqu'il est cité, son action est caricaturée ou/et minorée comme dans les témoignages des contemporains. La réalité est beaucoup plus complexe et le rôle de Jean Herbette dans l'attitude de la France face à la guerre civile d'Espagne mérite que l'on s'y attarde.

Après ce que l'on peut appeler sa destitution en 1937, Herbette choisit de se retirer en Suisse où il poursuit des travaux scientifiques ; un retour aux sources en quelque sorte. Néanmoins, il continue à s'intéresser aux affaires internationales et peut méditer sur son action passée et sa conception du monde. Ce moment de sa vie est fort intéressant à étudier car il permet de mieux connaître un homme dont la carapace n'est pas facile à percer. Le temps passant, son retrait devient total ; il meurt à 82 ans en 1960.

Les périodes fort différentes de la vie de Jean Herbette n'ont pu être étudiées qu'en faisant appel à des sources variées, dont certaines importantes sont inédites. Contrairement à ce que l'on a cru au Quai d'Orsay, Jean Herbette a laissé des papiers personnels ; ils sont conservés à la Bibliothèque Cantonale et Universitaire de Lausanne. On y trouve des cartons entiers de lettres personnelles reçues par Herbette. Ils permettent donc de se faire une idée assez précise de la correspondance passive de notre personnage. Ces archives sont essentielles pour étudier la famille, la jeunesse, la carrière de journaliste et la fin de vie de Jean Herbette. Je tiens ici à exprimer ma reconnaissance aux responsables et au personnel de la BCUL qui ont tout fait pour faciliter mes recherches en Suisse.

[1] José María BORRÁS LLOP, « relaciones franco-españolas al comienzo de la guerra civil : la embajada de Jean Herbette (1936–1937) » in *Arbor*, 1986, pages 77 à 99 ; Pedro BARRUSO, « La misión diplomática del embajador francés, Jean Herbette, dirante la guerra civil » in *Los protagonistas de las relaciones internacionales*, n° 28–29 du *Bulletin d'Histoire Contemporaine de l'Espagne*, décembre 1998 – juin 1999, pages 120–134.

Ces fonds sont utilement complétés par les archives familiales conservées par les nièces de Jean Herbette. Mesdames Jeanne Kientz-Herbette, Dominique Monnier-Herbette et Geneviève Herbette m'ont accueilli chaleureusement dans la Villa Herbette de Pornic, riche en traces du passé. Je les en remercie sincèrement. Avec confiance elles m'ont fait part de leurs souvenirs et m'ont confié des papiers et des photographies d'un grand intérêt. J'ai ainsi pu lire de nombreuses lettres de Jean Herbette écrites à son frère François, qui permettent d'appréhender la correspondance personnelle active qui fait souvent défaut au biographe.

Le dépouillement des journaux dans lesquels Jean Herbette a exercé ses talents de publiciste était indispensable pour cerner ses centres d'intérêt. Il permet notamment de mettre en relief son pragmatisme, mais aussi ses engagements dans un certain nombre de causes. Ses articles reflètent sa conception de la politique étrangère de la France et plus généralement des relations internationales. Après des débuts au *Siècle* et à *L'Action*, assez difficiles à saisir, les années qu'il passe à *l'Écho de Paris*, au *Temps* et à *L'Information* ont pu être mieux cernées. Elles constituent une espèce de formation à la compréhension des affaires européennes et mondiales pour le futur ambassadeur.

Les années d'ambassade ont été bien sûr essentiellement étudiées avec les archives diplomatiques du Quai d'Orsay et du centre de Nantes dont je dois saluer ici les personnels. Le CADN conserve la collection complète des dépêches envoyées par Herbette de Madrid, qui avait déjà été dépouillée dans le cadre de ma thèse[1]. Malheureusement, il n'existe pas une telle collection pour les années d'ambassade à Moscou. Ce sont donc les fonds conservés au Quai d'Orsay qui ont constitué la source principale de l'étude des années de Russie. Par ailleurs, les souvenirs des collaborateurs d'Herbette, Claude Bréart de Boisanger pour Moscou et Jean-Baptiste Barbier pendant la guerre civile espagnole sont également des sources d'une grande richesse, même s'ils doivent être analysés avec l'esprit critique de l'historien[2]. Le temps qui nous sépare des années 1920 et 1930 a évidemment rendu impossible tout recours à des témoignages oraux. Cependant, la variété et la complémentarité des

[1] Yves DENÉCHÈRE, *La politique espagnole de la France de 1931 à 1936. Une pratique française de rapports inégaux*, L'Harmattan, 1999, édition allégée de la thèse soutenue en 1998.

[2] Claude de BOISANGER, *Vivre en Russie au temps de la NEP*, 1932. Jean-Baptiste BARBIER, *Un frac de Nessus*, 1951.

sources permettent d'évoquer l'ensemble de la vie de notre personnage en le suivant au fil des ans. Il ne nous a pas semblé possible ni souhaitable de présenter autrement que d'une manière chronologique et évolutive la biographie de Jean Herbette.

Ce livre n'est ni une hagiographie, ni une « biographie-démolition », ni une réhabilitation. La personnalité du journaliste devenu ambassadeur est tellement singulière, qu'il ne peut pas s'agir non plus d'une de ces biographies modales qui ont une dimension prosopographique. Elle se présente plutôt comme un cas limite, notamment en ce qui concerne le groupe des ambassadeurs de France ; mais en tant que telle, elle permet de mieux le connaître[1]. Cette biographie de Jean Herbette veut être surtout ce à quoi l'historien s'efforce d'aboutir, c'est-à-dire une reconstruction du passé qui ménage aux acteurs qui l'ont vécu – ici un individu « d'influence » – une juste place. Afin que cet instrument de la connaissance historique soit le plus objectif possible, on a soigneusement évité les jugements de valeur et les interprétations plus ou moins fondées. On a préféré la simple et plus juste présentation des faits et la citation des écrits, en prenant soin de ne pas généraliser un geste isolé ou une parole échappée. « Tout dire » a donc été à la fois un objectif à atteindre et un piège à éviter. Peut-être y est-on parvenu en présentant le plus complètement possible l'homme dans son environnement contextuel et dans l'ambiance des temps.

avril 2002

[1] Giovanni LEVI, « Les usages de la Biographie », *Annales ESC*, 1989, n° 6, page 1329.

PREMIÈRE PARTIE

LES ORIGINES ET LA JEUNESSE

CHAPITRE I

UNE FAMILLE DE GRANDS SERVITEURS DE LA RÉPUBLIQUE

Jean Herbette est né à Amiens le 7 avril 1878. C'est le premier enfant de Louis Herbette et de sa femme Jeanne Barreswil qui viennent tout juste de s'installer dans la capitale picarde. En effet, Louis vient d'être nommé préfet de la Somme après une année mouvementée. Avant d'évoquer l'enfance et le cercle familial le plus proche de Jean Herbette, ses ascendances méritent d'être présentées car nous verrons à de nombreuses occasions de quelle manière elles ont contribué à construire l'itinéraire de notre personnage.

LES LIGNÉES PATERNELLE ET MATERNELLE

Par son père, Jean Herbette appartient à une famille d'enseignants et de fonctionnaires qui illustre très classiquement la promotion sociale liée à l'instruction et à la propriété au cours du XIXème siècle et sous la Troisième République. Son grand-père, Charles Victor Herbette (1809–1879), était le fils d'un officier de chasseurs, Antoine Herbette (1765–1840)[1]. Élève à l'École Normale Supérieure et agrégé de grammaire, Charles fut professeur au collège royal de Bourbon et finit sa carrière au lycée Condorcet. Il est l'auteur d'une grammaire grecque reconnue pour sa valeur. En 1834, il épouse Françoise Talayssac, la

[1] Les renseignements biographiques sont tirés de plusieurs sources : différents dictionnaires biographiques des XIXème et XXème siècles ; notes manuscrites de madame François Herbette (née Renée Herlein), résultats de diverses recherches biographiques ; archives privées de Jean Herbette qui sont présentées en fin d'ouvrage. Voir également l'arbre généalogique de la famille Herbette en annexe n° 1.

fille d'un assez important propriétaire immobilier, ce qui accroît son patrimoine déjà tout à fait convenable. Le couple acquiert une maison d'été à Pornic qui est toujours dans la famille Herbette. Plusieurs de leurs appartements sont expropriés lors des travaux de percement des grands axes réalisés par Haussmann dans le Paris du Second Empire. De ce mariage, naissent cinq enfants dont Louis, le troisième né en 1843, est le père de Jean[1].

Après des études au lycée Condorcet puis une licence de lettres et une autre de droit, Louis s'inscrit comme avocat au barreau de la cour d'appel de Paris en 1867. Mais bien vite, c'est l'engagement politique qui l'attire. Il tente de promouvoir les idées républicaines qui sont les siennes et qui semblent lui venir de son père. Ainsi, il milite contre Napoléon III au sein de l'Union démocratique qui rassemble autour du programme de Belleville les républicains de gauche, les radicaux et les leaders de l'Internationale. En 1869, il participe au mouvement de poussée démocratique en faisant paraître *Nos députés et leur vote*. Cette dénonciation de la corruption et de l'absence de démocratie lui vaut une poursuite pour délit de presse et une condamnation à un mois de prison. Le Second Empire vit alors ses derniers mois. Si le 4 septembre 1870, Louis est meurtri par l'annonce du désastre de Sedan, il exulte lorsque la République est proclamée à l'Hôtel de Ville de Paris. Ce même jour, il est nommé secrétaire de rédaction au *Journal Officiel*, ce qui récompense son engagement pour la cause républicaine. Mais les épreuves ne sont pas pour autant terminées. Pendant la Commune de Paris (mars–mai 1871), en partisan d'une république d'ordre, Louis Herbette suit le gouvernement à Versailles. En 1873, lors de la chute de Thiers, il prend du recul par rapport à la gestion des affaires publiques. Le légitimiste et catholique maréchal de Mac-Mahon est alors élu pésident de la République.

Pour autant et au contraire, Louis n'abandonne pas la défense de la cause républicaine. Craignant le retour en force des idées qu'il a tant combattues sous le Second Empire, il publie *Bonapartisme et bonapartistes* en 1874. Il fonde également deux revues : *Bulletin Municipal* et *Répertoire de l'Histoire et de la Politique Contemporaine*. Il collabore à *L'Opinion Nationale*, un journal thiériste très anticlérical, dans lequel il dénonce l'ordre moral qui veut étouffer la République.

[1] Les autres enfants sont : Émile (1835–1899), notaire à Rueil et membre du conseil général de Seine-et-Oise ; Lucile née en 1837 et décédée à 18 ans en 1855 ; Émilie (1860–1923), pupille d'Émile après la mort de ses parents ; Jules (1839–1901), diplomate de carrière, dont nous aurons à reparler bientôt car il a joué un rôle important dans la formation de son jeune neveu Jean.

Dans *Le Courrier d'État*, de juillet 1874 à février 1876, il écrit chaque semaine un article très attendu sur la situation politique intérieure[1]. Il contribue ainsi à la victoire des républicains lors des élections législatives de février–mars 1876. Le bras de fer est alors engagé entre Mac-Mahon et Jules Simon, nouveau chef du gouvernement. Afin de satisfaire les républicains, ce dernier épure le corps préfectoral trop bonapartiste et nomme des ardents républicains dans les préfectures afin de faire la conquête du pays. Louis Herbette est de ceux-là ; il est nommé préfet du Tarn-et-Garonne en 1876. Il ne reste pas très longtemps à Montauban, car à Paris, le 16 mai 1877, Mac-Mahon reprend l'initiative en désavouant Jules Simon qui démissionne. Afin de contrôler les élections décisives d'octobre, le nouveau gouvernement de Broglie, avec Fourtou à l'Intérieur, révoque et déplace des milliers de maires et de fonctionnaires. Le parcours et les engagements du préfet Louis Herbette le désignent pour être victime de ces mesures. Il est révoqué … mais il continue la lutte. Après les élections qui confortent malgré tout le régime républicain, il devient secrétaire général du Comité des Gauches au Sénat puis est de nouveau nommé préfet en 1878. C'est ainsi qu'il s'installe à Amiens avec son épouse.

Par sa mère, Jean Herbette a des origines suisses. Son plus vieil ancêtre connu est Pierre Germain Bäriswil (*sic*), né en 1743 dans le diocèse de Lausanne et Suisse du roi Louis XVI. Son fils, Cyr Magloire Barreswil (1780–1863) fut chef de la fourrière du Roi sous la Restauration. Vient ensuite le grand-père de Jean Herbette, Charles Barreswil, né en 1817 à Versailles, professeur de chimie à l'école Turgot et à l'École supérieure de Commerce. On lui doit de nombreux travaux et publications, notamment sur l'acide sulfurique et sur les couleurs. Une liqueur réactive à la présence du sucre porte son nom. Outre la valeur de ses recherches et de leurs implications industrielles, la probité et la valeur morale de Charles Barreswil lui firent accepter certaines responsabilités. Il fut chimiste de l'administration des Douanes et de l'administration des Contributions directes, secrétaire du Comité consultatif des Arts et Manufactures et secrétaire de la Société de Protection des Apprentis employés dans les manufactures. À sa mort en 1870, il laissait une importante succession à sa

[1] Pierre ALBERT, *Histoire de la presse politique nationale au début de la Troisième République (1871–1879)*, 1980, pages 1264–1265. Tous les articles de Louis Herbette dans *Le Courrier d'État* ont été rassemblés dans un volume que l'on retrouve dans BCUL fonds Herbette IS 4147 carton 1.

femme, Louise Clémence le Roy épousée en 1847, et à sa fille unique, Jeanne, âgée de 15 ans. Ces deux femmes, grand-mère et mère de Jean Herbette, vont profondément marquer sa vie.

LES DESTINS DES PARENTS DE JEAN HERBETTE

Louis Herbette et Jeanne Barreswil se rencontrent semble-t-il en 1876 et c'est de sa préfecture de Montauban que Louis écrit de tendres lettres à Jeanne qu'il appelle « mademoiselle la préfette, chère et mignonne fiancée ». Ils se marient le 28 avril 1877, peu de temps avant la révocation de Louis. Malgré ses idées laïques et son attachement à la libre pensée, Louis accepte que le mariage républicain soit suivi d'une célébration en l'église de la Madeleine, comme Jeanne le souhaite. Lorsque l'on a sous les yeux les lettres personnelles qu'ils s'échangent avant et après leur union, le mariage d'amour ne fait aucun doute. Ils s'installent à Paris, rue Saint-Florentin, mais voilà que la préfecture de la Somme les attend. Un an après leur mariage, un premier enfant les comble de bonheur. À l'occasion de cet anniversaire et de cette naissance, Louis écrit à Jeanne une lettre de plusieurs pages construite comme une plaidoirie, dans laquelle il professe son amour pour sa femme et son fils. Lorsque Jeanne et le bébé passent quelque temps dans leur domicile parisien, Louis se languit en Picardie. « Les gens m'ennuient largement », écrit-il au retour d'une soirée inévitable avec le « tout Amiens »[1].

Il est vrai que lorsqu'il est à Paris, Louis Herbette côtoie un autre monde : il participe même à des soirées organisées par le président de la République Jules Grévy. Il connaît tous les hommes au pouvoir : Freycinet, Gambetta, etc. Depuis leurs combats républicains communs, une amitié et une admiration particulières le lient à Victor Schoelcher. C'est sans doute en raison de ces relations et de ses convictions républicaines que Louis Herbette est nommé préfet de Loire-Inférieure en 1879. La tâche qui l'attend à Nantes est difficile car le contexte est bien particulier. En effet, en 1880, Jules Ferry inaugure une politique scolaire qui est aussi bien une œuvre d'éducation populaire qu'un acte de défense républicaine. Il est désormais interdit d'enseigner aux membres des congrégations non autorisées. L'expulsion des jésuites et de d'autres congrégations suscite des réactions parfois

[1] Une partie de la correspondance privée et familiale de Louis Herbette se trouve dans BUCL fonds Herbette IS 4147 carton 1. Lettre du 17 février 1879.

violentes dans les régions catholiques comme l'Ouest. À Nantes, c'est le préfet Herbette, fils du professeur de Condorcet, qui doit mener à bien cette mission. Là encore, et malgré des épisodes de grande tension, l'action de Louis Herbette sera tempérée par les convictions religieuses et la modération de son épouse. Elle obtiendra qu'il laisse ouverts certains établissements des congrégations ayant un caractère hospitalier. Il n'empêche que Louis Herbette doit faire face à des campagnes très hostiles dans son département. Par exemple, toutes les personnalités nantaises invitées à une réception à la préfecture refusent de se déplacer pour marquer leur désapprobation.

En 1882, la république opportuniste l'appelle à une autre fonction, au ministère de l'Intérieur cette fois : c'en est donc fini des déménagements pour la famille Herbette ; elle s'installe définitivement dans un bel immeuble du 17ème arrondissement au n° 17 de la rue Fortuny. Louis devient en effet directeur général de l'Administration pénitentiaire avec pour mission prioritaire la réforme des prisons ; il est également nommé conseiller d'État en service extraordinaire. Il est l'exemple type du conseiller d'État de la première génération souvent très lié au personnel politique[1]. L'action de Louis à la tête de l'Administration pénitentiaire entraîne une hausse du prestige de l'institution. Il représente plusieurs fois la France dans des congrès internationaux et publie beaucoup d'articles sur le système carcéral. Même s'il demeure fidèle à la doctrine traditionnelle du travail comme règle de tout régime pénitentiaire et même si certains de ces discours sur le progrès et l'humanité ne sont pas suivis d'effets, son engagement dans la réforme est reconnu. Surtout, il pratique une politique pénitentiaire républicaine. En 1883, il refuse que l'État rémunère les aumôniers de prisons qui se conduisent comme des « ennemis déclarés » de la République[2].

L'accomplissement professionnel de Louis Herbette se double de la joie d'avoir un deuxième enfant, sept ans après la naissance de Jean. C'est un deuxième fils, François, qui naît le 25 janvier 1885. Mais le bonheur sera de courte durée. Le 27 décembre de la même année, Jeanne Herbette meurt prématurément à l'âge de trente cinq ans à son domicile. Elle laisse un mari inconsolable qui, à quarante-deux ans, doit assurer l'éducation de deux enfants dont le second

[1] Christophe CHARLE, *Les élites de la République, 1880–1900*, 1987, p.213.

[2] Jacques-Guy PETIT, *Ces peines obscures. La prison pénale en France 1780–1875*, 1990, pages 207, 331, 520 et 535.

n'a que onze mois. Respectant les opinions religieuses de sa femme, Louis Herbette accepte des obsèques en l'église Saint-François-de-Sales[1]. On conçoit le traumatisme de la séparation qui va marquer à vie le jeune Jean, alors âgé de sept ans, et qui permet d'expliquer beaucoup de ses attitudes dans les rapports familiaux ou devant la mort, la maladie, la religion ; autant de comportements parfois analysés comme de la misanthropie ou une sécheresse de cœur par ses contemporains. Au crépuscule de sa vie, à près de 80 ans, Jean Herbette écrivant à son frère, évoque encore et toujours – car ce n'est pas la première fois – « la journée solitaire de Noël, qui pour nous deux est un jour de deuil »[2].

Désormais, c'est leur grand-mère maternelle – la veuve de Charles Barreswil – qui va s'occuper de Jean et de François. Elle n'hésite pas à venir s'installer dans la maison de Louis Herbette, rue Fortuny. Ainsi, elle peut veiller constamment sur les enfants. En retour, elle exige de son gendre qu'aucune femme ne passe le seuil de la maison familiale. Elle ne compte ni son temps, ni son argent. Adroitement conseillée, peut-être par ses deux frères, agents de change à Paris, elle fait fructifier son bien et réussit de bons placements qui permettent d'assurer le train de vie de la maison. Plus d'une fois, Louis Herbette lui rendra hommage. Il faut dire qu'il n'a pas la même bosse des affaires, loin s'en faut, et que sa générosité lui vaut bien des déboires d'argent. Quant à eux, Jean et François vouent à leur grand-mère un amour et une admiration bien compréhensibles.

De son côté, Louis Herbette se réfugie dans le travail sans pour autant délaisser sa famille ni oublier l'absente. Dans les années 1880 et 1890, les photos posées de la famille Herbette, qu'elles soient prises rue Fortuny ou dans la maison de Pornic, sont toujours composées de la même manière. Le père, Louis, se tient debout au milieu de ses deux fils ; juste à côté, il y a toujours une représentation de l'épouse et mère absente : un buste, une toile ou une sculpture. Au cimetière Montparnasse, le monument funéraire de Jeanne Herbette, témoigne encore aujourd'hui de la volonté de Louis de fixer une certaine présence physique de son épouse. Sans doute, cette volonté est-elle déterminée en partie par un souci de montrer aux enfants que leur mère est toujours là au milieu d'eux et que personne ne la remplacera jamais.

[1] Avis mortuaire de Jeanne Herbette. Coll. part.

[2] Lettre de Jean Herbette à François Herbette, 25 décembre 1957. Coll. part.

Pour l'ensemble des services rendus à l'État, Louis Herbette est fait commandeur de la Légion d'honneur en 1887. Après des accusations de forfaiture, sans doute d'origine politique, il est lavé de tout soupçon et nommé conseiller d'État en service ordinaire. Dans les années 1890, il parcourt l'Europe de congrès en manifestations de toutes sortes et rédige *Les vingt-cinq ans de la République* (1895). Il s'intéresse ensuite à l'Alliance française et en devient un des piliers pendant la Belle Epoque. Sous la présidence de Pierre Foncin, il dirige la Commission de propagande et des conférences. C'est lui qui trouve des locaux et organise en 1904 les fameux « lundis » de l'Alliance. En 1905, lors du congrès international sur la défense de la langue française à Liège, il reçoit les félicitations pour l'action de l'Alliance[1]. Il est particulièrement engagé dans la défense de la langue française au Canada. Dans ce combat, il doit faire face aux attaques de journaux chrétiens québécois qui dénonce son appartenance à la franc-maçonnerie. En 1906, Louis Herbette devient vice-président de l'institution et reçoit de nombreux hommages pour son dévouement. Par exemple, les conférenciers et les auditeurs du « lundi » lui offrent un luxueux livre relié qui porte en deuxième de couverture une médaille en étain le représentant. Deux citations de Louis Herbette sont mises en exergue : « C'est en aimant les gens qu'on les rend plus dignes d'être aimés » ; « Tant qu'il reste du bien à faire et du mal à réparer, il y a intérêt à la vie et devoir à vivre, il y en a donc toujours »[2].

De ses combats républicains sous le Second Empire à l'affirmation de la Troisième République à la Belle Epoque, en passant par les avatars des années 1870, le parcours de Louis Herbette est exceptionnel. Il constitue une illustration parfaite de la manière dont la vie d'un homme peut être tout entière déterminée par l'histoire politique de son pays. Pendant ce temps, Jean réussit brillamment ses études secondaires au Lycée Condorcet. Il grandit, s'instruit, se forme et s'affirme entre un père aux activités débordantes, une grand-mère attentionnée et son oncle Jules qui s'intéresse à son éducation.

[1] Maurice BRUEZIÈRE, *L'Alliance Française. Histoire d'une institution*, 1983, pages 48, 50 et 52–53.

[2] BCUL fonds Herbette IS 4147 carton 1.

Arbre généalogique des familles Herbette et Barreswil
(collection particulière, cliché de l'auteur)

Buste de Louis Herbette, père de Jean Herbette,
offert par « un groupe d'amis »
(collection particulière, cliché de l'auteur)

Présentation d'un bronze de Jeanne Herbette,
mère de Jean Herbette, avec un texte précisant
qu'il a été offert par des amis de la famille Herbette en 1888
(collection particulière)

Jean et François Herbette enfants
(huile sur toile, collection particulière, cliché de l'auteur)

Madame Barreswil, Louis Herbette, Jean et François Herbette
dans le jardin de la maison de Pornic en 1894
(collection particulière)

Louis Herbette et ses deux enfants, Jean et François,
posant devant le buste de Jeanne Herbette, 1895 ou 1896
(collection particulière)

François Herbette, frère de Jean Herbette,
en tenue militaire après la Grande Guerre
(collection particulière)

Maurice Herbette, cousin germain de Jean Herbette, membre de la délégation française au Tribunal arbitral de La Haye (1905, détail)
(M.A.E., Paris, Fonds iconographique, série L)

Jean Herbette en 1924, lors de sa nomination
comme ambassadeur à Moscou
(Bibliothèque cantonale et universitaire de Lausanne, Fonds Herbette, IS 4147)

Caricature de Jean Herbette accompagnant un article
de Gaétan Bernoville intitulé « Portrait de son Excellence
M. Herbette », août 1936
(collection particulière, journal non précisé)

Jeanne et Jean Herbette en 1938 à Clarens en Suisse
(Bibliothèque cantonale et universitaire de Lausanne, Fonds Herbette, IS 4147)

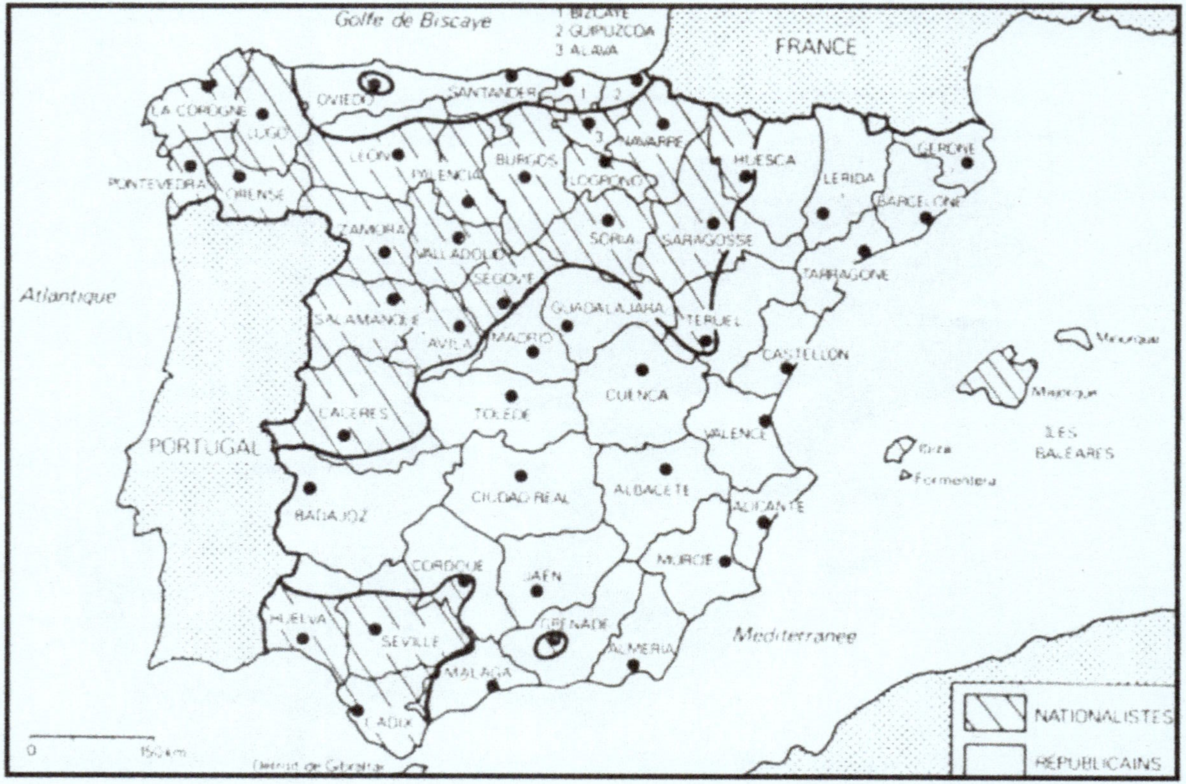

Division de l'Espagne à la fin juillet 1936

(extrait de Hugh Thomas, *La Guerre d'Espagne*, Paris, R. Laffont, 1985)

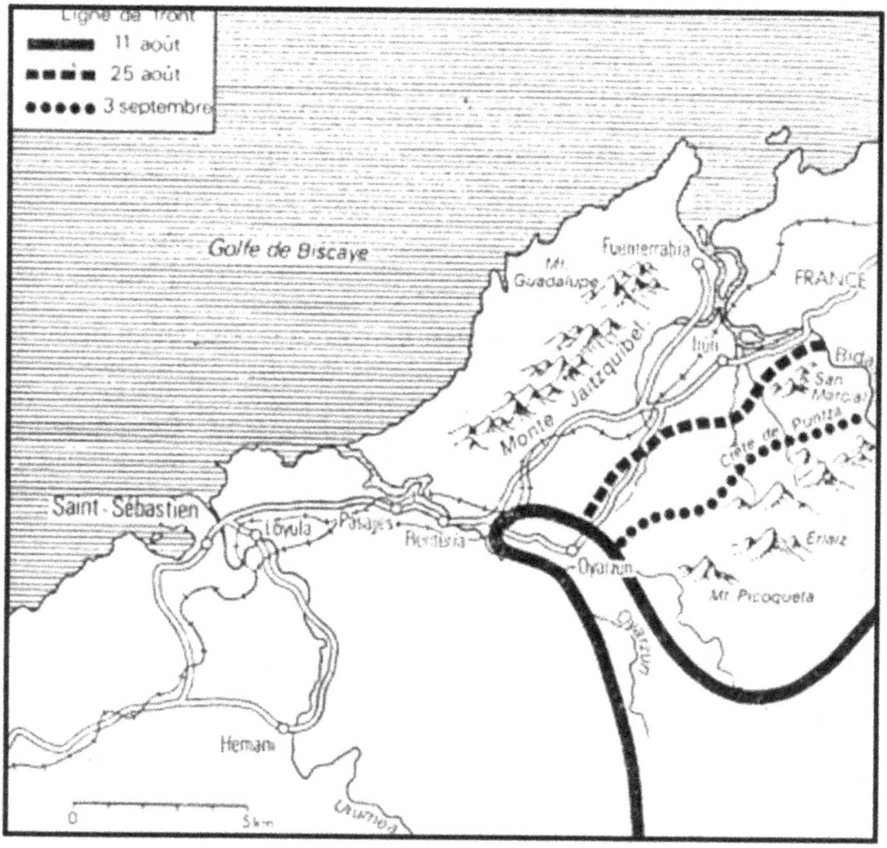

Les opérations en Guipuzcoa,
août-septembre 1936
(extrait de Hugh Thomas, *La Guerre d'Espagne*, Paris, R. Laffont, 1985)

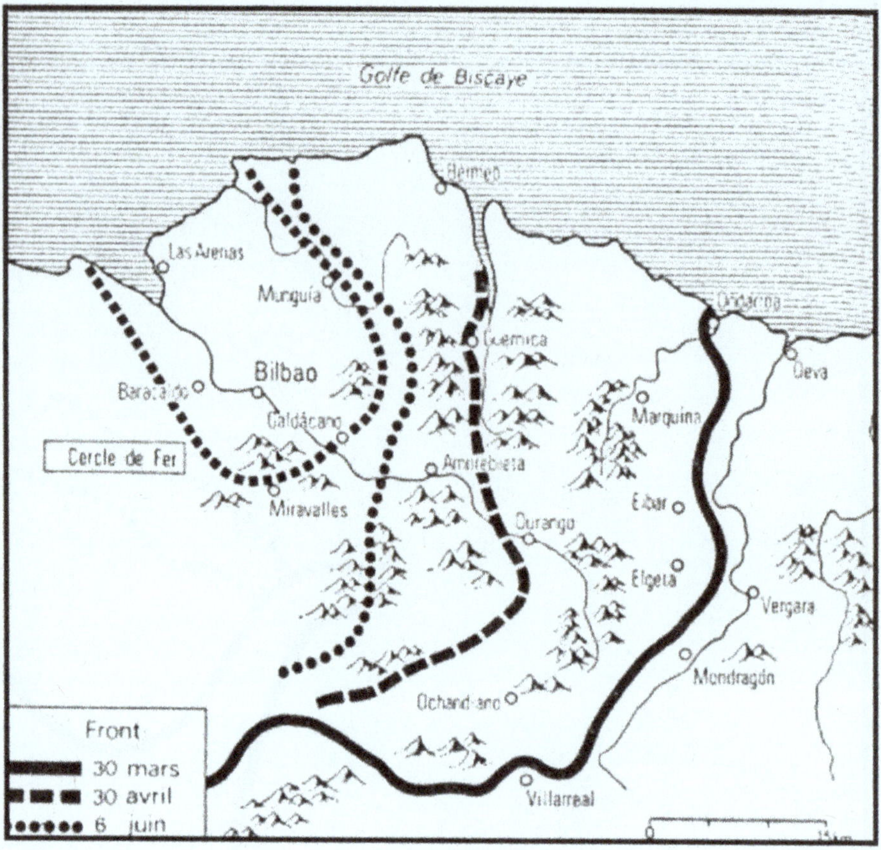

La campagne de Biscaye,
mars-juin 1937
(extrait de Hugh Thomas, *La Guerre d'Espagne*, Paris, R. Laffont, 1985)

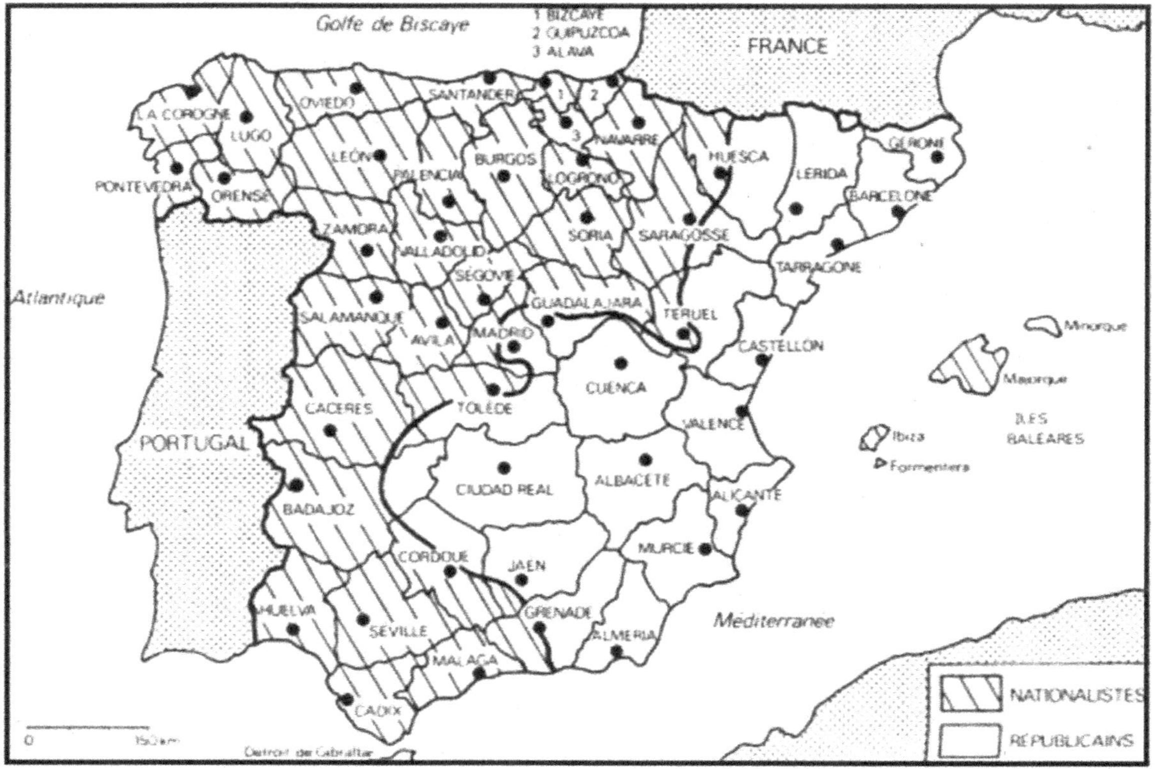

Division de l'Espagne en octobre 1937

(extrait de Hugh Thomas, *La Guerre d'Espagne*, Paris, R. Laffont, 1985)

CHAPITRE II

UNE FORMATION ÉCLECTIQUE

LE SÉJOUR À L'AMBASSADE DE FRANCE À BERLIN (1893–1894)

Conseiller d'État, Jules Herbette a été le directeur de cabinet du ministre des Affaires étrangères Freycinet, avec le rang de ministre plénipotentiaire. Ces fonctions consacrent un engagement républicain qui n'a rien à envier à celui de son frère. Consul de carrière au départ de sa vie professionnelle, c'est peut-être pour lui, ou du moins en connaissance de cause, que Louis écrivit en 1874 *Nos diplomates et notre diplomatie*. Dans cet ouvrage, Louis Herbette préconisait une moins grande séparation entre le cadre consulaire et le cadre diplomatique et réclamait un concours permettant de nommer des personnes méritantes et ayant fourni la preuve de leur intelligence diplomatique dans les ambassades. Dix ans plus tard, au Quai d'Orsay avec Freycinet, c'est Jules Herbette qui est l'un des responsables de l'épuration du corps diplomatique[1]. Comme son frère, c'est dans le journalisme qu'il a su se faire remarquer des politiques. Il écrit dans *La République française*, puis dans *Le Télégraphe* où il tient de 1882 à 1885 la rubrique de politique étrangère[2]. C'est en collaborant à ce journal qu'il devint un proche collaborateur de Freycinet. On lui prête alors beaucoup d'influence auprès ministre et des autres personnalités politiques et diplomatiques[3]. En 1882, il aurait failli devenir ministre

[1] Christophe CHARLE, *Les élites de la république ... op. cit.*, page 220.

[2] Claude BELLANGER, Jacques GODECHOT, Pierre GUIRAL, Fernand TERROU, *Histoire générale de la presse française*, 1972, tome III, page 360.

[3] Jérôme GRÉVY, *La République des opportunistes 1870- 1885*, 1998, p.127 et 312.

des Affaires étrangères[1]. Quatre ans plus tard, il est nommé ambassadeur à Berlin où il reste en poste jusqu'en 1895. C'est donc dans la capitale allemande que Jules emmène son épouse et ses deux enfants : Adrienne, née en 1869, et Maurice, né en 1871. Afin de soulager son frère Louis et la grand-mère Barreswil, pendant l'hiver 1893–1894, Jules accueille à l'ambassade son neveu Jean.

Celui-ci est alors âgé de 15 ans et écrit tous les jours à sa grand-mère et à son frère François – qu'il surnomme affectueusement « le gros pouf ». Jules s'occupe de Jean comme de son propre fils et en rend compte régulièrement à madame Barreswil, plus qu'à son père Louis semble-t-il. En novembre 1893, l'ambassadeur évoque « l'excellente constitution physique » de Jean, mais veut lui faire suivre des exercices au gymnase français de Berlin afin qu'il ne se voûte pas le dos et développe sa poitrine. Par ailleurs Jean apprend l'allemand et pratique assidûment le patinage. Jules le trouve également très bien élevé, « plein de tact et de réserve ». Mais l'ambassadeur craint que le séjour à Berlin, loin de sa famille, lui paraisse long : « il ne paraît pas s'ennuyer encore, mais attendons la fin »[2]. En effet, lorsque les nouvelles de France sont bonnes, Jean a quelques regrets, lorsqu'elles sont mauvaises, il a des remords. C'est à Berlin qu'il apprend « avec beaucoup de chagrin » la mort de Victor Schoelcher. « Il me semblait », écrit-il, « qu'il n'aurait plus à mourir, ayant vécu si longtemps. J'aurai bien de la peine à m'habituer à ne plus le voir, lui que j'ai vu depuis ma première enfance »[3]. Ami de la famille Herbette, Victor Schoelcher passait les étés chez elle à Pornic. D'ailleurs, peu avant sa mort, c'est à l'instigation de Louis Herbette, qu'une quarantaine de « vieux républicains » s'était rendue auprès de Schoelcher à Houilles. Ils avaient tenu à rendre un hommage appuyé à celui qu'ils considéraient comme l'un des fondateurs de la République française[4].

À l'ambassade de France à Berlin, l'adolescent Jean Herbette commence à s'intéresser aux affaires politiques européennes. Il écrit à sa grand-mère : « voilà les ministères en compote dans tous les pays,

[1] Jean BAILLOU (dir.), *Les Affaires étrangères et le corps diplomatique*, 1984, tome II, page 147.

[2] BCUL fonds Herbette IS 4147 carton 2, lettre de Jules Herbette à madame Barreswil, novembre 1893.

[3] BCUL fonds Herbette IS 4147 carton 2, lettre de Jean Herbette à madame Barreswil, 28 décembre 1893.

[4] Nelly SCHMIDT, *Victor Schoelcher*, 1994, pages 193 et 248. Né en 1804, Victor Schoelcher est mort le 26 décembre 1893.

en Italie, en Grèce, en France, en Autriche et peut-être en Espagne. C'est intéressant »[1]. La période est effectivement riche en événements de toutes sortes dus à la liquidation de la politique bismarckienne. L'Europe est en train de chercher un autre équilibre. À Berlin et aux côtés de son oncle, le jeune Jean est aux premières loges de la diplomatie européenne et cela constitue pour lui une expérience et une formation, passives certes, mais néanmoins de premier ordre. Son oncle est en effet un diplomate de combat. Depuis 1886, il a dû batailler ferme avec Bismarck pour régler les nombreuses crises opposant la France à l'Allemagne, notamment en 1887 lors de l'affaire Schnaebelé. Pour son collaborateur Robert de Billy, « l'ambassadeur de France s'opposait par toute sa nature à ce qu'il voyait en Allemagne »[2]. Cependant, dans aucune lettre de Jean on ne trouve de critique sur l'Allemagne ou sur les Allemands.

Ce premier séjour hors du foyer familial est également l'occasion de se confronter aux nécessités matérielles de la vie. Très tôt, Jean Herbette semble affligé par la nécessité de dépenser l'argent. Lorsqu'il écrit à sa grand-mère qu'il est entré dans une boutique « pour y boire un verre de bière et manger un ou deux petits pains au jambon », il s'empresse d'ajouter : « coût total, 35 centimes, c'est tout à fait réjouissant »[3]. Sans doute y a-t-il dans ce récit la volonté de montrer à madame Barreswil qu'il n'est pas trop dépensier – moins que son père ? – mais ce thème de l'argent revient constamment dans sa correspondance. « L'autre jour », raconte-t-il, « on a joué aux cartes et on a voulu me faire jouer un pfennig (un centime et 25 dix-millièmes) le jeton. J'ai protesté avec indignation que, tant que je serais ici je ne jouerais pas un rouge liard ». En revanche, il a joué sérieusement au whist ; il a perdu, « mais comme je jouai gratis, cela m'est bien égal », conclut-il[4]. Tout comme les déboires pécuniaires de son père, le voisinage de son oncle n'est peut-être pas étranger au rapport que Jean Herbette entretient avec l'argent. Brossant le portrait de l'ambassadeur, Robert de Billy remarque « son voltairianisme et son anticléricalisme

[1] BCUL fonds Herbette IS 4147 carton 2, lettre de Jean Herbette à madame Barreswil, 26 novembre 1893.

[2] Christophe CHARLE, *Les élites … op. cit.*, page 224.

[3] BCUL fonds Herbette IS 4147 carton 2, lettre de Jean Herbette à madame Barreswil, 25 novembre 1893.

[4] BCUL fonds Herbette IS 4147 carton 2, lettre de Jean Herbette à madame Barreswil, 2 janvier 1894.

un peu court » et note plus loin : « il se rend compte que comme éducation, quelque chose lui manque. L'argent l'impressionne incroyablement. La première fois qu'il me parle du conseiller de l'ambassade, M. Soulange-Bodin, il me dit avec simplicité : "mon conseiller est un homme remarquable, son beau-père a douze millions" ». Ces mots amers de Robert de Billy illustrent surtout l'opposition politique et sociale entre le fils d'une vieille famille de notables protestants et le fils du professeur de Condorcet[1].

Parfois, les considérations sur l'argent et la vie matérielle prennent une dimension plus politique dans le contexte du terrible hiver de 1894. Il écrit : « car il n'y a pas à dire : si tout le monde avait de quoi manger, boire et dormir, il n'y aurait plus ni assassins, ni dynamiteurs, ni journalistes, ni toutes les autres lèpres dont souffre la société. Ce serait le bonheur idéal » ; et plus loin : « on ne serait pas obligé d'assommer les reporters et autres gens, ce qui est toujours un métier fatigant »[2]. Ces premières préoccupations sociales ne sauraient nous servir à déceler un embryon de doctrine politique chez Jean Herbette – rappelons qu'il n'a alors que quinze ans. Cependant, elles témoignent de son ouverture sur la vie et de la conscience des inégalités et de leurs effets néfastes pour l'ensemble de la société. On notera au passage la répulsion que lui inspirent les journalistes dont son père et son oncle ont été. Il est vrai que la presse de leur époque était bien différente de celle des grands quotidiens qui désormais pense surtout à exciter les passions pour vendre plus facilement du papier. Il n'empêche que ces mots demeurent très durs pour une profession que Jean Herbette rejoindra douze ans plus tard.

LES ÉTUDES SECONDAIRES ET SUPÉRIEURES

Rentré en France, Jean retrouve le lycée Condorcet et la classe de rhétorique. Les notes du printemps 1895 montrent que son séjour en Allemagne lui a été profitable. Sa moyenne en langue allemande est de 18 sur 20, ce qui le place au troisième rang des 79 élèves inscrits. En revanche, il n'est que dix-huitième en mathématiques avec la moyenne de 12. Que ce soit en « conduite », en « application » ou

[1] Christophe CHARLE, *Les élites … op. cit.*, page 224.

[2] BCUL fonds Herbette IS 4147 carton 2, lettre de Jean Herbette à madame Barreswil, 18 janvier 1894.

en « progrès », les matières de langue française, langue latine, langue grecque et histoire-géographie sont sanctionnées par des « très bien ». Pour ses professeurs, c'est un « excellent élève, laborieux et intelligent » qui fournit un « travail rigoureux » ; en résumé, « l'année a été très bonne »[1]. Jean Herbette est d'ailleurs l'un des lauréats du concours général de cette année 1895. Mais c'est André Tardieu, lui aussi élève du Lycée Condorcet et camarade d'Herbette – malgré ses deux ans de plus – qui se fait surtout valoir en remportant quatre premiers prix et un premier accessit. Les autres lauréats sont Henry de Jouvenel et Albert Thomas du lycée Michelet. La cérémonie de la remise des prix est présidée par le ministre de l'Instruction publique, Raymond Poincaré, et un professeur du Lycée Henri IV est chargé du discours, c'est Henri Bergson[2]. Cette cérémonie met en évidence quatre adolescents qui vont tous jouer des rôles importants dans la politique française et dans les relations internationales[3]. L'on peut dire aussi que c'est à cette époque, à dix-sept ans, que Jean Herbette commence, sans le savoir encore, à tisser des relations qui l'accompagneront longtemps. Bien entendu, la rencontre entre Poincaré et Herbette est d'une tout autre nature et n'est ici qu'anecdotique. C'est cependant la première d'une longue série.

Alors que ses concurrents du concours général intègrent l'École Normale Supérieure, Jean Herbette choisit d'entrer à l'Université. Il passe donc ses années d'études supérieures entre les facultés parisiennes et le domicile familial de la rue Fortuny. La veille du premier janvier 1900, il s'étonne presque d'être encore en vie. Il écrit à sa « chère grand-maman » : « nous voilà au commencement d'un siècle (*sic*) dont nous ne verrons pas la fin ni l'un ni l'autre, mais que nous devons être cependant bien aise de commencer ensemble ». Il évoque ensuite les ennuis de santé chroniques de madame Barreswil, désormais âgée de 71 ans, et rappelle que lui a été « un enfant si délicat ». Ce changement

[1] BCUL fonds Herbette IS 4147 carton 3, relevé de notes du trimestre de Jean Herbette, classe de rhétorique C, premier juillet 1895.

[2] Fernand PAYEN, *Raymond Poincaré. L'homme, le parlementaire, l'avocat*, 1936, pages 144–145 ; Michel JUNOT, *André Tardieu, le mirobolant*, 1996, pages 19–20 ; Christine MANIGAND-MAYET, *La carrière politique d'Henry de Jouvenel*, thèse microfilmée, 1996, page 16.

[3] Henry de Jouvenel (1876–1935) sera ambassadeur de France en Italie en 1933 ; Albert Thomas (1878–1932) après avoir été plusieurs fois ministre, sera le directeur du Bureau International du Travail de 1920 à 1932 ; André Tardieu (1876–1945) s'occupera des relations avec les États-Unis à la fin de la Première Guerre mondiale, il sera ensuite plusieurs fois président du Conseil et ministre des Affaires étrangères en 1932.

d'année lui inspire même des pensées bien inhabituelles : « je pense qu'il faut remercier Dieu, qui veille certainement sur nous bien plus étroitement que nous ne le pensons ». Mots qui résonnent bizarrement sous la plume d'un jeune homme qui n'a connu aucune éducation religieuse et qui, comme son père, se déclare libre penseur. Pour terminer il rend encore hommage à sa grand-mère : « où serais-je et où serait François si tu n'avais pas préservé notre vie de tant de dangers et de sottises, et si tu n'avais pas opposé une patience insurmontable à ces ennuis de chaque jour ? »[1].

Pour sa part, François est un adolescent qui semble plus insouciant que son aîné. Celui-ci se plaint de voir son « joyeux frère » perdre de l'argent dans des paris stupides. François est également assez souvent loin de la maison : en 1900, il part étudier en Allemagne. Les deux frères comparent les systèmes d'enseignement français et allemand et tombent d'accord pour dire que ce dernier est plus moderne, mais sans doute pas plus efficace. Par ailleurs, François se vante auprès de son frère de dormir pendant les cours – obligatoires – d'instruction religieuse ; bon sang ne saurait mentir[2]. Dans les premières années du siècle, il réussit de brillantes études au lycée Condorcet et est lui aussi primé au concours général. Il entre à l'École Normale Supérieure en 1904. Parmi ses condisciples, on relève les noms de François-Poncet, Jules Romains et René Massigli. Après avoir obtenu l'agrégation d'histoire et de géographie, il devient en 1913 assistant du géographe Emmanuel de Martonne, à la Sorbonne[3]. Jusqu'en 1914, il voyage beaucoup (Espagne, Tanger, Québec, États-Unis, Suisse, Syrie, etc.), comme en témoigne la correspondance qu'il échange avec sa grand-mère et avec son frère.

À l'Université, Jean Herbette passe avec succès – comme son père – deux licences une de droit et une de lettres. Mais en 1902 il en réussit une troisième, de sciences, et choisit cette voie pour poursuivre son cursus universitaire, ce qui le rapproche de feu son grand-père maternel Barreswil. Cependant, à 24 ans, il lui faut commencer à gagner sa vie, du moins soulager sa famille d'une partie des dépenses qu'elle engage pour lui. Sur sa carte d'électeur pour les élections législatives

[1] BCUL fonds Herbette IS 4147 carton 2, lettre de Jean Herbette à madame Barreswil, 31 décembre 1899.

[2] BCUL fonds Herbette IS 4147 carton 2, lettre de François Herbette à Jean Herbette, 18 novembre 1900.

[3] « Éloge de François Herbette » à l'occasion de son décès en 1960, par Luc Bourcier de Carbon, 6 pages, coll. part.

de 1902, il est qualifié de rentier ... mais de quelle rente, puisque qu'il n'en a aucune semble-t-il ? Même s'il apparaît assez solitaire, Jean côtoie des jeunes gens qui eux touchent les revenus de leur profession. Parmi ceux-ci, il a le fils de son oncle Jules. Maurice Herbette, de six ans plus âgé que Jean, a été reçu premier au concours de secrétaire des Affaires étrangères en 1894. Depuis, il entame une carrière exemplaire. De même, sa cousine Adrienne vit convenablement depuis qu'elle a épousé Henri Allizé, lui aussi dans la carrière et qui a été l'un des secrétaires de son père à Berlin. Jean fréquente également régulièrement les enfants d'une grande famille très fortunée de la bourgeoisie protestante. Pour avoir des revenus, lui doit travailler ; c'est son père qui grâce à ses relations l'aide à trouver une situation.

À la rentrée 1903, sachant libre un poste de préparateur à la faculté des Sciences, Louis Herbette demande au vice-recteur de l'Académie de Paris de le confier à son fils. Liard accepte d'autant plus volontiers que jusqu'ici Jean a rendu bénévolement « des services très appréciables et très appréciés au laboratoire de minéralogie ». Louis Herbette remercie aussitôt le bienfaiteur : « je suis heureux que mon fils travaille dans votre ombre et qu'il se fasse apprécier d'un homme tel que vous. Je fais des vœux de père – et de fils d'universitaire – pour qu'il se rende utile à la cause et à l'œuvre de l'enseignement, à la science et, s'il le peut, au pays ». Ainsi, Jean Herbette est nommé préparateur adjoint de minéralogie à la faculté des Sciences de l'Université de Paris. Il entre en fonction le premier novembre 1903, avec un traitement annuel de 700 francs[1].

Certes, ce n'est pas la fortune, loin de là – son traitement équivaut à un petit salaire d'ouvrier parisien – mais Jean Herbette est dans des conditions idéales pour réaliser sa thèse de doctorat de sciences qui s'intitule : *Contribution à l'étude de l'isomorphisme*. Il s'agit pour lui de discuter la définition de cette propriété complexe de certains minéraux et d'examiner si des découvertes récentes s'accordent avec elle. Il n'a pas l'ambition de donner une définition totale du phénomène, mais de résoudre quelques problèmes à partir d'expériences précises. C'est le professeur Wallerant, du laboratoire de minéralogie de la Sorbonne, qui dirige son travail. Herbette soutient le résultat de ses recherches le premier juin 1906. Sa thèse est publiée la même

[1] BCUL fonds Herbette IS 4147 carton 1, lettre de L. Liard à Louis Herbette du 16 octobre 1903 ; lettre de Louis Herbette à Liard du 18 octobre 1903 ; arrêté de nomination du 16 octobre 1903.

année, elle est dédiée à la mémoire de sa mère. En fin de volume, on peut lire la proposition de sujet fait par le jury pour sa seconde thèse : « Propriétés physiques de la silice ». Mais Jean Herbette ne la réalisera jamais.

CHANGEMENT DE VOIE, CHANGEMENT DE VIE

Penché sur sa paillasse du laboratoire de minéralogie, Jean Herbette ne se désintéresse pas pour autant du monde extérieur, et en particulier de la politique. *La Libre Parole* rapporte en mars 1904 une affaire le concernant. Le journal de droite, fondé par Édouard Drumont et dans lequel écrit Léon Daudet, est alors très hostile à la majorité du Bloc des gauches. Il dénonce violemment la politique que mène le président du Conseil, Émile Combes, notamment en matière religieuse. Bien décidé à faire appliquer la loi de 1901 sur les associations que les congrégations refusent, le gouvernement s'oppose ouvertement à l'Église. C'est dans ce contexte que les Barnabites de Paris entendent malgré tout célébrer la fête des Rameaux, « si la liberté religieuse et la liberté de domicile n'ont pas encore été confisquées », précise une affiche qu'ils ont placardée sur leur mur. Selon le quotidien de droite, « un individu de trente ans a cherché à lacérer l'affiche avec son parapluie ». Mais, des défenseurs de la religion l'ont poursuivi jusqu'au … 17, rue Fortuny. Après avoir pris des renseignements, *La Libre Parole* affirme que « l'apache amateur n'est autre que M. Jean Herbette, fils du conseiller d'État ». « Voilà un beau défenseur du Bloc », continue l'auteur de l'article en remarquant « qu'il a de qui tenir ! ». Et de rappeler que lorsqu'il était préfet de Loire-Inférieure, en 1880, Louis Herbette avait fait crocheter le couvent des Capucins de Nantes. L'article se termine en indiquant que peu après cet épisode, l'épouse de Louis Herbette accoucha d'une fille que les Nantais surnommèrent « Crochette »[1]. Nous n'avons retrouvé aucune trace de cette naissance dans la famille de Louis Herbette. En revanche, il est vrai qu'à l'automne 1880, le préfet dut recourir à la troupe pour faire expulser les Capucins de la rue Noire à Nantes après un véritable « siège ». Une foule évaluée à plus de 10 000 personnes voulait en effet s'y opposer[2].

[1] *La Libre Parole*, dimanche 27 mars 1904.

[2] Paul BOIS (dir.), *Histoire de Nantes*, 1977, pages 311–312 ; Yves DURAND (dir.), *Le diocèse de Nantes*, 1985, pages 236–237.

Jean Herbette s'intéresse également aux affaires internationales et en particulier à la crise marocaine de 1905–1906 qui oppose la France et l'Allemagne. Il suit à travers la presse, jour après jour, « le duel diplomatique », et écrit à ce sujet à son ex-camarade du lycée Condorcet, André Tardieu. Celui-ci, après avoir été reçu premier au concours des Affaires étrangères et travaillé dans le cabinet ministériel de Waldeck-Rousseau, a préféré le combat journalistique en entrant au *Figaro* puis au *Temps*. Herbette le félicite pour « la clairvoyance et la vigueur avec lesquelles [il a] défendu les intérêts français ». Il écrit encore : « du fond de ma retraite scientifique j'ai suivi, spectateur inutile mais non insensible, la polémique incessante dans laquelle tu as eu sur tes adversaires, le double avantage de la bonne foi et du talent. J'ai souvent été heureux de me rappeler l'année que nous avons passée ensemble, cette fois, j'en suis presque fier. Crois à ma sincère affection »[1]. Cette lettre exprime clairement l'admiration de Jean Herbette pour l'engagement de son camarade. Il est vrai que les articles de Tardieu apportent un appui considérable à la thèse française. Le chancelier allemand von Bülow le reconnaît en déclarant : « il y a six grandes puissances en Europe ; la septième est M. Tardieu »[2]. La lettre d'Herbette laisse également transpirer l'envie du chercheur d'entrer dans la mêlée, de retourner vers le monde et son agitation. L'exemple d'André Tardieu et le contexte des crises internationales des premières années du siècle vont le pousser à suivre une autre voie que la science. Il abandonne son poste au laboratoire de minéralogie et décide de faire le grand saut. En 1907, il devient publiciste, sa vie et son action prennent alors une autre envergure. C'est également pendant cette période charnière de sa vie qu'il rencontre sa future épouse.

Jeanne Labateux, née le 28 juillet 1879 à Palaiseau, est la fille de Gustave Labateux et Mathilde Provost. Très jeune, elle intègre les cours de danse de l'opéra de Paris. Dès 1895, plusieurs journaux parlent d'elle à propos de la course cycliste des ballerines de l'Opéra. Elle est arrivée deuxième, mais tout le monde a surtout remarqué sa finesse et sa grâce. *L'Écho de Paris* ne tarit pas d'éloge sur elle – qu'il nomme Jane Labatoux. L'année suivante elle participe à une autre course cycliste, celle des « artistes dames ». De nouveau les journaux rivalisent de qualificatifs : « exquise », « fine », « charmante », etc. Pendant les dernières années du XIXème siècle et les premières du

[1] AN archives privées 324 AP 9 Tardieu, lettre de Jean Herbette à André Tardieu, 3 avril 1906.

[2] BELLANGER et al., *Histoire générale de la presse française, op. cit.*, page 355.

XXème, elle continue à défrayer les chroniques mondaines des journaux parisiens. Les critiques artistiques la citent également souvent quand ils évoquent les spectacles donnés à l'Opéra.

Jean fait la connaissance de Jeanne par l'intermédiaire de son cousin Maurice Herbette. En effet, Maurice et Jeanne sont très proches. Mais leurs milieux d'origine et leurs activités sont si dissemblables qu'il ne peut être question de mariage entre eux. Lorsque Maurice décide de se marier avec la fille d'un avocat au Conseil d'État, les deux amants se séparent. Dans ses mémoires, Suzanne Bidault – qui a été la première femme à réussir le concours d'entrée au Quai d'Orsay en 1930 sous le nom de Suzanne Borel – rapporte que pour réaliser ce mariage, Maurice Herbette devait « se débarrasser d'une petite amie encombrante. Il la passa à son cousin qui s'en enticha si fort qu'il l'épousa »[1]. Et ce ne fut pas chose facile à faire accepter par son père et surtout par sa grand-mère. Les préparatifs se font dans le plus grand secret ; seul François est au courant des projets de son frère. Mais madame Barreswil découvre le pot aux roses et s'ensuit l'explication que l'on imagine. Malgré son opposition, elle est mise devant le fait accompli et ne peut que regretter ce mariage. Pourtant, Jeanne Labateux a donné des preuves de son engagement en abandonnant la vie mondaine pour se consacrer à son mari. Ensemble, ils emménagent au 22 de la rue Bergère (9ème arrondissement), mais Jean continue à écrire du courrier et à en recevoir au 17 de la rue Fortuny, qui reste sa maison. Pour lui, à près de 30 ans, c'est une nouvelle vie qui commence tant sur le plan personnel que professionnel.

[1] Suzanne BIDAULT, *Par une porte entrebâillée, ou comment les Françaises entrèrent dans la Carrière*, 1972, page 67.

DEUXIÈME PARTIE

LES ENGAGEMENTS DU JOURNALISTE (1907–1924)

CHAPITRE I

LES PREMIÈRES ARMES JOURNALISTIQUES ET DIPLOMATIQUES

JOURNALISTE AU *SIÈCLE* ET À *L'ACTION*

Le Siècle, fondé en 1836, se présente comme « le doyen de la presse française » et « le plus grand journal républicain du soir ». Son engagement politique est nettement affiché puisqu'il « combat la monarchie, le césarisme et la congrégation ». Pendant l'affaire Dreyfus, il fut une sorte d'organe de la Ligue des Droits de l'Homme, mais une fois « l'affaire » terminée, il perdit la plupart de ses lecteurs. Ensuite, il soutint les gouvernements Waldeck-Rousseau et Combes. Une publicité pour *Le Siècle* avance que c'est « un journal d'idées et de documents qui convient aux défenseurs et aux amis de la pensée libre en France »[1].

L'entrée d'Herbette au *Siècle* est peut-être due à la nécessité de remplacer Cornély, un journaliste de la rédaction mort cette année-là. Parmi les signatures du journal, on remarque celles d'Alphonse Aulard, le grand historien marxiste de la Révolution française à la Sorbonne ; de Ferdinand Buisson, député radical-socialiste de Paris et ancien directeur de l'enseignement primaire ; d'Henry Bérenger, député puis sénateur radical de la Guadeloupe. C'est d'ailleurs ce dernier qui devient propriétaire-directeur du journal en le rachetant en 1910 alors qu'il ne tire plus qu'à 5 000 exemplaires. En 1911, Bérenger couple sa rédaction avec celle d'un autre journal qu'il a fondé en 1903, *L'Action* – appelée également *L'Action Quotidienne* – qui tire à 11 000 exemplaires. Il s'agit d'un organe de combat anticlérical et radical qui soutint lui

[1] *Annuaire de la presse française et étrangère et du monde politique*, année 1907.

aussi le ministère Combes. Au contraire du *Radical*, il passe pour être l'organe indépendant du radicalisme. Féministe, il reprend l'héritage de *La Fronde* de Marguerite Durand[1].

Dès avant le rapprochement du *Siècle* et de *L'Action*, Herbette écrit pour les deux titres. Il commence par tenir une chronique intitulée « Les nouveautés de la Science », qui paraît plusieurs fois par mois en première page de *L'Action*. Il y traite aussi bien des progrès médicaux, des découvertes astronomiques que de l'efficacité toujours plus grande des armements[2]. Le travail de recherche de renseignements, de documentation, d'analyse et de rédaction laisse à Herbette du temps pour voyager en été. Il en profite pour envoyer au journal des correspondances de l'étranger. Mais la rubrique de politique étrangère est l'apanage de Lucien Estagel.

En août–septembre 1907, Herbette est en Allemagne, qu'il connaît déjà mais ne reconnaît plus vraiment. À Berlin, il constate que « la fréquentation des Allemands, surtout dans cette partie-ci de l'Allemagne, n'a rien de flatteur ni d'aimable pour un Français ». En effet, la mode française est bien dépassée et « il y a une poussée extraordinaire de patriotisme allemand ». Comme exemple, il revient sur le Maroc, qui semble décidément beaucoup l'intéresser : « le ton des journaux, même sérieux, est stupéfiant : il est passé à l'état de vérité démontrée que les Français sont les causes du massacre du Dr Mauchamp, des tueries et même du pillage de Casablanca ! »[3]. Par ailleurs, « les faiblesses de notre armée et de notre marine sont complaisamment détaillées », alors qu'en Allemagne, « l'armée est nombreuse et la flotte progresse rapidement ». Dans ces conditions, la presse allemande ne veut pas d'une entente avec la France sur le Maroc. Notre journaliste remarque même que cette flambée de patriotisme est prise en compte par les socialistes allemands. Comme « Jaurès a eu la faiblesse de [les] suivre après en avoir reçu les pires injures, même dans le socialisme, les Français ont tenu les rôles de Pantalon et de Chocolat, et ce n'est pas brillant ». Plus que cela, ce qui marque Jean Herbette durant son séjour, c'est que « cette exaltation de l'Allemagne a pour explication, et aussi pour conséquence, une prodigieuse prospérité ». Il avoue avoir

[1] *Histoire générale de la presse française, op. cit.*, pages 356–357 et 466.

[2] *L'Action*, année 1908, la chronique « Les Nouveautés de la Science » débute en page 1 et se poursuit en page 2.

[3] Le Dr Mauchamp, médecin français installé à Marrakech a été assassiné le 19 mars 1907. Le 31 juillet suivant, plusieurs ouvriers européens ont été massacrés à Casablanca par des Marocains sans que les autorités marocaines soient intervenues.

été stupéfait de la richesse des villes traversées, « surtout Cologne et Hanovre. Quant à Berlin, c'est extravagant ! »[1]. Ces observations sont à rapprocher de nombreux récits de voyages de Français en Allemagne entre 1905 et 1910, notamment celui d'Octave Mirbeau qui paraît en cette année 1907[2].

Comme beaucoup de Français de gauche, Jean Herbette était surtout et demeure antiprussien. Désormais, il est également antigermaniste. Pas cet antigermanisme de droite né de la défaite et lié à l'idée de revanche, mais un antigermanisme de gauche lié à l'extraordinaire essor économique de l'Allemagne au tournant des siècles. Une Allemagne puissante et conquérante qui est désormais un danger pour la paix comme l'a montré la crise marocaine de 1905–1906. L'antigermanisme d'Herbette est donc fondé sur la crainte de l'impérialisme allemand[3]. Cependant, il ne remet pas en cause son idée fondamentale que les peuples doivent vivre unis en nations : « il ne faut pas se faire d'illusions, que ce soit heureux ou non, les hommes ont actuellement d'énormes avantages à tirer de leur organisation en nations : la prospérité de l'Allemagne, le relèvement de l'Italie, la renaissance des pays balkaniques, la grandeur du Japon en sont des exemples ». Le publiciste dégage de toutes ces constatations une leçon pour la France : comme l'Allemagne unie, la France peut retrouver l'activité et la confiance qui ont à de nombreuses reprises fait sa force. Pour cela, il faut éviter les écueils politiques : « toute politique internationaliste ou même simplement girondine, toute division intérieure profonde est une vraie calamité. C'est ce qui apparaît avec une évidence tragique quand on est au dehors »[4]. Si l'on peut se permettre de résumer la conception politique d'Herbette, on peut dire que seule la république une et indivisible marchant d'un seul pas est le régime qui peut permettre à la France de s'affirmer.

Au bout d'une année de ses nouvelles activités, Jean Herbette écrit à son frère en juillet 1908 : « en ce moment le métier est plus dur que jamais, car une partie du personnel est absente, et nous avons à la fois le voyage de M. Fallières, la révolution turque et les luttes

[1] Lettre de Jean Herbette à François Herbette, 29 août 1907, coll. part.

[2] Claude DIGEON, *La crise allemande de la pensée française (1870–1914)*, 1959, pages 480–482. Octave MIRBEAU, *La 628.E8*, 1907.

[3] Sur ces notions, Claude DIGEON, *La crise allemande … op. cit.*, chapitres IX et X.

[4] Lettre de Jean Herbette à François Herbette, 29 août 1907, coll. part.

ouvrières ici[1] ». Pour toutes ces raisons, il pense ne pouvoir s'absenter que pendant trois semaines qu'il mettra à profit pour aller à Prague ou en Suisse, et encore, « à la condition d'envoyer du papier noirci à Paris ». Pour autant, il conclut : « mais enfin tout cela est bien intéressant et je suis loin de me plaindre »[2]. Cette lettre montre qu'au *Siècle*, Herbette n'est pas spécialisé dans un domaine particulier, mais qu'au contraire, son travail est de couvrir les événements qui se présentent. L'allusion à la révolution turque est à remarquer, car c'est le début d'un intérêt pour les questions du Proche et du Moyen-Orient qui ne se démentira jamais et qui constitue un autre centre d'intérêt extérieur pour Jean Herbette après l'Afrique du nord et l'Allemagne.

C'est à partir de 1910, que le métier de Jean Herbette le pousse vers la politique extérieure. Dans *L'Action*, on peut alors lire des interviews de personnalités étrangères par notre journaliste : le comte Ostrorog lui parle de la réforme de la justice ottomane ; à Madrid, il s'entretient avec Pablo Iglesias, le fondateur du parti socialiste espagnol[3]. En 1911, Herbette s'impose comme le spécialiste de politique étrangère au sein de la rédaction de *L'Action*. Il est en effet le rédacteur en chef d'un supplément d'une page qui accompagne le titre chaque mardi et qui s'intitule « La Semaine Extérieure ». Par ailleurs, le journaliste signe des articles qui s'étalent à la une dans les rubriques « La politique extérieure » et « Idées et opinions ». En octobre 1911, il suit particulièrement la guerre italo-turque et la situation en Chine[4].

Dans l'édition de 1912 de l'*Annuaire de la presse*, pour la première fois le nom de Jean Herbette est cité comme l'un des principaux membres de la rédaction du *Siècle*, preuve qu'il a réussi à s'y imposer[5]. Afin de se renseigner au mieux sur toutes les affaires lointaines et complexes, le journaliste sollicite les hommes qui les connaissent le mieux. Ainsi, en 1910, à propos de l'organisation des troupes en Algérie, il demande au colonel Mangin des éclaircissements : « si vous aviez quelque chose à me communiquer à ce sujet, est-il utile

[1] En juillet 1908, Armand Fallières est en voyage à Copenhague, Stockholm et Christiana, et rencontre le tsar Nicolas II à Reval le 27 ; les revendications ouvrières sur les salaires et les conditions de travail mènent à des grèves assez dures pendant l'été 1908, notamment celle des sablières de Draveil-Vigneux en juillet. Le 30 juillet à Villeneuve-Saint-Georges, il y a 4 tués et 50 blessés.

[2] Lettre de Jean Herbette à François Herbette, 31 juillet 1908, coll. part.

[3] *L'Action*, 6 et 10 avril 1910.

[4] *L'Action*, année 1911.

[5] *Annuaire de la presse française et étrangère et du monde politique*, années 1907 à 1913.

d'ajouter que je serais particulièrement heureux de connaître votre avis, dont je n'userais d'ailleurs qu'avec la discrétion à laquelle je ne suis que trop obligé ? »[1]. C'est ainsi que peu à peu Jean Herbette va pouvoir se constituer des relations qui lui permettent de donner de la consistance à ses articles du *Siècle* et qu'il se taille une réputation de bon connaisseur des problèmes extérieurs.

Il participe à des campagnes sur des thèmes qui lui tiennent à cœur et avant tout sur le Maroc. Il écrit à son camarade Tardieu : « bravo ! Si après ton article de ce soir on ne renforce pas les troupes de la Chaouïa et si l'on ne venge pas le guet-apens du 14 janvier, c'est à désespérer de l'opinion publique. Mais si ce que nous demandons se réalise, les Français du Maroc te devront un beau supplément de reconnaissance »[2]. En effet, le 14 janvier 1911, une reconnaissance sur les confins de la Chaouïa – la plaine de Casablanca – sous la conduite du lieutenant Marchand, était tombée dans une embuscade dressée à Merchlouch par la tribu des Zaër. Marchand, un sous-officier et trois goumiers avaient été tués. Les deux journalistes réclament l'envoi de troupes afin de contrôler toute cette région. Il s'agit pour eux de faire pression sur les responsables politiques, trop calculateurs, qui n'osent pas afficher une attitude déterminée au Maroc par crainte de complications internationales. Jean Herbette semble penser avec André Tardieu que si l'opinion s'en mêle, les politiques devront s'exécuter, et l'Allemagne céder.

Les deux publicistes ne se considèrent pas seulement comme des observateurs. Ils ont conscience de jouer un rôle important dans la prise de décision. Herbette ne cache d'ailleurs pas son excitation : « en te lisant, je me croyais revenu aux jours épiques de ta campagne d'Algésiras, et cela me fait un plaisir rétrospectif en même temps que très actuel d'être aussi aimablement cité par toi. Merci et crois à ma cordiale amitié »[3]. Trois jours plus tard, Herbette écrit de nouveau à ardieu : « Mon cher ami, merci de m'avoir si aimablement cité dans ton excellent article de ce soir. Nous saurons demain le résultat de la campagne que toute la presse a menée, on peut le dire sous ta direction. J'espère bien qu'il va y avoir au moins 2 000 hommes pour la

[1] AN archives privées 149 AP 10 Mangin, lettre de Jean Herbette au colonel Mangin, 8 novembre 1910.

[2] AN archives privées 324 AP 9 Tardieu, lettre de Jean Herbette à André Tardieu, non datée. Par déduction, février ou mars 1911.

[3] AN archives privées 324 AP 9 Tardieu, lettre de Jean Herbette à André Tardieu, non datée. Par déduction, février ou mars 1911.

Chaouïa et l'autorisation du général Moinier[1] de faire quelque chose ». On remarque donc que Tardieu et Herbette se citent mutuellement pour étayer leurs articles, l'un soutenant l'autre et *vice versa*. Cette lettre est aussi l'occasion de préparer la prochaine étape de la lutte : « même si l'Allemagne émettait la prétention de demander la cote pour les obligations de Bagdad en échange de notre liberté d'action au Maroc, nous ne devrions pas avoir l'air de comprendre »[2]. La tension marocaine est en effet une question essentielle des relations européennes et en particulier franco-allemandes, comme le montrera la crise d'Agadir quelque temps plus tard[3]. Plus loin que le Maroc, l'attention de Jean Herbette se porte aussi sur la Perse.

LE SÉJOUR EN PERSE (1911)

La situation de ce pays est très confuse depuis la mise en place d'une constitution en 1906 pour contrebalancer le pouvoir du Shâh. Constitutionnalistes et partisans d'un pouvoir royal fort s'opposent constamment. De plus, par un accord signé en août 1907, la Russie et l'Angleterre se partagent la Perse en deux zones d'influence – russe au nord et britannique au sud – séparées par une zone neutre[4]. L'État persan, affaibli par les luttes intérieures et les interventions étrangères est alors en décomposition. Afin de remédier à cette situation, le gouvernement persan invite des conseillers étrangers à venir participer à la remise en ordre des administrations. Ainsi, des fonctionnaires belges, français, suédois, américains, etc. font le voyage de Téhéran et se mettent au service de la réforme et de la modernisation en Perse avec l'aval des légations russe et anglaise[5]. En ce qui concerne l'organisation des finances, de 1907 à 1909 un Français, Bizot, fait son possible mais avec insuffisamment de pouvoir. En 1911, il refuse de retourner à Téhéran dans les mêmes conditions. C'est donc un

[1] Le général Moinier est l'un des commandants des forces françaises au Maroc.

[2] AN archives privées 324 AP 9 Tardieu, lettre de Jean Herbette à André Tardieu, non datée. Par déduction, février ou mars 1911.

[3] Voir Jean-Claude ALLAIN, *Agadir 1911, une crise impérialiste en Europe pour la conquête du Maroc*, 1976.

[4] Pour une vision d'ensemble de ces événements, Jean-Pierre DIGARD, Bernard HOURCADE, Yann RICHARD, *L'Iran au XXème siècle*, 1996, pages 32–42. Janet AFARY, *the Iranian Constitutional Revolution 1906–1911*, 1996.

[5] Cette question est très développée dans, Ali Akbar SIASSI, *La Perse au contact de l'Occident. Étude historique et sociale*, 1931.

Américain, Morgan Shuster qui est chargé des finances persanes, comme trésorier général de l'Empire. La France contribue pour sa part à la réorganisation des ministères de l'Intérieur et de la Justice en envoyant deux conseillers : Demorgny et Perny[1]. Raymond Lecomte, ministre plénipotentiaire de France à Téhéran de 1906 à 1919, rend hommage à leur travail, mais est très critique à l'égard de Shuster. En effet, le conseiller américain connaît peu la Perse : sa culture, sa vie politique, sa société, tout lui est étranger. Il commet donc très tôt des maladresses dues à son ignorance et à sa suffisance aussi semble-t-il[2]. Il paraît surtout attacher de l'importance à l'image que la presse occidentale donne de lui et de sa mission. Et c'est là que nous retrouvons Jean Herbette, très intéressé par les affaires du Moyen-Orient.

En juillet 1911, *L'Action* envoie notre publiciste en Perse afin qu'il évalue sur place les efforts de modernisation entrepris. Shuster voit très vite l'intérêt qu'il peut tirer de la présence de ce journaliste français. Il le reçoit, lui explique ce qu'il entreprend et le convainc de la nécessité absolue de sa mission et de l'efficacité de sa méthode. Jean Herbette envoie alors à Paris des articles très favorables à Shuster qui paraissent dans le supplément « La Semaine Extérieure » qu'il dirige : des « panégyriques » qui comblent « le réformateur yankee », ironise Lecomte. Aussi, Shuster propose à Herbette de le prendre à son service comme « secrétaire », son habitude de l'écriture pouvant être mise au profit de la réforme[3]. C'est ainsi que Jean Herbette prépare certaines correspondances du ministère des Affaires étrangères persan et de son titulaire, Vossough ed Dovlev[4]. Cependant, en août, il revient aux oreilles d'Herbette que le ministre persan « s'est plaint, en présence de nombreux membres du Parlement auxquels il parlait officieusement, de ce que M. Shuster avait auprès de lui des journalistes [...] Je suis extrêmement étonné de ce reproche, qui sans doute s'adresse à moi ». Notre publiciste voit dans cette réflexion de l'ingratitude, vue « la sincérité avec laquelle je m'efforce de défen-

[1] Demorgny a laissé un récit de son action à Téhéran : *Essai de réforme en Perse*.

[2] AQO correspondance politique et commerciale, nouvelle série 1897–1914, Perse vol. 8, dép. de Lecomte au MAE, n° 127 du 3 octobre 1911. Il précise que les deux Français font preuve « d'un zèle plus modeste » et d'une « compréhension plus intelligente des besoins auxquels ils doivent donner satisfaction ».

[3] AQO nouvelle série 1897–1914, Perse vol. 32, dép. de Lecomte au MAE n° 115 du 3 septembre 1911.

[4] BCUL fonds Herbette IS 4147 carton 12, brouillons de notes, de projets de réponses à différentes représentations étrangères, notamment celle de la France.

dre dans la presse les droits de ce pays », précise-t-il[1]. Car il n'a pas abandonné, bien au contraire, sa campagne en faveur de l'œuvre de modernisation qu'il présente comme devant affranchir la Perse de la tutelle anglo-russe. On retrouve là sa conception de l'État-nation.

Les critiques adressées à Jean Herbette, ou plutôt à sa qualité de journaliste, le mettent dans une situation vite intenable vis-à-vis de Shuster. En effet, le trésorier général peut désormais le considérer davantage comme un boulet à traîner que comme un propagandiste efficace. Début septembre, Lecomte mentionne « la rupture qui s'est produite entre ce fonctionnaire et le "touriste" français auquel il avait offert l'hospitalité ». Se retrouvant seul et logeant à l'hôtel, sans ressource et loin de Paris, Herbette se rapproche de la légation de France, ce qui provoque la raillerie de Lecomte : « M. Jean Herbette, pour un motif mystérieux, a quitté la maison de M. Shuster d'où il critiquait sans trop de ménagement cette légation et s'est empressé de mettre au service de son pays le loyal concours des lumières d'une plume exclusivement consacrée jusqu'ici à l'œuvre de la régénération persane »[2]. Cette dépêche nous montre un Jean Herbette pragmatique voire opportuniste, qui change de cheval lorsque sa monture ne peut plus le porter. Cette attitude et la rupture avec le trésorier général peuvent expliquer que dans son ouvrage consacré à sa mission en Perse, Shuster ne cite jamais le nom d'Herbette et ne fasse jamais allusion à lui[3].

Cette impression d'opportunisme est renforcée par un autre épisode qui se déroule quelques jours plus tard. Le 8 septembre, Lecomte informe le Quai d'Orsay que Jean Herbette est « sur le point d'obtenir un poste important à l'Instruction publique » et que « la négociation a été cachée par le gouvernement persan et par l'intéressé ». Ce dernier chercherait l'appui de la légation française. Mais les légations russe et anglaise font savoir à Lecomte « qu'elles verraient cette nomination sans satisfaction, tant à cause du danger allemand qu'à cause des précédents du candidat allié jusqu'ici à leurs pires ennemis ». Lecomte demande à Paris s'il doit s'opposer au projet d'Herbette et du gouver-

[1] BCUL fonds Herbette IS 4147 carton 12, note de Jean Herbette pour son excellence Vossough ed Dovlev, du 15 août 1911.

[2] AQO nouvelle série 1897–1914, Perse vol. 32, dép. de Lecomte au MAE n° 115 du 3 septembre 1911

[3] W. Morgan SHUSTER, *The Strangling of Persia. Story of the European Diplomacy and Oriental Intrigue that resulted in the Denationalization of twelve million Mohammedans. A personal narrative*, 1912 et 1920.

nement persan[1]. Il est évident que les Russes et les Britanniques ne peuvent pas voir d'un bon œil la nomination d'Herbette qui dénonce depuis qu'il est arrivé à Téhéran la trop grande main-mise de leurs deux pays sur la Perse. La référence au danger allemand est plus énigmatique. Toujours est-il que la réponse du Quai d'Orsay – signée par son cousin Maurice Herbette, alors chef du cabinet du ministre – qui arrive dès le lendemain est concise et nette : « Du moment que les deux légations sont hostiles à la nomination de M. Herbette, vous devez vous y opposer »[2].

Le journaliste, qui doit sentir que l'opposition est forte, établit alors une procuration à sa femme déjà retournée à Paris, afin qu'elle puisse établir tous les papiers en vue d'un changement d'appartement[3]. Il semble envisager un retour, mais avant il tente une dernière manœuvre. C'est encore Lecomte qui rapporte : « j'avais espéré que malgré les laborieuses intrigues du candidat l'affaire serait abandonnée par les Perses, mais il m'est revenu qu'au dernier moment M. Herbette aurait stimulé les députés en représentant sa nomination éventuelle comme agréable au gouvernement de la République ». C'est donc un Herbette intrigant qui nous est présenté là, mais qui n'arrive pas à compromettre la représentation française. Lecomte exécute les instructions du Quai d'Orsay et obtient du gouvernement persan qu'il renonce à nommer Herbette. Ce dernier quitte Téhéran le 23 septembre[4]. Il emporte avec lui quelques manuscrits persans de valeur qui vont constituer la base de sa riche bibliothèque[5].

Ce séjour en Perse de Jean Herbette nous apprend beaucoup sur la façon dont il conçoit son métier de journaliste : se mettre au service d'une cause, ici la régénération persane contre l'influence des grandes puissances. On cerne également mieux le caractère de l'homme qui fait preuve d'un incontestable opportunisme et qui, à l'occasion, n'hésite pas à manier l'intrigue pour arriver à ses fins.

[1] AQO nouvelle série 1897–1914, Perse vol. 32, tél. de Lecomte au MAE n° 38 du 8 septembre 1911.

[2] AQO nouvelle série 1897–1914, Perse vol. 32, tél. du MAE (Maurice Herbette) à Lecomte, n° 31 du 9 septembre 1911.

[3] BCUL fonds Herbette IS 4147 carton 4, procuration établie à la légation de France à Téhéran le 9 septembre 1911.

[4] AQO nouvelle série 1897–1914 vol. 32, tél. de Lecomte au MAE, n° 44 du 24 septembre 1911.

[5] On les retrouve dans BCUL, fonds Herbette, IS 4147.

L'ÉTOFFEMENT DES RELATIONS PERSONNELLES

Rentré à Paris, Jean Herbette est désormais considéré comme l'un des meilleurs spécialistes de la Perse et du Moyen-Orient. Le 3 octobre, *L'Action* publie encore un long article de son envoyé spécial en Perse, que ce dernier a télégraphié le jour même de son départ de Téhéran, le 23 septembre. Le papier est agrémenté d'une photographie non datée montrant Jean Herbette et son épouse au milieu de différentes autorités persanes[1]. Et cette réputation produit des effets. Ainsi, dès décembre 1911, le président du Comité de l'Orient sollicite l'adhésion d'Herbette comme membre de son conseil de direction. Un an plus tard, c'est le secrétaire général de l'Union franco-persane qui l'informe que l'assemblée générale de l'Union l'a nommé à l'unanimité membre de son bureau en qualité de vice-président. De plus, le journaliste sait entretenir des relations avec le ministre de Perse à Paris, le prince Samad Khan Montazos Saltaneh. Jean Herbette lui offre un service à thé, l'invite à dîner, lui fait passer des publications sur la Perse, etc. Le diplomate persan se sent assez proche d'Herbette pour lui confier ses sentiments devant la mort de son fils en août 1912[2]. Il faut dire que le publiciste continue d'œuvrer pour l'indépendance persane. En janvier 1912 dans *L'Action*, il dénonce les ambitions allemandes sur les chemins de fer persans. Cet article est transmis par le Quai d'Orsay à ses représentants à l'étranger ; preuve qu'on lui donne une certaine importance[3]. Jean Herbette noue également des relations étroites avec l'ambassadeur de l'Empire ottoman à Paris. Ce dernier lui écrit : « je vais vous envoyer un projet de correspondance que vous pourriez peut-être insérer dans votre journal comme venant d'un correspondant de Constantinople ». Cette pratique est alors assez répandue dans les journaux comme *Le Siècle* et *L'Action* qui n'entretiennent pas de correspondants dans les capitales étrangères. En janvier 1913, le même diplomate félicite Herbette pour l'un de ses articles consacré aux emprunts turc et bulgare en Allemagne[4].

[1] *L'Action*, supplément « La Semaine Extérieure », 3 octobre 1911.

[2] BCUL fonds Herbette IS4147 carton 7, lettres du président du comité de l'Orient du 14 décembre 1911 ; du secrétaire général de l'Union franco-persane du 14 décembre 1912 ; de Samad Khan, des 28 décembre 1911, 22 décembre 1912 et 6 août 1912.

[3] *L'Action*, 5 janvier 1912 et *D.D.F.* 1871–1914, 3ème série, tome I (4 novembre 1911 – 7 février 1912).

[4] BCUL fonds Herbette IS4147, carton 8, lettres de l'ambassadeur impérial ottoman (*sic*) à Jean Herbette, 4 mars 1912 et 28 janvier 1913 (Herbette est alors journaliste à *L'Écho de Paris*).

Les années qui précèdent la guerre sont primordiales pour expliquer la connaissance et la réputation de Jean Herbette dans le domaine des affaires internationales. En effet, c'est à cette époque qu'il tisse de nombreux liens et commence à écrire des articles remarqués. Outre ses relations issues de son périple persan, il n'oublie pas de conserver les meilleures relations avec André Tardieu. Très régulièrement il le félicite pour ses articles. En avril 1912, Tardieu l'en remercie et l'invite à collaborer avec lui : « tu es comme toujours très affectueux pour moi et je t'en remercie. Voyons-nous souvent ces temps-ci car nous avons à faire œuvre utile. Merci de tout cœur de tes compliments. Tout à toi »[1]. Une fois de plus, il est ici question du Maroc où une forte tension oppose toujours la France et l'Allemagne depuis la crise d'Agadir. Le 15 avril, *L'Action* publie à la une deux articles d'Herbette intitulés : « Les combats du Maroc » et « Les négociations franco-espagnoles ». Le journaliste loue la politique de fermeté de Poincaré et tente de sensibiliser l'opinion sur l'épineuse question des limites franco-espagnoles dans l'empire chérifien[2]. Dans *Le Siècle*, il écrit que les intérêts français au Maroc sont en péril. Aussi, appelle-t-il de ses vœux la création de puissantes industries françaises à Port-Etienne. À Charles Benoist, député républicain progressiste de Paris qui réclame le renforcement de la présence française au Maroc, Herbette écrit : « au sud, j'espère qu'on se débarrassera de la zone espagnole jusqu'au-delà de l'Oued Draa … »[3]. En juin 1912 dans *L'Action*, il défend encore la thèse d'une nécessaire limitation des ambitions de l'Espagne au Maroc[4].

C'est dans ce contexte épineux des relations internationales et pour la diplomatie française que Jean Herbette collabore à une revue mensuelle nouvelle nommée *La Politique Étrangère*. Celle-ci est fondée par Poincaré en 1912 alors qu'il est président du Conseil et ministre des Affaires étrangères. On peut lire en exergue sur chaque numéro de la revue cette réflexion du maître : « la complexité des problèmes qu'un prochain avenir peut poser rend nécessaire un concert général, si l'on veut que l'inévitable contradiction des intérêts ne dégénère pas, tôt ou tard, en dissentiment et conflit ». Les articles qu'Herbette signe dans

[1] BCUL fonds Herbette IS4147, carton 11, lettre d'André Tardieu à Jean Herbette, 21 avril 1912.

[2] *L'Action*, 15 avril 1912.

[3] L'Oued Draa marque la limite entre le Maroc et le Rio de Oro, où l'Espagne exerce un protectorat depuis 1885.

[4] Jean-Marc DELAUNAY, *Méfiance cordiale, les relations franco-espagnoles au début du XXème siècle (1898–1914)*, thèse d'État microfichée, p.2281–2282, 2671, 2705–2706.

cette revue sont toujours présentés en début de numéro et constituent une sorte d'éditorial. Ils portent souvent sur l'analyse des rapports de force en Europe et s'appuient sur les leçons de l'histoire. Les notions d'équilibre européen et de crise diplomatique sont très présentes[1]. Suivent ensuite des correspondances de l'étranger dont les auteurs varient. La place d'Herbette au sein de la revue est donc incontestablement la principale. Cette nouvelle tribune lui permet d'avoir des relations avec le monde politique et d'être introduit dans les cercles du pouvoir. Peut-être Jean Herbette doit-il ce privilège à son cousin Maurice, qui est un proche de Poincaré[2].

Ainsi, Louis Marin, député de la Fédération républicaine depuis 1903, lui demande quelques services. Alors qu'Herbette, comme à son habitude profite de l'été 1912 pour marier tourisme et travail – il est en Grèce pour suivre de près les crises balkaniques – Marin lui envoie son rapport sur le règlement définitif du budget des Affaires étrangères pour l'année 1907. Le député se dit « très désireux d'avoir à son sujet, avant de mettre sur pied d'autres rapports, votre avis et vos critiques les plus sévères ». Un peu plus tard, Marin déclare attacher beaucoup d'importance aux observations d'Herbette, notamment sur la campagne lancée afin d'obtenir la création d'une nouvelle ambassade de France à Tokyo[3]. En rendant des services de ce type, le journaliste se constitue des relations dans lesquelles chacun trouve son compte. Herbette peut mieux informer, il est donc davantage lu et écouté, donc les politiques recherchent sa collaboration, et ainsi de suite …

Dans le carnet d'adresses de Jean Herbette daté de 1912, outre les noms déjà évoqués de Tardieu, Marin et Poincaré, on peut lire ceux de Gaston Doumergue, sénateur radical-socialiste du Gard ; Franklin-Bouillon, député radical-socialiste de Seine-et-Oise ; Alexandre Ribot, député républicain du Pas-de-Calais, ancien Président du Conseil ; Georges Leygues, député de l'Union démocratique, tendance Poincaré ; Léon Bourgeois, sénateur de la gauche radicale et ministre du Travail ; Jules Cambon, ambassadeur de France en Allemagne ; plusieurs contacts au ministère des Affaires étrangères, dont Maurice Paléologue, directeur des affaires politiques et commerciales ; Olivier Sainsère, secrétaire général de l'Élysée … On notera bien évidemment que la grande majorité de ces personnalités sont de la gauche radicale, ce qui

[1] *La Politique Étrangère*, numéros 1 à 6 et 10 de l'année 1913.

[2] François ROTH, *Raymond Poincaré*, 2000, p.407.

[3] BCUL, fonds Herbette, IS 4147, carton 10, lettres de Louis Marin à Jean Herbette des 29 juillet et 21 septembre 1912.

n'est pas étonnant, au vu des journaux dans lesquels Herbette travaille. Ce sont autant de personnages qui le reçoivent, lui donnent des indications et le remercient pour ses articles. Le nombre de petits mots de remerciement envoyés à Herbette par des députés, sénateurs ou ministres est impressionnant. Citons simplement Paul Deschanel, député républicain d'Eure-et-Loir – et ancien président de la Chambre des Députés – pour plusieurs articles parus dans *L'Action* et dans *le Siècle* en 1911 et 1912 et Théophile Delcassé, député de l'Ariège et ancien ministre des Affaires étrangères, en 1913. Tous ces noms se retrouvent dans les carnets d'invitation du couple Herbette pour les premiers mois de 1913. De tous les hommes politiques les plus influents, il n'y manque pratiquement que Jaurès, Clemenceau, Briand et Caillaux. En ce qui concerne Clemenceau, il faut préciser qu'il appartient à la même génération que le père de Jean Herbette, Louis. Ils se sont d'ailleurs connus dans les années 1870 ! Ceci explique peut-être cela.

À cette liste d'hommes politiques, on peut ajouter des membres de la presse et des cercles littéraires parisiens comme Paul Desachy, ancien rédacteur en chef du *Siècle*, Paul Adam et Maurice de Waleffe de *L'Action*. Charles Maurras lui écrit plusieurs lettres. Beaucoup d'étrangers fréquentent également les soirées que donnent les Herbette deux fois par mois : Arthur Raffalovitch, conseiller économique du ministère des Finances de Russie et collaborateur de plusieurs journaux français[1], Samad Khan déjà évoqué ou Milenko Vesnitch, le ministre de Serbie à Paris, et d'autres moins en vue[2].

Il faut dire que les articles de politique extérieure de Jean Herbette, signés de son nom ou de ses initiales, s'affichent alors à la une de *L'Action* et du *Siècle*. Dans ce dernier titre, ils sont rédigés sur deux demi-colonnes et sont placés en haut à droite sur la première des six pages du quotidien. Jusqu'en janvier 1913, le publiciste s'astreint à écrire chaque jour un article qui se présente comme une réflexion sur toutes les dimensions des problèmes de relations internationales. Après avoir rappelé la partie émergée de l'iceberg : les faits, les rencontres diplomatiques et les déclarations politiques, il cherche à définir les causes et les conséquences prévisibles des crises en faisant souvent référence à l'histoire de la France ou des grandes civilisations. Ces

[1] Sa correspondance avec Saint-Pétersbourg fut publiée en 1931, sous le titre : *L'abominable vénalité de la presse française*. Elle montre toutes ses actions en vue d'obtenir des campagnes de presse favorables à la Russie moyennant le paiement des journaux.

[2] On retrouve les traces de toutes ces relations dans la correspondance passive de Jean Herbette conservée à la BCUL, cartons 7 à 11.

analyses sont presque toujours suivies d'un autre article, souvent non signé mais où l'on retrouve parfois la griffe d'Herbette, qui développe l'un des aspects concrets de la question avec des chiffres, des cartes, des témoignages devant permettre d'éclairer l'analyse initiale. Herbette étudie donc les questions de relations internationales, non pas à travers le prisme étroit de la stricte diplomatie, mais en adoptant une méthode très moderne que les historiens de cette discipline ne pratiquent alors pas encore. Il aborde toutes les questions, et pas seulement celles qui concernent la France. L'étude des articles qu'il fait paraître au début de l'année 1913 montre qu'il traite aussi bien des problèmes balkaniques, que des ambitions allemandes ou des armements austro-hongrois. Selon lui, tout cela doit intéresser les Français puisque c'est la paix européenne qui est en jeu[1].

L'ENTRÉE *À L'ÉCHO DE PARIS* (1913)

Ayant réussi à s'imposer dans le cercle étroit des spécialistes de politique étrangère, Jean Herbette signe son dernier article dans *le Siècle* le 12 janvier 1913. Il intègre dès lors la rédaction de *L'Écho de Paris*, journal fondé en 1884 et installé place de l'Opéra. C'est l'un des plus grands quotidiens parisiens : il tire alors à près de 150 000 exemplaires et paraît sur six ou huit pages. Il est reconnu comme un journal de qualité et a de nombreux abonnés. De toutes les relations de Jean Herbette, seul Louis Marin le félicite de cette évolution dans sa carrière de journaliste. En effet, quel changement … radical ! *Le Siècle* et *L'Action* se définissent comme des journaux de la république et de la libre pensée ; *L'Écho de Paris* est un quotidien nationaliste et catholique. Pendant l'affaire Dreyfus, il était l'organe officieux de la Ligue de la Patrie française[2]. On comprend mal les motivations de ce qui apparaît comme un revirement politique ou du moins l'adhésion à une autre forme de pensée que celle proclamée et défendue jusqu'alors par Jean Herbette. En effet, les rédacteurs les plus importants de *L'Écho* sont Maurice Barrès et Albert de Mun. Barrès, député républicain nationaliste de Paris, accepte certes l'héritage de la Révolution française mais « il aime la République armée, glorieuse, organisée ». Le nationalisme de rassemblement de Barrès peut séduire Herbette, mais

[1] Ce paragraphe s'appuie sur la consultation des numéros de janvier 1913 du journal *Le Siècle*.

[2] *Histoire générale de la presse française, op. cit.*, pages 296, 300 et 346-347.

la volonté de retrouver les traditions françaises qui va de pair avec la religion catholique et l'importance de l'Église lui sont étrangères. De même, le comte Albert de Mun ne s'est rallié à la République que sur ordre du Pape. Député de la droite, privé de tribune à la Chambre depuis 1902 en raison de ses troubles cardiaques[1], il s'exprime très régulièrement dans *L'Écho de Paris*. Le catholicisme social qu'il développe et les cercles catholiques ouvriers qu'il a créés ne sont-ils pas analysés comme des dangers par les libres penseurs comme Jean Herbette ? Certes, la campagne virulente que *L'Écho de Paris* mène contre *L'Humanité* ne déplait sûrement pas au journaliste, qui n'aime pas les socialistes et ne le cache pas, mais ce n'est pas une raison suffisante pour intégrer sa rédaction.

Sans source permettant de cerner précisément les motivations qui ont poussé Jean Herbette à quitter *Le Siècle* et *L'Action* pour *L'Écho de Paris*, on est réduit à émettre des hypothèses. On peut penser que l'antigermanisme de gauche d'Herbette peut en période de risque de guerre se trouver des points communs avec l'antigermanisme de droite de *L'Écho*. On est alors en plein renouveau du nationalisme et cela amène des rapprochements politiques[2]. On peut également penser que le traitement de politique étrangère, dont Herbette s'est fait une spécialité, présente davantage de possibilités de consensus que celui de la politique intérieure. En politique étrangère, *L'Écho de Paris* met spécialement en avant les tensions franco-allemandes avec une germanophobie qui ne peut pas déplaire à notre publiciste. Il faut également avoir à l'esprit la différence de notoriété entre les journaux qu'Herbette quitte et celui qu'il rejoint. En 1913, si *L'Action* tire à 12 000 exemplaires, *Le Siècle* est tombé à 4 000, et tend à devenir une vieille feuille d'abonnés[3]. S'il veut s'imposer dans le monde de la presse, Jean Herbette doit intégrer l'un des grands journaux parisiens qui font l'opinion. Par ailleurs, la recherche d'une situation matérielle meilleure est aussi un élément qui peut être retenu.

Il semble surtout que l'inextricable situation de politique intérieure créée par la préparation de l'élection présidentielle de janvier 1913 a quelque chose à voir avec le changement de rédaction d'Herbette.

[1] Georges BONNEFOUS, *Histoire politique de la Troisième République (1906–1940)*, tome premier : *L'avant-guerre (1906–1914)*, 1965, pages 260–262.

[2] Sur ce thème, voir Eugen WEBER, *The nationalist revival in France 1905–1914*, 1959.

[3] *Histoire générale de la presse française, op. cit.*, pages 296 et 316. *Le Siècle* disparaît en 1917, *L'Action* n'est plus alors qu'un titre confidentiel.

Rappelons que la candidature de Poincaré est alors dénoncée par les groupes radicaux-socialistes de la Chambre et du Sénat. Herbette, favorable à Poincaré en raison de sa collaboration à *La Politique Étrangère*, se trouve sans doute mal à l'aise au sein de la rédaction du *Siècle*. En effet, la presse radicale est contre Poincaré alors que *L'Écho de Paris*, présentant sa candidature comme « nationale », le soutient[1]. Albert de Mun et Maurice Barrès apportent leur appui à un candidat qu'ils considèrent comme vraiment patriote[2]. Afin de ne pas abandonner son soutien personnel à Poincaré, Herbette se trouve peut-être contraint de se réfugier à *l'Écho de Paris* ... et de prendre une autre dimension.

Après l'élection de Poincaré à la présidence de la République, Herbette signe dans *La Politique Étrangère* un élogieux article intitulé « L'élection de M. Poincaré et l'équilibre européen »[3]. Il se rappelle également à son bon souvenir par une lettre : « Pardonnez à l'un des plus modestes témoins [...] de vous exprimer la joie profonde et la profonde émotion à voir réaliser ce qu'il souhaitait de tout cœur. Les dévouements ne vous manqueront pas, désormais, et j'ose à peine parler de la fidèle reconnaissance que je vous ai vouée. Permettez seulement que je vous demande de vous souvenir de moi si – ce qui n'arrivera point, je veux le croire – il survenait des jours plus difficiles »[4]. Ces derniers mots peuvent évoquer le changement de rédaction du journaliste dans un contexte politique difficile et en raison de son soutien à Poincaré. Derrière les félicitations et la dithyrambe, on devine que le journaliste espère quelques retombées du caractère pionnier de son dévouement.

En tout état de cause, ce changement de rédaction ne modifie pas la manière d'écrire du journaliste, ni sa conception des relations internationales. Ses articles de *L'Écho* ressemblent à s'y méprendre aux articles parus dans *le Siècle*. De même, ses sujets préférés demeurent identiques. En février, il félicite encore Tardieu pour ses articles sur le Maroc qui paraissent dans *Le Temps* ; leurs relations ne semblent pas avoir changé. Tardieu lui répond : « mon cher ami, merci une fois de plus. Ton amitié toujours si cordiale m'est extrêmement précieuse »[5]. Ils

[1] Pierre MIQUEL, *Poincaré*, 1961, pages 296 à 300.

[2] François ROTH, *Raymond Poincaré op. cit.*, p.247–248.

[3] *La Politique Étrangère*, 1913, n° 1 janvier, pages 1–2.

[4] BNF, papiers Poincaré, 16004 f59, lettre de Jean Herbette à Raymond Poincaré, sans date.

[5] BCUL fonds Herbette IS 4147 carton 11, lettre d'André Tardieu à Jean Herbette, 19 février 1913.

se citent toujours mutuellement. « L'allusion que tu as fait ce soir, en si bonne place et en si bonne compagnie, à mes entrefilets de *L'Écho* m'a été très sensible », écrit Herbette à Tardieu. Il lui annonce sa prochaine visite pour « le plaisir de causer » et le féliciter pour sa croix d'officier de la Légion d'honneur[1].

Les premiers articles d'Herbette à *L'Écho de Paris* coïncident avec la première guerre balkanique. Ils sont bien évidemment suivis avec beaucoup d'attention au Quai d'Orsay[2]. En mars 1913, le ministre des Affaires étrangères, Charles Jonnart, écrit à Herbette avoir été « très touché de votre aimable appréciation sur mon discours ». On est alors en plein débat sur la ratification du traité franco-espagnol de novembre 1912 sur le Maroc et Jonnart est assez malmené. Un service en appelant un autre, Herbette sera payé de son soutien un mois plus tard. De retour de Grèce, et alors que la Turquie est en passe d'être battue, Jonnart l'invite à venir s'entretenir avec lui[3]. Le publiciste obtient ainsi des informations de premier ordre sur la situation internationale et la politique étrangère de la France qui étoffent ses articles. Cependant, il ne se contente pas des sources de renseignement françaises. Nous avons déjà mentionné ses contacts avec des représentants de pays étrangers en France. À propos de la situation internationale complexe en cette fin de première guerre balkanique, il correspond également avec Tomaso Tittoni, désormais ambassadeur d'Italie à Londres après avoir été en poste à Paris et qui a des relations avec plusieurs journaux français[4]. Le diplomate italien donne à Herbette des informations aussi bien sur la position de son pays que sur celle de la Grande-Bretagne. On les retrouve dans les nombreux articles qu'il consacre aux Balkans. Mais le journaliste sait également entretenir des relations moins prestigieuses mais qui peuvent se révéler être tout aussi riches en renseignements. En ce printemps 1913, il n'oublie pas d'envoyer du muguet à Hélène Stancioff, l'épouse d'un conseiller de la Légation de Bulgarie à Paris … qui est également la téléphoniste de

[1] AN archives privées 324 AP 9 Tardieu, lettre de Jean Herbette à André Tardieu, non datée.

[2] Catherine FAURE, *L'Écho de Paris et les relations internationales des crises marocaines à la Grande Guerre 1905–1914*, thèse 1993.

[3] BCUL fonds Herbette IS 4147 carton 7, lettres de Charles Jonnart à Jean Herbette, 13 mars et 23 avril 1913.

[4] BCUL fonds Herbette IS 4147 carton 8, lettre de Tomaso Tittoni à Jean Herbette, 30 avril 1913.

la représentation bulgare[1]. On imagine qu'il entretient ainsi une intéressante source de renseignements. En échange de cette collaboration, lorsque les Bulgares consentent à des rectifications de frontières pour apaiser la Roumanie, Herbette écrit : « les Bulgares méritent des éloges particulièrement sincères puisqu'ils sacrifient sagement à la cause de la paix un fragment de leur territoire »[2].

À *l'Écho de Paris*, Herbette joue un rôle de plus en plus important au sein de la rédaction. Au vu des dizaines de brouillons d'articles que ses archives personnelles recèlent, on peut même se demander s'il n'y joue pas un rôle de « rédacteur en chef », de « superviseur ». Ainsi on peut lire dans ses papiers des travaux de rédaction d'Albert de Mun et de Maurice Barrès, notamment le manuscrit et l'épreuve en placard corrigée par Barrès lui-même de l'article fameux paru le 5 août 1914 « le jour sacré ». On y trouve également un manuscrit autographe d'un article de Camille Saint-Saëns paru le 11 janvier 1915 : « germanophilie » ; ceux de Charles Benoist, défendant – avec Ferdinand Buisson et Jaurès – le scrutin proportionnel[3].

La position de *L'Écho de Paris* est très claire sur tous les grands sujets qui agitent la France d'avant-guerre. Le journal catholique dénonce la république radicale en ces termes : « peu à peu on arriverait à faire de ce peuple [...] un peuple de détraqués, d'affolés, d'anormaux ». En 1913, le grand sujet de politique intérieure – mais aussi de politique étrangère – est la loi des trois ans permettant d'allonger la durée du service militaire et d'augmenter les effectifs de l'armée. Le quotidien nationaliste y est tout à fait favorable et après les élections d'avril–mai 1914 qui ont vu se produire une poussée socialiste, il estime que si cette loi était remise en cause, se serait la fin de la nation française. Par ailleurs, au nom de l'Alsace et de la Lorraine, *L'Écho de Paris* est absolument opposé à tout rapprochement ou conciliation avec l'Allemagne[4]. C'est dans ce cadre, que Jean Herbette assure le traitement des affaires internationales à sa manière. Ses articles qui sont signés de son nom ou de ses initiales sont situés généralement en

[1] BCUL fonds Herbette IS 4147, carton 7, mot de Jean Herbette accompagnant l'envoi d'un bouquet à Hélène Stancioff, téléphoniste à la Légation de Bulgarie à Paris, mars 1913.

[2] *L'Écho de Paris* du 17 avril 1913, « La fin du différend roumano-bulgare », page 3.

[3] BCUL fonds Herbette IS 4147 cartons 13 et 14. Ces pièces, avec des livres précieux légués par Jean Herbette, ont fait l'objet d'une exposition à la Bibliothèque Cantonale et Universitaire de Lausanne de juillet à septembre 1973.

[4] Jean-Jacques BECKER, *1914, comment les Français sont entrés dans la guerre*, 1977, pages 22, 59 et 72.

troisième page de *L'Écho*, plus rarement, mais assez régulièrement, en première page.

Lors de la seconde guerre balkanique, qui oppose la Bulgarie à ses alliés d'hier contre l'Empire ottoman, Herbette évite de prendre parti : « l'équilibre dans les Balkans continue à se faire, comme toutes les grandes transformations de l'Europe moderne, par le feu et par le sang. Prédire l'issue du combat serait vain car la fortune peut encore tourner, et la paix peut sortir d'une lassitude générale aussi bien que d'une victoire définitive ». L'offre de médiation russe lui paraît à même d'arranger les choses et « trop de vies humaines sont en jeu pour qu'un seul gouvernement en Europe puisse souhaiter qu'elle ne réussisse pas »[1]. La signature de la paix en août 1913 rassure Herbette et les opinions publiques : « l'Europe cesse de craindre une plus grande guerre : Le premier sentiment qu'on éprouvera partout, c'est un immense soulagement »[2]. Pendant toute la crise, l'éditorialiste a opté pour l'attitude préconisée par la Russie : la non-intervention des puissances. Aussi, condamne-t-il le parrainage de la création de l'Albanie par l'Italie et l'Autriche-Hongrie : « Il y a des gens qui aiment l'Albanie de loin, puisqu'elle a trouvé des parrains entreprenants à Vienne et à Rome. Y a-t-il des gens qui l'aiment de près ? Depuis que je tourne autour d'elle, je n'en ai pas encore rencontré »[3]. Le publiciste préfère montrer l'estime qu'il a pour « la Serbie respectueuse des décisions de l'Europe [et qui] évacue l'Albanie »[4].

À la veille de la guerre, on peut dire que Jean Herbette est un journaliste qui est lu et qui est bien introduit dans le monde politique et diplomatique français, et même européen. Par ailleurs, les Herbette sont désormais bien installés et reçoivent régulièrement des personnes dont le contact est indispensable au métier de Jean. Ils ont quitté la rue Bergère pour le 14 de l'avenue Alphand, à deux pas de l'avenue Foch et de la place de l'Étoile. Ils se sont peu à peu constitués un portefeuille d'actions de sociétés russes qui promettent de beaux bénéfices[5]. Pour arriver à cette situation, Jean Herbette a pu compter sur

[1] *L'Écho de Paris*, 5 juillet 1913, « La guerre dans les Balkans », p. 1. et 11 juillet 1913, « La médiation de la Russie demandée par la Bulgarie », p. 3.

[2] *L'Écho de Paris*, 7 août 1913, « La paix est conclue », p. 1.

[3] Catherine FAURE, *L'Écho de Paris et les relations ... op. cit.*, page 301. *L'Écho de Paris*, 25 septembre 1913, « L'Albanie et ses voisins », p. 3.

[4] Titre de l'article d'Herbette dans *L'Écho de Paris* du 21 octobre 1913.

[5] BCUL fonds Herbette IS 4147 carton 4, différents titres : The Russian General Oil Company (423 actions), Société du Naphte de Bakou, obligations consolidées sur les chemins de fer russes, etc.

l'aide financière de sa grand-mère qui lui a avancé sur sa part d'héritage 109 000 francs. Lorsqu'elle décède en avril 1914, il hérite – pour moitié avec son frère François – de ses biens. Il reçoit une propriété privée rue Poussin à Paris et des actifs mobiliers pour une valeur totale de 107 000 francs[1]. À partir de ce moment, il semble ne plus revenir rue Fortuny et espacer ses relations avec son père[2].

LA CRISE DE JUILLET 1914

L'assassinat de l'archiduc héritier du trône d'Autriche-Hongrie, François-Ferdinand, le 28 juin 1914, lance l'Europe dans une énième crise. Le 30 juin, Jean Herbette écrit « qu'il n'en résulte pas que la paix de l'Europe soit plus précaire aujourd'hui qu'elle ne l'était hier »[3]. D'ailleurs, Sarajevo est loin et les Français ont d'autres préoccupations. Aussi, l'article d'Herbette qui s'étale à la une de *L'Écho de Paris* le premier juillet est consacré à l'impôt sur le revenu qu'il est question d'établir. Cependant, le journaliste est trop au fait de la situation dans la poudrière balkanique pour ne pas aborder les risques de dérapage que l'on peut redouter. À part trois autres articles[4], toutes ses contributions quasi quotidiennes du mois de juillet 1914 traitent de la crise diplomatique. Bien sûr, ce sont les relations entre l'Autriche-Hongrie et la Serbie qui sont surtout évoquées par Herbette. À partir du 2 juillet il commence à défendre la cause serbe et le 8, il doute que la Russie accepte de voir la Serbie humiliée[5].

Le 18 juillet notre journaliste s'étonne de l'enlisement de la crise, et craint quelque manœuvre : « plus elle dure, plus un étrange mystère se répand sur le complot qu'elle devait étaler en pleine lumière ». Puis, suivant le calendrier de la diplomatie française, le journaliste consacre ses articles des 19 et 21 juillet au voyage du Président Poincaré en

[1] BCUL fonds Herbette IS 4147 carton 4, succession de madame Barreswil décédée le 4 avril 1914, réglée le 4 avril 1917. Les deux frères héritent chacun de 229 000 francs. Après un partage à l'amiable, François hérite de la maison de Pornic, d'un immeuble, boulevard Suchet à Paris, d'un terrain à Courbevoie et d'actifs mobiliers. De sa part, Jean doit déduire les 109 000 francs déjà reçus et les intérêts qu'ils ont produits soit 122 000 francs en tout.

[2] Louis Herbette meurt en 1922 à l'âge de 79 ans.

[3] *L'Écho de Paris*, 30 juin 1914, « L'attentat de Sarajevo », p. 1.

[4] Le 4 juillet, Herbette écrit sur l'exposition universelle de San Francisco, le 12 sur la conservation des archives nationales et le 17 sur l'Italie et l'Abyssinie.

[5] *L'Écho de Paris*, 2 juillet 1914, « L'Autriche et les Serbes », p. 3, et 8 juillet, « Autriche et Serbie », p. 3.

Russie[1]. Par ailleurs, *L'Écho de Paris* est très occupé à rendre compte du procès de Mme Joseph Caillaux, qui a assassiné en mars le directeur du *Figaro* Calmette parce que celui-ci attaquait son mari, alors ministre des Finances. Le 24 juillet, 60 % de *L'Écho* sont consacrés au compte-rendu du procès de Mme Caillaux, comme dans beaucoup d'autres titres[2]. Cependant, Herbette arrive à caser un article sur « la note autrichienne à la Serbie », dans lequel il dénonce le soutien allemand à Vienne.

Mais à partir du lendemain 25 juillet et jusqu'aux déclarations de guerre, les articles quotidiens de Jean Herbette sont en première page et insistent sur le risque d'engrenage vers la guerre puisque l'Allemagne fait pression sur les autres puissances. On suit au jour le jour la succession des nouvelles officielles, des rumeurs, des démentis et des préparatifs de guerre partout en Europe. Le 26, Herbette dénonce la mauvaise foi de l'Autriche-Hongrie, décidée quoi qu'il arrive à rompre avec la Serbie[3]. Défendant ardemment ce dernier pays, le journaliste espère que la Russie saura faire fléchir François-Joseph. Aussi, s'il considère que la paix de l'Europe est menacée, il demeure optimiste sur l'issue de la crise. Selon lui, la patience, le pacifisme et le bon sens russes viendront à bout de la volonté belliqueuse autrichienne[4]. Il semble que cette analyse de la crise soit alors celle du Quai d'Orsay et que c'est de là que *L'Écho de Paris* tire ses informations. Le quotidien est assez bien renseigné pour pouvoir annoncer l'interdiction d'un meeting pacifiste de la gauche prévu pour le 29 juillet[5].

Après la déclaration de guerre de l'Autriche à la Serbie et les dernières tentatives de conciliation britanniques, Jean Herbette met l'accent sur l'attitude d'une Allemagne menaçante qui ne fait rien pour apaiser l'Autriche-Hongrie et qui trouve là une occasion supplémentaire d'exprimer son impérialisme. Le titre de son article du premier août est à cet égard très significatif : « Provoqués par l'Allemagne, la France et la Russie vont faire front et comptent sur l'Angleterre ». En effet, Herbette se méfie de Londres. Le 3 août, il en vient même à

[1] *L'Écho de Paris*, 18 juillet 1914, « La Serbie et l'attentat de Sarajevo », p. 3, et 21 juillet 1914, « Le Président de la République en Russie », p. 3.

[2] Jean-Jacques BECKER, *1914, comment les Français … op. cit.*, page 134.

[3] *L'Écho de Paris*, 25 juillet 1914, « La sommation autrichienne est suivie de la menace de Schoen au Quai d'Orsay », p. 1 ; *Idem*, 26 juillet 1914, « Rupture diplomatique entre l'Autriche et la Serbie », p. 1.

[4] Catherine FAURE, *L'Écho de Paris et les relations … op. cit.*, page 443.

[5] Jean-Jacques BECKER, *1914, comment les Français … op. cit.*, pages 254–255.

espérer une agression allemande franche afin que l'Angleterre n'ait pas d'autre choix que de lui déclarer la guerre. Le titre de son article du 4 août, « L'Angleterre marche ! » sonne comme un soulagement. Dans ces jours tragiques, la une de *L'Écho de Paris* est quotidiennement composée de deux éditoriaux, signés Barrès et de Mun, et de l'article diplomatique d'Herbette. Les « fiches » de Franc-Nohain et les « billets » de Junius ont disparu, le ton nationaliste du quotidien est porté à son comble.

CHAPITRE II

LES ÉPREUVES DE LA GRANDE GUERRE

CONTINUER À S'INFORMER ET À INFORMER

Une fois la guerre déclarée, les moyens de *L'Écho de Paris* sont réduits par les restrictions de papier : il ne paraît plus que sur quatre pages, mais tous les autres journaux sont eux réduits à seulement deux. Avec lyrisme, Maurice Barrès et Albert de Mun lancent chaque jour des appels à la nation : pour le soutien de l'Union sacrée, pour la restauration religieuse, pour la création d'aumôneries aux armées, etc. « Dieu est avec les Français », écrit Albert de Mun le 16 août. La guerre étant la continuation de la politique par d'autres moyens, à partir du 8 août, les articles d'Herbette sont relégués en deuxième page. Ils doivent laisser la première page aux nouvelles du front et aux articles du général Cherfils, un commentateur militaire très proche de l'état-major et inspiré par lui. Pour autant, la valeur des analyses d'Herbette n'est pas amoindrie. Il dénoue à merveille la complexité de la situation diplomatique au lendemain de la déclaration de guerre (6, 7 et 8 août). Il pressent que le rôle de la Turquie sera essentiel dans la conduite de la guerre dans les Balkans et en Orient (12 et 13 août). À partir de la fin août, ses contributions sont moins nombreuses. Franc-Nohain et Junius retrouvent la première page. Après la flambée nationaliste du journal – jusqu'au 21 août, aucun des titres des articles de *L'Écho* n'est pessimiste[1] – la prise de conscience que la guerre sera longue et dure impose une organisation plus normale. L'écrivain René Bazin collabore de plus en plus au journal, surtout après la mort d'Albert de Mun qui cause une grande émotion dans le journal.

[1] Jean-Jacques BECKER, *1914, comment les Français … op. cit.*, page 542–543.

Beaucoup de ses collègues de la rédaction lui rendent hommage dans leurs articles, mais Jean Herbette n'est pas de ceux-là. Pourtant, tout pendant qu'ils ont été collègues à *L'Écho*, ils ont échangé sur leurs articles et se sont rencontrés régulièrement[1].

L'accélération des événements et leur importance font évidemment que les journées paraissent trop courtes au journaliste Herbette. Il prend néanmoins le temps d'écrire une lettre de six pages à son frère François, qui nous en apprend beaucoup sur la façon dont il travaille, et dont il envisage la guerre[2]. Cette lettre, il l'écrit à l'imprimerie de *L'Écho de Paris*, à une heure du matin, en attendant qu'on lui apporte les épreuves d'un article. Il est d'ailleurs constamment dérangé et renonce à se relire. Il explique qu'il se couche entre trois et cinq heures du matin et se lève à midi : « c'est absurde de dormir si longtemps, mais quand je ne le fais pas, je suis complètement abruti », s'excuse-t-il. Ensuite, à partir de deux heures de l'après-midi, il téléphone « dans des directions variées » : c'est la pêche aux informations. Enfin, vers huit heures du soir, après dîner, il va à bicyclette aux nouvelles au Quai d'Orsay, où « les affaires reprennent un tout petit peu, mais bien peu ». Puis, il rentre écrire son article à la rédaction du journal. Voilà donc pour l'emploi du temps quotidien de notre journaliste. En ce qui concerne la perception qu'il a de la guerre, il insiste sur deux choses. D'abord, il parle de l'optimisme de l'opinion publique, qu'il trouve un peu exagéré. Son journal, n'est pourtant pas étranger à sa formation. « On parle trop de brillantes petites anecdotes », écrit-il, « et on ne pense peut-être pas assez aux formidables efforts qui s'accomplissent dans le mystère, au prix de formidables sacrifices ». Ensuite, il décrit une capitale méconnaissable en ce début de guerre : « Paris a un aspect curieux [...] on ne voit plus d'hommes au-dessous de 40 ans, ou presque plus, et cela produit une impression très étrange ». Jean Herbette est alors âgé de 36 ans et cela pose la question de sa non-mobilisation. Il ne semble pas avoir fait de service militaire, du moins aucune trace n'en subsiste dans les archives. Jean Herbette ne passe le conseil de révision qu'en décembre 1914. En attendant, il propose à son frère de le remplacer s'il se sent trop fatigué et « si par faveur on peut obtenir de se substituer l'un à l'autre ». François Herbette est alors affecté comme interprète auprès des armées.

[1] BCUL fonds Herbette IS 4147 carton 11. Les archives Albert de Mun/Vogüé conservent entre autres des lettres entre les deux hommes à propos des affaires d'Orient datées d'avril à août 1913. Philippe LEVILLAIN, *Albert de Mun*, 1983.

[2] Lettre de Jean Herbette à François Herbette. Non datée, mais datable de la deuxième quinzaine d'août 1914, coll. part. Reproduite en annexe n° 2.

Quant à la situation internationale de ce premier mois de guerre, elle est plutôt bonne selon Herbette. D'abord parce que « la préparation diplomatique de la guerre a été, je crois, aussi habile qu'elle pouvait l'être ; et d'ailleurs, l'habileté n'a consisté qu'à mettre en œuvre les éléments les plus légitimes d'une juste cause ». Ce *satisfecit* adressé à la diplomatie française lui est suggéré par un entretien qu'il vient d'avoir avec Jules Cambon, ambassadeur de France à Berlin, et qui revient tout juste de son poste « plus souriant et plus dispos que jamais ». Le diplomate a confié à Herbette que « la lutte s'est engagée dans des conditions d'autant plus défavorables pour l'ennemi que celui-ci, horriblement mal renseigné par sa diplomatie, ne l'avait prévu ». Aussi, lorsque Herbette passe en revue les protagonistes du conflit, il ne voit que des signes encourageants pour la France : « l'Angleterre a pris la chose sérieusement, comme Pitt ou Wellington » ; « les journaux annoncent ce soir que l'offensive russe est commencée sur tout le front » ; « les Serbes ont l'air de s'en tirer remarquablement bien ». En somme, même si ne le dit pas expressément dans cette lettre de la deuxième quinzaine d'août et malgré sa réserve sur l'optimisme ambiant, Herbette pense que la guerre sera courte et victorieuse. Il trouve même d'autres raisons d'espérer dans l'attitude des pays encore en dehors de la guerre, même s'il ajoute quelques commentaires acides : « les Grecs n'attendent qu'une invitation à la valse, mais je ne pense pas qu'on les prie de quitter leur chaise pour le moment. Les Italiens sont visiblement émoustillés par l'expédition de la flotte française en Adriatique, mais c'est pour eux qu'on a dit “Mon Dieu, gardez-nous de nos amis !”. Quant aux Roumains, ils attendent le dernier moment, ce qui leur a déjà réussi une fois » … Les positions des Bulgares, des Hollandais sont aussi analysées, « mais tout cela est bien peu intéressant auprès de la guerre »[1].

Si nous avons préféré citer longuement cette lettre plutôt que des articles du mois d'août 1914, c'est parce qu'adressée à son frère et étant privée, elle reflète bien mieux les sentiments personnels d'Herbette vis-à-vis de la guerre. Ses articles, eux doivent rentrer dans une ligne éditoriale, seront lus par les gens de la rue, contribueront à forger l'opinion. La liberté de manœuvre du journaliste n'est donc pas totale loin de là. Peut-il par exemple dans l'un de ses papiers appeler les Français à davantage de mesure alors que le ton du journal est tout entier à l'optimisme nationaliste ? Bien évidemment non. Au contraire,

[1] Lettre de Jean Herbette à François Herbette. Non datée, deuxième quinzaine d'août 1914, 6 pages, coll. part.

dans cette lettre, on saisit la réalité de la pensée d'Herbette : dans un article pourrait-il se permettre d'émettre de tels avis sur l'Italie ou sur les Grecs ? Pourrait-il citer ses sources comme il le fait ici, d'une manière si personnelle ? Certes l'activité du journaliste est intéressante et nous continuerons à l'analyser, mais les positions personnelles de l'homme privé sont tout aussi riches d'enseignements, peut-être davantage même.

Le 2 septembre, face à l'avancée des troupes allemandes, le gouvernement français se réfugie à Bordeaux. Jean Herbette le suit et en profite pour collaborer à *La Petite Gironde*, l'un des plus grands quotidiens de province, dirigé par Charles Chaumet, député de la Gauche démocratique (républicain de gauche) de la Gironde et plusieurs fois sous-secrétaire d'État aux Postes. Mais, son travail principal reste attaché à *L'Écho de Paris* qui paraît à Bordeaux tout pendant que le gouvernement y est installé. Après la bataille de la Marne (début septembre), la pression est moindre sur Paris et Herbette partage son temps entre les deux capitales. En octobre, le cabinet du ministre des Affaires étrangères l'informe qu'il recevra bientôt « à titre tout à fait personnel et confidentiel », « les bonnes feuilles du Livre jaune » sur les responsabilités (allemandes) de la Guerre. Cela entre dans le cadre de préparatifs devant permettre que *Le Temps*, le *Times*, et *L'Écho de Paris*, publient le même jour chacun un article sur ce livre. On insiste bien qu'il s'agit d'un envoi en « toute confiance », et « pour vous seul (*sic*) »[1]. Ce pli montre que Jean Herbette est bien devenu parmi les journalistes accrédités au Quai d'Orsay, l'un des rares à qui l'on confie les missions les plus importantes. Un mois plus tard, il reçoit l'édition définitive du Livre jaune, qui est confidentiel jusqu'au premier décembre. Il est précisé : « vous devez publier votre article à la fois dans votre édition de Paris et celle de Bordeaux : *mais seulement le mardi 1er décembre*, ainsi qu'il a été convenu »[2]. Herbette s'exécute avec soin ; le Quai d'Orsay peut compter sur lui et *vice versa*. Dans une lettre postérieure à la guerre, Herbette rappelle : « le ministère des Affaires étrangères m'a donné, pendant la guerre, l'occasion de devenir le correspondant de la *Haagsche Post* »[3]. Ce titre était la plus

[1] BCUL fonds Herbette IS 4147 carton 6, lettre du cabinet du ministre des Affaires étrangères à Jean Herbette, 19 octobre 1914.

[2] BCUL fonds Herbette IS 4147 carton 6, lettre de la direction des affaires politiques et commerciales du ministère des Affaires étrangères à Jean Herbette, 24 novembre 1914.

[3] BNF papiers Poincaré, 16004 f64–65, lettre de Jean Herbette à Raymond Poincaré (derniers jours de décembre 1920).

importante revue hebdomadaire hollandaise. On imagine sans peine que la tâche du correspondant Herbette était de faire valoir le point de vue de la diplomatie et du gouvernement français.

LES EMBARRAS DU JOURNALISTE

Lorsque *L'Écho de Paris* cesse de paraître à Bordeaux, juste avant que le gouvernement ne rentre à Paris, au début de décembre, Herbette écrit : « j'avoue que je n'en suis pas fâché. Faire un métier de galérien pour arriver simplement à mettre du noir sur du blanc, cela finit par devenir odieux ». Il doit bientôt passer le conseil de révision : « J'espère », écrit-il, « que si l'on me prend, on me mettra dans le service armé, car je manque de goût pour gratter encore du papier ». Ces lignes désabusées pourraient nous laisser croire qu'Herbette se laisse gagner par la lassitude et souhaite abandonner sa plume. C'est sans doute très exagéré, et cela mérite d'être remis dans son contexte. En effet, son frère François, alors âgé de 29 ans, cherche à tout prix à se faire nommer sous-lieutenant de chasseurs afin de quitter la paperasse administrative. Afin de le détourner de ce projet, Jean Herbette lui écrit : « si les meilleurs s'exposent toujours, et aux fatigues intellectuelles pendant la paix, et aux dangers de mort pendant la guerre, quelle sélection à rebours faisons-nous ! »[1] Nul doute, que Jean Herbette se place, et place son frère, dans la catégorie des intellectuels, ce qui laisse penser qu'il n'est peut-être pas si pressé de rejoindre les champs de bataille. Néanmoins, il n'est pas interdit de penser que la réflexion d'Herbette sur son métier de journaliste est sincère, même si ses articles ne laissent rien deviner. Ce n'est que dans ses *Cahiers* que Maurice Barrès exprime ses doutes et ses incertitudes sur son travail[2], pas à la une de *L'Écho de Paris*.

Le panorama que Jean Herbette dresse de la situation internationale en décembre 1914 est radicalement différent de celui qu'il avait fait au mois d'août. Il craignait la position italienne, désormais il la dénonce : « on s'est un peu trop excité, je crois, sur la décision que l'Italie a prise de "marcher". L'Italie a toujours été décidée à tirer le maximum de profits de la guerre en assurant un minimum de risques. En ce moment elle laisse l'Autriche écraser les malheureux Serbes [...] elle

1 Lettre de Jean Herbette à François Herbette, non datée, première quinzaine de décembre 1914, coll. part.

2 Maurice BARRÈS, *Cahiers*, tomes X et XI.

interviendra probablement pour les piller en prenant la Dalmatie qui devrait leur revenir, et pour piller les Turcs en prenant quelque chose en Asie mineure ». Même s'il est toujours facile de mettre en valeur une analyse en montrant *a posteriori* son caractère prémonitoire ou annonciateur, ce que nous nous gardons de faire, celle-ci est d'une exactitude stupéfiante. Afin d'éviter des problèmes futurs avec l'Italie, Jean Herbette préconise de « traiter tout de suite avec l'Autriche de manière à ne rien laisser prendre ni par l'Italie, ni par la Roumanie ». On notera au passage que le journaliste fait bien peu de cas de l'aspiration nationale des Roumains à l'annexion de la Transylvanie et des Tchèques à l'indépendance ; c'est assez étonnant chez un promoteur de l'État-nation. Toujours est-il, qu'il semble avoir suggéré cette éventualité aux politiques et aux diplomates, mais on lui répond que « ce n'est pas possible ». Herbette n'est que publiciste, son influence sur la prise de décision est voisine de zéro, surtout en temps de crise. Pour la première fois depuis le début de la guerre, Jean Herbette critique le Quai d'Orsay et se demande « si notre diplomatie n'a pas un peu troué ses filets en essayant de pêcher la lune, la lune bulgare notamment »[1]. Il dénonce ici, en évoquant l'Italie, la Roumanie et la Bulgarie, la politique de recherche du plus grand nombre d'alliés pour lutter contre l'Autriche-Hongrie. Selon lui, elle laisse entrevoir des lendemains de victoire difficiles pour contenter tout le monde.

Quelques jours plus tard, dans une autre lettre, Herbette développe un corollaire qui nous permet de mieux cerner sa pensée. Il a « une vague impression que les Allemands sont très ennuyés, et que leur résistance ne durera peut-être pas aussi longtemps qu'on le croit communément ». Alors pourquoi chercher des alliés inutiles pour combattre une Autriche-Hongrie d'importance secondaire ? Plusieurs indices confirment le journaliste dans l'idée que l'Allemagne est affaiblie, en particulier « des tentatives obliques de trêve de Noël » et « un manque de céréales et un manque de cuivre ». Cependant, « on ne doit pas trop répandre ces choses dans le public, parce qu'on risquerait de détendre le ressort de la volonté populaire ». Encore des indications qui ne seront donc pas dans ses articles de *L'Écho de Paris*. Entrevoyant déjà la victoire – en décembre 1914 !? – Herbette en est à envisager la paix : « il faut veiller de très près à toutes manœuvres qui seront tentées pour nous frustrer, nous amener à une paix boiteuse, etc. » Il insiste sur la position des États-Unis : « toute tentative

[1] Lettre de Jean Herbette à François Herbette, non datée, première quinzaine de décembre 1914, 2 pages, coll. part.

de médiation doit être écartée courtoisement mais fermement. On a l'impression ici que les États-Unis seront contre la Triple Entente au moment du règlement final. Ils mettront une sorte d'hypocrisie sentimentale à embrasser la cause des Allemands »[1]. Herbette choisit de développer ce thème dans les deux colonnes de son article de *L'Écho* daté du 14 décembre et intitulé : « les États-Unis et le conflit européen ».

La comparaison de cette lettre et de cet article, écrits le même jour par Herbette, est riche d'enseignement sur son travail de journaliste et de propagandiste. À propos de la faiblesse de l'Allemagne, on a là un bel exemple de propagande inversée. Dans les affaires militaires, il est important pour le moral de présenter un ennemi assailli de toutes parts mais on a également intérêt à laisser penser, surtout à l'arrière, que les Allemands sont toujours forts afin de maintenir la mobilisation nationale. En revanche, Herbette considère que l'attitude américaine doit être dénoncée afin de prévenir toute déconvenue. Son travail consiste donc à sélectionner ce que les Français doivent ou peuvent entendre. En ces temps de guerre, peu importe les mensonges par omission, les caricatures d'analyse et la mauvaise foi, ce qui compte, c'est l'intérêt supérieur de la patrie.

Pendant que son frère François est proposé pour la Croix de guerre pour des faits d'armes glorieux à la tête de ses chasseurs au col du Bonhomme, Jean Herbette passe enfin le conseil de révision. Il raconte sa visite ainsi : « à la deuxième application du stéthoscope, le major m'a envoyé promener, ce qui m'a confirmé dans l'idée que j'ai le cœur un peu détraqué, et dans le goût que j'ai pour les ascenseurs ». Mais, « fort heureusement, être essoufflé n'empêche pas d'écrire et je peux toujours embêter les Allemands ou leurs amis par ce modeste moyen »[2]. À défaut de pouvoir être un soldat en uniforme, Herbette sera donc un fantassin de la plume au service de son pays et de ses alliés. Il ne sera jamais mobilisé de toute la guerre et il ne s'en plaindra pas.

À partir de 1915, les articles de Jean Herbette se font moins nombreux dans *L'Écho de Paris* : il en paraît un tous les trois ou quatre jours et quelquefois sur un quart de colonne seulement. La majorité de ses papiers est consacrée à l'attitude des pays neutres. Bien entendu, la grande affaire de l'année est l'entrée en guerre de l'Italie, pays dont il

[1] Lettre de Jean Herbette à François Herbette, 14 décembre 1914, 7 pages, coll. part.

[2] *Ibidem*.

se méfiait dès août 1914. Mais les choses ont bien changé depuis et la guerre dure. Aussi, ses articles sont-ils favorables à ce renfort. Le 17 mai 1915, il insiste bien sur le fait que les Italiens ont pris leur décision d'intervention en toute liberté, comme tous les peuples qui ont rejoint les alliés, alors que ceux qui ont rejoint l'Allemagne ont été bluffés ou corrompus. De toutes façons, écrit-il le 21 mai, il est dans l'intérêt de l'Italie de lutter contre l'Allemagne si elle veut contrôler l'Adriatique[1]. Herbette ne souffle mot des intrigues, des négociations voire de marchandages avec les alliés qui ont préludé à la décision italienne : la censure ne laisse rien filtrer à ce sujet. Le journaliste s'intéresse également aux Détroits (12 mars), aux États-Unis (encore), à la Chine, au Japon, à la Russie, à la Suède le 5 juillet, etc.[2] En juin, le président de la Légion des Volontaires hellènes, remercie vivement Herbette pour le zèle qu'il manifeste à défendre la cause grecque[3]. Il semble donc qu'il a changé d'avis sur cette question, comme sur d'autres. Le journaliste s'attache à montrer la dimension mondiale de la guerre et donc qu'un monde nouveau sortira du règlement de la paix. Bien sûr, la dimension nationale n'est jamais oubliée, au contraire, l'intérêt de la France est le seul qui finalement lui importe. Au lendemain du 14 juillet 1915, il écrit un article très patriotique intitulé « La voix de la France », dans lequel il rend un hommage appuyé au Président Poincaré. Les deux hommes continuent d'ailleurs à correspondre, d'une manière très régulière, mais assez neutre : les vœux de nouvel an, des envois de fleurs, des remerciements pour des articles, mais assez peu de rencontres. En 1920, dans une lettre à Poincaré, Herbette donne une explication de cette relative distance : « à l'Élysée, il vous était difficile d'inspirer directement des journalistes et surtout un journaliste en particulier. C'est pourquoi j'ai résisté souvent à la tentation de vous demander audience »[4]. Lorsque rencontre il y eut, ce fut donc sur l'initiative de Poincaré[5]. Herbette a

[1] Michel OSTENC, « Gabriele d'Annunzio et l'entrée en guerre de l'Italie dans la presse française », *Guerres mondiales et Conflits contemporains*, n° 185, janvier 1997, pages 89 à 110. Article de Jean Herbette dans *L'Écho de Paris* du 17 mai 1915, « Deux enseignements de la crise italienne », cité page 96 ; article du 21 mai, « Le vote historique de la chambre italienne », cité page 100.

[2] *L'Écho de Paris*, 12 mars 1915, « À propos des Détroits », une colonne et demie en première page ; 5 juillet 1915, « La Suède et les Alliés », deux colonnes en première page, etc.

[3] BCUL fonds Herbette IS 4147 carton 7, lettre de M. Georgeach-Opoulos à Jean Herbette, 17 juin 1915 à propos d'un article d'Herbette dans *L'Écho de Paris* du 16 juin : « Les élections grecques ».

[4] BCUL fonds Herbette IS 4147 carton 11. Nombreuses cartes de vœux pour les années 1913 à 1920, lettre de Jean Herbette à Raymond Poincaré, 17 février 1920.

[5] François ROTH, *Raymond Poincaré*, 2000, page 306.

sans doute eu le double souci de respecter l'institution et de préserver l'image de son indépendance.

La censure est une des limites les plus strictes du travail de journaliste en temps de guerre, et Jean Herbette, pas plus qu'un autre ne peut l'ignorer. En août 1915, *Le Figaro* prépare une lettre de littérateurs et de journalistes qui sera adressée aux députés et aux sénateurs afin de dénoncer la censure. Le directeur du journal écrit à Herbette que « *Le Figaro* serait fier que vous veuillez bien l'honorer de votre signature »[1]. La réponse n'a pas été retrouvée, mais le nom de notre journaliste figure parmi ceux des pétitionnaires[2]. Cependant, un autre épisode montre un Herbette assez frileux pour réagir contre les autorités. En mai 1916, Maurice de Waleffe, fondateur de *Paris-Midi* et l'une de ses principales plumes, propose à son confrère Herbette de participer à des réunions périodiques de journalistes à propos des affaires internationales. Cela « pour adopter une ligne de conduite commune, en dehors des consignes officielles ». Le journaliste de *L'Écho* lui répond qu'il ne participera pas à ce genre de réunion et s'en explique. « Je serais rétif aux consignes officielles », écrit-il, « s'il y en avait, mais je crois bien qu'il n'y en a point, et en tout cas personne ne s'est jamais avisé, à ma connaissance, d'en indiquer une à *L'Écho de Paris* ». Par ailleurs, « il faut laisser à chacun le soin de former sa conviction »[3].

Donc si l'on en croit Herbette, il n'a jamais reçu d'indications sur les positions officielles à défendre dans son journal. Peut-être est-ce parce qu'il les défend « naturellement », et c'est peut-être aussi pourquoi les autres journaux désirent avoir sa contribution dans la lutte pour leur indépendance : Herbette ne veut pas marcher dans la combine. Avouer qu'il subit des pressions non seulement ruinerait le crédit qu'il peut avoir auprès de ses lecteurs, mais aussi tarirait ses sources d'informations ministérielles et politiques. Ce serait du suicide professionnel alors que sa réputation ne cesse de grandir. Dans la réalité, comme tous les journalistes, Herbette doit se plier aux injonctions du pouvoir. Dans une lettre personnelle d'août 1916, il se plaint d'une « conversation téléphonique avec la censure qui m'interdit formellement d'annoncer le débarquement de l'artillerie italienne à Salonique, et qui est incapable de me raconter quoi que ce soit sur les relations de l'Espagne

[1] BCUL fonds Herbette IS 4147 carton 7, lettre du directeur du *Figaro* à Jean Herbette, 23 août 1915.

[2] Françoise NAVET-BOURON, *Censure et dessin de presse pendant la Grande Guerre*, thèse 1997, page 113 du tome III.

[3] BCUL fonds Herbette IS 4147 carton 8, lettre de Maurice de Waleffe (*Paris-Midi*) à Jean Herbette, 4 mai 1916 ; réponse de Jean Herbette à Maurice de Waleffe, 5 mai 1916.

et du Portugal (sujet qui se trouve mis à l'ordre du jour par un télégramme Havas, mais sur lequel je ne sais rien) »[1]. Comme nous l'avons vu pour l'entrée en guerre de l'Italie, sur certains sujets, les consignes de la censure sont très sévères, pour Herbette comme pour les autres. Cela explique le traitement très imparfait de certains événements dans *L'Écho* comme dans l'ensemble de la presse.

L'ACCESSION À LA NOTORIÉTÉ

À partir du début de l'année 1916, *L'Écho de Paris* connaît son plus fort tirage : plus de 500 000 exemplaires. Il est considéré partout comme un grand journal bien écrit, et passe pour être l'organe de l'état-major. Il est par ailleurs très influent dans la bourgeoisie. Pour Herbette, c'est une extraordinaire tribune. D'autant plus qu'à partir de mars, ses articles reviennent en première page, à droite sur une ou deux colonnes. Ils sont davantage diversifiés semble-t-il et ne portent plus seulement sur la diplomatie, mais aussi sur le moral du pays, sur la dimension économique et financière de la guerre. À l'été 1916, les papiers d'Herbette sont de plus en plus mis en valeur par différents procédés typographiques : leurs titres sont soulignés, ils sont toujours signés de son nom en entier, etc. Par ailleurs, en l'absence de son collègue Marcel Hutin, il doit « faire le front russe » sans le signer[2]. Maurice Barrès envoie à Herbette de nombreux mots ou billets qui ne sont plus seulement liés au travail comme auparavant mais qui sont devenus véritablement amicaux[3]. Désormais chef du service des informations étrangères à *L'Écho de Paris*, Herbette semble atteindre une notoriété qu'il n'avait pas connue jusque-là.

Les responsables politiques et militaires recherchent alors sa conversation et sa plume. Le général Franchet d'Espérey, l'invite à déjeuner au palais d'Orsay en mai. Le général Madelon le félicite pour son « si remarquable article » du 2 août. Le palais de l'Elysée l'informe que le président Poincaré l'invite à venir parler avec lui le 22 août[4]. Le représentant de la Serbie en France, Vesnitch, qu'il connaît depuis l'avant-

[1] Lettre de Jean Herbette à François Herbette, 15 août 1916, coll. part.

[2] Lettre de Jean Herbette à François Herbette, non datée, début août 1916, coll. part.

[3] BCUL fonds Herbette IS 4147 carton 9. Billets de remerciement et d'invitation surtout.

[4] BCUL fonds Herbette IS 4147 carton 7, lettre de Louis Franchet d'Espérey à Jean Herbette, 17 mai 1916 ; du général Madelon, 3 août 1916 ; de la Présidence de la République, 19 août 1916.

guerre et qu'il a invité plusieurs fois chez lui, lui donne matière à écrire un article intitulé « La résurrection de la Serbie »[1]. Evidemment, la notoriété d'Herbette fait que ses critiques sont moins bien acceptées que si elles venaient d'un obscur publiciste. Ainsi, en octobre, Charles Georges-Picot s'offusque d'un article d'Herbette relatif à l'emprunt lancé par le gouvernement allemand pour poursuivre la guerre. Certes l'article est très défavorable à l'Allemagne, mais le plaignant voit dans chaque ligne « un coup de masse asséné à l'emprunt français et aux souscripteurs de l'emprunt français ». En effet, de multiples comparaisons sont possibles entre les deux émissions. Piqué au vif, Herbette rédige aussitôt une réponse qu'il n'enverra pas après réflexion. Herbette y confessait : « si vraiment j'avais fait ainsi du tort à l'emprunt français, je ne m'en consolerais pas »[2].

Les protestations ou les réclamations de ce genre sont très peu nombreuses. Elles sont inévitables lorsqu'il faut écrire tous les jours sur des événements qui subissent l'accélération de la guerre. Ce qui est vrai un jour, ou semble être vrai, peut cesser de l'être ou de le paraître dès le lendemain. Ainsi, il serait facile d'établir un « sottisier de la guerre » propre à Herbette et l'on pourrait commencer par puiser dans certaines lignes déjà citées. Contentons-nous de relever comme Jean-Jacques Becker, deux affirmations d'Herbette sur la Russie qui se révéleront tellement fausses[3]. Le 11 janvier 1917 il écrit dans *L'Écho de Paris* que « s'il y a un mouvement en Russie, c'est pour réclamer la guerre à outrance ». « Nous savons que personne n'est germanophile », écrit-il le 6 mars 1917, « ni dans l'entourage du [tsar], ni dans aucun des milieux qui peuvent donner une image au pays. Nous savons que l'armée est munie de milliers de canons et de millions de projectiles. Nous savons que le pays [...] tient à merveille et tiendra indéfiniment ».

Ce ne sont pas ces erreurs d'analyse qui empêchent Jean Herbette d'être considéré comme l'un des meilleurs journalistes du moment par ses collègues eux-mêmes. Le 4 avril 1917, alors que *L'Écho de Paris* ne paraît plus que sur un recto-verso, un article d'Herbette s'affiche sur deux colonnes au milieu de la première page. Il est intitulé : « Les États-Unis en guerre avec l'Allemagne. Le message du Président Wilson ». Comme lors de l'entrée en guerre de l'Italie, le journaliste

[1] *L'Écho de Paris*, 5 octobre 1916.

[2] BCUL fonds Herbette IS 4147 carton 7, lettre de Charles Georges-Picot à Jean Herbette, 6 octobre 1916 et projet de réponse du 7 octobre (pas envoyé).

[3] Jean-Jacques BECKER, *Les Français dans la guerre*, 1980, « le sottisier de la guerre », page 36.

y abandonne ses préventions contre le pays qui rejoint les alliés. En cette troisième année de guerre, il voit dans le renfort américain le début de la fin pour l'Allemagne, mais prévient qu'il faudra du temps avant qu'un soldat de l'oncle Sam foule le sol européen. À propos de cet article, Maurice de Waleffe – déjà évoqué – envoie ce dithyrambe à son « cher confrère et ami » : « vous êtes le plus lumineux et le plus documenté de nos écrivains politiques. Votre intelligence inspire un profond respect ». Conscient d'en avoir peut-être un peu trop fait – ou peut-être pour encore augmenter la valeur du compliment – il précise avant de conclure : « croyez-bien qu'il ne m'arrive jamais d'écrire des lettres pareilles à personne ». La réponse d'Herbette, toute bafouillante, n'est pas à la hauteur de l'éloge. Il se dit « flatté » et « touché », mais considère cela comme une preuve de la trop grande indulgence de son confrère. Pour sa part, il se dit « toujours très mécontent » de ce qu'il fait[1]. La modestie de la réponse n'a d'égale que l'exagération du compliment et tout cela sonne assez faux.

Il n'en reste pas moins vrai que les articles de Jean Herbette sont remarquablement documentés comme le montrent ceux qu'il écrit au début mai 1917, notamment le 3, pour défendre les droits de la Pologne. Après avoir passé en revue toutes les difficultés diplomatiques que cela ne va pas manquer de poser, Herbette affirme que les Polonais méritent de constituer un État-nation, concept qu'il défend depuis longtemps, mais pas pour tous les peuples de l'Autriche-Hongrie[2]. Ce sera l'une de ses dernières contributions à *L'Écho de Paris*. En effet, il se prépare à rejoindre la rédaction du *Temps*, ce qui constitue une véritable consécration dans le microcosme journalistique. Le samedi 19 mai, paraît son dernier article. Il prend congé des lecteurs de *L'Écho* de cette façon : « il faut toujours conserver au fond du cœur les sentiments de justice et de pitié qui font précisément la noblesse de notre cause. C'est ce qu'on a essayé de réaliser ici. Et, l'auteur de ces modestes chroniques quotidiennes, pleines d'insuffisances et d'erreurs, n'ambitionne pas d'autre mérite que d'avoir cherché chaque jour ce qui pouvait grandir la France et hâter la paix »[3].

Pendant cette période, Jean et Jeanne Herbette n'ont compté ni leur temps, ni leurs efforts pour assurer la meilleure des convalescences à François Herbette. En 1916, le frère de Jean a été très

[1] BCUL fonds Herbette IS 4147 carton 5, lettre de Maurice de Waleffe à Jean Herbette du 5 avril 1917 ; réponse d'Herbette du 7 avril.

[2] *L'Écho de Paris*, 3 mai 1917, « Le droit de la Pologne », p. 1.

[3] *L'Écho de Paris*, 19 mai 1917, « La phase des peuples », p. 1.

grièvement blessé à la ferme de Maurepas et a dû être trépané. Déjà chevalier de la Légion d'honneur à titre militaire en 1915, en 1916 il est l'objet de trois citations à l'ordre de la division et de quatre à l'ordre de l'Armée. Parti comme sous-lieutenant, François Herbette finira la guerre comme capitaine adjudant major, chef de bataillon au 54ème Chasseur[1].

L'ENTRÉE AU *TEMPS* ET LA FIN DE LA GUERRE

Fondé en 1861 et installé rue des Italiens depuis 1911, *Le Temps* est selon la formule de Maurras « le plus grand journal de la République » avant 1914. Malgré son faible tirage, 45 000 exemplaires en 1912 (après son passage à six pages), 70 000 pendant la guerre, il est le journal le plus influent de France et la référence de toute la presse de province. Organe de la grande bourgeoisie, il se situe politiquement au centre, et ne s'inféode jamais à une politique gouvernementale afin de garantir son indépendance et donc son autorité. *Le Temps* dispose d'un service très complet de correspondances étrangères et passe pour être le vecteur officieux du Quai d'Orsay. De 1905 à 1914, sous la houlette de ses directeurs, Adrien et Émile Hébrard, c'est André Tardieu – que nous avons déjà vue à l'œuvre – qui est chargé des affaires extérieures[2]. Dans l'*Annuaire de la presse*, le nom d'Herbette apparaît pour la première fois dans la rédaction du *Temps* dans l'édition de 1918. Il est situé en deuxième place derrière Edgar Roels pour « les questions de politique étrangère et coloniale » ; suivent les noms de neuf autres publicistes[3]. L'entrée d'Herbette au *Temps* est à considérer comme une incontestable promotion ; il y restera jusqu'en 1924. Pour autant, il n'est pas très aisé de saisir son évolution au sein de ce journal car les sources pour connaître la vie intérieure du titre font défaut. De plus, les articles du *Temps* ne sont pas signés au contraire de ceux du *Siècle* ou de *L'Écho*. Enfin, la spécialité du journal étant la politique étrangère, il y a beaucoup d'articles sur ce thème et il n'a pas toujours

[1] « Éloge de François Herbette » à l'occasion de son décès en 1960, par Luc Bourcier de Carbon, 6 pages, coll. part.

[2] *Histoire générale de la presse française, op. cit.*, pages 352–356.

[3] *Annuaire de la presse française et étrangère et du monde politique*, années 1916 à 1924. Par ailleurs, Edgar Roels est chargé de la publicité. À ce titre il négocie des contrats avec certains États qui désirent une couverture médiatique particulière.

été possible de repérer ceux d'Herbette : on imagine le travail de lecture et de dépouillement que cela aurait nécessité. Dans les ouvrages consacrés à l'histoire des relations internationales au lendemain de la guerre, on fait référence aux positions du *Temps* mais pas à Herbette qui pourtant est celui qui souvent les exprime. C'est pourquoi, à la différence d'un Stéphane Lauzanne ou d'un Ludovic Naudeau, Jean Herbette n'a pas laissé d'empreinte identifiée dans l'historiographie de la guerre et de l'après guerre. Heureusement, en dehors des numéros du journal, pour connaître les « années *Temps* » de notre personnage, les archives personnelles et privées sont très fournies, plus encore que pour la période précédente.

Les événements de l'année 1917, l'entrée des États-Unis dans la guerre, mais aussi la fatigue des peuples fournissent à Herbette de nombreux sujets pour ses articles. Il s'intéresse de nouveau beaucoup à la Grèce et sollicite la collaboration de Denys Cochin, député conservateur et alors sous-secrétaire d'État aux Affaires étrangères. Cochin avait été, en tant que ministre d'État, envoyé en Grèce en 1915 afin d'assurer la sécurité du corps expéditionnaire allié. Le journaliste récupère ainsi le rapport établi en novembre 1915 par Cochin et d'autres renseignements « d'après ses souvenirs du Conseil des ministres ». Herbette se rappelle également au bon souvenir de Jonnart. L'ancien ministre des Affaires étrangères lui confie ainsi des renseignements venus d'Athènes, dont un télégramme reçu au Quai d'Orsay[1]. Tout ce passe comme si le publiciste du *Temps* n'avait qu'à demander des informations pour qu'on les lui fournisse. En septembre, le secrétaire général civil de la Présidence de la République l'invite une nouvelle fois à venir rencontrer Poincaré[2]. La toile de relations patiemment tissée depuis dix ans est devenue très serrée et produit d'excellents rapports. De plus, la carte du *Temps* est un sésame qui ouvre beaucoup de portes. Le 7 octobre 1917, Jean Herbette rencontre le lieutenant-colonel Repington, officier de l'état-major britannique. Ensemble, ils évoquent une possible attaque en Alsace qui pourrait avoir lieu au printemps 1918[3]. En novembre, il s'entretient avec le colonel américain House à l'hôtel Crillon et prend de nombreuses

[1] BCUL fonds Herbette IS 4147 carton 7, lettre de Denys Cochin à Jean Herbette du 27 juin 1917 ; lettres de Charles Jonnart à Jean Herbette des 1er et 4 août 1917. Il n'existe qu'une seule lettre personnelle de Jean Herbette à Denys Cochin dans les archives conservées par la famille Cochin.

[2] BCUL fonds Herbette IS 4147 carton 11, lettre de Sainsère à Jean Herbette, 26 septembre 1917.

[3] Guy PEDRONCINI, *Le Haut-commandement. La conduite de la guerre mai 1917 – novembre 1919*, 1971, citant les mémoires de Repington, page 520.

notes intéressantes[1]. Bien sûr, puisque le journaliste puise ses informations aux meilleures sources et dans des cercles proches du pouvoir, pour ne pas dire au sein même du pouvoir, ses articles apparaissent comme exprimant la position française. Cela entraîne parfois des polémiques comme c'est le cas avec les nationalistes ukrainiens.

Le Temps publie en juillet 1917, un article d'Herbette très négatif à l'égard du séparatisme ukrainien. Il se termine ainsi : « on conçoit qu'ils [les antécédents du séparatisme ukrainien] nous inspirent de la méfiance, non contre l'Assemblée de Kiev elle-même, mais contre les exagérations auxquelles elle pourrait-être poussée et contre le parti qu'en tirerait aussitôt l'Allemagne ». Herbette craint en effet que si l'Ukraine fait sécession de la Russie, celle-ci ne soit plus en mesure de poursuivre la guerre. Les Ukrainiens s'offusquent : « entre l'injure envers les opprimés d'hier et l'adulation de leurs oppresseurs, il y a une attitude à garder que *Le Temps* a su choisir. Nous lui répondons donc avec un certain espoir de nous faire entendre ». Et les Ukrainiens d'expliquer qu'ils se battent depuis trois ans aux côtés d'une Entente qui veut les voir maintenus en servitude par la Russie. C'est aux peuples de faire l'histoire désormais écrivent-ils, et *Le Temps* a bien raison de se méfier du séparatisme ukrainien puisque l'Entente n'a que mépris pour lui[2].

Après le difficile hiver 1917 et la révolution bolchevique – sur laquelle Herbette écrit peu en raison de la censure intraitable sur ce sujet – la montée en puissance de l'intervention américaine compense la défection russe et annonce la reprise de la guerre de mouvement. Face à l'offensive allemande qui débute en mars, Herbette nous livre un témoignage de l'état d'esprit qui règne alors à Paris. Il déplore « l'extrait de cafard que distille ici (je ne dis pas "ici" au *Temps*, mais "ici" à l'arrière) un certain nombre de gens moralement anémiés. Je n'aurais jamais cru que la frousse pouvait prendre tant de formes, depuis le monsieur qui éprouve tout à coup le besoin d'aller soigner une vieille parente [...] en province jusqu'au ton sentencieux de celui qui vous dit : "oui, il faut défendre Paris à outrance, mais si Paris devait risquer un bombardement", si ... alors ... ». En fait, il constate que « le nombre de froussards n'est pas énorme, mais on n'entend qu'eux ». Les autres,

[1] BCUL fonds Herbette IS 4147 carton 12, notes de conversation du 23 novembre 1917 avec le colonel House à l'hôtel Crillon.

[2] *Le Temps* du 18 juillet 1917 ; réponse des Ukrainiens (24 juillet) dans Wolodymyr KOSYK, *La politique de la France à l'égard de l'Ukraine mars 1917 – février 1918*, 1981, page 85.

comme Herbette, continuent tranquillement à vaquer à leurs occupations. Mais « quel détestable exemple donnent les bourgeois aisés en fermant leurs appartements et en allant passer leur temps à Biarritz ou ailleurs ! ». À ce moment là, François Herbette, qui a rejoint la tête de son bataillon n'exprime pas la même vision pessimiste des choses. Ses impressions font « un contraste salutaire » avec ce que Jean voit à Paris. Le journaliste constate que le lieutenant de chasseurs trouve les commentaires des civils qui écrivent sur la guerre « encore plus grotesques qu'odieux ». Pour Jean, qui dit n'en lire jamais, ils ont un « aspect "irréel" qui est exaspérant »[1].

Se désintéressant de la dimension strictement militaire du conflit, au cours du printemps et de l'été 1918, Jean Herbette passe en revue tous les problèmes qu'ils voient poindre et qui selon lui vont rendre la paix difficile à gagner. En mars, dans l'un de ses articles, il sert d'intermédiaire à Stephen Pichon. L'ami de Clemenceau est alors ministre des Affaires étrangères et peut ainsi faire connaître officieusement ses inquiétudes sur les futures questions internationales à traiter[2]. À partir de ce moment, et jusqu'au départ d'Herbette pour Moscou, les deux hommes auront des relations suivies. Toujours en mars, le journaliste dénonce les manœuvres allemandes, en particulier des déclarations faites au Reichstag, qui tendent à compromettre les Arméniens aux yeux des alliés. Le lendemain, le chef de la délégation nationale arménienne à Paris le remercie chaleureusement car « un article de vous dans lequel cette manœuvre est dévoilée et flétrie avec l'autorité qui s'attache à votre nom, aura certainement plus de portée que tout ce que j'aurais pu publier moi-même »[3]. Si un article de Jean Herbette dans *Le Temps* est désormais censé avoir le poids d'une prise de position officielle, il faut admettre que notre personnage n'est plus seulement un observateur qui cherche à comprendre les relations internationales, mais un acteur de celles-ci qui peut les influencer. D'ailleurs, les étrangers ne s'y trompent pas. Le Comité national polonais à Paris écrit à Herbette qu'il fait preuve d'une « compétence tout exceptionnelle [pour] traiter les affaires de politique étrangère et particulièrement celles qui concernent l'Est de l'Europe ». Toute contribution à la cause polonaise est en effet à encourager, surtout si elle peut faire avancer les choses[4].

[1] Lettre de Jean Herbette à François Herbette, 18 mars 1918, coll. part.

[2] *Le Temps*, premier mars 1918, « Les révélations de M. Pichon ».

[3] *Le Temps* 24 mars 1918. BCUL fonds Herbette IS 4147 carton 7, lettre de la Délégation nationale arménienne à Jean Herbette, 25 mars 1918.

[4] BCUL fonds Herbette IS 4147 carton 7, lettre du délégué du Comité national polonais auprès du gouvernement français à Jean Herbette, 13 mars 1918.

Questionné en mai par son frère à propos d'éventuels projets d'offensive, Jean Herbette indique : « on ne me confie pas de secrets militaires – ce serait d'ailleurs un dépôt embarrassant – et je ne sais pas grand chose des éventualités auxquelles tu parais t'attendre ». Il préfère insister sur ce qui constitue sa « besogne incessante » et à laquelle il ne parvient pas à suffire : l'analyse des relations entre les belligérants. Il revient également sur l'état d'esprit qui règne désormais à Paris. Les gens « commencent à se rassurer avec exagération » et « on voit revenir, une à une et sans tambour ni trompette, les personnes qui avaient précédemment tant de peine à expliquer la remarquable coïncidence des raisons urgentes qui les appelaient loin de Paris et des coups de canons tirés par la "grosse Bertha" ». Du coup, il trouve que « cette flambée d'optimisme est bien prématurée, et que quelques gelées pourraient la flétrir avant l'été ». Il faut dire que « le dimanche, on voit des équipes d'Américains qui jouent sur la pelouse de Bagatelle, encadrés par une foule pleine d'admiration ». Comme à son habitude, Herbette ne s'appuie pas sur des considérations militaires pour s'exprimer, mais sur des analyses politiques. Guillaume II affiche en effet « la volonté et la certitude de vaincre. Même si cette volonté est feinte et cette certitude est truquée, l'empereur et son gouvernement sont les prisonniers des illusions qu'ils ont données à leur peuple ». Et le publiciste d'entrevoir d'énormes difficultés pour eux s'ils ne poursuivaient pas la lutte : « ils n'auraient plus de partisans, ni parmi les pangermanistes qui les accuseraient de pusillanimité, ni parmi les partis démocratiques qui leur reprocheraient d'avoir aggravé les pertes et les souffrances en laissant faire l'offensive du 21 mars ». Pour toutes ces raisons politiques, « il est prudent de s'attendre à de puissantes attaques de l'ennemi sur le front franco-anglais [...] mais je me hâte d'ajouter que personne ne paraît inquiet du résultat, si durs que puisent être les jours à venir »[1]. On ne peut que relever l'extrême justesse de l'analyse d'Herbette qui annonce l'accentuation des offensives allemandes de la fin mai. Il entrevoit également très justement les conséquences politiques de la défaite des armées allemandes.

En Autriche-Hongrie également la situation politique est très préoccupante. À *L'Écho de Paris*, Herbette exprimait la nécessité d'un *statu quo* en Autriche-Hongrie, tandis que dès 1915, *Le Temps* soutenait les revendications tchèques[2]. Au printemps 1918, et maintenant qu'il a changé de rédaction, il écrit que penser « qu'on peut détacher l'Autriche-

[1] Lettre de Jean Herbette à François Herbette, 14 mai 1918, coll. part.

[2] Antoine MARES, *Le séjour d'Édouard Beneš en France (1915–1919)*, thèse de 3ème cycle dactylographiée, 1975, page 176.

Hongrie de l'Allemagne par la persuasion est absurde. Au contraire, un désastre peut provoquer dans la monarchie des Habsbourg, divisée comme elle l'est par les haines des nationalités, affamée et menacée de faillite, des commotions dont nul ne saurait mesurer d'avance les effets ». Il recommande donc « au point de vue politique » une offensive contre l'Autriche-Hongrie, « mais encore une fois, le point de vue militaire [lui] échappe »[1]. Herbette reprend ces idées dans les colonnes du *Temps*, ce qui lui vaut les félicitations d'Édouard Beneš : « vous savez apprécier la Bohême mieux que personne. Vous savez aussi quelle importance a la première colonne du *Temps* en Autriche ». Le leader tchèque lui demande de s'engager encore davantage pour la cause de son peuple : « vous nous serez certainement aussi favorable comme aux Polonais. Dans tous les cas je suis sûr que vous nous rendrez ce grand service, que vous n'allez pas nous oublier et que vous allez donner un réconfort à nos compatriotes enfermés dans les Empires Centraux »[2].

Alors que la grande contre-offensive menée par Foch produit ses effets et que la guerre se termine, Herbette poursuit son tour d'Europe des questions que la paix devra régler. D'ailleurs, on continue de s'adresser à lui pour rendre publiques des revendications nationales ; en raison de son autorité, *Le Temps* est le journal le plus recherché par tous ceux qui veulent se faire entendre. Ainsi, les Estoniens envoient-ils à Herbette un mémoire présentant les vœux de leur peuple[3]. Le journaliste s'intéresse également au sort futur du Slesvig. Il soumet même au député André Honnorat un projet de conférence sur ce territoire. L'Association franco-danoise lui répond : « tout à fait d'accord avec vous sur l'opportunité d'une telle manifestation et nous vous sommes très reconnaissants d'avoir fortifié notre conviction par des arguments les plus probants »[4]. Après son article sur les Arméniens, nous constatons une nouvelle fois qu'Herbette n'est plus seulement un observateur de la situation internationale, mais que par ses prises de position, il joue volontairement un rôle dans celles-ci. La période du règlement de la paix qui s'ouvre à partir du 11 novembre 1918 va lui donner l'occasion de s'engager pour faire avancer ses conceptions des rapports entre les États et de l'existence des nations.

[1] Lettre de Jean Herbette à François Herbette, 14 mai 1918, coll. part.

[2] BCUL fonds Herbette IS 4147 carton 9, lettre d'Édouard Beneš, secrétaire général du Conseil National des Pays Tchèques, à Jean Herbette, 29 juin 1918. Reproduite en annexe n° 3.

[3] BCUL fonds Herbette IS 4147 carton 7, lettre et mémoire de la Délégation estonienne à Paris à Jean Herbette, 22 août 1918.

[4] BCUL fonds Herbette IS 4147 carton 6, lettre du Président de l'Association franco-danoise à Jean Herbette, 2 novembre 1918.

CHAPITRE III

LES ENJEUX ET LES PROBLÈMES DE L'APRÈS-GUERRE

WILSON ET L'ALLEMAGNE

L'armistice du 11 novembre avait fait taire les armes, mais bien entendu pas les antagonismes si nombreux en Europe. Plusieurs conceptions de l'organisation de la paix se présentent alors. Très tôt, des officiers généraux français regrettent de s'être arrêtés à la frontière allemande et d'avoir ainsi privé la France d'un gage essentiel dans les négociations de paix. Certes, la France retrouve immédiatement l'Alsace et la partie de la Lorraine annexées par l'Allemagne depuis 1871, mais le général commandant la division de Strasbourg invite Jean Herbette à venir en Alsace voir ce qui s'y passe. Selon lui, « le gouvernement français paraît s'apprêter à accumuler les gaffes et il serait grand temps de lui crier casse-cou ». Le militaire l'a déjà dit au ministère mais, tenu au devoir de réserve, il ne peut aller plus loin. Il compte bien qu'Herbette ira relayer ses inquiétudes auprès de l'opinion publique et des milieux politiques : « je le dis à l'homme que je considère comme le plus clairvoyant des Français en matière de politique internationale »[1].

S'il existe différentes conceptions françaises sur la paix, il en est de même entre les alliés. Dès le 18 novembre 1918, le président américain Woodrow Wilson annonce son intention de présider lui-même la délégation américaine à la conférence de la Paix. Il arrive en France le 13 décembre ; la conférence doit s'ouvrir à Paris en janvier 1919. Il

[1] BCUL fonds Herbette IS 4147 carton 5, lettre du général commandant la division de Strasbourg à Jean Herbette, 4 décembre 1918.

vient défendre ses fameux « 14 points » présentés en janvier 1918. Nul doute, que c'est Wilson qui sera la vedette de la conférence et que c'est la délégation américaine qui devra arbitrer entre les revendications et les prétentions des alliés européens. Aussi, afin de mieux cerner la position américaine, Jean Herbette tente d'obtenir un rendez-vous avec le secrétaire d'État américain Robert Lansing. Pour ce faire, il compte sur l'appui de Jules Jusserand, ambassadeur de France aux États-Unis, alors à Paris[1]. Il tente également, sans succès, de rencontrer le leader tchèque Thomas Masaryk en comptant sur l'intermédiaire de Beneš. Ce dernier est bien désolé d'avoir échoué mais promet une nouvelle tentative pour janvier 1919. Comme pour se rattraper, il envoie au journaliste du *Temps* des éléments importants sur la position tchèque[2]. Il semble donc qu'Herbette éprouve quelques difficultés à obtenir des renseignements de premier ordre de la part des délégations étrangères. Il faut dire que la conférence n'est pas encore commencée, et qu'elles ne désirent sans doute pas trop se dévoiler avant les négociations officielles. En revanche, il n'a aucun mal à obtenir des indications sur les positions du gouvernement français.

En réponse à une lettre amicale de Jean Herbette, Stephen Pichon, toujours ministre des Affaires étrangères en ce mois de janvier 1919, lui communique « à titre tout à fait personnel », le discours que le Président de la République doit prononcer à la conférence de la paix[3]. Il n'est pas impossible de penser que cette communication importante a obtenu l'aval de Poincaré lui-même. En effet, trois jours plus tôt, les Herbette étaient à la table de l'Élysée pour dîner en compagnie d'une dizaine d'autres personnes[4]. Un peu plus tard, *Le Temps* reprend la liste des promotions de la Légion d'honneur publiée par le *Journal Officiel*. On y apprend que « Jean Herbette, publiciste, est nommé chevalier sur le contingent du ministère des Affaires étrangères »[5]. Sans doute trouve-t-il là une récompense à son travail d'information

[1] BCUL fonds Herbette IS 4147 carton 7, lettres de Jules Jusserand à Jean Herbette, 24 décembre 1918 et 12 janvier 1919. Il n'y pas de preuve que l'entretien demandé par Herbette a été accordé.

[2] BCUL fonds Herbette IS 4147 carton 9, lettre d'Édouard Beneš à Jean Herbette, 25 décembre 1918.

[3] BCUL fonds Herbette IS 4147 carton 7, lettre de Stephen Pichon à Jean Herbette, 17 janvier 1919.

[4] Raymond POINCARÉ, *Au service de la France*, tome XI, *À la recherche de la paix, 1919*, 1974, page 64. Les Herbette sont invités au dîner du 14 janvier 1919.

[5] *Le Temps*, 22 janvier 1919. Le journal ne fait aucun commentaire et n'adresse aucune félicitation particulière à Herbette.

pendant la guerre qui a été agréé par le pouvoir. On peut également se demander si cette décoration ne vise pas à limiter la marge de manœuvre d'Herbette en le liant plus fortement au Quai d'Orsay. En effet, comme beaucoup de journalistes, notre personnage est exaspéré par la décision de Wilson de tenir secrets les premiers travaux de la conférence de la paix destinés à mettre en place une organisation internationale.

Dès avant le début des négociations, *Le Temps*, sous la plume de Jean Herbette, espère que Wilson abandonnera une partie de ses grands principes en voyant les malheurs de la France. Il entretient – comme Clemenceau – l'illusion d'un « ralliement » de Wilson aux idées françaises, contrairement à *L'Europe Nouvelle* qui pense que la France aura bien du mal à faire entendre sa voix[1]. Dans plusieurs de ses éditoriaux de janvier, Herbette présente comme une priorité la sécurité de la France. Dans son « bulletin du jour » du 5 février, consacré à la réception de Wilson à la Chambre des députés, il s'inquiète d'entendre Wilson parler de « garanties internationales ». Lui a une autre approche : « sans garanties pour la France, pas de garanties pour la paix ». C'est pourquoi, il loue les « idées claires » de Paul Deschanel qui demande un renforcement de la puissance des États pacifiques comme la France[2]. *L'Homme Libre*, le journal que dirige Clemenceau par l'intermédiaire de Nicolas Pietri, et *L'Action Française* de Maurras et Daudet, défendent également la conception d'une France plus forte empêchant à jamais l'Allemagne de prendre sa revanche. Jean Herbette et *Le Temps* ne sont pas contre l'idée d'une Société des Nations, mais telle que l'envisage Léon Bourgeois, c'est-à-dire avec des organes permanents et des moyens de pression efficaces.

Une fois les négociations de paix entamées, la presse n'a pas beaucoup d'informations précises sur ce qui se passe à la conférence. Cependant, Herbette pense que les positions française et américaine ne peuvent que se rapprocher … mais lors de la présentation du projet de SDN, il est déçu autant par Wilson que par les délégués français. Rentré aux États-Unis, le Président américain est combattu par ses adversaires républicains, les sénateurs Knox et Cabot Lodge en tête, et *Le Temps* s'en fait l'écho. Le 26 février, le journal

[1] Pierre MIQUEL, *La paix de Versailles et l'opinion publique française*, 1972, évoque souvent les positions du *Temps* en comparaison avec les autres journaux, notamment page 51. *Le Temps*, 25 janvier 1919.

[2] *Le Temps*, 2, 9, 12, 15, 21, 26 janvier et 5 février 1919.

s'inquiète de la possible incompatibilité de la SDN avec la constitution américaine : dans ce cas, l'ensemble du traité de paix pourrait être remis en cause. Herbette comprend les réticences américaines puisqu'elles sont identiques aux siennes : il faut d'abord régler la paix sur des bases solides et ensuite seulement construire l'entente internationale. Pour lui, il faut donc reprendre les travaux de la conférence de la paix sur les bases françaises[1]. En effet, citant Foch, il affirme que l'Allemagne est encore puissante. Elle peut sans doute lever encore 3 millions d'hommes et demeure toujours orgueilleuse, « si l'esprit du monde a changé, celui de l'Allemagne est resté intangible. Chez elle règne toujours l'esprit d'orgueil, de la conquête et de la mégalomanie »[2]. Le seul moyen d'empêcher toute idée de revanche est de la « déprussianiser », c'est-à-dire de la briser en morceaux, de la démilitariser et de la mettre politiquement dans l'incapacité de nuire ; la Sarre doit être annexée par la France et la rive gauche du Rhin doit être contrôlée[3]. À l'égard du séparatisme rhénan, Jean Herbette se montre sceptique, mais il finit par s'y rallier : « il faut que l'État allemand cesse d'englober les régions indûment annexées par la Prusse en 1815 », afin « d'affranchir l'Allemagne de l'obsession prussienne »[4].

CONTRE UNE PAIX TROP DOUCE

Lorsque Wilson est de retour à Paris à la mi-mars, la conférence commence à s'occuper des questions territoriales et de la sécurité de la France. D'autres motifs de mécontentement apparaissent alors dans les articles d'Herbette. Le 19 mars, il est reçu par Poincaré à l'Élysée. Très inquiet, le publiciste essaie de convaincre le Président que la France est « en train de détruire les effets de la victoire, que Pichon et Klotz sont des incapables, que Clemenceau ne dirige rien, qu'on n'a ni programme, ni méthode ... »[5]. Stephen Pichon a pourtant d'excellents rapports avec Herbette. Quant à Louis-Lucien Klotz, le ministre des Finances, le journaliste lui reproche d'envisager des augmentations

[1] Pierre MIQUEL, *La paix de Versailles ... op. cit.*, pages 204 à 207.

[2] *Le Temps*, 10, 12 et 19 février 1919. En février et mars 1919, le journal publie une rubrique régulière intitulée « L'Allemagne se ressaisit ».

[3] *Le Temps*, 22 janvier 1919.

[4] *Le Temps*, 7, 15 et 19 mars et 5 avril 1919.

[5] Raymond POINCARÉ, *À la recherche de la paix, op. cit.*, page 259.

d'impôts. Sur ce point, Herbette pense qu'il faut d'abord obtenir les réparations allemandes : « entre l'Allemagne et la France, il faut choisir, nous demandons qu'on opte pour la France »[1]. Enfin, en ce qui concerne Clemenceau, le président du Conseil, il faut remarquer que ses rapports avec *Le Temps* sont assez difficiles à saisir et qu'Herbette n'a toujours pas de relations avec lui.

Cet accès de fièvre contre le gouvernement français est à son comble lorsque Wilson réussit à imposer que les principales questions de la conférence soient débattues au sein du conseil des quatre (Wilson, Clemenceau, Lloyd George, Orlando). Dans son « bulletin du jour » du 25 mars, Jean Herbette proteste contre l'ignorance où se trouvent les Français : « une décision capitale a été prise. On la cache au public français [...] les chefs de quatre gouvernements démocratiques prendraient l'initiative de rédiger eux-mêmes, de leur propre autorité, un texte détaillé qu'il s'agirait ensuite de faire signer par l'Allemagne *ne varietur*. Est-ce bien cette méthode là que le Conseil Suprême a adoptée hier ? »[2]. Gauvain dans *Le Journal des Débats*, l'autre grand quotidien qui propose une importante rubrique diplomatique, et Henri Géraud (Pertinax) dans *L'Écho de Paris* critiquent également l'existence de ce Conseil des Quatre. Si l'on en croit Etienne de Nalèche, directeur du *Journal des Débats*, Herbette et Pertinax furent alors convoqués au Quai d'Orsay où on leur demanda qui avait révélé le secret des délibérations. Jean Herbette aurait répondu que « s'il révélait le nom de celui qui le lui avait dit, le ministère tomberait »[3]. Épisode réel ou monté en épingle par la concurrence, il montre dans tous les cas qu'Herbette est l'une des plumes les plus acérées qui écrivent sur la conférence de la paix.

Les prises de position d'Herbette se font ensuite plus modérées jusqu'à la fin de la conférence en juin. Peut-être se rend-il compte de l'extraordinaire difficulté d'établir des compromis avec autant de partenaires. En avril, il soutient même le gouvernement français dans les âpres négociations qui l'opposent aux alliés. En mai et en juin, il semble se désintéresser des dernières négociations. Après la signature du traité de Versailles, *Le Temps* s'inquiète de la ratification américaine, car faute de mieux il faut désormais appliquer ce traité vite et dans toute sa rigueur[4]. Il est assez significatif, que parmi les

[1] *Le Temps*, 14 et 20 février et 9 mars 1919.

[2] *Le Temps*, 25 mars 1919, « bulletin du jour ».

[3] *Le Journal des Débats*, 25 mars 1919. Raymond POINCARÉ, *À la recherche de la paix*, *op. cit.*, page 279.

[4] *Le Temps*, 15 avril et 19 juillet 1919.

parlementaires qui votèrent contre la ratification du traité de Versailles le 2 octobre 1919, on trouve outre la majorité des socialistes, Louis Marin et Franklin-Bouillon, deux députés proches d'Herbette. Cela donne peut-être une indication sur la position du journaliste à ce sujet. En juin 1923, Herbette assure Franklin-Bouillon de son soutien avant l'élection du 25 en Seine-et-Oise. Il a en effet été « témoin du courage avec lequel [il a] démontré en 1919 l'insuffisance des garanties stipulées par le traité de Versailles »[1]. Ce type d'appui politique est exceptionnel de la part d'Herbette, c'est même le seul que nous ayons trouvé. Si le journaliste soutient Franklin-Bouillon, c'est qu'il lui apparaît – comme à une bonne partie de la presse et de l'opinion publique qui ne s'intéresse plus guère au débat de ratification – que le traité n'est pas celui que la France a voulu mais celui des Anglo-saxons ; les garanties de sécurité sont trop insuffisantes[2].

En 1921, le plébiscite en Haute-Silésie – région revendiquée à la fois par l'Allemagne et la Pologne – donne de nouveau à Jean Herbette l'occasion de dire que l'on ménage trop l'Allemagne. Contrairement aux vœux du ministre des Affaires étrangères Briand, en février Lloyd George réussit à imposer l'idée d'un scrutin simultané des émigrés et des habitants de la région. Aussitôt, notre journaliste dénonce dans *Le Temps* une « concession injustifiée à l'Allemagne » et ajoute : « ce n'est pas par cette méthode qu'on assurera la paix ». En effet, on savait l'Allemagne prête à faire venir par trains entiers des émigrés en Haute-Silésie. Le plébiscite se déroule néanmoins comme prévu le 20 mars. Les résultats donnent plus de 717 000 voix pour l'Allemagne et 483 000 pour la Pologne : Berlin crie victoire. Mais Herbette ironise sur la « prétendue victoire allemande en Haute-Silésie » qui ressemble fort « aux victoires de Guillaume II ». Il constate que la région « s'est naturellement partagée en deux » et qu'elle « doit être divisée en un territoire polonais et un territoire allemand »[3]. Les Allemands ne veulent pas entendre parler de cette partition et désirent annexer toute la région ; Lloyd George les soutient.

[1] BCUL fonds Herbette IS 4147 lettre de Jean Herbette à Franklin-Bouillon, 18 juin 1923.

[2] Jean-Jacques BECKER et Serge BERSTEIN, *Victoires et frustrations 1914–1929*, 1990, pages 145–147.

[3] *Le Temps*, 23 février et 22 mars 1921. Sur la question de la Haute-Silésie et de son traitement par la presse : Casimir SMOGORZEWSKI, « Le plébiscite et le partage de la Haute-Silésie » in *Problèmes politiques de la Pologne contemporaine*, tome II : *La Silésie polonaise*, 1932, pages 257–452.

Mais les Polonais, sous la conduite de Korfanty, se soulèvent contre cette éventualité le 2 mai, ce qui provoque l'envoi de corps francs allemands. Dans *Le Temps*, Jean Herbette prend ouvertement position en faveur des Polonais ce qui lui vaut la « plus vive reconnaissance » du gouvernement polonais « pour la splendide campagne de presse que vous avez bien voulu entreprendre en faveur de la Silésie polonaise ». Il s'agit d'un « puissant appui » qui entraîne « la gratitude de tout un peuple »[1]. Afin de mettre fin au désordre, Briand décide d'envoyer en Haute-Silésie des troupes françaises, ce qu'accepte mal Berlin. Herbette écrit : « l'Allemagne barre la route aux gendarmes et se lave les mains du sang qui coulera peut-être »[2]. La Haute-Silésie sera finalement partagée en octobre 1921 par la Société des Nations.

Pendant les discussions interminables de la paix, notre journaliste ne s'intéresse pas uniquement à l'Allemagne et à Wilson. Il continue à fréquenter Vesnitch, désormais le chef de la Légation du Royaume des Serbes, Croates et Slovènes en France, et à lui apporter son soutien[3]. Mais *Le Temps* est également très favorable à l'Italie. Il approuve le départ pour Rome d'Orlando qui s'est heurté à Wilson, puis fait campagne pour le retour de la délégation italienne[4]. À cet égard, Tittoni, délégué italien à la conférence de la paix, remercie Herbette, qu'il connaît déjà, pour un « excellent article du *Temps* ». Ce papier constitue une « précieuse collaboration à la cause de l'union franco-italienne » à laquelle Tittoni déclare dédier tous ses efforts[5]. La défense de toutes ces causes vaut à Jean Herbette de recevoir des décorations étrangères. En 1919, il est fait commandeur de l'Ordre de Saint-Maurice et Lazare par le Roi d'Italie ; officier de l'Ordre de Léopold par le roi Albert de Belgique (peut-être parce qu'il demande une entente économique entre la France, l'Italie et la Belgique) ; commandeur de deuxième classe de l'Ordre de l'Étoile Polaire par le roi de Suède. Les récompenses les plus prestigieuses lui viennent du Danemark. En 1920 il est fait commandeur de l'Ordre de Danebrog « en raison de la sympathie montrée pour la cause du Slesvig ».

1 BCUL fonds Herbette IS 4147 carton 5, lettre du gouvernement polonais transmis à Jean Herbette par la légation de Pologne à Paris, 23 mai 1931.

2 *Le Temps*, 25 juillet 1921.

3 BCUL fonds Herbette IS 4147 carton 7, correspondance entre Vesnitch et Herbette, mars–avril 1919.

4 *Le Temps*, 24 avril 1919. Pierre MIQUEL, *La paix de Versailles ... op. cit.*, pages 391 et 400.

5 BCUL fonds Herbette IS 4147 carton 8, lettre de Tittoni à Jean Herbette, 1er juillet 1919.

En 1921, il reçoit même l'Ordre de l'Éléphant, habituellement réservé aux chefs d'État et aux princes[1].

POINCARÉ, LES ANCIENNES ET LES NOUVELLES RELATIONS

Si Jean Herbette multiplie ses contacts avec l'étranger, il continue aussi à se constituer un réseau de relations dans le monde politique français. Ses relations avec Poincaré se resserrent encore après la guerre. Les deux hommes se voient et s'écrivent beaucoup de 1919 à 1924. Le 14 janvier 1919, Jean et Jeanne Herbette sont reçus à dîner à l'Elysée avec d'autres convives[2]. Un an plus tard, Poincaré abandonne la présidence de la République, mais retrouve le Sénat. Herbette le félicite pour son élection dans la Meuse le 13 janvier 1920, car « il est bon pour la France que vous ayez immédiatement votre place au Parlement », lui écrit-il. Le journaliste évoque alors le « Président de l'avant-guerre, de la guerre et de la victoire » en la personne duquel, « c'est le prestige de la patrie qui grandit encore »[3]. On reconnaît le même ton que celui employé lors de l'élection présidentielle de 1913. Mais Herbette ne s'en tient pas là et fait également l'éloge du président dans son journal. Quelques jours plus tard, Poincaré remercie Herbette pour son « admirable article du *Temps* », qui lui donne dans sa tâche nouvelle « un véritable réconfort »[4]. Ces relations moins officielles, plus libres, qui s'établissent entre les deux hommes permettent de mieux comprendre ce qu'elles ont été auparavant. Puisque le sénateur Poincaré veut bien le recevoir, Herbette lui rappelle que « comme tous ceux qui ont eu, en 1912, la bonne fortune de recevoir vos directions quotidiennes, je sais quels services le presse peut rendre quand elle est guidée par vous. Depuis sept ans, j'ose le dire, j'ai vécu principalement sur l'élan que vous nous aviez communiqué et sur les impulsions que votre parole donnait de temps en temps à l'opinion ». On a déjà écrit que pendant la présidence de Poincaré, Herbette a résisté souvent à la tentation de demander audience à l'Élysée, « maintenant », écrit-il, « je suis plus ambitieux [...] avec l'idée que sous votre conduite je

[1] BCUL fonds Herbette IS 4147 carton 3, diplômes et titres relatifs à ces décorations.

[2] BNF papiers Poincaré, 16060, dîners intimes : listes des invités ; François ROTH, *Raymond Poincaré*, p. 388 et 404.

[3] BNF papiers Poincaré, 16004 f50–51, lettre de Jean Herbette à Raymond Poincaré du 13 janvier 1920.

[4] BCUL fonds Herbette IS 4147 carton 11, lettre de Poincaré à Herbette du 20 janvier 1920.

serai plus capable de servir utilement notre pays »[1]. Comme avant et pendant la guerre, Herbette est donc prêt à servir Poincaré et donc à servir l'intérêt de la France.

Les relations entre Herbette et Poincaré deviennent si cordiales, que le journaliste n'hésite pas à lui demander de recevoir en toute hâte M. Van Oss, directeur de la revue hollandaise *Haagsche Post*, pour laquelle Herbette a travaillé pendant la guerre. Et Poincaré accepte, ce qui lui vaut mille remerciements de la part des deux journalistes[2]. Il ne fait pas de doute qu'après guerre Herbette met sa plume au service de la conception que Poincaré se fait de la paix et de l'application des traités. En retour de l'aide que lui apporte Herbette, Poincaré, dans ses contributions à la *Revue des Deux Mondes*, n'oublie pas de faire référence aux articles d'Herbette. Le journaliste avoue en être « bien fier » et considère cela comme un « honneur ». Il en profite pour demander un nouveau rendez-vous, car « voici la question du désarmement et celle des réparations qui paraissent se trouver ajournées toutes deux, comme la question d'Orient ». Herbette a donc besoin des lumières de Poincaré[3]. Bien sûr, le fait qu'Herbette soit un porte parole de Poincaré se sait et est critiqué par certains qui dénoncent le parti pris politique du journaliste. Mais Herbette se justifie dans une lettre adressée à Poincaré – et peut-être également destinée à lui montrer qu'il prend des coups à cause de lui – en écrivant : « tous ceux qui tâchent de voir clair se tournent vers vous. Si c'est de la politique intérieure, comme certains le prétendent, il est juste d'ajouter que cette politique intérieure est dictée par les fâcheux résultats d'une certaine politique extérieure »[4]. Ainsi, on comprend que Herbette est bien descendu dans l'arène politique pour combattre la politique du président du Conseil et ministre des Affaires étrangères, Aristide Briand, notamment en ce qui concerne les réparations.

Le Temps ouvre également ses colonnes à l'ancien président de la République, comme en septembre 1920, lorsqu'il a écrit trois articles sur la fonction présidentielle dans le cadre de la constitution de la

[1] BNF papiers Poincaré, 16004 f50–51, lettre de Jean Herbette à Raymond Poincaré du 17 février 1920.

[2] BNF papiers Poincaré, 16004 f64–65 et f 54–55, lettres de Jean Herbette à Raymond Poincaré (fin décembre 1920 et début janvier 1921)

[3] BNF papiers Poincaré 16004 f62–63, lettre de Jean Herbette à Raymond Poincaré, s.d. (1920).

[4] BNF papiers Poincaré, 16004, f56–57, lettre de Jean Herbette à Raymond Poincaré du 15 août 1921.

IIIème République[1]. Lorsque Poincaré succède à Briand à la présidence du Conseil et au ministère des Affaires étrangères en janvier 1922, les relations avec Herbette et avec *Le Temps* se poursuivent. Un jour, après être passé au ministère, Herbette écrit à Poincaré qu'il a montré sa lettre à Hébrard, le directeur du journal, et que « les dispositions nécessaires seront prises ». L'absence de date sur cette correspondance ne permet pas de savoir de quoi il s'agit exactement, mais la suite éclaire un peu les choses. « J'écrirai de mon côté », poursuit Herbette, « à notre correspondant à Londres. Il est un bon informateur et son idée, en nous transmettant les commentaires injurieux de certains journaux anglais, est celle-ci : dénonçons-les, afin qu'ils cessent »[2]. On est tenté de penser à l'épisode de l'occupation de la Ruhr en 1923 qui valut à Poincaré des appréciations très dures de la presse britannique ... Nous étudierons plus loin l'intéressante évolution des rapports entre Herbette et Poincaré en 1924. Pour l'heure, l'amitié du « Président » ouvre au journaliste bien des portes, mais lui en ferme d'autres.

Il est impossible d'évoquer tous les mots de remerciement ou de félicitation de parlementaires qu'Herbette reçoit pour ses articles. Parmi les relations déjà évoquées et qu'il continue à entretenir, il y a notamment Alexandre Ribot, qui l'a reçu plusieurs fois pendant la guerre et continue de le faire jusqu'à sa mort en 1923. Georges Leygues, président du Conseil à la fin de l'année 1920, et Stephen Pichon – malgré les critiques d'Herbette relatives à son action comme ministre des Affaires étrangères dans les négociations de paix – sont régulièrement les hôtes des Herbette en 1921. Avec Louis Marin, qui s'affirme de plus en plus à la Chambre, et Franklin-Bouillon, Herbette a plutôt des relations épistolaires. Maurice Paléologue, Paul Cambon, Paul Bargeton et Emmanuel Peretti della Rocca lui donnent des renseignements précieux sur le Quai d'Orsay. Léon Bourgeois, Président du Sénat et prix Nobel de la Paix en 1920, est la référence d'Herbette lorsqu'il évoque les insuffisances de la SDN. Paul Deschanel, élu président de la République en janvier 1920, assure Herbette de sa « fidèle amitié »[3]. Charles Maurras fait parvenir à Herbette un exemplaire dédicacé de son ouvrage *Les chefs socialistes pendant la guerre*,

1 François ROTH, *Raymond Poincaré*, p.374 et 646.

2 BNF papiers Poincaré, 16004 f69–70, lettre de Jean Herbette à Raymond Poincaré, non datée.

3 BCUL fonds Herbette IS 4147 cartons 10 et 11, lettres, cartes, mots, billets de ces différentes personnalités des années 1920–1923. Carnets d'invitation des Herbette, années 1921 à 1924.

et malgré son départ de *L'Écho de Paris*, Barrès lui adresse en août 1919 un exemplaire dédicacé de *La colline inspirée*[1].

À côté de ces noms déjà évoqués avant la guerre, d'autres apparaissent. D'abord certaines personnes ne faisant pas partie des relations d'Herbette à la Belle Époque alors qu'ils étaient déjà aux responsabilités. Parmi eux, on peut citer Alexandre Millerand, président du Conseil puis président de la République en 1920. Herbette le connaît désormais assez pour intervenir auprès de lui en faveur de la Légion d'honneur d'un de ses collègues du *Temps*. Louis Barthou, président de la Commission des Affaires extérieures à la Chambre puis ministre de la Guerre en 1921, est également à placer dans cette catégorie. Peut-être se connaissent-ils davantage depuis l'éphémère passage de Barthou au ministère des Affaires étrangères en 1917. En tout cas leur combat commun pour obtenir davantage de garanties de sécurité lors des négociations de paix les a sans doute rapprochés[2].

Jean Herbette noue également des contacts nouveaux avec des hommes qui appartiennent à la génération politique montante des nouveaux élus de 1919. Georges Mandel (non inscrit), qui a été le directeur de cabinet de Clemenceau, adresse au journaliste du *Temps* ses discours à la Chambre. Paul Reynaud – né en 1878 comme Herbette – député de l'Action républicaine et sociale, lui envoie ses articles qui paraissent dans *Renaissance*. Adolphe Landry, député de la même tendance politique, ministre de la Marine dans les gouvernements Millerand et Leygues, est invité plusieurs fois à la table des Herbette. Déjà pendant la guerre, Herbette avait soutenu la politique de Louis Loucheur. Ce dernier est également élu en 1919 (Républicain de gauche) et sera encore plusieurs fois ministre jusqu'en 1931. Jean Monnet, secrétaire général adjoint de la SDN (1919-1923) fournit à Herbette des indications sur les questions des minorités en Europe. En 1922, il invite le journaliste et son épouse à venir quelques jours chez lui pendant les vacances d'été[3].

Les anciens concurrents d'Herbette au concours général s'imposent également chacun dans son domaine et ils continuent à entretenir des relations. Tardieu a été élu député pour la première fois en 1914 et

[1] Exemplaires retrouvés dans BCUL fonds Herbette IS 4147.

[2] BCUL fonds Herbette IS 4147 carton 14, lettre de Louis Barthou à Jean Herbette, 2 janvier 1920 : « amitié » et « souvenirs affectueux ».

[3] BCUL fonds Herbette IS 4147 cartons 5 et 11, lettres de Mandel du 20 octobre 1922, de Reynaud du 26 août 1921, de Monnet (Genève) du 19 août 1922 ; plusieurs billets de Loucheur 1921.

après ses missions aux États-Unis, il a été un ministre éphémère de Clemenceau auquel il est très lié. Albert Thomas, lui aussi ministre en 1916-1917, devient le directeur du Bureau International du Travail en 1920. À ce titre, il rencontre tous les grands responsables politiques du monde. Herbette y trouve son compte mais pas toujours Albert Thomas, comme le montre une lettre acide écrite au journaliste. Le directeur du BIT a en effet lu dans *Le Temps* une anecdote concernant Lloyd George et lui-même. Il écrit à son « cher ami » journaliste : « Pas chic ! c'est le seul mot que j'ai trouvé à dire quand j'ai lu *Le Temps* de vendredi soir. Vraiment si l'on utilisait dans ces conditions les mots de M. Barthou ou de M. Poincaré où iriez-vous ? Je suis embêté par l'histoire, mais ce qui m'ennuie le plus, c'est qu'elle vienne de vous. Cordialement tout de même »[1]. Entre Herbette et Albert Thomas, il y a aussi des divergences politiques ; en 1919, Albert Thomas a été élu député sous l'étiquette socialiste ... Quant à Henry de Jouvenel, il est devenu l'une des principales plumes du *Matin*. Avec Stéphane Lauzanne, il en assure même la rédaction en chef jusqu'en 1921. Ensuite, il continue d'y écrire, mais est accaparé par des fonctions diplomatiques et politiques : il est membre de la délégation française à la SDN et sénateur. La correspondance échangée entre Herbette et de Jouvenel dans les années 1922–1923 témoigne d'une amicale concurrence[2].

Enfin, le frère de Jean, François, après une guerre héroïque, est devenu directeur d'entreprise en 1920 et exerce des responsabilités au sein de la Chambre syndicale de la décoration sur métaux dont son entreprise dépend[3]. Par son intermédiaire, le journaliste peut avoir des contacts dans les milieux industriels et financiers. Cependant, entre les deux frères la guerre a creusé le fossé de la religion. Pendant les épreuves de la guerre, François a été touché par la foi et est devenu catholique alors que Jean demeure libre penseur. Lorsque François lui demande d'être le parrain de son premier enfant, Jean décline l'offre en ces termes : « autant je suis respectueux des croyances que tu as et que tu entends certainement transmettre à tes enfants, autant je me sens obligé d'éviter ce qui, de ma part, serait une promesse contraire à mes

[1] BCUL fonds Herbette IS 4147 carton 11, lettre d'Albert Thomas (Genève) à Jean Herbette, 3 juin 1922.

[2] BCUL fonds Herbette IS 4147 carton 10, correspondance entre Henry de Jouvenel et Jean Herbette, 1922–1923.

[3] « Éloge de François Herbette » à l'occasion de son décès en 1960, par Luc Bourcier de Carbon, 6 pages, coll. part.

propres convictions [...] Cela ne changera naturellement rien à mes sentiments – ni aux tiens, j'en suis sûr »[1].

Certes, il demeure des personnalités politiques de première importance avec lesquelles Jean Herbette n'entretient pas de relations. Clemenceau est toujours absent des carnets d'adresse d'Herbette. Pourtant, il est devenu l'incarnation du pays lors de la victoire. Mais on ne trouve aucune trace de correspondance ou de rencontre entre les deux hommes. Certes, *Le Temps* n'aime pas Clemenceau, mais finalement en 1919, il le soutient le plus souvent. Dans une lettre de 1920, Élie Halévy dit regretter le Vieux (Clemenceau) « qui n'avait pas peur – bien au contraire – de tenir tête à Foch, à Mangin, à Barthou, à Herbette et à Pertinax »[2]. Sans plus de précision, il est impossible d'affirmer qu'il s'agit ici de Jean Herbette et pas de Maurice Herbette, son cousin. Ce dernier est alors l'un des diplomates français les plus écoutés au Quai d'Orsay. Ce qui est sûr, c'est que les liens entretenus par notre publiciste avec Poincaré peuvent suffire à lui interdire la porte de Clemenceau : on connaît les divergences politiques et de caractère qui séparent les deux plus grands dirigeants français de l'époque. Au lendemain de la guerre, Jean Herbette n'a pas encore de rapports avec Édouard Herriot, ni avec Aristide Briand. Ses relations avec le leader radical se développent en 1924 et auront des conséquences fondamentales sur son avenir. Devenu ambassadeur, Herbette aura affaire au ministre des Affaires étrangères Briand pendant plus de 7 ans, de 1925 à 1932. Même si le journaliste a critiqué en 1921 certains aspects de sa politique, les deux hommes œuvrent parfois pour la même cause, notamment dans les affaires d'Orient.

AU SERVICE DE LA RÉVOLUTION NATIONALE TURQUE

Depuis son voyage à Téhéran, Jean Herbette n'a cessé de porter une attention particulière à la Perse et au Moyen-Orient. Or, toute cette région est en train de connaître de profonds bouleversements dus au retrait de la Russie et de l'influence allemande et à l'affirmation des mouvements nationaux. À Paris, la conférence de la Paix tente de redessiner les frontières du Proche et du Moyen-Orient afin de garantir la paix mais avec le souci de préserver les intérêts occidentaux. Dès

1 Lettre de Jean Herbette à François Herbette, septembre 1921, coll. part.

2 Élie HALÉVY, *Correspondances (1891–1937)*, 1996, pages 628–629, lettre d'Élie Halévy à Daniel Halévy, 1er mai 1920, de Londres.

février 1919, Herbette écrit un article sur « les droits de la Perse ». Il réaffirme, comme en 1911, que les Perses ont le droit de s'affranchir des tutelles occidentales et russe. Cependant, il concède qu'il faut tenir compte du pétrole et de son intérêt pour les pays industrialisés. Le représentant persan en France loue « un article aussi favorable à la Perse, écrit par un ami sincère de notre pays » et compte toujours sur le « précieux concours » de son auteur[1]. Par la suite, on retrouve très peu de traces de l'intérêt qu'Herbette porte à ce pays. En revanche, elles sont légion en ce qui concerne la Turquie.

Au lendemain de l'armistice de Moudros, signé entre l'État ottoman et les alliés le 30 octobre 1918, la France a occupé la Syrie, le Liban et la province de Cilicie, conformément à l'accord secret Sykes-Picot signé avec la Grande-Bretagne en 1916. Le mouvement national turc de Mustafa Kemal installé à Angora (Ankara) en décembre 1919 n'accepta pas l'occupation française et encore moins celle des Britanniques. Dès lors, Jean Herbette fut l'un des premiers à considérer que la France devait prendre en compte les aspirations nationales turques plutôt que de poursuivre une politique quasi-coloniale aux côtés de l'Angleterre[2]. L'article qu'il fait paraître le 14 janvier 1920 dans *Le Temps* accompagne, s'il ne le provoque pas, un revirement de l'opinion publique française. En effet, les francs-maçons, les républicains libéraux, les partisans de la laïcité et les adversaires du colonialisme demandent eux-aussi un changement d'attitude vis-à-vis de la Turquie. Il apparaît nettement que seule une véritable expédition armée pourrait mâter la résistance nationale turque en Cilicie. Or, les Français sont las de toutes ces guerres. Herbette écrit donc : « ce nationalisme turc avec son armée ne peut-il pas servir à rétablir une vie normale en Turquie, pays dont nous sommes les créanciers ? Ce sentiment musulman, qui est traditionaliste, ne peut-il pas être notre allié contre le bolchevisme, ennemi des traditions aussi bien que des patries ? »[3]. Voilà un point important qui explique la position d'Herbette : comme le danger allemand menaçait l'Europe

[1] *Le Temps*, 17 février 1919. BCUL fonds Herbette IS 4147 carton 7, lettre à Jean Herbette du 18 février 1919.

[2] Pour ce qui est de l'événementiel des relations franco-turques, voir l'article de Ismaïl SOYAL, « Les relations politiques turco-françaises (1921–1985) » in Hâmit BATU et Jean-Louis BACQUE-GRAMMONT (dir.), *L'Empire ottoman et la République de Turquie et la France*, 1986, pages 587–698.

[3] *Le Temps*, 14 janvier 1920. Semih VANER, « Bilans du régime républicain turc dans la presse française à la mort d'Ataturk », in Paul DUMONT et Jean-Louis BACQUE-GRAMMONT (dir.), *La Turquie et la France à l'époque d'Ataturk* », 1981, pages 273–295.

avant 1914, le vieux continent est désormais sous la menace du bolchevisme, et le sentiment national turc peut être utilisé par la France pour le combattre.

Le général Franchet d'Espérey, commandant en chef des armées alliées en Orient, est du même avis qu'Herbette et lui écrit à propos de son article : « la vérité finit toujours par se manifester ». D'ailleurs, dès septembre 1919, au ministère de la Guerre, Herbette avait eu une conversation avec Franchet d'Espérey, au sujet de l'imbroglio turc. Le général estime en janvier 1920 que beaucoup d'erreurs ont été commises par les alliés depuis les Dardanelles, « où l'on a appliqué un plan datant de 1796, à l'échelle de la vapeur et de l'électricité ». De plus, il affirme que « les officiers anglais ont sillonné l'Asie mineure comme des touristes ou des voyageurs de commerce », alors qu'il faut « pour traiter avec les Turcs avoir un esprit tout différent d'avant 1914 ». Quelques jours plus tard, et après de nouveaux articles de Jean Herbette notamment sur la Syrie, le général reçoit de nouveau le journaliste au ministère de la Guerre. En mars, juste avant de rejoindre son poste, il lui écrit encore : « combien vous voyez juste dans cette question si complexe »[1].

Toute l'année 1920 est consacrée à des négociations entre la France et les nationalistes turcs d'une part, et entre les alliés et l'Empire ottoman d'autre part. La diplomatie française est alors partagée entre deux conceptions des relations avec la Turquie : solder les comptes de la guerre avec le gouvernement de l'Empire à Istanbul ou partir sur de nouvelles bases en tenant compte des aspirations du gouvernement nationaliste d'Angora. Dans l'affaire de l'occupation de la Cilicie, Français et Anglais n'avaient pas la même position puisque ceux-là au contraire de ceux-ci, ne voulaient pas reconnaître le mouvement national turc. En décembre, le colonel Mougin, alors attaché au Haut-commissariat français en Syrie et présent à la conférence de Londres avec le président du Conseil Briand, tient Herbette au courant de l'avancée des pourparlers concernant la Turquie. Pour le militaire, « le danger n'est pas turc, il est bolchevique quasi-exclusivement ». Les deux hommes sont donc bien sur la même longueur d'ondes. Cela est confirmé par une autre lettre dans laquelle Mougin apprend à Herbette que « enfin, le Conseil suprême s'est décidé à liquider les questions de principe sur la question d'Orient ».

[1] BCUL fonds Herbette IS 4147 carton 12, notes d'une conversation avec le général Franchet d'Espérey, au ministère de la Guerre, le 15 septembre 1919 ; carton 9, lettres de Franchet d'Espérey à Jean Herbette, 24 janvier, 19 février et 5 mars 1920.

Et d'ajouter, « c'est toute votre campagne et toute la mienne qui ont triomphé ». Effectivement, le journaliste dans les colonnes du *Temps* et le militaire au ministère de la Guerre font pression dans le même sens pour que les occidentaux acceptent de reconnaître Mustafa Kemal comme interlocuteur dans les affaires turques.

La campagne capitale menée par Jean Herbette est poussée par les kémalistes de Paris, comme l'intellectuel turc Ahmed Riza. Lorsque Herbette préconise que la France se retire de Cilicie après y avoir organisé une gendarmerie indigène, Ahmed Riza lui écrit que c'est la « juste solution » mais qu'il est nécessaire « d'y revenir plus énergiquement »[1]. Briand lui-même reconnaît devant Mougin que l'appui d'Herbette, en convainquant les politiques et l'opinion publique, a été déterminant pour le résultat de la conférence. Un hommage en appelant un autre, Mougin suggère à Herbette de louer Briand qui a été « épatant ». En somme, « c'est le triomphe de la thèse française et les Turcs reviennent de loin »[2]. La Grande Assemblée Nationale de Turquie est reconnue *de facto* ; l'affaire de Cilicie allait pouvoir trouver une solution.

Afin de négocier avec Kemal, Briand envoya à Angora Franklin-Bouillon, alors député radical et président de la Commission parlementaire des Affaires étrangères. Après une première mission semi-officielle en juin 1921, c'est lors de son second séjour en octobre qu'il signe les accords d'Ankara. Pendant ce temps, Herbette continue de suivre le dossier turc. Naby Bey, le délégué kémaliste à la conférence de la paix, le rencontre régulièrement. En août, il demande un rendez-vous à Herbette en lui écrivant : « j'abuse un peu de votre amabilité »[3]. Cependant, en Turquie, certains s'émeuvent de la campagne que le journaliste mène pour les nationalistes. C'est le cas de Psalty, directeur d'un journal qui paraît en français à Istanbul, *Le Bosphore*. Il profite d'une lettre adressée au directeur du *Temps* Émile Hébrard, pour se plaindre : « veuillez me rappeler au souvenir de mes bons amis du *Temps* et surtout à celui de M. Herbette. Dîtes-lui de la part de l'ami Psalty que la campagne qu'il mène au profit des Kémalistes fait un tort considérable à la France en Orient. Elle fausse aussi l'opinion publique de la France et présente les événements et les choses de l'Orient sous

[1] BCUL fonds Herbette IS 4147 carton 5, lettre d'Ahmed Riza à Jean Herbette, 5 décembre 1920.

[2] BCUL fonds Herbette IS 4147 carton 10, lettres du colonel Mougin (de Londres) à Jean Herbette, 14 et 26 décembre 1920.

[3] BCUL fonds Herbette IS 4147 carton 5, lettre de Naby Bey à Jean Herbette, 10 août 1921.

un jour entièrement faux. En ce faisant, on fait perdre à la France si aimée avant la guerre toute sympathie tant auprès des Turcs qui ne veulent pas d'amis impuissants à les défendre contre l'Angleterre et la Grèce, que des chrétiens qui s'étonnent de cette politique de la part de la puissance considérée jusqu'à présent comme la protectrice des chrétiens d'Orient »[1]. Cette longue citation illustre parfaitement la position opposée à celle défendue par Herbette, Mougin et Franklin-Bouillon. S'expriment de la même manière que Psalty, les milieux d'affaires qui considèrent la Turquie de l'après guerre comme l'Empire ottoman d'avant 1914 et les conservateurs hostiles au mouvement kémaliste qui désirent que la France s'érige en protectrice des communautés chrétiennes d'Orient. L'autre intérêt de cette lettre est de montrer une fois de plus le poids de la campagne menée par Herbette.

Les accords d'Ankara signés en octobre 1921, constituent une véritable reconnaissance *de jure* de la Turquie de Kemal, même si la France continue à entretenir des rapports avec Istanbul et même si la paix définitive avec la Turquie doit être conclue avec les alliés. L'accord franco-turc précisait la frontière entre la Syrie et la Turquie et accordait à la France des droits économiques qu'elle possédait de fait déjà. La France se retirait de Cilicie. Derrière Herbette et *Le Temps*, la majorité de la presse française applaudit à cet accord. Désormais, Ankara et Paris allaient échanger des représentants semi-officiels. Kemal envoya à Paris Ferid Bey. À peine arrivé en France, il remercie Herbette pour un « pénétrant et magistral » article paru dans *Le Temps*[2]. De son côté, le gouvernement français envoie à Ankara le colonel Mougin, qui « devint un admirateur de Mustafa Kemal et un défenseur du mouvement national turc, au point de critiquer souvent son propre gouvernement pour le peu de soutien qu'il accordait à la Turquie »[3]. Sitôt en fonction, il écrit à Jean Herbette : « tout le monde me parle de vous » ; encore un signe de l'importance de l'engagement d'Herbette qui poursuit avec constance sa campagne pour le rapprochement franco-turc. Dans *Le Temps* du 6 août – à en croire l'intéressé lui-même – il « couvre de fleurs » Mougin[4].

[1] BCUL fonds Herbette IS 4147 carton 5, lettre de Psalty à Émile Hébrard, 23 août 1921, transmise à Herbette.

[2] BCUL fonds Herbette IS 4147 carton 9, lettre de Ferid Bey à Jean Herbette, 20 janvier 1922.

[3] Ismaïl SOYAL, « Les relations politiques turco-françaises ... » in *L'Empire ottoman et la République de Turquie ... op. cit.*, page 598.

[4] BCUL fonds Herbette IS 4147 carton 10, lettres du colonel Mougin (Ankara) à Jean Herbette, 10 juin (Mougin entre en fonction le 8) et 22 août 1922.

L'année 1922 est celle de la victoire du mouvement national turc. Le 30 août, l'armée grecque est définitivement battue, et au début de septembre, Bursa et Izmir sont occupées. Pour Ferid Bey, qui vient de lire deux nouveaux articles d'Herbette, cette victoire a été acquise grâce à tous les amis de la cause turque. « Qui parmi ces derniers, plus que vous cher ami », écrit-il au journaliste, « mériterait notre gratitude et notre affection ? » C'est effectivement grâce à Jean Herbette que Ferid Bey a pu rencontrer le responsable yougoslave Nintchitch et évoquer avec lui les relations entre leurs deux pays. De plus, Ferid Bey indique à Herbette qu'un de ses collaborateurs ira le voir afin de « se pénétrer de [ses] conseils » [1]. Dans le combat national turc, Herbette semble être devenu une sorte de référence, de « formateur » des Turcs eux-mêmes. D'ailleurs, outre Ferid Bey, il reçoit chez lui Ismet Pacha, ministre des Affaires étrangères de Kemal, et d'autres représentants turcs : Himi Bey, Naby Bey, Betni Samy Bey ...[2] En octobre, un armistice est signé entre les Grecs et les Turcs sous l'égide des Occidentaux qui acceptent que les Turcs occupent la Thrace. À ce sujet, Jean Herbette et le maréchal Lyautey, haut commissaire au Maroc, qui s'intéresse de près à la Turquie depuis 1920, échangent une correspondance. Le journaliste remercie Lyautey pour sa lettre « si intéressante et importante » du 14 septembre et lui demande un entretien pour évoquer les événements d'Orient. Car, « bien qu'ils se soient développés depuis quelques semaines sans causer de heurts entre les Turcs et nous, [ils] méritent cependant d'être suivis avec beaucoup d'attention et de clairvoyance ». Et Herbette d'en appeler aux précieux conseils du maréchal[3].

Encore quelques semaines, et s'ouvre à Lausanne la conférence qui doit permettre d'établir un traité de paix définitif avec la Turquie. De Suisse où il préside la délégation turque, Ismet Pacha, rend une fois de plus hommage au soutien d'Herbette. Il lui envoie le télégramme suivant : « reconnaissante admiration pour brillante compagne en vue défense intérêts identiques Turquie et France. Suis persuadé triomphe final vérité et justice et vous félicite, vous remercie pour inappréciable contribution à ce triomphe que j'espère prochain »[4].

[1] BCUL fonds Herbette IS 4147 carton 9, lettres de Ferid Bey (Genève) à Jean Herbette, 18 et 21 septembre 1922.

[2] BCUL fonds Herbette IS 4147 carton 12, carnet d'invitation des Herbette, 1921, 1922, 1923.

[3] AN Archives Privées 475 AP 284 Lyautey, lettre de Jean Herbette au maréchal Lyautey, 13 octobre 1922.

[4] BCUL fonds Herbette IS 4147 carton 6 télégramme de Ismet Pacha (Lausanne) à Jean Herbette, premier janvier 1923.

Mais les pourparlers de Lausanne traînent en longueur, et on s'achemine vers un traité de compromis qui ne ménage pas une place privilégiée aux rapports franco-turcs, ce qu'espérait pourtant Herbette. On sent une certaine déception après tant d'efforts fournis lorsqu'il écrit à Franklin-Bouillon pour soutenir sa candidature à l'élection de 1923. Herbette se rappelle avoir été « témoin de la clairvoyance avec laquelle vous avez indiqué la politique orientale qui convenait aux sentiments et aux intérêts de la France, témoin enfin du succès avec lequel vous avez réalisé le rapprochement franco-turc qui aurait pu être si fécond »[1]. La politique turque de la France est présentée là comme un acte manqué. À Ankara, Mougin ressent les mêmes choses devant les difficultés rencontrées en France pour ratifier le traité et ne se prive pas de le faire savoir à Paris. C'est sans doute ce qui fait qu'il est rappelé au début de 1924. Avant de quitter Ankara, il écrit à Herbette : « nous faisons machine arrière en Turquie ». Mais le publiciste ne s'y résout pas et en avril tente de relancer dans *Le Temps* une campagne en faveur des relations franco-turques. Mougin salue ce « bulletin si courageux », « mais arriverez-vous à réveiller des morts ? Et comme cependant vous avez raison ». Toute la désillusion d'un Mougin désabusé, mais promu général, est concentrée dans sa derrière phrase : « Ce soir M. de Peretti [Quai d'Orsay] m'écrit : "Nos Turcs se conduisent bien mal" Et vous bien bêtement ! »[2]. Le traité de Lausanne ne sera ratifié qu'en août 1924. Du ministère des Affaires étrangères, Paul Bargeton écrit à Jean Herbette : « permettez-moi de vous féliciter pour ce résultat qui vous est dû pour une si grande part »[3]. La victoire est néanmoins bien amère pour le journaliste.

L'engagement d'Herbette pour la cause nationale turque est intéressant à plus d'un titre. D'abord il montre la connaissance de l'Orient du journaliste : avant beaucoup de monde, il a compris que l'Empire ottoman est bien mort et qu'il laisse place à une Turquie nationale. Mais il ne s'en tient pas à cette analyse, il œuvre, et de quelle manière, pour promouvoir une de ses théories les plus déterminantes dans toutes ses actions : le concept de l'État-nation. Bien sûr, tout cela au profit de l'intérêt de la France. Car que l'on ne s'y trompe pas,

[1] BCUL fonds Herbette IS 4147 carton 5, lettre de Jean Herbette à Franklin-Bouillon, 18 juin 1923.

[2] *Le Temps*, 11 avril 1924. BCUL fonds Herbette IS 4147, lettres de Mougin à Jean Herbette, 24 février (Ankara) et 11 avril (Paris) 1924.

[3] BCUL fonds Herbette IS 4147 carton 6, lettre de la direction des affaires politiques et commerciales du MAE à Jean Herbette, 27 août 1924.

à la différence de l'épisode persan, il ne s'engage pas dans la cause turque comme un mercenaire. Ce qui lui importe surtout, c'est que l'évolution turque est bonne pour les intérêts de la France au Proche et au Moyen-Orient. Enfin, les campagnes menées par Herbette montrent de quelle influence il peut se prévaloir, notamment lorsqu'en janvier 1920 il contribue à retourner l'opinion publique française en faveur des nationalistes turcs. Dans cette affaire, il fait triompher une autre des attitudes qui le caractérisent désormais : le pragmatisme. Il lui en faut encore davantage pour lutter pour la reconnaissance par la France du régime des Soviets, lui qui dénonce en même temps la menace bolchevique.

CHAPITRE IV

L'ENGAGEMENT DÉCISIF DANS LES AFFAIRES RUSSES

LA SITUATION AU LENDEMAIN DE LA GUERRE

Comme nous l'avons déjà écrit, en raison de la rigidité de la censure, Jean Herbette fait paraître dans *Le Temps* peu d'articles sur la révolution d'octobre. D'ailleurs, « les journaux donnent une orientation unilatérale aux nouvelles de Russie » en s'inquiétant des conséquences de la révolution sur la conduite de la guerre[1]. Maurice Paléologue, qui a été ambassadeur de France à Petrograd jusqu'à l'été 1917, indique à Herbette le 26 novembre suivant : « je partage entièrement les idées de vos derniers articles sur la Russie »[2]. À cette époque, c'est Joseph Noulens qui est ambassadeur de France en Russie et qui détermine en fait les relations du pays avec les Soviets. Afin de barrer la route aux Allemands, deux options s'ouvrent à la diplomatie française et aux alliés en général : ramener au combat une Russie forte et unie ou soutenir les mouvements séparatistes, notamment ukrainien que nous avons déjà évoqué. Après l'armistice de Brest-Litovsk du 2 décembre 1917, la Russie est divisée entre les autorités de Petrograd, les généraux blancs tsaristes et les mouvements séparatistes. L'Ukraine apparaît vite comme une zone privilégiée de l'intervention militaire française, mais il n'y a pas de rupture des relations avec les Soviets avant le printemps 1918. Quelques semaines plus tard, la décision d'intervenir

[1] Anne HOGENHUIS-SELIVERSTOFF, *Les relations franco-soviétiques 1917–1924*, 1981, page 32. Cet ouvrage de référence est indispensable pour connaître le cadre dans lequel se situe l'action d'Herbette.

[2] BCUL fonds Herbette IS 4147 carton 10, lettre de Maurice Paléologue à Jean Herbette, 26 novembre 1917.

militairement contre les bolcheviks est prise par les alliés ; ils soutiennent les généraux blancs.

Après l'armistice du 11 novembre, Clemenceau hésite sur la politique à suivre en Russie. La donne internationale est évidemment changée. Il faut tenir compte des importants intérêts français présents en Russie et de l'opprobre de l'opinion publique française à l'égard du bolchevisme. Les journaux, à l'exception de *L'Humanité*, sont pour beaucoup dans cette attitude. Il faut également prendre en considération la difficulté d'appréhender exactement la situation en Russie, les positions des alliés, les dépenses énormes à consentir, etc. Même si le blocus de la Russie bolchevique est mis en place, lors de la conférence de la Paix, l'unité des alliés s'effrite sur le problème russe ; une polémique entre l'*Observer* et *Le Temps* en témoigne. Le périodique anglais explique longuement que c'est une erreur de désarmer l'Allemagne puisque le principal danger est désormais le bolchevisme. Si l'Allemagne n'était pas désarmée, elle pourrait contribuer à lutter contre le régime des soviets. Sous la plume de Jean Herbette, *Le Temps* ne peut accepter cette proposition : « bien qu'il s'agisse de combattre le bolchevisme, ce n'est certainement pas au militarisme prussien que l'*Observer* nous suggère d'accorder notre confiance et notre appui »[1]. Pour le journaliste, combattre les Soviets, oui, mais pas au risque de remettre en cause les acquis de la Grande guerre en donnant à l'Allemagne les moyens de sa revanche. Mieux vaut organiser le ravitaillement de la Russie blanche et lui donner les moyens de résister à l'armée rouge. Le conseiller de l'ambassade de Russie en France, Nicolas Basily, est tout à fait d'accord avec cette vision des choses et félécite chaleureusement Herbette. Trois mois plus tard, le même diplomate russe lui adresse encore de « sincères remerciements » pour des articles qui prouvent ses sympathies pour la cause russe et son rejet du bolchevisme[2].

Au cours de l'année 1919, l'aide militaire apportée aux Blancs de Russie est progressivement limitée mais les élections législatives françaises de novembre 1919 se font en partie sur le thème de « l'homme au couteau entre les dents ». Cependant, des voix commencent à s'élever en France pour demander une reprise de contacts avec Moscou. On entend ainsi Barthou, et d'autres parlementaires, mais aussi des journalistes comme Raymond Recouly et Jean Herbette. Au début de

[1] *Le Temps*, premier avril 1919.

[2] BCUL fonds Herbette IS 4147 carton 9, lettres de Nicolas Basily à Jean Herbette, 19 avril et 15 juillet 1919.

l'année 1920, le blocus est levé et les sociétés françaises retrouvent le chemin de la Russie. Lors des entrevues de Londres, le président du Conseil Millerand refuse néanmoins de suivre les Britanniques qui souhaitent engager des pourparlers avec Moscou. La ligne française demeure : « pas d'immixtion en Russie, pas de relations diplomatiques avec les Soviets »[1]. Le secrétaire général du Quai d'Orsay, Maurice Paléologue, convoque alors les partisans d'une politique plus avancée à l'égard des Soviets – dont Jean Herbette – pour leur expliquer que la ligne choisie par la France est une coexistence pacifique avec le régime de Moscou[1]. De son côté, le gouvernement soviétique désire conclure le maximum d'accords bilatéraux et la reprise des échanges économiques.

Se posent alors de nouvelles questions à la diplomatie française. D'abord, comment réagir face aux relations qui se nouent entre l'Allemagne et la Russie bolchevique ? Sur la question des avoirs français en Russie, le dilemme français est total : ayant renoncé au recouvrement de ces avoirs par la force, comment faire pour obtenir le remboursement des dettes russes ? En effet, il est évident que la Russie a besoin d'investissements étrangers pour se développer et pour avoir les moyens de payer ses dettes. Mais faut-il investir en Russie afin d'être remboursé ou menacer de n'investir en Russie qu'après avoir été remboursé ? Le remplacement de Briand par Poincaré à la tête du gouvernement et des Affaires étrangères en janvier 1922 – bien accueilli par Herbette, on s'en doute – est un autre changement à prendre en considération. Malgré son antibolchevisme partout affiché, dès juillet 1921, dans *La Revue des Deux Mondes*, à propos de la concurrence économique en Russie, l'ancien président de la République écrivait : « devons-nous éternellement nous lamenter seuls au bord du chemin ? ». De son côté, le gouvernement de Moscou entreprenait une campagne afin de faire croire qu'il y avait des négociations avec la France. Mais en décembre 1921, le Quai d'Orsay démentait officiellement ; l'heure n'était pas encore venue.

[1] Anne HOGENHUIS-SELIVERSTOFF, *Les relations franco-soviétiques … op. cit.*, page 176.

[2] *D.D.F.* 1920 tome I (10 janvier – 18 mai), évocation du tél. de Maurice Paléologue (Paris) à Millerand (Londres) n° 1835 du 25 février 1920 sur ses démarches auprès de Barthou, Recouly, Herbette, etc.

POINCARÉ ET RAPALLO

Avant même la réunion de la conférence de Gênes destinée à rétablir le commerce international, la question des relations commerciales avec la Russie bolchevique est largement évoquée par la presse. Notamment dans *Le Temps* qui dès le 18 janvier, crée une rubrique quotidienne intitulée « avant Gênes » et qui présente les positions initiales de chacun des participants. Jean Herbette consacre beaucoup de ses « bulletins du jour » à la réorganisation de l'Europe : 28 en janvier, 23 en février et 22 en mars[1]. Le 6 février 1922, Poincaré définit dans un mémorandum les exigences françaises : que la Russie bolchevique reconnaisse les dettes de la Russie tsariste. Le lendemain, *Le Temps* laisse entendre que des négociations sont en cours entre la France et les Soviets. Toutes les agences de presse reprennent aussitôt la nouvelle. On s'est souvent posé la question de savoir si cette annonce du *Temps* était une manœuvre afin de faire pression sur la Grande-Bretagne et l'Allemagne qui souhaitaient entamer des discussions avec Moscou. Toujours est-il, que le résultat de la campagne de presse sur de prétendues négociations franco-russes a été de rendre les Anglais moins prêts à oublier les dettes russes d'avant la guerre, ce que voulait exactement le président du Conseil français. Par l'intermédiaire de Beneš, Lloyd George proposa alors une entrevue à Poincaré qui eut lieu le 25 février à Boulogne. Les deux chefs de gouvernement se mirent d'accord sur le programme de Gênes. À lumière des relations que l'on connaît désormais entre Poincaré et Jean Herbette, il est possible de dire que *Le Temps* a été un allié de la politique de Poincaré. Soit Poincaré à laisser croire à Herbette qu'il y avait effectivement des négociations en cours avec les Russes, soit – ce qui plus probable à notre avis – Herbette était au courant de la manœuvre de Poincaré et l'a servie très efficacement. Toujours est-il, que cette campagne est finalement plus bénéfique pour les Soviets qui apparaissent comme davantage fréquentables désormais, que pour la France qui en définitive doit s'aligner sur l'Angleterre.

Favorable à la conférence de Gênes, *Le Temps* préconise également le règlement des contentieux russes. Dès février 1922, Jean Herbette développe des idées propres à encourager la reprise de relations avec la Russie. Il insiste beaucoup sur les communautés d'intérêts qui existent entre les deux pays, et ce quels que soient les régimes politiques

[1] Renata BOURNAZEL, *Rapallo : naissance d'un mythe. La politique de la peur dans la France du Bloc national*, 1974, page 97.

en place. Bien sûr, si la Russie bolchevique voulait abandonner ses idéaux de révolution mondiale, l'éventuelle reconnaissance du gouvernement des Soviets n'en serait que facilitée[1]. Pendant cette période des années 1921–1922, les Herbette reçoivent très souvent des hôtes russes à qui ils font rencontrer des personnalités françaises. Ainsi, en 1921, Joseph Noulens est invité à cinq soirées, ce qui lui permet de rencontrer Basile A. Maklakov, ambassadeur de la Russie (blanche) en France, et son attaché financier Raffalovitch, mais aussi Christian Rakovski, qui est qualifié par Trotski d'« ambassadeur de la révolution ». Maklakov, Basily et Raffalovitch sont encore reçus par les Herbette au début de l'année 1922, mais plus après la mi-mars[2]. Ces invitations témoignent du pragmatisme du journaliste sur la question russe : la France ne peut s'abstenir d'avoir des relations économiques et politiques avec la grande Russie, qu'elle soit tsariste ou bolchevique.

La conférence de Gênes se réunit enfin en avril 1922 et ne règle pas grand chose des problèmes européens. En marge de la conférence, le 16 avril, l'Allemagne et la Russie bolchevique signent le traité de Rapallo. Sans en connaître exactement le contenu, les occidentaux sont très mécontents de voir les deux exclus de Versailles se serrer les coudes. La presse reflète les interrogations de l'opinion publique. Dans *Le Temps* du 24 avril, Jean Herbette semble revenir vers une attitude plus rigide à l'égard des Soviets : la France « lutte pour le peuple russe en même temps que pour les créanciers français de la Russie [et] s'honore d'avoir lutté contre le bolchevisme ». Cependant, il continue à demander la reconnaissance des Soviets. Le lendemain 25 avril, il se demande si Rapallo signifie la paix ou la guerre pour l'Europe. La « rupture de l'alliance des alliés » peut être lourde de conséquences face à une Allemagne qui relève la tête : « les alliances une fois brisées, on irait, si la France succombait, à un partage de l'Europe entre trois puissances principales : l'Angleterre, l'Allemagne et la Russie – en attendant que les deux puissances continentales s'unissent contre la puissance maritime ». Dans *L'Écho National*, André Tardieu dénonce l'absence d'une véritable politique française[3]. La réaction d'Herbette n'est donc pas isolée et illustre tout à fait la paranoïa de la presse et de l'opinion après Rapallo. Elle s'explique non par la crainte de voir la

[1] *Le Temps*, 6 février 1922 « La France et la Russie », et 22 février 1922 « Les alliés et la Russie, une nouvelle politique ? ».

[2] BCUL fonds Herbette IS 4147 carton 12, carnet d'invitation, 1921 et 1922.

[3] *Le Temps*, 24 avril 1922, « La réponse des alliés à l'Allemagne » et 25 avril 1922, « La guerre ou la paix ? ». Renata BOURNAZEL, *Rapallo : naissance d'un mythe … op. cit.*, pages 199, 218 et 223.

Russie des soviets intégrer le concert européen, mais bien par la peur de voir l'Allemagne pouvoir compter sur le potentiel russe. En même temps, par son attitude rigide vis-à-vis du régime soviétique, la France s'interdit elle-même d'avoir des échanges avec la Russie.

La campagne orchestrée par Jean Herbette et *Le Temps* pour la reconnaissance des Soviets donne lieu à des suspicions quant aux motivations réelles de l'entreprise. Dans les années 1930, de nombreuses accusations furent portées sur la vénalité du journal. Dès 1928, Maurice Pujo avance dans les colonnes de *L'Action Française* que *Le Temps* a reçu en 1922, 520 000 francs de la part du gouvernement soviétique afin d'adoucir les articles de Jean Herbette à l'égard des bolcheviques. Dans un pamphlet contre Poincaré, Léon Daudet relaie ces accusations[1]. Un autre auteur affirme que d'après « un historien digne de foi » – mais dont le nom n'est pas précisé pas plus que la source utilisée ! – « le Guépéou lui [Herbette] avait attaché un fil à la patte qui l'encourageait vivement à publier des articles favorables au régime soviétique »[2]. La vérité est sans doute ailleurs. Si Herbette est foncièrement hostile au bolchevisme, il en vient à promouvoir l'idée de reconnaître le régime soviétique en se basant sur l'idée qu'on ne fait de la diplomatie qu'à partir des réalités.

En France, il n'est pas le seul à penser ainsi, de nombreux hommes politiques et hommes d'affaires poussent également à la reconnaissance. À partir de l'été 1922 surtout, des organismes visant à développer les échanges commerciaux franco-russes se multiplient. Le nombre élevé de récits de voyages français dans la Russie bolchevique du début des années 1920, montre l'intérêt que beaucoup d'intellectuels, comme Luc Durtain et Georges Duhamel, et de parlementaires comme Anatole de Monzie et Édouard Herriot, portent à l'expérience bolchevique[3]. Des journalistes font également le déplacement, mais Herbette n'est pas de ceux-là. Tous ces voyages permettent de nouer un certain nombre de relations commerciales concrètes qui montrent l'exemple aux industriels français. Par ailleurs, ils permettent des débats entre partisans et adversaires de la reconnaissance. Ainsi, en octobre, Jean Herbette relance sa campagne pour la reconnaissance

[1] *L'Action Française*, 14, 16, 20 et 22 novembre 1928. *Histoire générale de la presse française ... op. cit.*, page 504. Léon DAUDET, *Le nain de Lorraine, Raymond Poincaré*, 1930, p.153.

[2] Arcadi VAKSBERG, *Lili Brik, portrait d'une séductrice*, 1999, p.124.

[3] Pour une liste exhaustive de ces voyages, voir Fred KUPFERMAN, *Au pays des Soviets. Le voyage français en Union Soviétique 1917–1939*, 1979. Voir également François HOURMANT, *Au pays de l'avenir radieux ...*, 2000.

diplomatique du régime de Moscou. Il écrit avec pragmatisme que « pour avoir une politique en Europe, il faut désormais tenir compte de la Russie »[1]. Maklakov, qui désormais voit dans le journaliste un des principaux promoteurs de la reconnaissance, lui reproche aussitôt son évolution : « proclamez comme vous le faîtes qu'aucun accord ne peut être définitif sans la Russie. Mais ne croyez pas qu'en reconnaissant les bolcheviques vous restaurez la Russie ». Il est important de souligner que Maklakov est alors engagé dans une polémique avec Édouard Herriot qui demande lui aussi la reconnaissance des Soviets. Aussi, le diplomate russe n'oublie pas d'écrire régulièrement au Quai d'Orsay pour exprimer toutes les conséquences néfastes d'une éventuelle reconnaissance des Soviets[2]. De son côté, Rakovski pousse Herbette à aller toujours plus loin et ironise dans *L'Humanité* sur les raisons qui le poussent à la prudence. La « protection des chrétiens du Moyen-Orient », que le journaliste du *Temps* considère comme une « œuvre de civilisation », est considérée par Rakovski comme une « industrie politique »[3].

Poincaré enregistre avec satisfaction le développement des relations commerciales franco-russes, mais ne veut toujours pas entendre parler de la reconnaissance des Soviets. Il veut que les Soviétiques acceptent d'honorer les dettes du tsar mais refuse de lier cette question à la reconnaissance officielle qui doit être « un acte spontané, non négociable ». Pour l'heure, Poincaré ne veut avancer que par étapes, lentement et au profit exclusif de la France. En août, Jean Herbette est remercié de son soutien à la politique préconisée par Poincaré – même si lui voudrait aller plus loin – en étant promu officier de la Légion d'honneur sur le contingent du ministère des Affaires étrangères. Son cousin Maurice Herbette, alors ambassadeur de France à Bruxelles le félicite pour cette promotion : « tu l'as gagnée par un labeur quotidien et par un travail utile au pays »[4]. En novembre 1923, Poincaré doit accélérer l'allure sous peine de se faire doubler par les Italiens et les Anglais qui eux aussi ont développé des

[1] *Le Temps*, 18 octobre 1922, « La rentrée de la Russie ».

[2] David WATSON, « *La Russie Nouvelle* : the Debate in France between Édouard Herriot and V. A. Maklakov » in *Une occasion manquée ? 1922 : la reconstruction de l'Europe*, 1995, pages 335 à 349. Édouard Herriot publie le récit de son voyage en URSS sous le titre *La Russie Nouvelle* en 1922. Lettre de Maklakov à Herbette du 18 octobre 1922 évoquée page 341.

[3] BROUÉ Pierre, *Rakovsky ou la révolution dans tous les pays*, 1996, page 228.

[4] BCUL fonds Herbette IS 4147 carton 5, lettre de Maurice Herbette (Bruxelles) à Jean Herbette, 10 août 1923.

relations avec Moscou. Quant aux Soviétiques, ils sont poussés par des problèmes internes à obtenir des résultats sur le plan international. Poincaré les laisse donc venir, tout en gardant son attitude de fermeté : le gouvernement français ignore le gouvernement soviétique qui veut être reconnu, « nous ne demandons rien : il faut que le gouvernement soviétique fasse des offres »[1].

Les envoyés soviétiques en France commencent à élaborer des propositions ; on s'achemine donc vers une négociation. Les relations polémiques des *Izvestia* et du *Temps* contribuent à faire avancer les choses. Le 22 décembre, Jean Herbette indique qu'il doit y avoir un rapprochement franco-soviétique, mais que la Russie a un plus grand besoin de la France que la France de la Russie. C'est donc elle qui doit accepter des conditions raisonnables à la reconnaissance. C'est alors très exactement la position du Quai d'Orsay. Une fois de plus, Herbette est un bon propagandiste du ministère des Affaires étrangères dont le titulaire est … Poincaré. Alors que les choses semblent bien engagées, la saisie de marchandises d'origine soviétique sur la réclamation d'un Français (affaire Bounatian-Optorg) remet tout en cause. Les Soviétiques attendent désormais le résultat des élections législatives de 1924 et espèrent une victoire de l'opposition à Poincaré. Ce dernier refuse de faire le premier pas et d'abandonner ses principes en période électorale. En février, l'attentisme dont fait preuve lui aussi Herbette est dénoncé par les *Izvestia*[2].

À la dernière limite avant les élections, Poincaré cherche à aboutir à tout prix. En effet, en février 1924, la Grande-Bretagne et l'Italie ont reconnu l'URSS – dont la constitution a été ratifiée le 31 janvier – et sont en passe de conclure un accord sur les dettes russes. La pression des porteurs français se fait sentir sur Poincaré et De Monzie propose une autre politique. Jusqu'alors, il avait défendu l'idée d'une reconnaissance dans le cadre défini par Poincaré. Depuis la fin de 1923, il se fait le défenseur des porteurs français qui acceptent de tenir compte de la réalité bolchevique et lance le débat sur la scène publique. Face à l'interpellation des radicaux au Parlement en avril, Poincaré tente d'entrer dans les pourparlers de Londres, mais sans succès. Ni les Soviétiques, ni les Anglais n'ont intérêt à voir entrer dans leurs négociations un perturbateur. Les Soviets attendent une nouvelle majorité

[1] Anne HOGENHUIS-SELIVERSTOFF, *Les relations franco-soviétiques … op. cit.*, pages 250–254.

[2] *Ibidem*, pages 250–254 et 257.

politique en France[1]. Dans une interview accordée à *L'Humanité*, Rakovski, désormais ambassadeur soviétique à Londres, dénonce Poincaré comme l'ennemi le plus tenace de l'URSS. Il est vrai qu'en mars, le président du Conseil a ratifié solennellement le protocole de Paris qui attribuait la Bessarabie à la Roumanie[2].

HERRIOT ET *L'INFORMATION*

Depuis le voyage d'Herriot en Russie bolchevique en 1922, les Soviétiques misent sur lui pour obtenir leur reconnaissance par la France. N'a-t-il pas écrit dans la conclusion de *La Russie Nouvelle*, qu'il était dévoué « à la grande cause du rapprochement de la France et de la Russie » et que « la vieille Russie est morte, morte à jamais ». En combattant « la haine imbécile, l'immonde haine qui n'a jamais rien su créer [...], il faut travailler à réconcilier la République russe et la République française »[3]. Jean Herbette est également de cet avis. Il a suivi la même évolution que de Monzie et s'est éloigné de la position de Poincaré. Désormais les deux hommes ne sont plus sur la même longueur d'ondes, et ce pour la première fois semble-t-il depuis qu'ils se connaissent. Juste avant le scrutin de mai 1924, dont l'un des enjeux est la reconnaissance de l'URSS, Ernest Lagarde fait paraître un plaidoyer qui défend les thèses d'Herriot et de Monzie et malmène la politique rigide de Poincaré. L'auteur reprend des arguments développés par Herbette. Le journaliste reçoit d'ailleurs un exemplaire dédicacé de ce livre[4].

C'est dans cette période mouvementée de la campagne électorale qu'Herbette et Herriot entament leurs relations. À l'occasion du remaniement du gouvernement de Poincaré à la fin mars 1924, le journaliste écrit une lettre (malheureusement disparue) au député radical. Celui-ci s'en déclare « touché » et lui répond : « je serais charmé de vous rencontrer ». C'est chose faite le 4 avril, lors d'un déjeuner[5]. Il semble

1 Louis FISCHER, *Les Soviets dans les affaires mondiales*, 1953, pages 510–512.

2 *L'Humanité*, 4 mai 1924. Sur le rôle de Rakovski dans le rapprochement franco-soviétique, voir notamment Francis CONTE, *Christian Rakovski (1873–1941)*, 1975.

3 Édouard HERRIOT, *La Russie nouvelle*, 1922, pages 287–288 et 296–297.

4 Ernest LAGARDE, *La reconnaissance du gouvernement des Soviets*, 1924. Exemplaire dédicacé « à Monsieur Jean Herbette, respectueux hommages », retrouvé dans BCUL fonds Herbette.

5 BCUL fonds Herbette IS 4147 carton 10, lettres d'Édouard Herriot à Jean Herbette, 29 mars et 2 avril 1924.

donc bien que six semaines avant les élections législatives du 11 mai, Herbette se rapproche du Cartel des gauches mais sans trop s'éloigner de Poincaré. Le 9 avril, Jeanne Herbette est reçue par Henriette Poincaré pour le thé ; les deux couples continuent donc à se fréquenter[1]. Néanmoins, les articles de politique étrangère d'Herbette dans *Le Temps* témoignent d'une évolution qui au début mai n'échappe pas à René Cassin. Ce dernier ne connaît pas Herbette, mais lit « avec grand intérêt » ses articles, notamment ceux consacrés à la SDN qu'il trouve « particulièrement bien venus » pour assurer le désarmement de l'Allemagne. Il conclut en lui écrivant : « persévérez dans la voie que vous suivez depuis plusieurs mois »[2].

Le 11 mai, les élections législatives donnent une majorité au Cartel des gauches. Jusqu'au premier juin, date de sa démission, le gouvernement Poincaré reste en place et les journaux dressent le bilan de son action et de la législature du Bloc national. Dans *Le Temps*, Jean Herbette s'attelle à cette tâche, notamment en ce qui concerne la politique extérieure de Poincaré. Contrairement à ce que l'on pourrait penser, puisqu'il a soutenu et même servi cette politique, il critique assez largement l'attitude de Poincaré à l'égard de l'Angleterre, des réparations allemandes, de la SDN et de l'URSS. Le président du Conseil sortant n'apprécie que très modérément cette évaluation de son action de la part d'une personne avec qui il entretient des relations privilégiées. Il s'en ouvre à Herbette le 29 mai : « je veux que vous sachiez que j'ai été peiné de votre article de ce soir[3] où j'ai trouvé sous une forme bienveillante et affectueuse des critiques de fond que je n'ai pas méritées [...] je ne trouve pas votre arrêté de compte très juste pour moi ». Poincaré considère donc que le journaliste fait preuve de mauvaise foi et d'ingratitude à son égard. Il poursuit cependant : « mais ne croyez pas un instant que je puisse vous en vouloir [...] ce qui m'afflige, c'est de ne pas penser comme vous, à une heure où j'aurais vivement désiré que nous soyons d'accord »[4].

Même si le ton est mesuré, nul doute que Poincaré veut faire comprendre à Herbette qu'il a eu en lisant son article l'impression d'être lâché – sinon trahi – par un de ceux qui le soutenaient lorsqu'il était

[1] BNF papiers Poincaré 16060 dîners intimes, listes des invités.

[2] BCUL fonds Herbette IS 4147 carton 9, lettre de René Cassin, président honoraire de l'Union fédérale des Associations françaises d'Anciens Combattants, à Jean Herbette, 3 mai 1924.

[3] Article consacré essentiellement à la question des réparations.

[4] BCUL fonds Herbette IS 4147 carton 14, lettre de Raymond Poincaré à Jean Herbette, 29 mai 1924.

au pouvoir. Néanmoins, pour ne pas nous contenter de l'analyse amère de Poincaré, et puisque que nous ne connaissons pas la réaction de Jean Herbette à cette lettre, il faut préciser que parfois le journaliste a su critiquer les positions de Poincaré. En janvier 1922, alors que Briand cède sa place à Poincaré, le général Pellé écrit à Herbette que concernant l'Allemagne, il est « entièrement d'accord » avec lui et qu'il « regarde la politique de Poincaré comme un grand danger »[1]. Il faut donc se garder de voir un Herbette totalement inféodé à Poincaré avant 1924, mais ne pas oublier les liens personnels et politiques très étroits qui ont existé entre eux avant cette date. Un certain retournement d'Herbette vis-à-vis de Poincaré ne fait donc aucun doute, vis-à-vis de Millerand également. Alors que le Cartel accuse le président de la République d'avoir soutenu la politique personnelle de Poincaré et le pousse à la démission, la correspondance entre Millerand et Herbette cesse. Sans doute, ce dernier pense-t-il que les deux hommes n'ont plus d'avenir politique.

Après l'élection de Gaston Doumergue à la présidence de la République, Édouard Herriot, leader de la nouvelle majorité peut enfin constituer le premier gouvernement du Cartel le 15 juin. Pour la première fois depuis longtemps, Jean Herbette n'entretient de relations personnelles avec aucun ministre hormis Herriot qui s'est réservé, comme son prédécesseur, les Affaires étrangères. En effet, son revirement est trop récent pour avoir déjà produit des fruits. En politique extérieure, les premières actions d'Herriot sont décisives. Le 16 juillet, la conférence de Londres chargée de régler le problème de la Ruhr et de trouver une solution aux réparations entame ses travaux. Outre la mise en place du plan Dawes, il est question du Protocole de Genève. Herriot voulait en effet introduire dans la procédure de la SDN l'arbitrage obligatoire. De Londres, il félicite Herbette pour sa « remarquable et courageuse campagne » en faveur des idées qu'il défend[2]. En septembre, Herriot se déplace en personne à Genève pour assister à l'Assemblée générale de la SDN et y défendre le projet de Protocole présenté par Beneš. Jean Herbette relaie les efforts de la délégation française dans les colonnes du *Temps*. En mars 1925, Émile Hébrard, le directeur du journal, déclarera avoir « soutenu sans réserve » Herriot lors des conférences de Londres et

[1] BCUL fonds Herbette IS 4147 carton 11, lettre du général Pellé à Jean Herbette, 16 janvier 1922.

[2] BCUL fonds Herbette IS 4147 carton 10, lettre d'Édouard Herriot (Londres) à Jean Herbette, 21 juillet 1924.

de Genève, « dans un but et un sentiment patriotique », mais pas sur le plan politique[1]. En effet, avant de juger le gouvernement Herriot à ses actes, *Le Temps* manifeste assez nettement son opposition au Cartel et reste fidèle à Poincaré.

Etant favorable à la nouvelle majorité, Herbette se trouve donc opposé à la ligne éditoriale du *Temps* et s'en ouvre à Herriot. Celui-ci se déclare « touché » et « ému » car écrit-il : « j'aimerais infiniment mieux supporter des désagréments que vous en attirer ». Alors qu'il est à Genève pour couvrir l'Assemblée de la SDN, Herbette se pose la question de savoir s'il doit rompre sa collaboration avec *Le Temps*. Herriot lui conseille : « agissez selon votre conscience qui est noble et droite. Et sachez que vous avez ici un ami sûr, s'il vous plait de recourir à lui. Affections ». Neuf jours plus tard, le 21 septembre, Herriot indique à Herbette : « À tout hasard : *L'Information* vous offre chez elle votre situation matérielle du *Temps*. Affections »[2]. Le président du Conseil n'abandonne donc pas celui qui défend avec zèle sa politique. Il lui déniche un nouveau poste auprès d'un quotidien qu'il connaît bien pour y collaborer. Un an plus tard, alors qu'il est en poste à Moscou, Jean Herbette évoque cet épisode dans une lettre à son frère François, alors que celui-ci envisage de devenir journaliste à plein temps, Herbette écrit : « le métier de publiciste est nécessairement un métier politique ». Il ne faut donc pas oublier « les risques que comporte – j'en ai l'expérience – la nécessité de prendre parti »[3].

Plus Jean Herbette soutient la politique étrangère du Cartel, plus il s'éloigne de Poincaré et c'est bientôt la rupture. La lettre que Poincaré envoie à Herbette le 13 septembre 1924 afin de mettre un terme à leurs relations mérite d'être citée car elle est un modèle du genre et offre un grand intérêt rétrospectif. « Quelque chagrin que m'eussent causé nos dernières conversations et plusieurs de vos articles, j'avais espéré que nos divergences politiques laisseraient intactes une affection dont vous m'aviez donné tant de preuves et qui m'avaient toujours été très chère. Depuis hier, je n'ai plus le droit de conserver mon illusion. Je me vois obligé de vous renvoyer les deux souvenirs[4] que vous m'aviez remis avec une si cordiale insistance et dont je ne me sépare pas sans une grande mélancolie. Je n'oublierai pas notre

[1] *Histoire générale de la presse française … op. cit.*, page 560.

[2] BCUL fonds Herbette IS 4147 carton 10, lettres d'Édouard Herriot (Genève) à Jean Herbette (Genève), 12 et 21 septembre 1924.

[3] Lettre de Jean Herbette à François Herbette du 16 janvier 1926, coll. part.

[4] Nous ne savons pas de quoi il s'agit.

ancienne et amicale collaboration et mes sentiments personnels ne changeront pas »[1]. Les deux hommes n'auront plus de contact personnel pendant plusieurs années. Mais l'ambassadeur Herbette devra souvent faire valoir à Moscou les conceptions de Poincaré, redevenu président du Conseil entre 1926 et 1929.

Quittant *Le Temps* dans de mauvaises conditions et puisque ses articles ne sont pas signés, on a du mal à repérer le jour précis où Herbette cesse d'écrire dans ce journal. En revanche, on retrouve Herbette à la une de *L'Information* à partir du 2 octobre 1924. Quotidien politique économique et financier tirant alors à environ 80 000 exemplaires, *L'Information* soutient le gouvernement Herriot. Si son édition du midi évoque les affaires internationales, c'est dans son édition du soir, plus complète et plus lue, que Jean Herbette va désormais faire paraître ses articles. Quotidiennement il signe de son nom une colonne située à gauche en première page. Comme à son habitude, il évoque tous les problèmes internationaux : la SDN, l'Allemagne, la diplomatie anglaise, et bien entendu la reconnaissance de l'URSS que le journal réclame depuis longtemps déjà.

Une fois au pouvoir, Herriot doit mettre en œuvre la politique qu'il a préconisée dans *La Russie nouvelle* et pendant la campagne électorale. Il se met vite à la tâche, dès juin, mais les obstacles demeurent nombreux et il ne veut pas donner l'impression d'abandonner les porteurs français d'emprunts russes. Les *Izvestia* et la *Pravda* fulminent contre cet atermoiement et réclament une reconnaissance sans condition. En septembre, Herriot se décide à créer une commission de cinq membres « pour étudier la formule de reconnaissance *de jure* du gouvernement soviétique ». Elle est présidée par Anatole de Monzie et composée de hauts fonctionnaires du Quai d'Orsay, du moins au départ[2]. De Monzie veut aller vite et depuis quelques mois il cherche avec Rakovski les moyens d'aboutir. Le 10 octobre, une commission franco-soviétique se réunit.

De son côté, davantage libre de ses mouvements, Jean Herbette reprend sa campagne pour la reconnaissance. Proche des meilleures sources, il annonce dans *L'Information* du 15 octobre la fin des travaux de la commission et la reconnaissance prochaine de l'URSS par la France. Il s'attend à ce que Rakovski soit nommé ambassadeur à

[1] BCUL fonds Herbette IS 4147 carton 11, lettre de Raymond Poincaré à Jean Herbette, 13 septembre 1924. Reproduite en annexe n° 4.

[2] AQO, Europe 1918–1940, Russie, carton 14, rapport sur la création de la commission.

Paris et de Monzie à Moscou. Certes, il ne méconnaît pas les problèmes qui restent en suspens : flotte de Bizerte, emprunts russes, etc., mais conclut : « nous tenons à le répéter : entre Paris et Moscou, ce sont les relations de politique extérieure qui importent avant tout. C'est d'elles qu'il dépend de simplifier les problèmes économiques et financiers ou de les compliquer encore ». Quatre jours plus tard, et alors que la note française de reconnaissance est toujours en préparation, comme pour préparer l'opinion, Herbette écrit que « si l'on veut que la reprise des relations franco-russes soit un moyen d'améliorer les rapports des deux pays, et non pas une cause de déceptions et de récriminations mutuelles, il est sage d'envisager d'abord les problèmes politiques »[1].

LA NOMINATION À MOSCOU

Il ne fait pas de doute qu'Herriot souhaitait envoyer de Monzie comme ambassadeur à Moscou. Mais celui-ci ne voulant pas s'éloigner des lieux de pouvoir et de décision a pris les devants en proposant à Herriot et à Rakovski le nom d'Herbette comme représentant la France en URSS[2]. D'ailleurs, à propos du grand mouvement diplomatique qui s'annonce, Maurice Herbette écrit à cousin Jean dès le début d'octobre : « les journaux parlent beaucoup de toi, d'Henri [Allizé, beau-frère de Maurice] et de moi. En ce qui me concerne je souhaite uniquement le *statu quo* »[3]. Claude Bréart de Boisanger écrit que dans le microcosme diplomatique, on s'attendait à la nomination d'Herbette. Pour celui qui sera le secrétaire d'ambassade d'Herbette à Moscou, la désignation du publiciste était « le couronnement de la vive campagne qu'il avait longtemps menée pour l'établissement des relations diplomatiques entre la France et les Soviets ». Et puis « on pensait dans les milieux gouvernementaux qu'un homme qui passait pour être de gauche serait mieux accueilli, à Moscou, qu'un diplomate de carrière »[4]. Herriot et Rakovski acceptent de faire du journaliste, qui s'est battu avec acharnement pour obtenir la reconnaissance, un ambassadeur de France. C'est bien ainsi que cette nomination est comprise par les contemporains. Georges

[1] *L'Information*, 15 octobre 1924, « La reprise des relations franco-russes » et 19 octobre, « France et Russie ».

[2] Louis FISCHER, *Les Soviets dans les affaires mondiales, op. cit.*, page 514.

[3] BCUL fonds Herbette IS 4147 carton 5, lettre de Maurice Herbette (Bruxelles) à Jean Herbette, 6 octobre 1924.

[4] Claude de BOISANGER, *Vivre en Russie au temps de la NEP*, 1981, page 12.

Bonnet écrit dans ses mémoires que « Herriot désigna Jean Herbette qui avait soutenu sa politique dans les colonnes du *Temps* ». Suzanne Bidault indique : « Jean Herbette avait des relations politiques et le Cartel en fit un ambassadeur »[1].

Il est ainsi le seul ambassadeur des années 1900 à 1939, avec André François-Poncet, qui ne soit pas issu de la carrière ou de l'administration, et l'un des plus jeunes à avoir accéder à la dignité (46 ans)[2]. Comme l'indique Jean Baillou, « ce recours à une personnalité extérieure au Département se justifiait par des circonstances particulières, désir de marquer le tournant d'une politique ou nécessité de donner une impulsion nouvelle à l'action de la France dans un pays déterminé »[3], ici l'URSS. Le 28 octobre, une note signée par Herriot est envoyée à Moscou, elle indique que la France reconnaît désormais l'URSS. Dans *L'Information* du 30 octobre, Herbette rend hommage à la politique extérieure du président du Conseil et considère la reconnaissance de l'URSS comme « une complète réorganisation des relations franco-russes ». Il laisse entrevoir dans quel esprit il entend accomplir sa mission – qui n'est pas encore annoncée officiellement – en évoquant le problème le plus épineux des dettes russes : « il ne s'agit pas de dresser face-à-face le principe de la propriété individuelle et celui de la révolution communiste ». Avec le même souci d'apaisement, il montre que la Russie est pauvre et ne pourra payer ses dettes que si elle s'enrichit et ne pourra le faire que si on l'aide. Le même jour, *Le Figaro* affirme que l'ambassadeur de France à Moscou sera désarmé alors que les Soviétiques pourront « faire de Paris le quartier général de la IIIème Internationale »[4].

Bien que des bruits courent sur sa nomination à Moscou, notamment dans *Le Temps*, Herbette assure jusqu'au 6 novembre son article quotidien dans *L'Information*. C'est ce jour-là que les journaux annoncent officiellement sa nomination à Moscou. *L'Information* rend hommage à son « éminent rédacteur » en précisant que « nul n'est mieux informé que lui des grands problèmes de politique internationale, et

[1] Georges BONNET, *Vingt ans de vie politique 1918–1938. De Clemenceau à Daladier*, 1969, page 57. Suzanne BIDAULT, *Par une porte entrebâillée … op. cit.*, page 67. Idée qui se retrouve dans Michel SOULIÉ, *La vie politique d'Edouard Herriot*, 1962, page 190.

[2] Jean-Claude ALLAIN, « Les ambassadeurs en poste de 1900 à 1939 », in *Élites en France et en Allemagne aux XIXème et XXème siècles*, 1994, pages 265–279.

[3] Jean BAILLOU (dir.), *Les Affaires étrangères et le corps diplomatique*, tome II : *1870–1980*, 1984, page 156.

[4] *L'Information*, « France et Russie : le premier pas », 30 octobre 1924. *Le Figaro*, 30 octobre 1924.

sa compétence dans les matières économiques a souvent fait l'étonnement des spécialistes. Il est aussi qualifié pour concourir à l'affermissement de la paix générale que pour aider, par son action, à la fois à la prospérité de la nation qu'il représente et de celle où il sera le représentant »[1]. Les autres journaux sont moins dithyrambiques, surtout *Le Temps* ! Mais en province, la nomination d'Herbette fait l'objet d'un traitement spécial dans *La Petite Gironde* et *Lyon Républicain*. En effet, on apprend qu'Herbette collaborait à ces quotidiens sous des pseudonymes : il signait Deux Étoiles ses articles pour *La Petite Gironde*, et Jean Guiscard ceux pour *Lyon Républicain*[2]. Par ailleurs, Herbette a aussi collaboré à *L'Alsace Française* en 1921 et le 9 octobre 1924 encore, *L'Europe Nouvelle* lui demandait un article sur les affaires d'Orient[3]. En tout cas, tous les journaux insistent sur son excellente connaissance des affaires internationales et ses nombreux contacts avec des dirigeants français et étrangers.

Après l'annonce officielle de sa nomination, le nom d'Herbette n'apparaît plus dans *L'Information*, mais l'on peut dire sans risque de se tromper que les articles de politique étrangère qui paraissent non signés les 7, 8 et 9 novembre sont de lui. Il évoque encore les affaires européennes : « n'écoutons pas ceux qui nous conseillent d'ignorer la Russie et de boycotter l'Allemagne sous le prétexte que les conservateurs anglais viennent de gagner les élections. À ce jeu, nous finirions par rester tout seuls »[4]. Il faut relever le changement de ton d'Herbette à l'égard de l'Allemagne, mais il n'est que de circonstance et sera de courte durée. Reconnaissance de l'URSS, réconciliation avec l'Allemagne et affirmation de la diplomatie française vis-à-vis de l'Angleterre : toute la politique étrangère d'Herriot est résumée là.

Très tôt, Rakovski a donné à Herriot des assurances sur la manière positive dont la nomination d'Herbette serait accueillie à Moscou. Néanmoins, le président du Conseil demande à Tchitcherine, commissaire du peuple aux Affaires étrangères, l'agrément officiel des autorités soviétiques. Tchitcherine répond dès le lendemain que le « gouvernement de l'Union recevra avec le plus grand plaisir Monsieur Jean Herbette en qualité d'ambassadeur de la République française »[5].

[1] *L'Information*, rubrique « ce qui se dit en bourse », 6 novembre 1924.

[2] *La Petite Gironde*, 6 novembre 1924 ; *Lyon Républicain*, 9 novembre 1924.

[3] BCUL fonds Herbette IS 4147 carton 5, correspondances relatives à ces collaborations.

[4] *L'Information*, 7 novembre 1924, « Avances anglaises à la Russie ».

[5] AQO Europe 1918-1940 Russie n° 357, tél. d'Herriot à Tchitcherine du 14 novembre 1924 et tél. de Tchitcherine à Herriot n° 300 du 15 novembre 1924.

Le chargé d'affaires français à Riga envoie au Quai d'Orsay « l'élogieux article que les *Izvestia* consacrent à M. Jean Herbette ». Il note au passage que ce n'est pas Steklov – le journaliste qui avait eu avec Herbette une longue polémique sur la reconnaissance – qui l'a écrit, mais « une plume plus flexible que la sienne ». L'article soviétique insiste sur les origines d'Herbette : « une dynastie diplomatique » et sur les débats engagés avec lui en 1922–1923 à propos de la manière pour la France de reconnaître l'URSS. Il revient également sur la clairvoyance du journaliste dans les affaires turques et le « pas de plus vers le rapprochement avec la Russie soviétique » qu'a constitué son départ du *Temps* pour *L'Information*. Certes, les Soviétiques ne cachent pas les questions ardues et bien connues de tous, que l'ambassadeur devra résoudre, mais ils font confiance à « sa façon délicate et intelligente d'aborder tous les problèmes et [à] sa grande expérience dans les questions diplomatiques »[1].

Après l'agrément officiel d'Herbette, et celui de Leonid Krassine comme ambassadeur de l'URSS à Paris, se posent des questions matérielles. La première est de trouver rapidement un logement pour l'ambassade de France à Moscou, capable d'accueillir une douzaine de personnes. Tchitcherine assure prendre « toutes dispositions pour l'installation provisoire de M. Herbette ». De plus, il faut que les dépenses relatives à cette ambassade soient acceptées par l'Assemblée nationale ; c'est chose faite le 26 novembre : une dépense de 240 000 francs par an est prévue. En plus de son traitement de 50 000 francs, Herbette reçoit plusieurs indemnités : voyage, 30 000 francs ; établissement, 30 000 francs ; résidence, 40 000 francs ; etc. Tout est donc prêt, y compris sur le plan matériel qui n'échappe pas à l'attention d'Herbette, pour que l'ambassadeur puisse rejoindre son poste.

Sa nomination à Moscou vaut à Jean Herbette une kyrielle de félicitations qu'il serait fastidieux de répertorier. De nombreux parlementaires, dont le président de la Chambre Raoul Péret, des journalistes, comme Paul Desachy ou Maurice Sarraut, des fonctionnaires du Quai d'Orsay dont René Massigli et Charles Corbin, lui envoient un mot. Tous insistent sur les innombrables difficultés qui l'attendent, mais aussi sur les qualités qu'il possède afin de surmonter les obstacles[2]. Les

[1] AQO Russie-URSS n° 9, dép. de Paul Neyrac, chargé d'affaires de la légation de France à Riga, au MAE n° 568 du 14 novembre 1924. Article des *Izvestia* du 7 novembre 1924 intitulé : « Jean Herbette ».

[2] On les retrouve dans les différents de cartons de correspondance du fonds Herbette de la BCUL.

pays étrangers sont également nombreux à réagir à sa nomination. La légation d'Uruguay écrit à Herbette que « le Président Herriot a été heureusement inspiré en choisissant pour la tâche diplomatique la plus délicate et considérable en ce moment un homme tel que vous ». Quant à la légation du Royaume des Serbes, Croates et Slovènes, elle se demandait depuis longtemps « pourquoi la France se payait t-elle le luxe de vous garder à Paris »[1]. Le général Mougin, qui est retourné en Turquie, indique au Quai d'Orsay que le gouvernement turc comme l'ambassadeur russe en poste à Ankara disent leur satisfaction de voir Herbette nommé à Moscou.

Mais de Varsovie, la représentation française indique que le gouvernement polonais dénonce un article d'Herbette défavorable à la diplomatie polonaise qui a été mal démenti par le Quai d'Orsay. Nous n'avons pu retrouver l'article en question, toujours est-il que « si M. Herbette ne dément pas catégoriquement ces propos, cela rendra la collaboration très difficile à Moscou entre lui et le représentant polonais »[2]. Le gouvernement polonais ainsi que ceux des pays de la Petite entente se posent évidemment beaucoup de questions sur la reconnaissance de l'URSS par la France et ses conséquences pour leur sécurité. Dans une note interne, le Foreign Office exprime également sa grande méfiance à l'égard d'Herbette et considère que « sa nomination à Moscou dans le moment présent n'est pas bonne pour les relations franco-anglaises ». Jean Herbette est considéré comme un « élément très hostile aux Britanniques », comme il l'a trop souvent montré dans les colonnes du *Temps*. Par ailleurs, « sa versatilité » est dénoncée par les diplomates britanniques[3].

Malgré ces attitudes réservées, ce sont les félicitations qui l'emportent. Parfois, elles sont personnalisées, sincères même. La plus belle lettre est sans doute celle de Maurice Herbette. La nomination de son cousin ne l'a pas surpris, « car il était utile de "t'annexer" au ministère des Affaires étrangères ». Il a donc changé d'avis puisqu'en 1918 il se déclarait partisan d'une carrière diplomatique fermée car « elle constitue un métier et tout métier doit s'apprendre ». Il ne mentionnait

[1] BCUL fonds Herbette IS 4147 carton 5, lettres des légations d'Uruguay et du Royaume des Serbes, Croates et Slovènes, des 14 et 7 novembre 1924. On y trouve également les félicitations des représentants de l'Autriche, de la Finlande, du comte Sforza, de Sir George Graham …

[2] AQO Russie-URSS n° 357, tél. du général Mougin au MAE n° 130 du 30 novembre 1924 et note du 18 novembre 1924.

[3] *Documents on British Foreign Policy, 1919–1939*, First Series 1919–1926, vol. 25, pages 429–431, note de Sir E. Crewe du 5 novembre 1924.

pas le journalisme comme étant l'un des domaines d'où l'on pouvait extraire quelques nominations exceptionnelles[1]. Mais en six ans, Jean Herbette a fait les preuves de ses capacités. Pour autant, l'ambassadeur de France en Belgique se demande : « dois-je te féliciter ? devons-nous vous féliciter ? ceci est plus délicat ». Il insiste en effet sur deux points essentiels à ses yeux. D'abord, « quelle vie aurez-vous ? je souhaite de tout cœur que vous vous plaisiez à Moscou ». Si Maurice n'a pas de crainte sur les capacités de Jean à mener à bien sa lourde tâche, il relativise ensuite la marge de manœuvre dont il disposera : « je souhaite que le collier de fonctionnaire ne te semble pas trop lourd car tu vas voir par toi-même, après les brèves satisfactions d'amour propre que donne la dignité d'ambassadeur, que la laisse qui attache au Quai d'Orsay est courte, et que tu as cessé d'être un homme libre ». Le plus important est dit, le conseil qui suit n'est que son corollaire : « en tout cas, je te conseille de profiter de ton "crédit" présent pour demander et obtenir beaucoup »[2]. Les félicitations d'Édouard Beneš et de Louis Loucheur ont également des accents sincères. De son côté, André Tardieu qui combat avec acharnement le Cartel des gauches lui écrit juste avant son départ pour Moscou : « je crois comme toi que les amitiés de jeunesse survivent à ce que la vie y met parfois de troubles »[3].

[1] Maurice HERBETTE, « La diplomatie » in *L'avenir de la France. Réformes nécessaires*, 1918, page 18.

[2] BCUL fonds Herbette IS 4147 carton 10, lettre de Maurice Herbette (Bruxelles) à Jean Herbette, 5 novembre 1924. Reproduite en annexe n° 5.

[3] BCUL fonds Herbette IS 4147 cartons 5 et 9, lettres d'Édouard Beneš, Louis Loucheur et André Tardieu les 8 et 9 novembre et 29 décembre 1924.

TROISIÈME PARTIE

PREMIER AMBASSADEUR DE FRANCE EN URSS (1924–1931)

CHAPITRE I

UNE AMBASSADE À INSTALLER

LE VOYAGE ET L'ACCUEIL À MOSCOU

Faire le voyage de Paris à Moscou en plein hiver est la première épreuve du nouvel ambassadeur de France. La longueur du périple peut à lui seul faire sentir à Jean Herbette qu'il ne change pas simplement de pays, mais qu'il quitte un monde pour un autre tout différent. Un autre monde qu'il ne connaît pas encore physiquement même s'il a consacré beaucoup de son énergie à la cause de la reconnaissance des Soviets par La France. En fait, l'espace, la population, la société sinon la politique même de l'URSS lui sont étrangers. Le voyage est donc une sorte de transition initiatique entre la Place de l'Étoile et la Place Rouge. Interviewé par un correspondant à Moscou du *Petit Parisien*, Tchitcherine affirme qu'Herbette « trouvera chez nous l'accueil le plus cordial » et qu'il « pourra s'assurer personnellement que le régime soviétique est la forme définitive de la nouvelle Russie ». Mais il devra se mettre aussitôt au travail car « il existe un nombre immense de questions qui attendent l'examen de nos deux gouvernements, et l'absence prolongée de l'ambassade de France crée une sérieuse lacune »[1].

Jean et Jeanne Herbette quittent Paris le 7 janvier au soir par la gare du Nord. Avec eux, part le secrétaire d'ambassade Claude Bréart de Boisanger qui a laissé des souvenirs de son séjour à Moscou que nous allons beaucoup citer mais avec précaution. En effet, de Boisanger est

[1] *Le Petit Parisien*, 3 janvier 1925, interview de Tchitcherine par Lucien Bourguès.

très critique vis-à-vis de la personnalité et de la mission d'Herbette. Il lui reproche notamment d'avoir eu des *a priori* trop positifs à l'égard des Soviets – que lui n'avait pas, bien au contraire – en arrivant à Moscou. Par ailleurs, les origines des deux hommes sont bien différentes et Boisanger a, semble-t-il, du mal à accepter la nomination d'un journaliste – qui n'appartient donc pas à la carrière – à un poste d'ambassadeur. Chartier, lui aussi secrétaire et qui est le seul du groupe à parler couramment le russe, est aussi du voyage, ainsi que deux dactylos[1].

L'Information précise que les communications ferroviaires entre la Pologne et l'URSS étant coupées, c'est par la Lettonie indépendante, que l'ambassadeur entrera en territoire soviétique[2]. Le 8 janvier au soir, après une courte escale à Berlin, nos voyageurs arrivent enfin à Riga où ils passent la nuit. Le lendemain matin, à la gare frontière de Sebej, ils sont accueillis par un journaliste des *Izvestias* à qui Jean Herbette peut exprimer son émotion et sa fierté d'être le premier représentant de la France sur le territoire de l'URSS[3]. Un fonctionnaire du Protocole soviétique est également là, et met à la disposition d'Herbette un wagon-salon. Boisanger rapporte que l'ambassadeur ne put décemment refuser, mais qu'il grommela : « un wagon-salon, pourquoi pas celui du Tsar ! Qu'attend-on pour reléguer dans les musées ces symboles d'un régime abhorré ? ». Pour le secrétaire, « en pénétrant dans le paradis du prolétariat, Jean Herbette se proposait [...] d'y manifester, en toute circonstance, des goûts simples, démocratiques, égalitaires qui, liés à un esprit de compréhension à l'égard du nouvel ordre des choses, devaient, pensait-il, lui attirer la sympathie des dirigeants soviétiques, voyager en compagnie des gens les plus humbles ne lui eût pas déplu ». En outre, poursuit le secrétaire, « afin de rappeler le passé révolutionnaire de la France, Jean Herbette avait commandé pour l'ambassade un cachet gravé d'un bonnet phrygien. Il en était si satisfait, qu'il ouvrit ses valises pour me le montrer pendant le voyage »[4]. Nous avons là un premier témoignage sur la manière dont Herbette envisage de mener sa mission. Il peut être retenu car plusieurs autres épisodes ultérieurs viennent le confirmer. Par ailleurs,

[1] Contrairement à ce qu'écrit Arcadi VAKSBERG, *Lili Brik*, *op. cit.*, p.124, Paul Morand n'accompagnait pas Herbette lors de son arrivée à Moscou. Il arrive plus tard à Moscou et publiera à son retour en France *Je brûle Moscou*.

[2] *L'Information*, 7 janvier 1925, édition du midi.

[3] *Le Figaro*, 12 janvier 1925, « L'ambassadeur de France est arrivé à Moscou » et *Le Matin*, 12 janvier 1925, « Pas de Marseillaise au pays des Soviets », d'après une correspondance Havas.

[4] Claude de BOISANGER, *Vivre en Russie ... op. cit.*, pages 16–17.

l'idée du wagon-salon était d'autant plus insupportable à l'ambassadeur que les frais étaient à sa charge !

Ensuite, pendant deux jours, c'est la lente et interminable traversée de la campagne russe, toute blanche, « paysage de carte de Noël » écrit Boisanger. Enfin, le dimanche 11 janvier à 10 heures du matin, le train entre en gare de Moscou. L'accueil officiel que reçoit Herbette nous est connu par la relation qu'en font les journaux français à partir du 12 janvier. Pourtant, il n'y a que deux journalistes français présents. *Le Petit Parisien* a envoyé sur place Lucien Bourguès, les autres titres reprennent les informations du correspondant de l'agence Havas à Moscou, Jean Fontenoy, arrivé quelques jours avant Herbette[1]. Un peu plus tard, à partir du 18 janvier, les quotidiens publient même des photos de l'événement. On y voit la garde d'honneur rouge attendant l'arrivée du train et les trompettes d'argent prêtes à célébrer l'arrivée du représentant de la France. Florinsky, chef du service du Protocole – qui est un ancien diplomate tsariste protégé de Tchitcherine – et Kagan, directeur du département anglo-roman au commissariat aux Affaires étrangères, sont chargés d'accueillir les Français. Ceux-ci sont dispos malgré la longueur du voyage. Le wagon est fleuri de roses, l'ambassadeur en descend vêtu de fourrure et coiffé d'un chapeau melon.

Les hymnes étrangers étant interdits en URSS, lorsque Jean Herbette met le pied par terre, c'est une marche qui retentit. Au *Zdrastvouitte* (salut !) de la garde, Herbette répond clairement du même mot. Tandis qu'il passe en revue la garde, la musique de l'armée rouge joue un air de *Carmen* ! Cela est vivement critiqué dans certains journaux. « Pas de Marseillaise au pays de l'Internationale », titre *Le Matin* – précisons que l'Internationale n'a pas non plus retenti dans la gare de Moscou ; mais *Le Temps* précise insidieusement que l'Internationale a été jouée à Paris, lors de l'arrivée de Krassine, l'ambassadeur de l'URSS. Il continue à propos de *Carmen*, et sans jamais citer le nom d'Herbette – les rancœurs sont toujours vives – : « notre ambassadeur saura désormais qu'un œil noir le regarde – l'œil de Moscou évidemment. Il saura que si on l'aime, il fera bien de prendre garde à lui »[2].

[1] Havas félicite son correspondant le 14 janvier : « le service que vous avez assuré pour l'arrivée de M. Herbette nous a donné satisfaction et vous avez pu constater qu'il a été reproduit assez largement par la presse française », AN, 5 AR 280. On retrouve une revue de presse consacrée à l'arrivée d'Herbette à Moscou dans AN, F 7 13494. Assez curieusement, Boisanger est complètement muet sur l'accueil reçu à Moscou.

[2] *Le Matin*, 12 janvier 1925, « L'arrivée de M. Herbette dans la capitale soviétique » ; *Le Temps*, 13 janvier 1925, première page.

Les observateurs présents remarquent l'extraordinaire effort de propagande qui a été fait par le régime soviétique. Outre les journalistes, de nombreux photographes sont là, et Bourguès avoue avoir « rarement assisté à un pareil assaut d'objectifs, [...] sûrement des centaines d'images de M. Herbette vont submerger vitrines et cinémas »[1]. Des opérateurs de cinéma filment la scène. Ensuite, juchés sur un camion, ils précèdent le cortège de voitures qui se rend à l'ambassade de France. Les *Izvestias* consacrent quatre colonnes et des photographies à l'événement. *Victoire* note que tout a été fait par les Bolcheviques pour « tirer le maximum de bénéfice de cette théâtrale réception ». Herbette, qui s'y est prêté, n'est pas épargné : « les dépêches ne disent pas si celui-ci a salué le drapeau rouge, mais c'est probable »[2]. Supputation gratuite, Bourguès précise bien qu'il n'y a aucun drapeau. Propagande ou curiosité, toujours est-il que la gare est pleine de monde et « on s'étrangle pour voir le représentant français ». Sur la place « noire de gens », Jean Herbette salue de son chapeau, et son épouse « sourit gracieusement »[3].

Ensuite, c'est la traversée de tout Moscou pour rejoindre l'ambassade : les voitures passent le Pont des Maréchaux, la Petrovka, le Grand Théâtre ... C'est dans l'ancien musée prolétarien que les autorités soviétiques ont installé l'ambassade de France. Arrivé là, Herbette remercie chaleureusement les représentants du gouvernement soviétique pour la belle réception qui a été organisée pour son accueil. Les journalistes, toujours présents, pressent ensuite l'ambassadeur de faire une déclaration. Celui-ci se refuse à dire quoi que ce soit sur sa mission avant la remise de ses lettres de créances, mais confie sa « profonde satisfaction de cet accueil si cordial ». Il ajoute : « je suis touché de la sympathie manifestée à la nation que je viens représenter, et suis certain que les relations qui viennent d'être reprises serviront les intérêts intellectuels et économiques des deux pays ». À cette déclaration de circonstance transmise par Havas à tous les journaux, s'ajoutent quelques paroles réservées à l'envoyé du *Petit Parisien* : « je me mets au travail de tout cœur, [...] aucun des problèmes ne me paraît insoluble pour des hommes de bonne volonté et je ferai tout ce qui dépend de moi pour que ces questions soient résolues de façon satisfaisante pour les deux parties »[4].

[1] *Le Petit Parisien*, 12 janvier 1925, « Notre ambassadeur est arrivé à Moscou ».

[2] *Victoire*, 12 janvier 1925, « Un grand jour pour les Soviets. À Moscou, M. Herbette est reçu solennellement et passe en revue l'armée rouge ! ».

[3] *Le Petit Parisien*, 12 janvier 1925, « Notre ambassadeur est arrivé à Moscou ».

[4] *Ibidem*.

LES PREMIERS CONTACTS OFFICIELS

Le jour même de son arrivée, dans la soirée, Herbette est reçu par Tchitcherine au commissariat du peuple aux Affaires étrangères. Au cours de l'entretien d'une heure et demie qu'ont les deux hommes, les principaux problèmes des relations franco-soviétiques sont abordés. Le responsable de la diplomatie soviétique commence par évoquer l'hostilité de la presse française – même de gauche – à l'égard de la reprise de ces relations, le problème des dettes et celui de la restitution de la flotte de Bizerte. Voilà les questions épineuses auxquelles Herbette doit s'attaquer au plus vite. En ce qui concerne les journaux français, l'ambassadeur répond que c'est la trop importante et active propagande de l'Internationale communiste qui indispose l'opinion publique française. La question des dettes échappe en grande partie aux compétences d'Herbette, puisque les négociations concernant celles-ci doivent se dérouler à Paris avec de Monzie. Quant à la flotte de Bizerte, Herbette se borne à enregistrer la réclamation soviétique. Pour le diplomate français, il n'est pas question de brûler des étapes et de commettre des maladresses dues à la précipitation. Herriot, à qui il a rendu compte de ce premier entretien, le confirme dans cette attitude[1].

Le 14 janvier, dans la grande salle des réceptions du palais du Kremlin, Jean Herbette remet ses lettres de créance au chef de l'État soviétique. Outre Kalinine, président du Comité exécutif des Soviets, et Tchitcherine, sont présents plusieurs responsables du commissariat aux Affaires étrangères, dont Litvinov, vice-commissaire, Florinsky, Kagan, Sabanin et Mme Roslaveuz. Jeroukidse, secrétaire du Comité central exécutif et d'autres responsables économiques participent également à la cérémonie. Contrairement à l'usage, Jean Herbette ne se présente pas en uniforme d'ambassadeur, mais en jaquette. Boisanger explique qu'il était ainsi persuadé d'accomplir un geste qui plairait aux autorités soviétiques, dédaigneuses à coup sûr du cérémonial bourgeois. Ce en quoi il se trompait puisque le chef du protocole soviétique, Florinsky, s'étonna de cette idée et rappela à Boisanger que son gouvernement entendait être traité comme tous les gouvernements. Dans ses mémoires, le secrétaire fait remarquer que les uniformes d'ambassadeurs, chamarrés d'or, sont très onéreux et que des raisons

[1] AQO, Europe-Russie, n° 357, tél. d'Herbette à Herriot, n° 2–7 du 12 janvier 1925 et tél. d'Herriot à Herbette, n° 1–2 du même jour.

pécuniaires n'étaient peut-être pas étrangères au choix de la jaquette[1]. Sans doute le secrétaire a-t-il raison. En effet, avant de partir pour l'URSS, Herbette s'était renseigné auprès de son cousin Maurice à propos de l'uniforme – qu'il envisageait donc de porter. L'ambassadeur de France à Bruxelles, lui avait affectueusement répondu qu'il coûtait « fort cher »[2]. Dans ces conditions, sans doute Herbette pensa-t-il qu'en se présentant en jaquette sous les lambris du Kremlin, il faisait un geste symbolique ... et de grandes économies.

Les journaux français qui reprennent les dépêches d'Havas, notent tous cette extravagance vestimentaire, mais aucun d'entre eux ne fait de commentaire. En revanche, ils publient tout ou en partie les discours échangés lors de la remise des lettres de créance. *L'Information*, toujours dithyrambique pour son ancien collaborateur, écrit que l'allocution d'Herbette, appelé « ambassadeur d'Occident », « tranche par l'élégance de la forme et la profondeur des idées ». Et plus loin : « M. Herbette n'a pas parlé qu'au nom de la France. Il exprimait l'idée fondamentale des démocraties d'Occident au contact de la pré-Asie »[3]. Certes, le discours de l'ambassadeur de France est bien tourné, évoquant l'avenir, la confiance, les motifs d'espérer un véritable rapprochement entre les deux pays, mais il n'y a rien de bien extraordinaire pour ce type d'exercice :

> « C'est pour l'avenir que je viens travailler ici. En vous remettant mes lettres de créance, c'est à l'avenir des deux pays que je me permets de penser, à leurs relations futures, au bien qui peut en résulter plus tard pour l'humanité éprise de liberté et de paix.
>
> Penser à l'avenir, travailler pour l'avenir ne sont certes pas des raisons pour oublier ou méconnaître le passé. Au contraire, il faut se rappeler hier pour préparer demain, mais les souvenirs doivent être des moteurs et non des freins. Souvenons-nous des problèmes ardus que le passé nous lègue, mais souvenons-nous en pour nous efforcer de les résoudre avec l'énergie qu'il convient à des optimistes. Souvenons-nous des épreuves que les deux peuples subirent, mais qu'elles nous inspirent au lieu de stupides regrets, la volonté de nous entendre.
>
> Les effets de tout travail international comme de la coopération entre les individus dépendent naturellement de la confiance qu'on parvient à établir. La confiance naît et dure seulement si chacun respecte la libre détermination des biens et droits d'autrui. Pour ma part, non seulement je suis prêt à remplir ce

[1] Claude de BOISANGER, *Vivre en Russie ...op. cit.*, pages 39-40.

[2] BCUL fonds Herbette IS 4147 carton 5, lettre de Jean Herbette (Paris) à Maurice Herbette (Bruxelles) du 6 novembre 1924 ; réponse du 9 novembre.

[3] *L'Information*, 17 janvier 1925.

double devoir, mais je suis convaincu que le sentiment de l'intérêt suffirait à nous recommander une pareille conduite, même si la conscience du devoir ne la commandait pas. La confiance est à l'activité politique ce que le crédit est à l'activité économique : on ne peut pas s'en passer et on est largement récompensé de tout ce qu'on a fait pour l'obtenir.

Je n'ai pourtant pas l'illusion de mes seules forces, si sincèrement, si passionnément que je m'applique à faire œuvre utile, puissent suffire à assurer le succès de la grande tâche confiée à mes modestes efforts. Depuis de longues années, la France n'est plus représentée ici. Je dois renouer l'histoire ; cet ouvrage est singulièrement grand, mais j'ai deux raisons d'espérer.

L'une m'est donnée par l'accueil et la bienveillance que je trouve chez vous, Monsieur le Président, et chez les membres du gouvernement de l'Union. L'autre motif d'espérance est écrit sur la carte même du continent qui atteste, ce que l'histoire même confirme, que nos intérêts ne se heurtent nulle part. Rien ne nous empêche donc de travailler ensemble pour continuer à maintenir la condition indispensable à toute indépendance sociale, au progrès humain dans la paix.

Tel est l'idéal que je tiens à invoquer comme force supérieure à tout, au moment où j'ai l'honneur de vous remettre Monsieur le Président, les lettres par lesquelles le président de la République Française m'accrédite en qualité d'Ambassadeur »[1].

À ce discours d'Herbette, répond celui de Kalinine qui reprend les mêmes thèmes de l'avenir, de la confiance et de l'absence de divergence d'intérêts entre l'URSS et la France. Ensuite, pendant près d'une heure, Herbette s'entretient avec Kalinine, Tchitcherine et Litvinov. L'ambassadeur indique au Quai d'Orsay que la discussion s'est fort bien déroulée et que Kalinine a même été « particulièrement aimable ». Les trois responsables soviétiques ont fait preuve de « bonne volonté et de cordialité ». C'est encore le problème des dettes qui a surtout été évoqué et qui selon Herbette pourrait trouver assez rapidement une issue : « je n'ai nullement l'impression aujourd'hui que le gouvernement des Soviets tient à retarder indéfiniment les pourparlers »[2].

Ces premières rencontres, toutes diplomatiques, mais incontestablement cordiales, sont ponctuées par un dîner en l'honneur de l'ambassadeur de France au commissariat aux Affaires étrangères. Rendant compte, Herbette indique que Tchitcherine est prêt à discuter de la question des dettes « âprement », mais pour la régler

[1] On retrouve le texte de ce discours dans la revue de presse consacrée à la remise des lettres de créance d'Herbette dans AN, F 7 13494.

[2] AQO Europe-Russie n° 357, tél. d'Herbette à Herriot n° 25 à 32 du 15 janvier 1925.

une fois pour toutes[1]. Pour *L'Information*, *Le Figaro* et *La Gazette de Lausanne*, c'est un « début plein de promesses ». Rien ne laisse penser que, comme l'affirme Boisanger, « commençant à peine à entrer dans le concert des nations et désireux d'y établir une place, il [le gouvernement soviétique] aurait préféré avoir affaire à un diplomate français de carrière, fût-il du modèle le plus courant, le plus conventionnel, qu'à un journaliste promu ambassadeur, fût-il de grande classe »[2]. L'impossibilité dans laquelle se trouve l'auteur de connaître les sentiments des autorités soviétiques, les divergences d'analyse politique qui existent entre Boisanger et Herbette rendent assez sujette à caution cette affirmation. Il n'en demeure pas moins vrai qu'Herbette doit se faire une place au sein du corps diplomatique présent à Moscou. Il doit en particulier faire face à l'ambassadeur d'Allemagne, Brockdorff-Rantzau qui a d'excellentes relations, amicales même, avec Tchitcherine.

L'AMBASSADEUR AU TRAVAIL

Peu à peu, Herbette est rejoint par d'autres collaborateurs : Eirik Labonne, conseiller d'ambassade, Roger Garreau, premier secrétaire et Édouard de la Chauvinière, attaché d'ambassade. Boisanger est troisième secrétaire et Armand Henriot assure la fonction de consul adjoint. Le chef de mission peut donc commencer à organiser le travail de la représentation française. Installée par les autorités soviétiques dans l'ancien musée prolétarien, la nouvelle ambassade de France à Moscou ne ressemble en rien au grand bâtiment qui abritait l'ambassade de France à Saint-Pétersbourg. Une abondante correspondance témoigne des efforts du Quai d'Orsay pour récupérer les meubles de l'ex-ambassade et trouver un arrangement avec le gouvernement soviétique pour le bâtiment. En attendant, selon son secrétaire, l'ambassadeur semble bien s'accommoder d'une bâtisse « exiguë et fort mal meublée ». Boisanger nous décrit un Herbette qui ne sort jamais de son ambassade, littéralement « barricadé au premier étage où il avait fait poser des serrures aux mécanismes compliqués » car « il se méfiait de tous et de tout ». Aussi, il n'avait pas d'échange de vues avec ses collaborateurs et déchiffrait souvent lui-même les télégrammes arrivant de Paris. Il reçoit peu, « par souci de réduire les dépenses ».

[1] AQO Europe-Russie n° 357, tél. d'Herbette à Herriot n° 51 à 55 du 19 janvier 1925.

[2] Claude de BOISANGER, *Vivre en Russie … op. cit.*, page 40.

Ayant appris rapidement le russe – Boisanger ne conteste pas la grande intelligence d'Herbette, ni sa capacité de travail – il consacre sa matinée à lire la presse soviétique, mais seulement les *Izvestias* et la *Pravda* et sans en vérifier la véracité. Puis, il dicte à sa secrétaire de longs rapports qui ne présentent que le point de vue officiel et que personne ne lit au Quai d'Orsay[1].

Tout cela est bien négatif et mérite quelque atténuation. Il faut préciser que ces lignes sont écrites bien tardivement après notre période, près de soixante ans plus tard, et en particulier après la parution d'un autre livre de souvenirs d'un autre secrétaire d'Herbette, Jean-Baptiste Barbier, qui a travaillé avec l'ambassadeur alors qu'il était en poste en Espagne[2]. Boisanger semble calquer sur l'ambassadeur Herbette à Moscou, le portrait que fait Barbier de l'ambassadeur Herbette au début de la guerre civile espagnole et qui est très critiquable, nous y reviendrons en temps voulu. Si l'on s'attache à d'autres témoignages, il faut nuancer la description de Boisanger. En 1926, alors qu'il est à Paris, le conseiller d'ambassade Eirik Labonne écrit à Herbette : « je suis heureux d'apprendre que vos nouveaux collaborateurs vous donnent satisfaction ». Grâce à leur aide, il espère qu'Herbette pourra « enfin trouver dans la journée les quelques moments de détente dont [il a] été si souvent privé »[3]. Édouard de la Chauvinière, collaborateur d'Herbette à Moscou, et à qui l'ambassadeur demande à peine d'assurer le chiffre selon Boisanger, rend hommage à Herbette lors de sa mort en 1960. Alors qu'il est ambassadeur de France en Suède, il écrit à Jeanne Herbette : « bien que je n'aie pas eu l'occasion de le revoir au cours de ma carrière, je n'ai pas oublié l'ambassadeur qui a guidé mes premiers pas et m'a donné un exemple de conscience professionnelle. Travailleur infatigable, il m'étonnait par sa facilité d'écrire »[4]. Notons que rien n'oblige la Chauvinière à rendre cet hommage posthume : Herbette n'est plus diplomate depuis longtemps et a quitté le Quai d'Orsay dans les conditions que l'on sait.

Les autres traits de caractère d'Herbette sont également à nuancer, en particulier celui qui concerne la paranoïa et les serrures. Boisanger oublie de mentionner que trois semaines après l'installation des représentants français à Moscou, leur ambassade est cambriolée. Herbette

[1] Claude de BOISANGER, *Vivre en Russie … op. cit.*, pages 38–39 et 42.

[2] Jean-Baptiste BARBIER, *Un frac de Nessus*, 1951.

[3] AHC-FNSP, papiers De Monzie, lettre d'Eirik Labonne à Jean Herbette du 18 mars 1926.

[4] BCUL, fonds Herbette, IS 4147, carton 3, lettre de Édouard de la Chauvinière (Stockholm) à Jeanne Herbette (Clarens – Suisse) du 26 novembre 1960.

se plaint qu'elle est très difficile à garder et qu'elle ne dispose pas de coffre-fort. Dans ces conditions n'est-il pas du devoir de l'ambassadeur de prendre des précautions afin de protéger des documents strictement confidentiels comme par exemple les tables de chiffres[1]. Par ailleurs peut-on reprocher à Herbette de ne lire que les journaux officiels quand il n'y en a pas d'autres ? Il suffit de consulter sa correspondance pour se rendre compte qu'il décode parfaitement la presse soviétique et se plaint souvent de la propagande qu'elle propage. Dès le 27 janvier 1925, Herbette signale au Quai d'Orsay que « les sources de renseignements sont peu nombreuses ici » et qu'il tâche par tous les moyens dans trouver d'autres en dehors de la presse[2]. Même s'il est vrai qu'il sort peu de son ambassade, Herbette dispose de moyens d'information qui lui permettent de connaître assez bien la situation générale en URSS : Français de Russie, informateurs payés, voyageurs français, etc.

Quant aux rapports d'Herbette que personne ne lit au Quai d'Orsay, c'est de la fiction. Il est vrai qu'ils sont parfois très longs, comme cette dépêche de 39 pages (à laquelle s'ajoutent 40 pages d'annexes !) consacrée au congrès du Parti communiste en avril 1927 ou celle de 31 pages consacrée à l'Internationale communiste en décembre 1926. Mais dans les archives du Quai, le nombre de dépêches qui sont annotées par les fonctionnaires du Département est impressionnant, nous en citerons quelques-unes bientôt. Un seul exemple tout de suite : en juin 1925, au terme d'un trop long télégramme envoyé à Paris, Herbette se demande si tout ce qu'il écrit est bien important et se propose même de le prendre à ses frais ; le secrétaire général du Quai d'Orsay, Philippe Berthelot, lui répond aussitôt qu'il n'en est pas question et que tout ce qu'il comporte est « fort intéressant »[3].

Il faut donc se garder de prendre tout ce qu'écrit Boisanger au pied de la lettre, contrairement à certains auteurs qui ne se base que sur cette source pour présenter Herbette[4]. En même temps, il ne faut pas tomber dans la critique systématique de ce qui reste un témoignage de première importance. Par exemple on reconnaît bien notre personnage, économe jusqu'à l'avarice. La personnalité de Jeanne Herbette

[1] AQO Europe-Russie n° 3, tél. d'Herbette à Herriot n° 139 du 5 février 1925.

[2] AQO Europe-Russie n° 357, lettre d'Herbette à Herriot, sans n°, du 27 janvier 1925.

[3] AQO Europe-Russie n° 358, tél. d'Herbette à Herriot n° 490 à 494 du 29 juin 1925 ; réponse de Berthelot n° 226 du 30 juin.

[4] Notamment Jean-Louis PANNÉ, *Boris Souvarine, le premier désenchanté du communisme*, 1993, p.155–156.

retient également l'attention des contemporains. Par souci d'économie, elle « fait elle-même le marché, parfois la cuisine », rapporte Boisanger[1]. Suzanne Bidault tient de ses collègues du Quai d'Orsay que l'ambassadrice « exerçait un contrôle sévère sur le personnel de l'ambassade. Elle passait chaque matin l'inspection des bureaux, vêtue d'un peignoir de pilou et flanquée d'une escorte de chats déprédateurs »[2]. Nous reparlerons bientôt de ces animaux de compagnie … Une lettre de Magdeleine Decori, la veuve du fidèle collaborateur de Poincaré mort en 1915, qui tient un salon mondain réputé à Paris présente une autre image de Jeanne Herbette. En mai 1925, elle lui écrit pour la remercier de l'envoi de caviar : « vous me manquez bien, car votre grâce m'eût aidée à faire tomber certaines résistances »[3].

Avant de quitter Paris, Herbette a reçu du Quai d'Orsay des instructions lui permettant de mieux cerner sa mission. C'est Jules Laroche, directeur des Affaires politiques et commerciales, qui s'est chargé de les lui donner au nom d'Herriot. Herbette doit « renseigner sur la situation en Russie et sur les dispositions du gouvernement de l'Union » ; voilà qui est bien vague. Le seul point qui soit précisé davantage concerne la propagande communiste en France. Le nouvel ambassadeur doit mettre « en évidence la nécessité absolue pour la représentation de la République soviétique à Paris de s'abstenir de se mêler à aucun degré aux affaires intérieures de la France ». En effet, Laroche a expliqué à Herbette que « l'opinion publique française n'a pas encore consacré de son adhésion la reconnaissance de l'Union ». le nouvel ambassadeur a pris bonne note[4]. Il faut remarquer, que ces instructions, assez sommaires, ne sont données que verbalement à Herbette. Peut-être est-ce pour cela que dans ses premières communications avec le Quai d'Orsay, l'ambassadeur précise que toutes les démarches qu'il entreprend le sont « conformément aux instructions reçues de Votre Excellence ».

Plusieurs affaires montrent rapidement à Herbette que la question de la propagande soviétique en France et l'intervention de la troisième Internationale dans la vie politique française posent les plus graves problèmes. Notre ambassadeur n'est pas encore entré en fonction,

[1] Claude de BOISANGER, *Vivre en Russie … op. cit.*, page 42.

[2] Suzanne BIDAULT, *Par une porte entrebâillée … op. cit.*, page 68.

[3] BNF cahiers de Madame Decori 14775, lettre de Magdeleine Decori à Madame Jean Herbette du 4 mai 1925.

[4] AQO Europe-Russie n° 357, note de Laroche pour le président du Conseil, rappelant ces instructions, 2 janvier 1925.

qu'au lendemain du transfert des cendres de Jaurès au Panthéon, le président de la Troisième Internationale, Zinoviev, appelle au développement de la section française pour qu'elle devienne « une puissante organisation politique ». Il invite le PCF à « développer la plus grande énergie pour conquérir la banlieue de Paris ». Par ailleurs, « la propagande antimilitariste doit être poursuivie d'une manière indirecte par l'agitation parmi les paysans et les jeunes ». Enfin, le parti doit « consacrer toutes ses forces à gagner la province et en particulier la région du Nord »[1]. Dans le premier télégramme envoyé par Herriot à Herbette, le président du Conseil se plaint de ce discours, et invite l'ambassadeur à élever une protestation contre les paroles de Zinoviev[2]. La démarche est effectuée auprès de Litvinov mais l'affaire ne s'arrête pas là. À Paris, *L'Humanité* condamne l'intervention de l'ambassade de France[3], et à Moscou, les journaux soviétiques s'offusquent du motif de cette première démarche officielle. Herbette ne peut que constater que le commissariat aux Affaires étrangères organise des fuites d'informations vers la presse afin de le mettre dans l'embarras[4].

En tant qu'ancien journaliste ayant rompu des lances pour la reconnaissance de l'URSS par la France, Herbette connaît plus que quiconque l'importance du rôle que peut jouer la presse dans les relations entre les deux pays. S'il n'a aucun moyen d'influencer la presse soviétique, il peut tenter d'agir sur la presse française. Aussi, dès son arrivée à Moscou, il cherche à contrôler les activités du correspondant de l'agence Havas, le seul journaliste français présent en permanence et qui fournit des informations à tous les titres français. Il s'agit de Jean Fontenoy, âgé alors de 26 ans, licencié en russe, très bien introduit auprès des intellectuels russes dont certains le surnomment « Fontankine »[5]. Au terme d'un accord passé entre Havas et le Quai d'Orsay, sa mission est d'observer les événements afin de compléter l'information diplomatique et de « contrôler et reprendre » les informations soviétiques[6]. Mais sitôt arrivé à Moscou, Herbette interfère dans le travail du journaliste. Dès le 17 janvier, Fontenoy écrit à sa maison mère : « l'ambassadeur m'a demandé de glisser

[1] Discours repris par les journaux français, notamment *Le Peuple* du 15 janvier 1925.

[2] AQO Europe-Russie n° 357, tél. d'Herriot à Herbette n° 1–2 du 12 janvier 1925.

[3] *L'Humanité*, 20 janvier 1925, « Les démarches de M. Herbette, où veut-on en arriver ? »

[4] AQO Europe-Russie n° 357, tél. d'Herbette à Herriot n° 74 du 21 janvier 1925.

[5] Arcadi VAKSBERG, *Lili Brik*, *op. cit.*, pages 120 et 152.

[6] Sophie COEURÉ, *La grande lueur à l'Est. Les Français et l'Union Soviétique 1917–1939*, 1999, page 59.

sur tout ce qui concerne les dettes ». Manifestement l'ambassadeur ne veut pas que des informations sur les positions exprimées par le gouvernement soviétique viennent gêner les discussions qui doivent s'engager à Paris.

L'épisode du cambriolage de l'ambassade met également en lumière les rapports d'Herbette avec le correspondant d'Havas. Le 7 février, Fontenoy télégraphie à Paris : « cambrioleurs introduits effraction nuit 5 au 6 vol limité à 2 pelisses. Ambassadeur demandait pas télégraphier ». Là encore, Herbette n'a aucune envie que cet épisode soit monté en épingles par la presse française hostile au rapprochement franco-soviétique. « Etant donné le désir que vous a exprimé M. Herbette, vous avez naturellement bien fait de vous incliner », répond Havas à Fontenoy. Mais l'agence constate cependant que certains journaux ont donné la nouvelle, ce qui la met dans une position inconfortable. Cela ne peut se reproduire et Herbette doit le comprendre en tant qu'ancien journaliste. Quelques jours plus tard, Havas précise à son correspondant : « nous ne pouvons évidemment pas vous donner l'instruction d'aller à l'encontre des désirs qui vous sont exprimés par l'ambassade, [...] mais il faut la convaincre de changer »[1]. Havas veut en effet éviter que des journaux français s'alimentent en nouvelles de Russie ailleurs que chez elle. En effet, après *Le Matin*, *L'Éclair* très antigouvernemental d'Émile Buré titre : « Pourquoi M. Herbette vient d'être cambriolé ». Le journal accuse l'ambassadeur d'être « bizarrement entouré », presque exclusivement de soviétiques hormis ses collaborateurs les plus proches. Les dactylos, traducteurs et jusqu'au portier sont moscovites, si bien que « les gens du Kremlin savent mieux et plus tôt que M. Herbette ce qui se passe chez lui ». Ainsi, « les commissaires connaissent d'avance les buts que poursuit M. Herbette au cours de telle ou telle démarche, [...] ça c'est de la diplomatie au grand jour »[2]. Pour l'ambassadeur, parler d'un cambriolage complet est une « absurdité » qu'il faut rectifier : seulement deux fourrures ont été volées. Le Quai d'Orsay soutient Herbette et qualifie l'article de *L'Éclair* de « tissu d'erreurs et d'exagérations »[3].

1 AN, 5 AR 280, tél. de Fontenoy à Havas du 7 février 1925 ; lettres de Havas à Fontenoy des 11 et 18 février 1925.

2 *Le Matin*, 8 février 1925 ; *L'Éclair*, 10 février 1925, « Pourquoi M. Herbette vient d'être cambriolé ».

3 AQO Europe-Russie n° 3, tél. d'Herbette à Herriot n° 154 du 10 février 1925 et démenti du Quai d'Orsay du 16 février.

Néanmoins une chose est sûre, c'est que l'ambassade de France n'est pas installée dans des locaux appropriés, et c'est la principale leçon qu'Herbette tire du cambriolage. Dans les mois qui suivent, le représentant français fait plusieurs propositions relatives à d'autres bâtiments au Quai d'Orsay, mais doit finalement renoncer car malgré l'accord de principe donné par Paris, le financement ne suit pas[1]. Ces efforts démentent Boisanger qui voit dans le maintien de l'ambassade dans des locaux inadaptés une erreur – une faute même – de représentation de la part d'Herbette[2]. Ce dernier doit faire avec les moyens du bord, tant en ce qui concerne le personnel que les bâtiments, et il y a tout à construire des relations franco-soviétiques.

[1] AQO Europe-Russie n° 3, plusieurs communications d'Herbette sur ce sujet, notamment les 10 février, 21 mai, 11 juin, 11 juillet et 18 août 1925.

[2] Claude de BOISANGER, *Vivre en Russie … op. cit.*, page 42.

CHAPITRE II

1925–1927 : LA DÉCOUVERTE ET LES ESPÉRANCES

L'OPTIMISME DES PREMIÈRES IMPRESSIONS

Après diverses correspondances, Herbette envoie à Herriot le 27 janvier un exposé détaillé de ses premières impressions[1]. Cette lettre est bien sûr « tout à fait confidentielle » car de fausses interprétations rendraient la tâche de l'ambassadeur difficile. De plus, « les représentants du gouvernement soviétique m'ont généralement parlé avec beaucoup de liberté et de netteté », précise Herbette. Cette liberté de ton et de langage nécessite le secret absolu. Cependant, il faut bien informer l'opinion publique, et Herbette à sur ce point de l'expérience : « une longue habitude de la presse m'a enseigné que les choses confidentielles se découvrent presque toujours, quand on permet seulement de soupçonner qu'elles existent ».

Lorsqu'il écrit : « l'américanisation de la vie russe est un mot d'ordre qu'on emploie volontiers ici », l'ambassadeur juge d'une manière très positive la NEP (Nouvelle Politique Economique) qui a succédé au communisme de guerre en 1921[2]. Ensuite, il distingue nettement le gouvernement qui gère les affaires de l'URSS du mouvement communiste révolutionnaire : « nous travaillerions contre les événements, si nous refusions de reconnaître la distinction qui existe

[1] AQO Europe-Russie n° 357, lettre d'Herbette à Herriot du 27 janvier 1925.

[2] Pour les événements et l'histoire intérieure de l'URSS, on peut se référer à Jean ELLEINSTEIN, *Histoire de l'URSS*, tome 2 : *Le socialisme dans un seul pays (1922–1939)*, 1973 ; Nicolas WERTH, *Histoire de l'Union Soviétique*, 1990 ; Michel LARAN et Jean-Louis REGEMORTER, *La Russie et l'ex-URSS de 1914 à nos jours*, 1996 ; Nicolas V. RIASANOVSKY, *Histoire de la Russie des origines à 1992*, 1994 ; Émile LLORCA, *De la Russie à l'URSS 1900–1953*, 1998 …

entre le gouvernement soviétique et la IIIème Internationale ». Il faut noter dès maintenant que ce sentiment est différent de celui du Quai d'Orsay qui a demandé à Herbette quelques jours plus tôt de réagir contre le discours de Zinoviev. Les premières impressions d'Herbette le poussent à préconiser de faire le premier pas sur la question des dettes qui subordonne l'ensemble des rapports franco-soviétiques. L'ambassadeur propose d'appliquer des méthodes plus fructueuses que pour les réparations allemandes et donc de négocier un compromis. Ainsi, les ayants droits français toucheront « quelque chose » et les deux pays se rapprocheront sur la scène internationale. Enfin, pour terminer ce premier tour d'horizon initial, Herbette affirme que « si le parti communiste demeure uni et conserve un pouvoir absolu, ce n'est pas seulement parce qu'il a la force : c'est aussi parce qu'il sait deviner l'instinct populaire et travailler avec lui ».

Cette dernière affirmation est pourtant contredite par les faits, alors qu'Herbette s'installe à Moscou, Trotski est destitué de sa fonction de commissaire à la Guerre. Depuis ses *Leçons d'Octobre* publiées en octobre 1924, la troïka (Staline, Zinoviev, Kamenev) et le parti condamnent son regard sur 1917 comme ses opinions sur la question agraire en URSS et sur la révolution mondiale[1]. Pour Herbette, « de même qu'il ne fallait pas exagérer précédemment la puissance de M. Trotski, il ne faudrait pas se hâter maintenant de dire qu'il est un homme fini ». Beaucoup de prudence donc dans l'analyse de l'ambassadeur, qui voit dans Trotski « un homme imaginatif et encombrant » pour « les gens à tendances réalistes et égalitaires qui représentent la masse actuelle du parti ». Lorsqu'en mai, Trotski retrouve sa place dans le gouvernement. Herbette écrit encore : « ce retour doit être commenté prudemment »[2]. Lors de l'inauguration de la centrale électrique de Chatoura, au nom du corps diplomatique, Herbette répond au discours de Trotski par les plus aimables félicitations[3]. Jusqu'en 1927, l'ambassadeur ne se départira jamais de cette attitude qui consiste à ne pas donner trop d'importance aux évolutions de la politique intérieure soviétique, afin de n'être pas obligé de se déjuger ensuite.

Au jour le jour, il doit s'attacher à montrer aux Soviétiques que la reconnaissance par la France n'a pas été qu'un coup politique et

[1] Sur ce combat entre Trotski et la troïka, voir le petit ouvrage synthétique et enrichi de documents : Pierre et Irène SORLIN, *Lénine – Trotski – Staline 1921–1927*, 1972.

[2] AQO Europe-Russie n° 357, tél. d'Herbette à Herriot n° 62–64 et 351 des 20 janvier et 6 mai 1925.

[3] Léon TROTSKY, *Ma vie*, 1953, p.260.

diplomatique. Aussi, il ne se lasse pas de démentir de « nombreuses allégations et fausses nouvelles » qui courent dans la presse moscovite sur toutes sortes de sujets. Dès le 23 janvier 1925, les Soviétiques sont indisposés par certaines paroles d'Herriot à propos des pays d'Europe orientale. La presse soviétique indique que le chef du gouvernement français les a encouragés à s'allier contre l'URSS et qu'Herbette pourrait être rappelé. Le président du Conseil met l'ambassadeur en mesure de rectifier les propos déformés et de réaffirmer qu'il restera à Moscou[1] ... il y est depuis moins de deux semaines ! Voilà le genre de pression à laquelle le représentant français sera constamment soumis. En l'occurrence, il ne s'agissait pas là d'un problème important concernant l'Europe de l'Est, mais les autorités soviétiques utilisent quelques mots maladroits pour tenter d'obtenir des concessions dans le domaine des dettes. Ces manœuvres et la nécessité de les déjouer occupent une grande place dans la correspondance d'Herbette avec Paris. De plus, chaque geste qu'il fait – ou ne fait pas – est susceptible de déclencher de tels problèmes. Puisqu'il est récemment installé et manque de personnel, le Département préconise à Herbette de ne pas se rendre à Tiflis ou doit se réunir le conseil exécutif de l'Union. Embarrassé, l'ambassadeur saisit chaque occasion pour expliquer son absence et espère ainsi « éviter que l'affaire prenne une tournure désagréable ici »[2].

Obligé de ménager le gouvernement soviétique, Herbette ne perd pas une occasion de le flatter. Interviewé en février 1925 par le correspondant à Moscou d'un journal de Kharkov, l'ambassadeur n'en finit pas de louer le régime et le système de l'URSS. À propos de la place des nationalités au sein de l'Union, il précise que « la France ayant reconnu toute l'Union des Républiques soviétiques, par cela même [elle] a reconnu toutes les républiques qui la composent ». Il oublie de mentionner qu'à Paris, il y a toujours une mission géorgienne qui envenime les relations entre la France et l'URSS. Plus loin, toujours à propos des nationalités, Herbette fait l'éloge de la constitution soviétique de 1922 en évoquant sa « forme extrêmement intéressante, sous laquelle le problème national, si compliqué, a trouvé sa solution dans l'URSS » ; « c'est seulement dans l'URSS, que je vois pour la première fois, coexister un organisme puissant centralisé et une large autonomie des minorités nationales ». Herbette annonce également

1 AQO Europe-Russie n° 357, tél. d'Herbette à Herriot n° 88 du 23 janvier 1925 ; tél. d'Herriot à Herbette n° 16–17 et 18–20 des 24 et 25 janvier 1925.

2 AQO Europe-Russie n° 108, tél. d'Herriot à Herbette n° 34 du 13 février ; tél. d'Herbette à Herriot n° 183–184 du 21 février.

l'établissement prochain de plusieurs consulats de France à Kharkov, Tiflis, Minsk, Leningrad[1]. Cela nécessite la négociation d'une convention consulaire … qui n'est pas prêt d'aboutir. En attendant, une mission française ayant pour but l'introduction du système métrique des poids et mesures en URSS est à Moscou. Pour l'ambassadeur, ce genre de coopération ne peut être que bénéfique aux relations entre les deux pays.

Il est grand temps en effet de rétablir l'influence française après de trop longues années d'absence. Pour ce faire, dès le mois de mars 1925, Herbette espère pouvoir créer « un courant favorable à la culture française » par de « petits centres de culture française » installés dans différentes villes. Il compte également sur l'action de l'attaché culturel Brice Parain. Soutenu par le Service des Oeuvres françaises à l'étranger du Quai d'Orsay, Parain distribue des livres français en Ukraine, mais sa mission sera de courte durée. Plus importante est l'ambition de développer les activités d'une école de la Mission laïque de France qui ouvre à Moscou en août 1925. Sous la direction d'Élise Despréaux, plusieurs classes payantes sont créées avec succès[2]. Herbette soutient également le Père Neveu, religieux assomptionniste français, curé de Makeïevka (tout près de Donetz) depuis 1907 et qui a su traverser des périodes difficiles. Ils dînent ensemble le 25 mars 1925. Le Père Neveu a laissé le portrait d'un ambassadeur « très aimable et très simple », qui lui indique au passage que « Tchitcherine est très brave homme, bienveillant pour les Français ». À cette occasion, Herbette remet au Père Neveu une précieuse attestation rendant hommage à « l'œuvre humanitaire » qu'il a accomplie. L'ambassadeur s'engage à faire tout ce qui lui est possible pour assurer la continuation de l'action du prêtre pour le « bien général et le maintien de bonnes relations entre les deux pays »[3]. Car c'est bien là le but vers lequel tendent toutes les actions d'Herbette.

Estimant possible d'instaurer de bonnes relations avec les responsables de la diplomatie soviétique, l'ambassadeur ne manque pas une occasion de montrer qu'il est favorable à l'URSS. Pour Boisanger, « l'erreur la plus grave » qu'il commit fut « de rechercher les bonnes grâces des Soviets et d'imaginer les acquérir par la flatterie ». Le

[1] *L'Humanité*, 17 février 1925, « Une opinion de M. Jean Herbette sur la question nationale dans l'URSS », reprenant les déclarations d'Herbette à un journal de Kharkov.

[2] Sophie COEURÉ, *Images de la Russie soviétique dans la culture politique française (1919–1939)*, thèse, 1992, page 141.

[3] Antoine WENGER, *Rome et Moscou 1900–1950*, 1987, page 179.

secrétaire raconte que pour Herbette comme pour sa femme tout était prétexte à flagornerie et qu'il en résultait parfois des scènes ridicules comme ce jour où était reçu à déjeuner à l'ambassade le commissaire adjoint aux Affaires étrangères Rosthein. Madame Herbette arriva entourée de « trois ou quatre affreux petits chats » aux cous desquels elle avait noué des rubans rouges : « voyez, Monsieur le Commissaire, dit-elle en minaudant, ici, même les chats deviennent communistes ». Herbette, qui aux dires de Boisanger craignait sa femme, prit le parti de rire de cette lubie mais Rosthein répliqua sur un ton désagréable : « inutile d'affubler vos chats de rubans. Vous n'en ferez pas des communistes. Les chats sont bien trop égoïstes pour cela ». Ce n'est là qu'une anecdote, mais Boisanger ajoute qu'Herbette constitue une énigme pour ses collaborateurs et pour le corps diplomatique à Moscou : « s'abusait-il, était-il naïf, au point de croire que la France tirerait quelque profit de ses coups d'encensoir ? »[1].

Car bien entendu, l'attitude d'Herbette, confirmée aussi bien par les témoignages de Despréaux, du Père Neveu et de Boisanger que par l'étude de sa correspondance avec le Quai d'Orsay, trouve assez vite ses limites. Dans ses *Carnets*, Marcel Cachin, secrétaire du Parti Communiste français, qui est à Moscou en mars 1925, rapporte cette réponse de Tchitcherine quand il l'interroge sur l'attitude de l'ambassadeur français : « Herbette entretient avec nous des relations <u>trop bonnes</u> (*sic*). Il est toujours de notre avis et déclare qu'il est vraiment notre avocat en France. Ce qui est possible, mais nous n'apercevons pas les résultats de cette action. Herriot n'a pas imaginé la politique franco-polonaise, mais il applique la politique de Millerand »[2]. Tchitcherine regrette ici que la France ne réussisse pas à infléchir la diplomatie de ses alliés en Europe de l'Est et se demande même si elle le souhaite vraiment. Six semaines auparavant, Herbette avait laissé entendre à Moscou que selon la France, les frontières Est de la Pologne nécessitaient une révision[3]. Et Tchitcherine ne voit rien venir …

Pourtant, Jean Herbette est sincère quand il affirme plaider en faveur de l'URSS à Paris. Ainsi, en février 1925, il indique au Département que selon lui, la Roumanie est un allié peu fiable, et laisse entendre qu'il serait peut-être bon de s'en méfier et de se rapprocher

[1] Claude de BOISANGER, *Vivre à Moscou … op. cit.*, pages 42-43.

[2] Denis PESCHANSKI, *Marcel Cachin, Carnets*, tome III, 1998, pages 236-237 et 277.

[3] Piotr Stefan WANDYCZ, *France and her eastern allies 1919-1925*, 1962, page 326.

de l'URSS[1]. Mais ces prises de position entraînent des appréciations négatives du Quai d'Orsay sur la manière de penser et d'agir d'Herbette. Le 28 mars 1925, la sous-direction d'Europe rédige tout exprès une note à l'intention d'Herriot. On peut y lire : « la politique de notre ambassadeur à Moscou, telle qu'elle se dégage de sa correspondance, paraît, réduite à ses éléments essentiels, viser à un rapprochement franco-soviétique destiné à éviter que le gouvernement bolchevique ne cherche un appui du côté de l'Allemagne et éventuellement à opposer à la pression germanique sur nos frontières de l'Est un contrepoids qui constituerait le seul moyen d'assurer la paix générale »[2]. C'est là une analyse très exacte de la conception d'Herbette des rapports entre la France et l'URSS et plus généralement des relations européennes. Cette conception qui n'est pas neuve – elle date de la fin du XIXème siècle – explique en partie pourquoi Herbette a combattu pour la reconnaissance malgré la couleur politique du gouvernement de Moscou. Pour lui, l'important est de ne pas laisser se poursuivre le tête-à-tête germano-soviétique – dont il ne connaît pas alors la nature exacte – initié à Rapallo en 1922.

La note souligne aussi que pour avoir les meilleurs rapports avec l'URSS, Herbette n'hésite pas à envisager « une modification de notre attitude actuelle envers la Petite Entente » et qu'il « voudrait lâcher du lest sur les dettes ». Ces deux éléments, que nous avons déjà mis en évidence, « appellent diverses observations » de la sous-direction d'Europe. Pour les diplomates du Quai d'Orsay, un rapprochement franco-soviétique induirait automatiquement l'hostilité de la Pologne et de la Roumanie et la méfiance de l'Angleterre. De plus, la situation politique et économique soviétique étant instable, les placements français en URSS seraient « aléatoires et dangereux ». Aussi, « les considérations qui précèdent sont de nature à faire apparaître certains dangers dans l'étude de rapprochement systématique que préconise M. Jean Herbette ». Voilà qui est dit. Dans ces conditions – et si Herriot est d'accord – la sous-direction préconise de s'inspirer de cette note pour donner à l'ambassadeur « quelques directives d'ordre général » qui seraient justifiées par le fait qu'il n'a pas reçu d'instructions écrites lors de son départ pour Moscou. On pourrait également communiquer à Herbette les comptes rendus des séances du comité consultatif

[1] Traian SANDU, *Le système de sécurité français en Europe centre-orientale. L'exemple roumain 1919–1933*, 2000, page 242.

[2] AQO Europe-Russie n° 358, note de la sous-direction d'Europe pour M. le président du Conseil, 28 mars 1925.

des Affaires russes (composé de fonctionnaires du Quai d'Orsay et de parlementaires comme de Monzie et Yvon Delbos). Dans tous les cas, il faut réagir, car si Herbette se croit soutenu, il va pousser plus loin[1]. Herriot a-t-il partagé les analyses du Quai d'Orsay, ou a-t-il préféré conserver sa confiance à Herbette ? Nous n'en savons rien et peut-être n'a-t-il pas eu à prendre de décision. En effet, quelques jours plus tard, le gouvernement Herriot tombe et Aristide Briand s'installe aux Affaires étrangères pour longtemps[2].

ISOLÉ VOLONTAIRE, SI LOIN DE PARIS

Les archives de Jean Herbette conservent très peu de lettres personnelles de la période 1924–1931. Sans doute, peut-on légitimement penser qu'elles ont été détruites par leur destinataire pour éviter de les rapatrier en 1931. Car manifestement, il continue d'avoir des relations avec bon nombre d'hommes politiques. Mais on peut aussi avancer que les rapports purement professionnels du journaliste Herbette n'ont plus vraiment lieu d'être. Une fois notre homme devenu ambassadeur et en même temps un peu exilé, il est inévitable que des liens se distendent ou que des relations s'évanouissent. De même, on a l'impression que le Quai d'Orsay fait moins de cas des analyses d'Herbette ambassadeur que de celles du journaliste qu'il était. Rappelons que c'était justement pour éviter de tomber dans cette sorte d'indifférence que de Monzie avait su refuser le poste de Moscou … et l'offrir à Herbette.

Dans les premiers temps, l'optimisme de la découverte et son caractère personnel préservent Herbette de toute nostalgie et de toute idée d'abandon. Au contraire, il ne se lasse pas de répéter ce qu'il pense afin de convaincre le Quai d'Orsay. Il semble savoir pourtant que ses dépêches ne sont pas toujours bien accueillies à Paris et que son attitude vis-à-vis des responsables soviétiques passe pour être ambiguë. En mai 1925, il écrit : « ne nous lassons pas – même si certains s'appliquent à nous rebuter – de faire comprendre ici que les intérêts vitaux de la France, si le gouvernement soviétique sait les respecter, peuvent parfaitement s'accorder avec ceux de cette immense collectivité ». Imperturbablement, il conserve à sa mission le sens qu'il

[1] AQO Europe-Russie n° 358, note de la sous-direction d'Europe pour M. le président du Conseil, 28 mars 1925.

[2] Briand sera le ministre des Affaires étrangères jusqu'au début de 1932, c'est-à-dire pendant plus de la moitié de la carrière d'ambassadeur d'Herbette.

entendait lui donner dès le premier jour : « dissipant les préjugés qui se sont accumulés ici depuis "l'intervention", réduisant à l'impuissance les mauvaises volontés ou les partis pris intéressés qui existent çà et là, nous réglerons nos affaires et nous empêcherons peut-être, entre l'armée rouge de M. Frounzé et les nations voisines, ces choses funestes qui feraient les affaires de nos ennemis »[1]. Le danger allemand demeure l'obsession d'Herbette, comme il l'était déjà lors des crises marocaines ou lors du traité de Versailles. Pourtant, au même moment, Briand retrouve le Quai d'Orsay et lance la France dans la politique de réconciliation avec l'Allemagne.

Cela n'empêche pas notre ambassadeur de continuer à dénoncer les menaces que ce pays fait peser sur la France et de préconiser des moyens de les circonscrire. En juin, il écrit : « sans me dissimuler les difficultés qu'on rencontre ici, difficultés que j'ai parfois ressenties tout en m'efforçant de n'en point importuner le Département, je suis obligé de voir aussi que nos relations avec l'URSS, avec le sentiment national russe que le gouvernement soviétique sait écouter, représenter et utiliser, sont des facteurs de notre sécurité sur le Rhin »[2]. Herbette ignore que depuis 1922, en marge du traité de Rapallo, une convention militaire lie l'Allemagne et l'URSS. En décembre 1926, il écrit encore : « je n'ai jamais pu conclure qu'il existait entre l'Allemagne et l'URSS aucun engagement équivalent à une alliance militaire. Je ne doute pas que les Allemands ne soient prêts à renforcer l'Armée soviétique dans la mesure où leurs intérêts politiques puissent en profiter. Mais je crois qu'ils s'arrangeront le plus longtemps possible pour ne pas être liés par les obligations d'une alliance et d'une convention militaires »[3]. Et pourtant ! L'Allemagne de Weimar développe des programmes d'armement en URSS et y entraîne ses pilotes ...

Les impressions positives d'Herbette sur l'URSS sont incontestablement sincères, comme le montre une lettre écrite à son frère après de longs mois de silence dus à « un travail intarissable ». « Peut-être es-tu curieux de savoir comment les choses se passent ici ? », lui écrit-il enfin, « Eh bien, elles se passent très normalement. Les administrations publiques travaillent aux heures prescrites, les trains circulent

[1] AQO Europe-Russie n° 109, dép. d'Herbette à Briand n° 81 du 22 mai 1925 (14 pages à propos du IIIème congrès des Soviets). Frounze a remplacé Trotski comme commissaire à la Guerre.

[2] AQO Europe-Russie n° 358, tél. d'Herbette à Briand n° 490 à 494 du 29 juin 1925.

[3] Dép. d'Herbette à Briand du 30 décembre 1926, citée par Georges CASTELLAN, « Reischwehr et armée rouge, 1920–1939 », in Jean-Baptiste DUROSELLE (dir.), *Les relations germano-soviétiques de 1933 à 1939*, 1954, page 201.

régulièrement, les rues sont tenues avec ordre et propreté », et de continuer à louer la monnaie stable, la rentrée des impôts, « et ainsi de suite ». En résumé, « ce qu'on voit de près ne ressemble que peu à ce qu'on entend dire de loin ». Quant à son métier d'ambassadeur, « c'est une tâche qui prend beaucoup de formes diverses ». Tous les jours, il y a le courrier « que je tiens à ouvrir entièrement moi-même ». Il est parfois pénible à lire lorsqu'il s'agit de « plaintes de pauvres compatriotes que mes moyens ne me permettent pas de secourir ». Mais il y aussi les moments heureux comme « faire libérer et rapatrier un Français prisonnier ». Néanmoins, tout cela est si intéressant que « les mois filent sans qu'on s'en aperçoive ». À la fin de sa lettre, Herbette précise bien à François : « je t'écris ce que je pense, et naturellement je ne l'écris que pour toi »[1].

Herbette se sent donc bien dans son ambassade, et considère la politique qu'il mène en URSS comme très utile à la France. Au Quai d'Orsay, Jules Laroche s'en étonne avec ironie : « M. Jean Herbette paraît fort intéressé par son ambassade et il s'est empressé de faire démentir le bruit qui avait couru suivant lequel il s'apprêterait à partir en congé »[2]. Herbette ! des congés ? Il ne reviendra à Paris pour la première fois que pendant l'été 1927 ! Pour l'heure, un an après la reconnaissance de l'URSS par la France, et comme « tout le monde ne pensera pas à vous remercier d'avoir pris cette responsabilité et rendu ces services », il écrit à Herriot. Après dix lignes de dithyrambe, Herbette insiste sur la conception continentaliste qu'il a des relations européennes : « il n'y a de salut pour nous que si nous arrivons à entretenir avec la Russie qui renaît actuellement des relations qui excluront une coopération russo-allemande contre la France et contre les amis de la France ». Le contexte des accords qui viennent d'être conclus à Locarno sur les frontières européennes et le remplacement de Leonid Krassine par Christian Rakovski à l'ambassade de l'URSS à Paris, lui semblent propices « pour tenter avec la Russie, sinon un premier rapprochement, du moins une première détente ». Le chemin est encore long sûrement, car pour les Russes « le temps et l'espace ne comptent guère », mais indirectement, il explique comment il peut contribuer à faire avancer les choses. « Si l'on est patient, si l'on est juste et si l'on sait conserver un sourire sur les lèvres et quelques vibrations dans le cœur, on vient à bout de tous les obstacles ». N'est-ce pas ce qu'il fait

[1] Lettre de Jean Herbette à François Herbette du 15 août 1925, coll. part. Reproduite en annexe n° 8.

[2] AQO Europe-Russie n° 109, note de M. Laroche du 27 août 1925.

depuis un an déjà qu'il est ambassadeur ? Herbette termine en remerciant Herriot de continuer à lui écrire et en l'assurant de sa fidélité et de son affection[1]. Malheureusement, la réponse d'Herriot est perdue. Voilà néanmoins une lettre personnelle qui contribue à éclairer beaucoup de points de la première année de l'ambassade d'Herbette à Moscou et son application à dénouer toutes les crises.

C'est à la fin de 1925 que se situe l'affaire Fontenoy. En décembre 1925, le gouvernement soviétique demande le rappel du représentant de l'agence Havas à Moscou. Il l'accuse, oralement d'abord, d'avoir fourni des informations tendancieuses au journaliste Henri Béraud lors de son voyage en URSS[2], d'être hostile au pouvoir soviétique et de pratiquer l'espionnage militaire. Aussitôt Herbette convoque Fontenoy à l'ambassade et lui demande de partir de lui-même « pour éviter des histoires ». Il ajoute que s'il restait à Moscou, il pourrait courir des dangers. Fontenoy répond qu'il n'a à recevoir d'instructions que de son agence. À celle-ci, il écrit : « si l'on juge mes articles insupportables, c'est vraiment que toute attitude objective est insupportable à Moscou » … et à Herbette serait-on tenté d'ajouter ! Car se sentant lâché par l'ambassade, dans une autre lettre à Havas, Fontenoy indique « d'une façon tout à fait confidentielle » que « Son Excellence M. Herbette poursuit une politique d'amitié avec le gouvernement soviétique et est très lié personnellement avec les chefs du commissariat aux Affaires étrangères ». Le journaliste rappelle que plusieurs fois, notamment lors du cambriolage de l'ambassade, Herbette s'est opposé à des publications « qu'il estimait préjudiciables à son action ». Par ailleurs, l'ambassadeur « n'est pas loin de croire qu'Havas n'attache pas assez d'importance à ce qui se passe à Moscou ». Malgré l'intervention de l'agence auprès de De Monzie et de Rakovski, la chose est mal engagée. Pour Fontenoy, il est clair qu'Herbette veut le voir partir lorsque celui-ci dit croire le gouvernement soviétique de bonne foi[3].

En janvier 1926, le journaliste ne peut plus exercer son métier : « tout se passe comme si j'étais en mission spéciale en temps de guerre dans un pays prodigieusement lointain et arriéré ». Fontenoy

[1] AQO PA-AP 89 papiers Herriot n° 16, lettre de Jean Herbette à Édouard Herriot du 24 octobre 1925.

[2] Publiciste au *Journal*, Henri Béraud publie de retour en France, *Ce que j'ai vu à Moscou* (1926). Le livre fait scandale car Béraud, plutôt classé à gauche, dénonce violemment le régime soviétique. Pour y répondre, Paul Vaillant-Couturier publie *Un mois dans Moscou « la rouge ». La vérité sur « l'enfer bolchevik »*. Cf. Fred KUPFERMAN, *Au pays des Soviets … op. cit.*, page 175.

[3] AN, 5 AR 280, lettres de Jean Fontenoy à Havas des 2 et 14 décembre 1925.

n'oublie pas de régler ses comptes avec Herbette : « je perçois fort distinctement que le gouvernement soviétique et, je dois le dire, notre ambassadeur (qui a misé sur une nouvelle alliance franco-russe) ne me veulent guère de bien ». Il termine en affirmant que « M. Herbette souhaiterait un correspondant qui eut foi dans l'avenir de l'Union et qui par une sage et lente publicité favorisât la nouvelle entente »[1]. Mais face à Herbette et au Quai d'Orsay, Fontenoy et Havas doivent plier. Fontenoy est officiellement rappelé en mars 1926, il ne sera pas remplacé[2]. Les apocryphes *Notes for a Journal* de Litvinov indiquent « la bonne volonté et les efforts énergiques déployés pour régler le conflit, à la fois par le ministère français des Affaires étrangères dans son ensemble et par l'ambassadeur français à Moscou, M. Herbette, en particulier »[3]. Il n'y a donc plus aucun journaliste français en URSS. On peut dire sans risque de se tromper que cela n'est pas pour déplaire à notre personnage. Il est ainsi la seule source officielle et publique française de renseignement sur ce qui ce passe à Moscou, au moment où il est question d'entamer des négociations franco-soviétiques.

Comme Herbette l'espérait, la nomination à Paris de Rakovski donna un nouvel élan aux relations franco-soviétiques ; mais la question la plus empoisonnante était celle des dettes et des crédits. Avant le début des grandes négociations, Philippe Berthelot écrit à Herbette : « il me semble utile que vous soyez à Paris pour être en contact direct avec nous » ; Briand autorise donc l'ambassadeur à préparer son voyage. Mais ce dernier répond aussitôt qu'il ne doit pas quitter l'URSS : « si vous étiez ici, vous seriez comme moi convaincu de la nécessité de me maintenir à Moscou ». Finalement, c'est l'ambassadeur qui a le dernier mot. Présentant ses vœux à Berthelot pour l'année 1926, Herbette souhaite voir « régler en 1926 les relations de la France avec la nouvelle Russie ». Pour cela, il demande que le Département lui indique dans quel sens agir, « car il est essentiel de travailler ici pendant que vous négociez à Paris. Il faut un réflecteur »[4]. Comme l'avait déjà noté Laroche, Herbette s'accroche à son poste, il ne veut pas le quitter, même temporairement, comme s'il avait peur de ne pouvoir y revenir.

[1] AN, 5 AR 280, lettre de Jean Fontenoy à Havas du 9 janvier 1926.

[2] Sophie COEURÉ, *La grande lueur à l'Est … op. cit.*, pages 60-61.

[3] Maxime LITVINOV (apocryphe), *Notes for a Journal*, 1955, page 88.

[4] AQO Europe-Russie n° 358, tél. de Berthelot à Herbette n° 472 du 12 novembre 1925 ; tél. d'Herbette à Berthelot n° 847-848 du 13 novembre 1925 ; vol. n° 9, lettre personnelle d'Herbette à Berthelot du 2 janvier 1926.

Peut-être pense-t-il que sans lui à Moscou, les relations franco-soviétiques seraient tout autres, vouées à l'échec. Pour l'heure, même s'il reste dans l'ombre, il ne ménage pas sa peine : « nous avons eu plusieurs causes d'occupation assez abondantes ces temps-ci, bien que le public n'en sache rien », écrit-il à son frère[1].

En février 1926, s'ouvre à Paris la conférence franco-soviétique. Rakovski demandait une aide financière à la France afin de débloquer la question des dettes, mais malgré ses bonnes relations avec de Monzie, il avouait son scepticisme. À Moscou, il semble que ce scepticisme a été moins grand, peut-être en raison de l'attitude d'Herbette. Celui-ci entretient une correspondance assez nourrie avec Eirik Labonne, son conseiller d'ambassade, qui a été nommé secrétaire général de la conférence franco-soviétique. Le 18 mars, Labonne confie à Herbette : « il m'est précieux de voir confronter par vous, là où vous êtes, les impressions que je puis éprouver ici dans l'atmosphère française ». « Je crains », poursuit-il, « d'oublier la réalité russe ; et nous savons pourtant de combien d'erreurs cet oubli a été et peut être la source ». On peut donc dire que, à distance certes, mais indiscutablement, Herbette est présent lors de ces négociations. Même de loin, l'ambassadeur tente d'imposer ses points de vue, notamment auprès des journalistes et de l'opinion publique. Labonne écrit encore : « Je n'ai point oublié, en me souvenant de la pensée de votre dernière lettre, de rappeler à vos amis de la presse à la fois le témoignage de votre souvenir et votre offre de renseignements ; tous s'en sont montrés vivement touchés »[2]. Voilà une manière de jouer un rôle même en étant éloigné. Labonne rend compte à Herbette et lui envoie toute la documentation qu'il peut. De son côté, l'ambassadeur pousse le secrétaire de la conférence à avancer dans les négociations, même au prix de quelques concessions.

Les pourparlers sont très constructifs, même la signature du traité germano-soviétique d'avril 1926 ne les interrompt pas, au contraire. Herbette écrit à Labonne : « voilà ce qui me fait souhaiter si vivement le succès de vos efforts et la reprise de conversations politiques entre la France et l'URSS »[3]. L'ambassadeur voit en effet déjà plus loin que les discussions financières ... Il craint même que ces dernières constituent un blocage empêchant d'aller à l'essentiel. C'est le sens

[1] Lettre de Jean Herbette à François Herbette du 16 janvier 1926, coll. part.

[2] AHC-FNSP, papiers De Monzie, lettre d'Eirik Labonne à Jean Herbette du 18 mars 1926.

[3] AHC-FNSP, papiers De Monzie, lettre d'Herbette à Labonne du 29 avril 1926.

de cette remarque de Labonne : « votre lettre du 8 mai, Monsieur l'ambassadeur, reflète un peu [...] la crainte que le sort de la conférence n'influe fâcheusement sur nos rapports [avec l'URSS] »[1]. Manifestement, Herbette n'a pas la même conception de la politique soviétique de la France que le Quai d'Orsay. Il trouve dérisoire de bloquer sur la question des dettes, alors qu'il voit jour après jour les progrès de l'influence et du commerce allemands en URSS. Pendant tout le printemps 1926, il tente d'attirer l'attention des négociateurs sur ce point. Par exemple, il demande l'envoi d'architectes français, afin de contrecarrer l'influence allemande qui grandit dans le mobilier et l'architecture en URSS[2]. « Il est bien entendu », précise-t-il, « que les dépêches de cette ambassade sont uniquement destinées aux membres de la délégation française et ne doivent ni être produites au cours de la négociation, ni recevoir aucune sorte de publicité ». Il ne s'agit pas de dévoiler son jeu alors que la partie est loin d'être terminée, mais de tenir compte des réalités. Labonne comprend la position d'Herbette, mais ne peut pas faire grand chose[3]. En juillet 1926, le retour de Poincaré à la présidence du Conseil entraîne la suspension de la conférence. La reconnaissance des Soviets par la France, Poincaré l'acceptait ; mais il déclara à Rakovski qu'il n'aurait « certainement pas agi comme Herriot l'a fait ». Le chef du gouvernement français, dont la priorité était l'amélioration financière, ne voulait rien céder sur la mission géorgienne, ni sur la flotte de Wrangel avant qu'une solution soit trouvée sur les dettes[4]. Il est donc très éloigné de la politique préconisée par Herbette.

De même, les indications données par Herbette ne sont pas toujours prises pour argent comptant au Quai d'Orsay où l'on est au courant de la politique suivie par l'ambassadeur. Sur certaines dépêches reçues à Paris, des annotations montrent que le Département analyse d'une manière critique les rapports de son représentant à Moscou. Par exemple, en avril 1926, Herbette ne croit pas à la montée d'un antisémitisme économique au sein du pouvoir soviétique, contrairement à beaucoup de ses collègues. Pour convaincre Paris, il écrit : « l'an dernier, un personnage considérable a lancé ici un mot qui a fait

[1] AHC-FNSP, papiers De Monzie, lettre de Labonne à Herbette du 14 mai 1926.

[2] AHC-FNSP, papiers De Monzie, dép. d'Herbette à Briand n° 201 du 28 mai 1926.

[3] AHC-FNSP, papiers De Monzie, lettres d'Herbette à Labonne des 20 mai et 3 juin 1926 et de Labonne à Herbette du 11 juin 1926.

[4] Ce paragraphe s'inspire de Francis CONTE, *Christian Rakovski (1873-1941), essai de biographie politique*, 1975, pages 622-647.

sensation et même scandale : “enrichissez-vous !” Mais ce personnage n'était pas plus israélite que M. Guizot. Il s'appelait M. Boukharine ». Dans la marge de cette dépêche, on a écrit au Quai d'Orsay : « Mais M. Guizot n'était pas communiste ! ». Les thèses d'Herbette sur l'évolution politique intérieure de l'URSS sont même parfois franchement réfutées. C'est le cas lors de la campagne menée contre Trotski, Kamenev et Zinoviev en octobre 1926 et qui précède leur exclusion du PCUS en novembre. Pour Herbette, « la politique de M. Staline et de ses amis consiste à éliminer la “vieille garde”, c'est-à-dire cet état-major de théoriciens politiques du parti qui a occasionné beaucoup de soucis à Lénine et qui, dans la période actuelle, ne peut guère rendre de services à un gouvernement presque uniquement occupé à des questions pratiques ». La sous-direction d'Europe voit au contraire dans Trotski « un artisan de la NEP, comme presque tous les opposants actuels à Staline ». Pour elle, l'analyse d'Herbette est donc tronquée[1]. Il s'agit d'une note interne ; Herbette a-t-il été mis au courant de cette différence d'appréciation ?

Dans les questions relatives aux rapports de la France avec ses alliés de l'Est, l'ambassadeur de France à Moscou saisit toutes les occasions pour rassurer les dirigeants soviétiques. À l'annonce de la signature du traité franco-roumain de 1926, il répond à Litvinov que ce traité ne doit inquiéter l'URSS que si elle a des intentions belliqueuses envers la Roumanie. En aucun cas, cet accord n'est dirigé contre Moscou. Au début d'octobre, Herbette doit néanmoins enregistrer les protestations de Litvinov, même si celui-ci essaie d'y mettre les formes[2]. Toujours est-il que le représentant français continue en cette fin d'année 1926 à donner les meilleures nouvelles de la situation en URSS. Le Département veut en savoir plus sur l'opposition ukrainienne ? Herbette la relativise en répétant « qu'on a sous-estimé souvent la cohésion de ce pays et la vitalité de son régime » et que « d'autres puissances courent peut-être des risques plus sérieux que l'URSS »[3].

Il fait toujours une nette distinction entre l'Internationale communiste et l'URSS. Celle-là étant un bien plus grand danger pour la paix que celle-ci. Pierre Pascal est témoin, lors d'un dîner à l'ambassade de France, d'un mot de l'ambassadeur qui va dans ce sens. À un membre

[1] AQO Europe-Russie n° 109, dép. d'Herbette à Briand sans n° du 7 avril 1926 ; n° 110, tél. d'Herbette à Briand n° 796 à 799 du 24 octobre 1926 et note de la sous-direction d'Europe du 6 novembre 1926.

[2] Traian SANDU, *Le système de sécurité français … op. cit.*, pages 264 et 266.

[3] AQO Europe-Russie n° 110, dép. d'Herbette à Briand sans n° du 15 novembre 1926.

du gouvernement soviétique qui évoquait le socialisme dans un seul pays, Herbette aurait répondu : « oui, c'est cela, dans un seul pays. Voilà ce qu'on vous demandait depuis longtemps, c'est très juste »[1]. Selon lui, s'il faut évidemment lutter contre la propagande que l'Internationale communiste renforce toujours, il faut « éviter tous les actes et toutes les menaces qui troubleraient le jeu normal des événements intérieurs en URSS ». L'ambassadeur rappelle que l'Occident a déjà essayé « l'intervention armée et le fil barbelé » et que cela a entraîné le renforcement de la révolution bolchevique. Herbette préfère intégrer l'URSS dans la communauté des nations, même contre ses propres chefs : « on peut [me] dire que les dirigeants de l'URSS se mettent eux-mêmes à l'écart ; ce ne serait pas encore une raison pour renoncer à la politique que je recommande. Quiconque a vécu le sait : la seule chose qui rapporte à la longue, c'est précisément la générosité »[2]. Même devant des paroles de Boukharine, Vorochilov ou Rykov évoquant des risques de guerre, Herbette ne se départit pas de sa foi dans l'URSS. « Il est vrai », écrit-il, « que si l'on veut éviter tous les prétextes de guerre, on n'y est pas toujours aidé par les discours prononcés à Moscou », mais il ne faut « pas se laisser entraîner à l'imitation » et plutôt « tâcher de soigner les maladies sans s'emporter contre le malade »[3]. Dans tous les domaines, c'est ce qu'Herbette tente de faire.

LA DÉFENSE DES INTÉRÊTS DE L'ÉGLISE CATHOLIQUE EN URSS

Herbette « se targuait d'être un homme de gauche, un matérialiste, un athée et même le proclamait, comme si c'était à mettre à son crédit », indique Boisanger[4]. Cela ne nous étonne guère de l'homme, mais cela n'empêche évidemment pas notre ambassadeur de soutenir le Père Neveu et de rendre des services encore bien plus importants au Vatican. Lors de la reconnaissance des Soviets par les puissances européennes en 1924, le Vatican et l'URSS avaient bien entamé quelques négociations, mais aucun accord n'était possible car les deux

[1] Pierre PASCAL, *Mon journal de Russie*, tome 3 : *Mon état d'âme 1922-1926*, 1982, page 213, 3-4 décembre 1926.

[2] AQO Europe-Russie n° 110, dép. d'Herbette à Briand n° 654 du 28 décembre 1926, 31 pages.

[3] AQO Europe-Russie n° 110, dép. d'Herbette à Briand n° 56 du 22 janvier 1927.

[4] Claude de BOISANGER, *Vivre en Russie ... op. cit.*, page 42.

protagonistes voulaient céder peu et obtenir beaucoup. En 1925, Tchitcherine évoque cette question avec Herbette et qualifie de conditions inacceptables les propositions du nonce à Berlin, Monseigneur Pacelli, qui est chargé de ces négociations. Ce dernier a réclamé la propriété des édifices catholiques en URSS et a refusé au gouvernement soviétique le droit de confirmer la nomination des évêques. Pour le commissaire, c'est une véritable querelle des investitures. Tout cela ne concerne en rien notre personnage, mais lorsque le Vatican va décider qu'il est temps de consacrer des évêques en URSS, même sans l'accord du gouvernement soviétique, il se rappelle le Père Neveu. Par ailleurs, le Père d'Herbigny a déjà effectué une mission en URSS pour le compte du Vatican à l'automne 1925. Or, ces clercs sont tous les deux citoyens français et c'est là qu'Herbette a un rôle à jouer. En effet, dans l'intérêt de la France, le Quai d'Orsay et l'ambassadeur vont permettre au Saint-Siège de mener à bien et dans la clandestinité la consécration d'évêques. Pour Herbette, il est bien clair que l'envoi « par la valise [diplomatique française] des vêtements et insignes épiscopaux » est subordonné à leur destination : « uniquement [...] à un Français »[1].

Le Quai d'Orsay confirme à l'ambassadeur que le Saint-Siège désire installer un évêque français qui succéderait à l'évêque allemand et à l'évêque polonais, tous les deux réfugiés à l'étranger. Herbette a certes des réserves à formuler sur l'entreprise, car il se souvient des paroles de Tchitcherine, mais trouve le choix du Père Neveu excellent. Ayant reçu l'ordination épiscopale des mains de Pacelli en passant à Berlin, Monseigneur d'Herbigny arrive à Moscou le 1er avril 1926 et met Herbette dans la confidence de sa qualité d'évêque et de sa mission dont le but est de consacrer le Père Neveu. C'est l'ambassadeur qui convoque le curé de Makeïevka à Moscou, mais celui-ci n'arrive que le 21 avril, sans savoir ce qui l'attend. Le sacre épiscopal a lieu dans l'église Saint-Louis-des-Français et les deux évêques dînent le soir chez Herbette, « un homme si fin et si loyal » rapporte Neveu. Monseigneur d'Herbigny consacrera d'autres évêques clandestins en mai. Cela est rendu possible par les « démarches dévouées de l'ambassadeur », notamment afin que d'Herbigny obtienne une autorisation de voyager. Ce dernier ne tarit pas d'éloges sur Herbette dans le récit de voyage qu'il écrit à son retour et qui, bien entendu, n'évoque pas les consécrations clandestines. D'Herbigny raconte ainsi la soirée du

[1] AQO Europe-Russie n° 125, tél. d'Herbette à Briand n° 260–261 du 8 mars 1926.

8 mai : « l'ambassadeur de France, constamment prévenant et dévoué, m'invite à un repas, ou pour M. Wirth, ancien chancelier du Reich, l'allemand sera l'unique langue employée ; il la manie lui-même avec une aisance parfaite, et Mme Herbette peut faire aussi en allemand et en russe les honneurs de sa table »[1].

En août, lors de l'arrivée de d'Herbigny pour une autre mission, c'est à Herbette que Tchitcherine se plaint des consécrations clandestines d'évêques alors que le Saint-Siège refuse d'avoir des relations avec l'URSS. Le commissaire sait très bien que le message ira jusqu'à Rome. En effet, Herbette tient informé le Quai d'Orsay qui se charge de renvoyer l'information au Vatican. En septembre 1926, Neveu devient titulaire de la paroisse Saint-Louis-des-Français à Moscou. C'est l'occasion pour Herbette de brosser le portrait de l'évêque clandestin : « on trouverait difficilement un représentant plus parfait de l'esprit droit et pondéré, du caractère laborieux et tenace qui distinguent ces paysans français dont le Père Neveu est né et dont il est resté si près. Mais en même temps, il est un érudit qui a su rassembler toute une bibliothèque dans son presbytère de Makeïevka ». Au mois d'octobre suivant, le Guépéou – qui bien sûr sait que Neveu est devenu évêque – lui donne le choix entre abandonner son ministère ou quitter le pays dans les trois jours[2]. C'est encore Herbette qui se démène : il proteste auprès du gouvernement soviétique et informe Paris. Anatole de Monzie écrit à l'ambassadeur pour lui faire compliment de la « fière réponse » donnée à un Tchitcherine pratiquant une « diplomatie de Syracuse ». Le sénateur espère également en Rakovski pour ramener Moscou à la raison et se dit décidé à en parler à Poincaré[3]. De son côté, le Quai d'Orsay réagit énergiquement et menace les Soviets de mesures de rétorsion à l'encontre de citoyens soviétiques en France. Du commissariat aux Affaires étrangères, Herbette rapporte finalement une mesure de clémence : habitant depuis vingt ans en URSS, Neveu est autorisé à rester à condition de ne s'occuper que de citoyens français. En fait, les Affaires étrangères soviétiques, qui songent toujours à obtenir une

[1] Monseigneur D'HERBIGNY, *Pâques 1926 en Russie. Du Jeudi-Saint (1er avril) au surlendemain de l'Ascension (15 mai)*, 1926, pages 27 et 138.

[2] Ce paragraphe s'appuie essentiellement sur Antoine WENGER, *Rome et Moscou, op. cit.*, pages 179 à 220, Annie LACROIX-RIZ, *Le Vatican, l'Europe et le Reich de la Première Guerre mondiale à la guerre froide*, 1996, pages 218 à 222, et Paul LESOURD, *Le jésuite clandestin, Mgr Michel d'Herbigny*, 1976.

[3] AHC-FNSP, papiers De Monzie, lettre d'Anatole de Monzie à Jean Herbette, du 25 octobre 1926.

reconnaissance *de jure* de l'URSS par le Vatican n'ont pas la même position que la police politique. Herbette le sait, et peut donc en jouer tant qu'il ne franchit pas certaines limites. Lorsqu'il demande pour le Père Blois un visa à Litvinov, celui-ci répond : « volontiers pour une visite, mais non pour y exercer des fonctions religieuses. C'est une question de politique intérieure »[1].

Cette affaire des consécrations clandestines d'évêques confirme plusieurs des traits de caractère d'Herbette et la manière dont il envisage sa mission en 1925 et 1926. En jouant les intermédiaires entre le Vatican et le Kremlin, il espère toujours s'imposer comme un interlocuteur privilégié entre l'URSS et l'Occident. Athée, il n'en sert pas moins les intérêts de l'Église catholique, mais en faisant preuve d'un gallicanisme certain. Une fois de plus, dans ce dossier comme dans tous ceux qu'Herbette doit traiter dans les deux premières années de son ambassade, c'est le pragmatisme qui domine son action. Le 27 janvier 1927, il écrit : « dans la diplomatie comme dans les travaux des champs, il y a des saisons fécondes et des saisons ingrates. Elles alternent d'ordinaire et c'est en travaillant qu'il faut se préparer au retour des temps meilleurs [...] Je ne cesserai pas mes efforts dans la voie que mon Gouvernement m'a fixée et je serai heureux de contribuer, si peu que ce soit, à obtenir ce qui est juste »[2]. C'est encore en pragmatique que l'ambassadeur répond avec une certaine véhémence au Quai d'Orsay qui critique la manière d'agir de d'Herbigny dans l'affaire des consécrations clandestines.

Le 23 février, le Quai d'Orsay envoie en même temps une dépêche à Herbette et au Saint-Siège, qui est assez sévère sur « l'imprudence » de Mgr d'Herbigny qui n'a pas seulement consacré un évêque, mais quatre et qui « n'a pas été clair avec M. Berthelot » en laissant entendre une primauté de l'évêque français Neveu sur les trois autres[3]. Herbette, qui se sent mis en cause, répond immédiatement que ces critiques lui paraissent injustifiées et ne tiennent pas compte des réalités de l'URSS. Il rappelle d'abord : « c'est sur la recommandation du Département que j'ai fait de mon mieux pour protéger Mgr d'Herbigny pendant ses trois séjours à Moscou [automne 1925, printemps et été 1926]. Mais j'avais évidemment à le protéger comme un ecclésiastique français et

[1] Antoine WENGER, *Rome et Moscou, op. cit.*, pages 179 à 220.

[2] Lettre de Jean Herbette au Père Quénard, Supérieur général des Assomptionnistes, du 27 janvier 1927, citée dans Antoine WENGER, *Rome et Moscou … op. cit.*, pages 246–247.

[3] Dép. de Briand à Herbette n° 166 du 23 février 1927, non retrouvée.

non pas comme un représentant du Saint-Siège ». Aussi, l'intervention d'Herbette a-t-elle conservé « un caractère purement laïque » puisque « l'ambassade de la République française, pays où l'Église est séparée de l'État, ne peut évidemment pas parler au nom du Saint-Siège ». L'ambassadeur indique en outre n'avoir jamais mis les pieds dans une église catholique de Moscou. Cependant, s'il a tant fait pour faciliter les missions de d'Herbigny, c'est qu'il avait compris que celui-ci voulait rompre les liens qui unissaient le clergé catholique d'URSS aux deux « évêques réactionnaires émigrés », l'un polonais (de Ropp) et l'autre allemand (Kessler) et les remplacer par un évêque clandestin français qui accepte de remplir sa mission sous le régime soviétique[1]. De Boisanger confirme cette version : « ce qui est certain, c'est que, dans l'accueil empressé qu'il [Herbette] fit à ce prélat, rien n'indiqua de sa part, j'en fus témoin, la moindre réserve ». Néanmoins, il déplore qu'Herbette n'ai pas averti d'Herbigny des dangers des sacres clandestins : « s'il s'en abstint, c'est sans doute que ces inconvénients lui ont échappé »[2].

Mais pour Herbette, d'Herbigny n'a commis aucune imprudence déterminante en ordonnant quatre évêques au lieu d'un seul : « il ne faut pas se figurer que le Parti communiste réserve aux idées religieuses une porte basse où une mitre pourrait passer et où quatre mitres superposées heurtent la clef de voûte. Le Parti communiste n'a aucune espèce de porte pour les idées religieuses. Une mitre lui est aussi insupportable que quatre, si la question se pose sur le terrain des principes. Quatre mitres lui sont aussi indifférentes qu'une, si l'on arrive à un *modus vivendi* qui ne menace pas les intérêts politiques du régime ». Or, entre la première mission de d'Herbigny et les deux suivantes, la tolérance avait été remplacée par l'intolérance au sein du pouvoir soviétique. « Mgr d'Herbigny s'est donc trouvé devant une tâche qu'on pourrait définir ainsi : réaliser, en présence d'une tendance hostile, un programme qui avait été adapté à une tendance favorable. Dans l'ensemble, il est parvenu à s'acquitter de cette tâche » contre une animosité quasi générale non seulement des Soviétiques mais aussi de « tous ceux à qui il déplait qu'un Français fasse ce qu'ils n'ont pas su faire ». Dans ces conditions, Herbette loue le pragmatisme de d'Herbigny qui en consacrant après Neveu, un Polonais, un Allemand

[1] ADN Photos allemandes R 238, dép. d'Herbette à Briand n° 170 du 8 mars 1927, 7 pages.

[2] Claude DE BOISANGER, *Moscou en 1925. L'URSS entre Lénine et Staline*, 1981, annexe 3 : « Monseigneur d'Herbigny en URSS », pages 135–136.

et un Letton a su désarmer certaines critiques. En concluant, Herbette, répète qu'il est « profondément étranger à toute croyance religieuse » afin de bien montrer que son hommage à l'action de d'Herbigny est tout diplomatique.

Cette dépêche fort intéressante ne s'arrête pas là. Herbette renseigne ensuite le Quai d'Orsay sur les relations entre l'URSS et le Saint-Siège en se référant à ses conversations avec Litvinov. Pour le commissaire adjoint, le gouvernement soviétique est prêt à négocier avec le Vatican sur la situation des catholiques en URSS. Montrant qu'il est très bien informé de toutes ces choses, Herbette distingue nettement la position diplomatique de la question de politique intérieure : « la diplomatie soviétique peut donc être abordable quoique l'administration soviétique (j'entends le commissariat de l'Intérieur et la Sûreté générale) ne le soit pas ». L'ambassadeur n'évoque pas cela dans l'illusion que la France pourrait servir d'intermédiaire entre le Saint-Siège et le gouvernement soviétique : « on ne nous le demande pas, et il me semble que ce rôle ne nous conviendrait aucunement ». Non, c'est que la France a intérêt à ce que ses ressortissants ne soient pas molestés en URSS comme catholiques et « nous avons également intérêt à voir régner la tolérance dans le pays des Soviets. La liberté est ici un facteur de paix »[1].

Au début du printemps 1927, Herbette nourrit donc encore des espérances sinon sur le système soviétique, du moins sur sa politique extérieure. Pour lui, il est de l'intérêt de la France d'écouter et d'encourager les initiatives soviétiques qui peuvent rapprocher l'URSS de l'Occident alors qu'un durcissement de la politique intérieure et du contexte international est indiscutable. Cette évolution décourage beaucoup de voyageurs français de se rendre en URSS, mais pas Georges Duhamel, ni Luc Durtain, qui entreprennent le périple. Invités par des savants soviétiques, les deux intellectuels sont choyés par le pouvoir – Duhamel obtient d'être édité en russe – et sont enchantés de l'expérience. Certes, tout ne va pas pour le mieux en URSS, mais le régime force leur sympathie[2]. De leur séjour en URSS, les deux écrivains font chacun un livre[3].

[1] ADN Photos allemandes R 238, dép. d'Herbette à Briand n° 170 du 8 mars 1927, 7 pages.

[2] Fred KUPFERMAN, *Au pays des Soviets … op. cit.*, pages 68–70.

[3] Georges DUHAMEL, *Le voyage de Moscou*, Mercure de France, 1927 ; Luc DURTAIN, *L'autre Europe. Moscou et sa foi*, Gallimard, 1928.

Pour Herbette, ces voyageurs servent beaucoup mieux les intérêts de la France en URSS qu'un Henri Béraud dénonçant le régime soviétique. Aussi, l'ambassadeur les reçoit-ils de nombreuses fois. Par ailleurs, leur accompagnatrice, Maria Koudacheva, fille d'une gouvernante française et d'un prince russe mort pendant la guerre civile, a été pendant quelque temps la secrétaire d'Herbette à l'ambassade[1]. Georges Duhamel se lie aussi avec l'attaché commercial français, Kieffer, et assiste même à son mariage avec une citoyenne soviétique[2]. Boisanger, qui n'aime pas les hôtes favorables au régime soviétique, rapporte une anecdote sur Duhamel dînant à l'ambassade avec Lounatcharski, le commissaire à l'Instruction publique. L'écrivain français se lança dans de tels dithyrambes sur l'école soviétique et ses récents progrès que le commissaire le rabroua en rappelant la vérité et les difficultés insurmontables auxquelles il se heurtait. Le secrétaire d'ambassade unit Duhamel et Herbette dans la même attitude de grossière flatterie devant leurs interlocuteurs soviétiques. À une différence près toutefois, c'est qu'Herbette « ne manifestait aucun intérêt pour les œuvres artistiques ou littéraires de la Russie [...] et disait volontiers n'avoir jamais pu lire davantage que quelques pages d'un roman russe, que l'auteur en fut Pouchkine, Tourgueniev, Dostoïevski ou Tolstoï ». « Comment pouvait-il ainsi oublier », s'insurge Boisanger, « que ses interlocuteurs étaient des Russes, tout autant que des communistes et de farouches nationalistes, fiers des grands écrivains de leur pays, même si les œuvres de certains d'entre eux étaient, provisoirement, bannies des bibliothèques publiques ? ». C'est toujours la même critique faite sur l'attitude d'Herbette : « rien dans ses propos, ni dans son comportement n'était de nature, contrairement à ce qu'il pensait, à plaire aux dirigeants du Kremlin »[3]. Si cela est vrai, Herbette ne s'en rend pas compte et ne change pas de tactique.

En mars 1927, les séances officielles des négociations franco-soviétiques reprirent après huit mois d'interruption. La brouille entre Londres et Moscou faisait penser à Poincaré – avec raison – que Rakovski et les représentants soviétiques seraient fragilisés et que la France pourrait en profiter. Par ailleurs, de Monzie et Rakovski étaient arrivés à un degré de compréhension mutuelle qui laissait espérer un accord sur les dettes. Cependant, les dirigeants des deux pays restaient sur des

[1] Georges DUHAMEL, *Le livre de l'amertume, journal intime 1925-1956*, 1983, pages 415-417.

[2] Georges DUHAMEL, *Les Espoirs et les épreuves*, page 222.

[3] Claude de BOISANGER, *Vivre en Russie ... op. cit.*, page 44.

positions figées : Poincaré ne voulait rien céder et se méfiait de De Monzie. De son côté, Staline ne voulait pas payer trop cher un hypothétique rapprochement avec la France et la bureaucratie stalinienne considérait Rakovski comme un « oppositionnel »[1]. Tout restait donc à faire lorsque la conférence franco-soviétique reprit. Cependant, elle évolua assez rapidement dans un sens favorable aux thèses françaises, mais Poincaré semblait résolu à n'arriver à aucun accord. Dès que les Soviétiques acceptaient une proposition, il en évoquait d'autres et ainsi de suite. Rakovski n'était pas dupe et tentait de déborder le président du Conseil en s'appuyant sur l'opinion publique française. Le 6 mai, à propos d'un article de Rakovski dans *Paris-Soir*, Poincaré écrit à Briand que l'ambassadeur soviétique entame manifestement une campagne pour que les porteurs français d'emprunts russes poussent le gouvernement à un accord[2]. Les négociations n'avançaient plus et les regards se portaient outre-manche.

[1] Francis CONTE, *Christian Rakovski … op. cit.*, pages 662–665.

[2] Pierre BROUÉ, *Rakovski ou la révolution dans tous les pays*, 1996, page 250.

CHAPITRE III

1927–1928 : LES DÉNONCIATIONS ET LES RÉSISTANCES

LE TOURNANT DE L'ÉTÉ 1927

Interrompue le 20 juillet 1926, la conférence franco-soviétique reprend ses travaux le 19 mars 1927. Labonne, qui avait pendant ce temps rejoint son poste à Moscou, en est de nouveau le secrétaire général ; et continue d'informer scrupuleusement Herbette. Néanmoins, une plus grande distance semble s'être installée entre les deux diplomates. L'ambassadeur ne s'adresse plus à son collaborateur en l'appelant « cher ami » et leurs relations ne vont pas aller en s'arrangeant[1]. Après deux ans et demi ininterrompus de mission, en mai 1927, Herbette désire prendre un congé bien mérité et venir à Paris pour s'entretenir au Quai d'Orsay. Pour cela, il faut que Labonne rentre à Moscou pour assurer la gérance de l'ambassade. Mais, la délégation soviétique à la conférence de Paris, Rakovski en tête, réclame son maintien au secrétariat. Dans une lettre assez gênée, Labonne explique à Herbette que son départ serait très préjudiciable à la poursuite de la conférence[2]. Le congé d'Herbette est donc repoussé. On devine qu'un ambassadeur ne soit pas enchanté de devoir être tributaire d'un conseiller pour déterminer son calendrier, par ailleurs tributaire de tant d'aléas internationaux.

Après des semaines de difficultés et d'affrontement larvé, le 24 mai 1927, la rupture des relations diplomatiques entre l'Angleterre et

[1] AHC-FNSP, papiers De Monzie, lettres de Labonne à Herbette des 30 mars et 12 avril 1927 et lettre d'Herbette à Labonne du 20 avril 1927.

[2] AHC-FNSP, papiers De Monzie, lettre de Labonne à Herbette du 11 mai 1927.

l'URSS fut officiellement annoncée par Londres. Elle était motivée par la propagande communiste organisée aussi bien en Angleterre que dans les colonies britanniques et en Chine. Cette rupture entraîna une telle psychose de guerre en URSS, que le gouvernement britannique dût préciser que la crainte de la guerre n'était absolument pas fondée. Evidemment, cet événement avait des effets importants sur les relations franco-soviétiques. Avant l'annonce officielle de la rupture, Herbette, employant un ton assez solennel, avait exhorté le Quai d'Orsay à ne pas suivre la diplomatie britannique. « L'observation des faits m'a convaincu », écrit-il, « qu'une politique d'encerclement et de rupture, pratiquée contre l'URSS, ne saurait amoindrir en rien les possibilités de troubles intérieurs qui existent dans d'autres pays et qu'en revanche elle augmenterait les possibilités de guerre qui existent en Europe ». Il affirme que « la France ne doit pas s'associer impunément à l'erreur que l'Angleterre commettrait », car l'Angleterre est une île, mais la France est située sur le continent. L'engagement d'Herbette est total pour convaincre le Département. Il évoque son « inébranlable conviction » : « je dois faire tout ce qui dépend de mes modestes moyens pour contribuer à la sécurité de notre pays ainsi qu'au maintien de la paix générale, et parce qu'en engageant pleinement ma responsabilité, je crois répondre comme il convient à la confiance qui m'a été témoignée par Votre Excellence et par le Département »[1]. Conformément au vœu exprimé avec tant d'insistance par Herbette, la France n'envisage pas de rompre avec l'URSS, mais le Quai d'Orsay est néanmoins ébranlé par la défection britannique et se retrouve un peu en tête-à-tête avec Moscou. Le congé qu'Herbette peut enfin prendre en juin 1927 vient à point nommé pour permettre de préciser l'attitude à tenir.

Avant son départ de Moscou, l'ambassadeur accorde trois interviews à des journaux communistes dans lesquels « il vante à outrance le relèvement de l'URSS, le prodigieux essor de l'économie dont il affirme avoir suivi pas à pas les progrès », alors « que le spectre de la famine est là », fulmine Élise Despréaux. Herbette laisse même entendre à la presse qu'il va soutenir à Paris la thèse soviétique de l'obtention de crédits contre le remboursement des dettes. Pour la directrice de l'école française, « on ne voit pas que ces sentiments d'admiration, si chaleureux étalés à tout propos par notre ambassadeur à l'endroit de la dictature des bolcheviques, aient beaucoup profité aux intérêts

[1] AQO Europe-Russie n° 359, tél. d'Herbette à Briand n° 289 à 294 du 21 mai 1927.

français »[1]. En effet, l'école française est alors en crise en raison des tracasseries soviétiques – la dénonciation d'une enseignante au Guépéou notamment – et sa directrice accuse Herbette de préférer louer le régime soviétique plutôt que de sauver l'enseignement français en URSS. Sa volonté initiale de créer un foyer d'influence française semble avoir fait long feu[2].

Malheureusement, il manque de sources pour pouvoir étudier en détail le séjour d'Herbette à Paris aux mois de juin et juillet 1927. En effet, les conversations qu'il a eues au Quai d'Orsay et ailleurs ont laissé peu de traces écrites. Cependant, à la lueur du retour d'Herbette à Moscou et des commentaires qu'il suscite alors dans la presse, on peut déduire quelques éléments. D'abord, il paraît évident que le séjour d'Herbette à Paris se déroule dans un contexte épineux des relations franco-soviétiques. Outre l'hostilité de Poincaré à tout accord sur les dettes, la presse comme les responsables politiques dénoncent plus que jamais les effets de la propagande de l'Internationale communiste. Diverses affaires d'espionnage éclatent et des agitations touchent jusqu'à l'armée. Le ministre de l'Intérieur, Albert Sarraut, n'a-t-il pas déclaré en avril : « le communisme, voilà l'ennemi ! » Il y a donc une forte pression au sein même du gouvernement Poincaré et sur le Quai d'Orsay pour que l'ambassadeur de France à Moscou ne rejoigne pas son poste. Herbette et de Monzie firent alors tout ce qu'il leur était possible pour ne pas en arriver à cette extrémité, en faisant valoir que la rupture serait pire que tout et signifierait l'impossibilité d'aboutir à un accord sur les dettes ... mais n'est-ce pas ce que souhaitaient finalement Poincaré et la droite française ? De son côté, Rakovski était toujours dans une situation inconfortable aussi bien à Paris qu'à Moscou où au sein du PCUS les exclusions de membres qui refusent de suivre aveuglément Staline ont déjà commencé.

Herbette profite d'être à Paris pour entretenir certaines relations. Il rencontre notamment Ferid Bey, une vieille connaissance, qui est ambassadeur de Turquie en Grande-Bretagne. Il voit plusieurs fois Georges Duhamel et lui confie que selon lui les rapports franco-soviétiques ne sont pas remis en cause. Ayant terminé la rédaction de son récit de voyage en URSS, Duhamel en offre la dédicace à Herbette. L'ambassadeur est très content du livre et accepte avec joie. Dans les premières pages du *Voyage de Moscou*, on lit donc :

[1] Élise DESPRÉAUX, *Trois ans chez les tsars rouges*, 1931, pages 169–170.

[2] Sophie COEURÉ, *Images de la Russie soviétique ... op. cit.*, page 141.

« À Jean Herbette, artisan de la paix ». Kieffer et sa femme, qui ont fait le voyage de Paris avec les Herbette, viennent également visiter Duhamel au début juillet[1]. En revanche, l'ambassadeur n'a pas beaucoup de rapports avec Labonne, ce que dernier déplore. Quelques jours plus tard, le conseiller de l'ambassade à Moscou, qui a été appelé à un autre poste, prend congé d'Herbette ainsi : « l'arrivée prochaine d'Helleu [comme conseiller] me permet de penser que l'absence de mon concours, si fugitif les dernières années, ne vous gênera en rien. Je garde la reconnaissance de la grande liberté que vous m'avez laissée pendant cette période »[2].

En fin de compte, l'ambassadeur rejoint son poste en juillet. En France, il a pu se rendre compte que la propagande des agents soviétiques en France a atteint une telle ampleur qu'elle ne peut plus être tolérée par les autorités françaises. Aussi, dès son retour à Moscou, il se plaint auprès de Tchitcherine des liens qui unissent l'ambassade de l'URSS à Paris et les propagandistes de l'Internationale communiste. Jusque-là, rien que de très normal, mais le Quai d'Orsay dément des rumeurs selon lesquelles Herbette aurait effectué cette démarche sur instruction spéciale et indique « qu'il a toujours fait partie de ses instructions générales d'attirer l'attention du gouvernement des Soviets sur les risques que pouvaient faire courir aux relations franco-russes la propagande bolchevique ». Une grande partie de la presse française s'insurge contre ce démenti et en même temps contre le retour d'Herbette à Moscou. La question partout posée est la suivante : pourquoi retourner à Moscou si c'est pour continuer le même type de relations stériles avec l'URSS et ne pas pouvoir mettre un point final à la propagande communiste en France ? Pour Curtius, dans *Le Gaulois*, la démarche d'Herbette était « celle du bon sens et du patriotisme le plus élémentaire ... Hélas ! Trois fois hélas ! Notre diplomatie tient à nous faire savoir qu'elle est aveugle, sourde et muette ». Pour *Le Matin*, les réclamations platoniques françaises sont très insuffisantes. En effet, tout le monde savait d'avance ce que Tchitcherine allait rétorquer : que la Troisième Internationale et le gouvernement de l'URSS sont deux institutions distinctes. *Le Petit Journal* indique que « M. Herbette n'a pas manqué de répondre

[1] Georges DUHAMEL, *Le livre de l'amertume ... op. cit.*, pages 39, 43 et 44, journées des 12, 26 et 27 juin et 9 juillet 1927.

[2] AHC-FNSP papiers De Monzie, lettre de Labonne à Herbette du 3 août 1927.

que c'était pure plaisanterie, qu'une pareille réponse ne pouvait être considérée comme sérieuse, et que la France n'admettrait jamais la trop habile distinction faite par Moscou ». Mais pour *Le Figaro*, « ce ne sont que des mots, suivis de défaillances ». Dans *La Journée Industrielle*, Claude-Joseph Gignoux affirme que la connivence entre le gouvernement soviétique et l'Internationale est ce qui empêche tout accord entre l'URSS et l'Occident[1].

Cependant, certains journaux présentent une analyse particulière de cette affaire. *L'Humanité* évite d'entrer dans la polémique et rappelle simplement que son action contre la guerre prouve que les communistes sont pour une véritable paix des peuples. *L'Avenir*, trouvant que la réponse de Tchitcherine était tellement prévisible et qu'elle ne peut pas être dépassée, fait remarquer que la démarche d'Herbette « ressemble fort à un service d'ami qui avertit d'un péril, à toutes fins utiles » et rappelle la soviétophilie de l'ambassadeur de France. C'est pourquoi S. de Givet conclut « qu'une représentation diplomatique française n'a aucune raison d'être en URSS » et demande : « Quand va-t-on rappeler M. Jean Herbette ? » *Les Débats* posent eux aussi la question du rappel d'Herbette puisque le gouvernement français « n'a pas le courage de reconnaître que notre ambassadeur adresse un avertissement un peu ferme aux Soviets ». En revanche, *Le Populaire* refuse d'envisager l'éventualité du rappel d'Herbette : « qu'on ne s'y trompe pas, c'est une nouvelle campagne qui commence pour la rupture avec les Soviets ». Dans l'organe de la SFIO, Émile Kahn rappelle tous les risques qu'une telle mesure impliquerait pour la paix européenne et la situation du peuple russe[2]. Dans la revue de presse consacrée à cette affaire par les fonctionnaires de la Sûreté générale, seule la position du *Populaire* est commentée et contredite : « parmi tant de risques, il en est un que M. Kahn néglige de mentionner : c'est celui que fait courir à la France la persistance d'une propagande destructrice. Par cet oubli, l'organe socialiste nous semble révéler surtout la préoccupation de son parti d'empêcher aux élections de 1928 le glissement de ses masses électorales vers l'extrême gauche communiste »[3].

1 AN, F 7 13498, revue de presse intitulée « La France et les Soviets » datée du 28 juillet 1927.

2 AN, F 7 13498, dossier de presse consacrée à la démarche d'Herbette et au démenti du Quai d'Orsay. Journaux du 28 juillet 1927.

3 AN, F 7 13498, revue de presse intitulée « La France et les Soviets » datée du 28 juillet 1927.

Ce seul commentaire de la Sûreté générale sur l'ensemble de la revue de presse peut donner une indication sur l'origine des renseignements qui sont repris par les journaux. Rappelons que depuis le départ de Fontenoy en mars 1926, il n'y a plus un seul correspondant français en URSS. D'où est venue l'information ? Comme souvent en pareil cas demandons-nous à qui profite le crime, et la réponse peut être : des services de renseignements de la Sûreté générale qui ne voient pas d'un mauvais œil une campagne contre la présence d'un ambassadeur français à Moscou. En effet, si les relations franco-soviétiques étaient rompues, l'ambassade d'URSS à Paris serait fermée et la lutte contre la propagande de l'Internationale communiste serait beaucoup plus aisée. Le fait que tous les journaux fassent état de l'affaire le même jour tend à prouver qu'il y a bien eu un montage organisé.

Quel est le sentiment personnel d'Herbette lorsqu'il rentre à Moscou en juillet 1927 ? Une intéressante lettre personnelle écrite à Herriot permet de le cerner avec assez de précision et permet de dire qu'il a incontestablement changé. Dès son retour, l'ambassadeur assiste à « la recrudescence de la répression et de la délation » et affirme que « c'est un recul de plusieurs années ». Par ailleurs, son séjour à Paris et ce qu'il voit à Moscou confirment « l'accentuation de la propagande révolutionnaire extérieure ». Pour lui, cette évolution est due à la rupture anglo-soviétique qui a provoqué en URSS « une grande inquiétude ». À cela s'ajoute une situation intérieure difficile due à de mauvaises récoltes, à l'augmentation des dépenses d'armement et à la chute des crédits étrangers. Le constat étant fait, et étant bien différent de ceux établis antérieurement, Herbette préconise « la [nouvelle] politique que nous avons lieu de suivre envers le gouvernement soviétique » en quatre points. D'abord, « obtenir qu'aucune somme d'argent ne vienne de Moscou [...] pour alimenter une propagande chez nous. Je crois avoir fait quelques pas utiles dans cette voie, mais je ne suis pas au bout ». Peut-être évoque-t-il la démarche faite auprès de Tchitcherine en revenant à son poste ou d'autres moins ostensibles. Deuxièmement, « faire valoir nos revendications » dans tous les domaines : économiques, financiers, industriels. C'est assez nouveau chez Herbette, qui auparavant évoquait plutôt des concessions à faire aux Soviétiques. Le troisième objectif est le corollaire du deuxième : « équilibrer notre balance commerciale avec l'URSS ». Enfin, « contribuer à tout ce qui peut assurer la paix sur les frontières de l'URSS ».

« Cette politique exige que nous restions à Moscou pour observer et agir », insiste Herbette … et rester quand bien même on voudrait l'en faire partir : « je réagis tant que je peux contre toute parole et tout acte qui serviraient de prétextes pour nous amener à rompre ». Herbette est donc plus vigilant que jamais : il laisse entendre qu'il doit se méfier aussi bien des provocations soviétiques que des réactions épidermiques françaises. Car « rompre, ce serait reculer. Evacuer diplomatiquement la Russie, ce serait laisser le champ plus libre à tout ce qui peut nous nuire ». Et comment ne pas penser à l'Allemagne quand c'est Herbette qui écrit ? Il continue : « ce serait affaiblir la position de la France en Europe ». Pour éviter cela, il est prêt jusqu'au sacrifice : « il faut rester et tenir bon. Ce n'est pas toujours amusant, mais je me dis que ce sera utile plus tard pour notre pays, et il n'y a pas de plus grande joie ». Pour terminer, Herbette demande à Herriot son avis sur tout ceci et de garder cette lettre pour lui[1].

À l'été 1927, l'ambassadeur n'a donc plus la même appréhension des relations franco-soviétiques que lors de son arrivée au début de 1925. Pour Boisanger, « son retournement fut soudain et complet ». « D'une admiration éperdue, il passa, dans ses propos, au dénigrement systématique, voire à l'insulte », lorsqu'il s'aperçut du peu de cas que faisaient de lui les dirigeants soviétiques[2]. L'analyse est bien sûr simpliste et outrée, mais on peut retenir le caractère brutal du changement. Une autre affaire va très vite montrer que non seulement le sentiment personnel d'Herbette à l'égard de l'URSS a changé, mais aussi que la diplomatie qu'il mène est bien différente. Et nous retrouvons Rakovski qui est arrivé à Moscou pour assister à une importante session du Comité Central au moment même où Herbette rejoignait son poste.

LE RÔLE D'HERBETTE DANS « L'AFFAIRE RAKOVSKI »

Comme nous l'avons déjà laissé entendre, Rakovski appartenait à l'opposition de gauche à Staline depuis la formation de celle-ci. Or, la session du Comité Central débattait de l'exclusion de Trotski et de Zinoviev. Le 10 août, Rakovski signa avec Kamenev – alors ambassadeur à Rome et considéré lui aussi comme un « exilé de la diplomatie » – et d'autres, un texte qui était aussitôt interdit mais circula sous le

[1] AQO PA – AP 89 papiers Herriot n° 16, lettre de Jean Herbette à Édouard Herriot du 23 août 1927.

[2] Claude de BOISANGER, *Vivre en Russie … op. cit.*, page 43.

manteau[1]. Certains mots d'ordre de ce texte concernaient la situation internationale : « transformation de la guerre impérialiste en guerre civile dans tous les pays participant à l'agression contre l'URSS » ; « le prolétariat de chaque pays capitaliste doit lutter activement pour la défaite de "son" gouvernement », etc. Mussolini considéra qu'il s'agissait d'une affaire de politique intérieure de l'URSS et ne tracassa pas Kamenev. Mais en France, Poincaré qui cherchait l'occasion d'éloigner Rakovski l'avait trouvée. Dans *Le Temps* du 27 août, on pouvait lire : « il faut que la France ait enfin une politique anticommuniste [...] Nous savons où est le cœur du communisme. Conserver des relations diplomatiques avec Moscou et faire en même temps en France ce qu'il faut faire avec les communistes, c'est chercher la quadrature du cercle ». Ces lignes n'étaient pas inspirées par le Quai d'Orsay mais par Poincaré en personne ; certains affirmaient même qu'il en était l'auteur. Herbette reçut donc instruction de protester contre l'ingérence de Rakovski dans les affaires intérieures françaises et le commissaire aux Affaires étrangères accepta de désapprouver son ambassadeur. Philippe Berthelot indiqua à Herbette : « la déclaration de désaveu que vous a fait M. Tchitcherine répond à la demande du gouvernement français [qui] a décidé de publier le texte sur lequel vous vous êtes mis d'accord avec M. Tchitcherine »[2]. L'ambassadeur français en avisait le commissaire le 4 septembre et les choses semblaient s'arranger. Le jour même, dans *Le Temps*, Rakovski affirmait ne rien avoir voulu faire contre la France.

Mais une campagne de presse orchestrée contre l'ambassadeur soviétique et financée par les entreprises pétrolières anglo-saxonnes qui craignaient un accord franco-soviétique sur le pétrole russe, se déchaîne alors. Surtout, le 10 septembre, Poincaré indique que les ministres de son gouvernement demandent le rappel de Rakovski à Moscou. Cette annonce avait pour double objectif d'obliger Briand – qui était absent au conseil des ministres – à suivre Poincaré et à faire pression sur Moscou. Herbette est alors dans une position assez inconfortable mais Tchitcherine est encore plus embarrassé. Face à la presse française qui ne réclame pas seulement le rappel de Rakovski mais encore la rupture des relations franco-soviétiques, Herbette réaffirme : « notre

[1] Sur « l'affaire Rakovski », Francis CONTE, *Christian Rakovski ... op. cit.*, pages 666 à 677 ; Version allégée dans Francis CONTE, *Un révolutionnaire-diplomate : Christian Rakovski*, 1978, pages 196 à 204 ; Pierre BROUÉ, *Rakovski ou la révolution ... op. cit.*, pages 251 à 255.

[2] AQO Europe-Russie n° 360, tél. de Berthelot à Herbette chiffré sans n° du 2 septembre 1927.

intérêt n'est pas de rompre en tout cas avec l'URSS, mais bien de préciser les conditions politiques et autres auxquelles nous subordonnons le maintien des relations »[1]. Concrètement, l'ambassadeur souhaite que de nouvelles relations contractuelles s'établissent entre les deux pays. Il est aidé en cela par Tchitcherine qui pour sortir de la crise par le haut, évoque un pacte de non-agression franco-soviétique. Herbette écrit à Briand : « je ne me dissimule nullement les difficultés que nous pouvons éprouver à rester en relation avec l'URSS. Mais je persiste à penser que ces difficultés, quelles qu'elles soient, ne doivent avoir d'autres effets que de stimuler notre énergie et notre ténacité, quand l'intérêt de notre pays et de la paix européenne nous commande de les surmonter ». Sa conclusion met le Quai d'Orsay au pied du mur : « il me paraît impossible de répondre par une rupture ou une semi-rupture à l'offre d'un pacte de non-agression »[2]. Les instructions que l'ambassadeur reçoit de Briand sont synthétiques : pas de rupture, pas de réponse à la proposition de pacte. Pour le reste, le Quai d'Orsay se décharge sur Herbette : à lui de gérer la crise. En effet, Briand semble convaincu que l'ambassadeur est le mieux placé pour évaluer la situation lorsqu'il lui écrit : « je vous serai obligé de me faire connaître vos suggestions quant aux avantages et garanties que nous devons légitimement retirer de notre largeur de vues et de notre volonté de tout faire pour assurer la paix en Europe »[3].

Se sentant écouté et suivi à Paris, Herbette définit donc la politique soviétique de la France telle qu'il la conçoit désormais. Il fixe quatre objectifs à atteindre qui sont quatre contreparties au maintien des relations avec l'URSS : la neutralité absolue de l'URSS en Europe ; aucune remise en cause des traités signés ; toutes les garanties pour les personnes et les biens français ; une balance commerciale équilibrée. Ce sont des exigences importantes que l'URSS aura du mal à satisfaire et c'est peut-être ce qu'espère Herbette lorsqu'il conclut : « en résumé, si nous devons livrer une bataille décisive au gouvernement soviétique, il ne faut pas que ce soit sur le terrain glissant et étroit d'une question individuelle [Rakovski], mais sur un terrain solide où notre succès même partiel nous procurera des avantages tangibles sur un terrain large où l'opinion du monde entier sera avec nous et où

[1] AQO Europe-Russie n° 360, tél. très confidentiels d'Herbette à Briand n° 559 et 560 des 12 et 13 septembre 1927.

[2] AQO Europe-Russie n° 360, tél. d'Herbette à Briand n° 569-572 du 16 septembre 1927.

[3] AQO Europe-Russie n° 360, tél. de Briand à Herbette n° 445-448 du 17 septembre 1927.

la rupture, si elle survient, compromettra par conséquent l'existence même du régime actuel en Russie »[1]. On suit sans peine Herbette : si par exemple l'URSS s'avisait de remettre en cause le traité avec la Pologne sur les frontières, là la France pourrait menacer d'une rupture et serait soutenue par toute l'Europe. Quant à savoir si cela mettrait en danger le régime soviétique … c'est une autre histoire.

Toujours est-il qu'Herbette emporte la décision de Briand contre Poincaré, les intérêts pétroliers et la plus grande partie de la presse. Le 25 septembre, le ministre des Affaires étrangères demande à l'ambassadeur de retourner vers Tchitcherine en distinguant bien deux questions : celle du rappel de Rakovski que le gouvernement français exige, et celle des relations entre la France et l'URSS qui doivent repartir sur de nouvelles bases. Herbette exécute aussitôt ces instructions qu'il a lui-même suggérées[2].

La presse française – *Le Journal des Débats* en tête – ne lâche pas prise. Anatole de Monzie ne peut rien faire pour sauver son ami Rakovski et se brouille avec Herbette à ce sujet[3]. À Moscou, Staline et le Politburo, qui se méfient de Rakovski à Paris mais ne veulent pas non plus le voir revenir renforcer l'opposition, se rendent compte que l'affaire porte préjudice à l'URSS. C'est alors que la France demande officiellement le rappel de Rakovski : Herbette en remet le texte le 7 octobre à Tchitcherine. Le commissaire reproche à l'ambassadeur la volte face française, il lui écrit le 12 octobre : « Vous, Monsieur l'ambassadeur, vous m'avez déclaré le 4 septembre, que votre gouvernement se considérait satisfait des explications que je vous avais données et que l'incident pouvait être considéré comme clos »[4]. Certes, Herbette n'est pas responsable de la campagne qui s'est déchaînée en France contre Rakovski, mais après l'avoir regrettée, il a su parfaitement l'utiliser pour le plus grand profit du Quai d'Orsay … et Tchitcherine n'est pas dupe. D'ailleurs, n'est-ce pas Herbette lui-même qui a transmis à Paris le texte du manifeste signé par Rakovski et qui a ainsi lancé toute l'affaire ? Le commissaire attend le 13 octobre pour donner une suite favorable à la demande française. Le 16, *Le Temps* publie un communiqué du Quai d'Orsay indiquant que « la récente

[1] AQO Europe-Russie n° 360, dép. d'Herbette à Briand n° 576 du 20 septembre 1927.

[2] AQO Europe-Russie n° 360, tél. de Briand à Herbette n° 472–476 du 25 septembre 1927. Tél. d'Herbette à Briand n° 621 du 26 septembre 1927.

[3] AHC-FNSP, papiers De Monzie, lettre d'Anatole de Monzie à Herbette du 4 juin 1929 évoquant cette brouille.

[4] Cité par Louis FISCHER, *The Soviets in World Affairs. A History of the relations between the Soviet Union and the Rest of the World 1917–1929*, 1951, page 712.

lettre adressée par M. Tchitcherine à M. Jean Herbette a été évidemment écrite dans un moment de mauvaise humeur »[1]. Il n'y aura donc pas de réponse afin d'éviter toute polémique supplémentaire. Le même jour, Rakovski quitte la France.

Le rôle qu'Herbette joue dans « l'affaire Rakovski » est intéressant à plus d'un titre. Il montre que l'ambassadeur a bel et bien changé de comportement vis-à-vis de l'URSS. Désormais, il ne s'agit plus pour lui de pratiquer le charme afin de se concilier les bonnes grâces du régime et espérer en recueillir les fruits sur le plan international. Maintenant, il entre dans un autre jeu : montrer à l'URSS, que la France ne se laisse pas abuser par les subtilités de la politique soviétique. Se considérant comme le représentant des démocraties d'Europe occidentale – hormis l'Allemagne de Weimar bien sûr – Herbette entend désormais se faire respecter en tant que tel. C'est en termes de rapports de forces qu'il conçoit désormais les relations franco-soviétiques et il ne perd pas une occasion de montrer qu'il est entré en résistance.

En pleine affaire Rakovski, Herbette a dénoncé les séjours tous frais payés d'ouvriers français en URSS et qui sont encadrés par des guides ne leur montrant que le paradis communiste : « il n'est pas admissible que nos compatriotes soient enrégimentés et emmenés en groupe [...] Les ouvriers français ont l'habitude de la liberté et de l'égalité. Leurs ambitions ne vont pas jusqu'à être traités, dans leurs voyages, comme Potemkine traitait Catherine II »[2]. La célébration du dixième anniversaire de la révolution d'octobre, est l'occasion pour Herbette de demander avec plus d'insistance l'amnistie des trente prêtres catholiques emprisonnés ou déportés à Solovki depuis le second semestre 1926. Dans une lettre de décembre 1927, Mgr Neveu évoque « M. Herbette, qui prend vraiment à cœur de soulager autant qu'il le peut, et plus qu'un bon diplomate le devrait, les prisonniers chrétiens des Soviets ». Mais ces démarches sont vaines ; même le soutien de l'ambassade d'Allemagne ne réussit pas à faire fléchir le gouvernement soviétique qui ne pardonne pas à Herbette et à la France le rappel de Rakovski[3]. Le dixième anniversaire d'octobre est fêté avec

[1] *Le Temps*, 16 octobre 1927.

[2] AN, F 7 13498, dép. d'Herbette à Briand du 23 septembre 1927. On rapporte que le ministre et favori Potemkine organisait pour Catherine II des voyages en Russie afin de lui montrer la grandeur de son œuvre. Les façades des villages qu'elle traversait étaient en réalité des décors en carton-pâte.

[3] Antoine WENGER, *Rome et Moscou ... op. cit.*, pages 249-251.

la venue en URSS d'étrangers illustres qui soutiennent le régime. Ces innombrables réceptions sont qualifiées par Herbette « d'illuminations et solennités bien préparés »[1]. Au même moment, le PCUS est épuré de toute opposition à Staline.

L'ANALYSE DE LA SITUATION INTÉRIEURE ET DE LA SITUATION INTERNATIONALE

Rentré à Moscou, Rakovski va subir le sort de l'opposition. C'est presque amusé qu'Herbette attend en septembre 1927 la suite des événements : « il sera curieux de voir ce que fera M. Trotski, dont la situation devient vraiment paradoxale. Il reste membre du Comité central communiste, alors que 14 communistes éprouvés sont expulsés du Parti comme "trotskistes" ». Peu après et plus gravement, l'ambassadeur considère l'exclusion de Trotski du comité exécutif de l'Internationale, comme « un symptôme de désarroi ». Il constate que « dans l'évolution actuelle de la Russie, les événements dépassent les hommes »[2].

C'est précisément cette complexité, qui lui fait toujours réaffirmer qu'il ne faut pas mettre un terme aux relations franco-soviétiques, car « il ne suffirait nullement de rompre avec l'URSS pour se préserver de la propagande soviétique ». On notera qu'Herbette ne fait plus la distinction entre les adjectifs « communiste » et « soviétique » lorsqu'il évoque la propagande. Poursuivant sa démonstration, l'ambassadeur fait remarquer que l'ambassade soviétique à Paris n'est pas le seul centre de cette propagande, et qu'en « restant présentement à Moscou, nous avons en outre l'avantage d'observer l'état réel de l'URSS ». Cet état est assez inquiétant pour qu'Herbette préconise : « nous devons réfléchir, chaque fois que nous en avons l'occasion, aux dispositions que nous aurions à prendre en cas de décadence rapide et surtout en cas d'écroulement soudain de l'URSS ». On est bien loin des analyses de 1925 et de 1926 sur la nature du régime de l'URSS et sur son avenir. Cependant, il ne faut pas focaliser exclusivement sur le retournement d'Herbette – qui existe certes – et oublier que le régime de l'URSS a lui aussi bien changé de 1925 à 1927. L'ambassadeur ajoute que « si le régime soviétique a pu durer dix ans, c'est parce qu'il

1 Sophie COEURÉ, *La grande lueur ... op. cit.*, pages 130–131.

2 AQO Europe-Russie n° 111, dép. d'Herbette à Briand n° 588 et 596 des 29 septembre et premier octobre 1927.

a formé le cadre dans lequel ont agi la volonté de vivre, le sentiment national, le besoin de s'instruire et, en un mot, tous les éléments qui constituent la vigueur d'un État ». Tout cela ne va pas disparaître du jour au lendemain, « mais la lenteur des événements ne saurait nous détourner d'en retenir la direction, ni nous dispenser d'en étudier le cours »[1]. De là à pouvoir dire qu'Herbette attend la chute du régime soviétique, il n'y a pas loin.

En ce qui concerne l'analyse de la situation internationale, une chose au moins n'a pas changé chez l'ambassadeur, c'est son obsession du danger allemand. Nous en avons donné plusieurs exemples pour l'année 1925. À la fin de 1926, Herbette alerte encore le Quai d'Orsay : « ne laissons pas aux Allemands le monopole de la reconstruction russe ». Un an plus tard son discours est identique : « c'est maintenant que se multiplient et se resserrent entre l'Allemagne et la Russie actuelle, des liens singulièrement dangereux pour notre sécurité. [...] Ne nous en désintéressons pas, si long qu'il puisse être d'attendre, si délicat qu'il puisse être d'agir. Les absents ont tort »[2] ... Toujours la volonté de convaincre qu'il faut rester à Moscou. C'est là en effet qu'Herbette peut se renseigner au mieux sur l'activité de la diplomatie soviétique. Comment ? Pierre Pascal nous livre au moins un moyen dont dispose l'ambassadeur : « Herbette a fait parler un imbécile des Affaires étrangères [soviétiques] en lui donnant un billet de cent francs »[3] !

À Moscou, on se rend bien compte du changement d'attitude d'Herbette et lors d'une rencontre à Genève, Litvinov s'en ouvre à Briand. Le ministre des Affaires étrangères rapporte aussitôt la conversation au principal intéressé : « M. Litvinov m'a laissé entendre qu'il s'inquiétait du changement qu'il croyait avoir observé dans votre état d'esprit à l'égard des Soviets ». C'est pour Briand l'occasion de soutenir Herbette devant les autorités soviétiques et de lui rendre hommage : « j'ai aussitôt relevé cette insinuation. J'ai dit que vous aviez la charge d'intérêts importants, que vous vous employiez à les défendre avec toute votre intelligence, toute votre activité et que vous aviez le devoir de renseigner exactement votre gouvernement sur la

[1] AQO Europe-Russie n° 112, tél. d'Herbette à Briand n° 754-756 du 16 octobre 1927 et dép. d'Herbette à Briand n° 684 et 701 des 31 octobre et 7 novembre 1927.

[2] AQO Europe-Russie n° 112, dép. d'Herbette à Briand n° 595 et 715 des 3 décembre 1926 et 14 novembre 1927 (cette dernière dépêche analyse en 25 pages l'évolution générale de l'URSS).

[3] Pierre PASCAL, *Mon Journal de Russie*, tome 4 : *Russie, 1927*, 1982, page 131.

situation, mais que rien ne permettait de penser que vous apportiez à votre tâche un parti pris quelconque contre le gouvernement russe ». Comme Litvinov semble se satisfaire de cette réponse, Briand en profite pour ajouter que « lorsque l'ambassadeur de France à Moscou découvrait que l'URSS engageait avec d'autres pays des négociations dans lesquelles des intérêts français importants risquaient d'être sacrifiés, il n'était pas étonnant qu'il s'émût d'une telle attitude et il manquerait à son devoir s'il dissimulait au gouvernement russe l'effet que la conclusion d'arrangements de cette sorte devait nécessairement produire en France ». Aux dires du chef de la diplomatie française, Litvinov resta muet[1].

Herbette reçoit cette dépêche comme un encouragement du Quai d'Orsay à préciser sa nouvelle attitude vis-à-vis de l'URSS. Remerciant Briand, il indique que « le représentant de la France à Moscou ne pourrait pas travailler utilement au maintien des relations franco-russes (relations qui conviennent à la sécurité de la France, sous quelque régime que vive la Russie) s'il avait un parti pris contre l'État auprès duquel il est accrédité. Mais il ne peut pas non plus prendre parti, comme on le souhaiterait parfois ici, en faveur du gouvernement des Soviets et contre les intérêts de la France ». « Je persisterai à expliquer aux autorités soviétiques, avec bonne humeur, que le respect des intérêts français est le seul moyen d'arriver à des relations meilleures que nous désirons établir entre les deux pays pour fortifier la paix européenne. C'est ce que j'ai toujours soutenu depuis trois ans bientôt que je suis ici ». Pour notre ambassadeur, l'inquiétude de Litvinov ne peut être qu'une conséquence de la rupture avec l'Angleterre, des difficultés économiques et de la lutte interne au PCUS, « qui rendent le gouvernement des Soviets plus nerveux »[2].

Si on lit bien Herbette, il n'y a donc aucun changement dans sa conception de sa mission … Même s'il parvient à convaincre qu'il n'a aucun parti pris négatif, il ne faut pas oublier que jusqu'au milieu de l'année 1927, il faisait preuve d'un parti pris positif vis-à-vis du régime soviétique. Son retour à davantage d'équilibre, et d'objectivité, ne peut être analysé à Moscou que comme une évolution négative. C'est tout le sens de la remarque de Litvinov qui déplore ce changement, et de la réponse de Briand qui au contraire l'approuve. D'ailleurs, il n'est

[1] AQO Europe-Russie n° 361, tél. de Briand (Genève par Paris) à Herbette n° 657–660 du 6 décembre 1927.

[2] AQO Europe-Russie n° 361, tél. de Briand (Genève par Paris) à Herbette n° 657–660 du 6 décembre 1927 et tél. d'Herbette à Briand n° 986–990 du 8 décembre 1927.

pas interdit de penser que pendant le séjour d'Herbette à Paris en juin-juillet 1927, le Quai d'Orsay lui a donné des instructions dans ce sens. À Genève, le ministre des Affaires étrangères apprend de la bouche de Litvinov qu'elles ont été suivies, d'où sa satisfaction. On n'épiloguera pas sur la maladresse diplomatique de Litvinov : à quel autre genre de réponse pouvait-il s'attendre de la part d'un Briand rompu à ce type d'exercice ?

Peut-être, ce faux pas de Litvinov est-il dû à la certitude qu'Herbette a changé de position. Il a en effet les moyens de le savoir. Dans le journal apocryphe de Litvinov on lit que Florinsky, qui est considéré par les Herbette comme leur meilleur ami, a réussi à copier le code de l'ambassadeur. D'où une réprimande de Litvinov qui ne conçoit pas que le chef du protocole se conduise comme un espion ordinaire. Cependant, il peut désormais lire la correspondance d'Herbette avec le Département et en déduit ceci : « Il a injustement été accusé d'avoir été pro-soviétique. C'est un homme intelligent qui a une parfaite connaissance des affaires russes. Il recommande souvent à Berthelot de prendre des décisions qui nous sont favorables. Si Herbette avait été anglais, j'aurais supposé qu'il avait fait en sorte que Florinsky photographie le code pour faire preuve d'une attitude amicale à notre endroit – ou bien pour nous tromper. Les Britanniques sont les maîtres confirmés en la matière depuis l'époque de Pitt »[1].

La fin de l'année 1927 est marquée par la « liquidation » de l'opposition à Staline ; elle inspire à Herbette des analyses et des prédictions assez sombres. En effet, si l'opposition est « liquidée », les causes qui l'ont rendue gênante, elles, ne le sont pas. Et l'ambassadeur d'énumérer les tares du régime soviétique : « le manque des produits fabriqués, le niveau exorbitant des prix, la puissance excessive du Guépéou, l'absence de toute liberté politique – et même de toute liberté individuelle – voilà ce qui a fourni à l'opposition le moyen d'intéresser à sa cause une partie du public, et de donner certaines inquiétudes aux dirigeants du parti communiste ». Certes, le gouvernement affirme que désormais tous les efforts seront consacrés au travail productif, « j'en doute pour ma part », signale Herbette, « mais c'est sans idée préconçue qu'il faut suivre les événements »[2]. Cependant, répondant aux vœux de son frère François, qui est entré à la Banque d'Indochine en 1926, quelques jours plus tard, notre

[1] Maxime LITVINOV (apocryphe), *Notes for a Journal op. cit.*, pages 61–62.

[2] ADN photos allemandes n° 553, dép. d'Herbette à Briand n° 795 du 21 décembre 1927.

ambassadeur écrit ses véritables sentiments. « Les enfants ! », écrit-il en parlant de ses neveux et nièces, « tâchons de leur épargner une autre guerre ! C'est mon obsession ». Pourtant, « la situation, il faut le dire franchement mais il ne faut pas le crier sur les toits, est de plus en plus sombre. Les dangers de complications, voire de conflits, se multiplient. Ici la crise intérieure est de plus en plus marquée. Elle peut pousser à des résolutions extrêmes ». Herbette semble évoquer les tensions qui demeurent entre l'URSS et ses voisins occidentaux comme la Pologne. À plusieurs reprises, il informe le Quai d'Orsay que Moscou prépare la guerre contre Varsovie, ce que Jules Laroche, désormais en poste dans la capitale polonaise, lui, ne croit absolument pas[1].

Toujours dans la même lettre, en évoquant les graves difficultés économiques et financières de l'URSS, Herbette confie : « j'aurais mieux aimé, je l'avoue, que les problèmes ne prennent pas cette forme si aiguë ». Et il précise sa méthode : « je tiens qu'on gagne plus à dissoudre les obstacles qu'à leur livrer des assauts. Cela amène à transiger plutôt qu'à vaincre ; mais au prix où sont les victoires à notre époque, les transactions valent mieux quand on sait en user ». En cas d'échec, ce sera l'affrontement : « s'il y a lutte, il faudra conduire la lutte avec la même ténacité qu'on aurait voulu mettre à l'éviter ». « Garde pour toi (*sic*) cette lettre », conclut-il[2]. La paix en Europe et le maintien des relations franco-soviétiques, celle-là étant subordonnée à celui-ci, tel est le credo d'Herbette. Son sentiment personnel est alors dominé par le pessimisme ; peut-être se rend-il compte plus que naguère de sa faible influence sur les événements européens ?

Au printemps 1928, Herbette est encore dans cet état d'esprit : « malgré les animosités auxquelles je m'expose peut-être ici en m'appliquant à voir objectivement la situation et à en rendre compte exactement à Votre Excellence, je résume ma pensée en répétant que l'URSS prépare la guerre contre la Pologne et que nos efforts doivent tendre à empêcher que l'évolution des relations germano-soviétiques continue à favoriser ce dessein »[3]. L'ambassadeur français évoque cela au commissariat aux Affaires étrangères et c'est l'incident : « M. Tchitcherine, en proie à une violente exaltation, s'est alors levé à demi et, appuyant ses deux poings sur la table, il s'est écrié :

[1] Jules LAROCHE, *La Pologne de Pilsudski. Souvenirs d'une ambassade 1926–1935*, 1953, pages 63–64.

[2] Lettre de Jean Herbette à François Herbette, décembre 1927, coll. part.

[3] AQO Europe-Russie n° 362, tél. d'Herbette à Briand n° 251–258 du 4 mars 1928.

"c'est vous qui voulez nous attaquer, vous et les autres ... vous êtes nos ennemis ... vous voulez nous empêcher de nous armer ... nous nous rencontrerons sur notre territoire quand vous viendrez nous combattre". J'ai répondu à M. Tchitcherine que je ne lui permettais pas d'attribuer à la France une pensée d'agression. Le ton de mes paroles l'a probablement aidé à comprendre qu'il ferait mieux de changer le ton des siennes »[1]. L'épisode, qui est rapporté à peu près de la même manière selon d'autres sources[2], est important car il illustre les relations qu'Herbette entretient maintenant avec le commissaire aux Affaires étrangères. L'ambassadeur se donne ici le beau rôle, alors que « l'explosion » de Tchitcherine peut s'expliquer par la douleur de la maladie qui le ronge. Il n'en demeure pas moins que les paroles d'Herbette, qui évoquent sans fard l'agressivité de l'URSS, sont assez directes et assez peu diplomatiques pour provoquer une telle réaction. Cette attitude ne semble pas mal vue au Quai d'Orsay ; en tout cas, en juillet 1928, Jean Herbette est fait commandeur de la Légion d'honneur.

À cette occasion, l'ambassadeur écrit au président du Conseil Poincaré pour le remercier. « Je vous dois déjà la décoration d'officier », rappelle-t-il, avant d'exprimer sa « sincère et profonde reconnaissance ». La suite, plus politique, est beaucoup plus intéressante. En effet, Herbette écrit : « le spectacle que donnent la situation intérieure et la politique extérieure de ce pays-ci, rendrait plus résolus encore, s'il en était besoin, les vœux que je fais pour que l'Union nationale se maintienne en France. La paix future est à ce prix »[3]. Cette lettre montre l'inquiétude d'Herbette devant la montée du péril communiste en France comme dans l'Europe tout entière. Elle est bien révélatrice de l'état d'esprit dans lequel se trouve désormais l'ambassadeur. L'opportunisme politique d'Herbette est encore une fois mis en valeur ici. Le président du Conseil répondit-il à cette lettre ? Rien n'est moins sûr. La rancune tenace est l'un des traits de caractère de Poincaré[4].

La bonne diplomatie reprend le dessus pendant l'été 1928. Depuis quelque temps déjà, Briand pensait devoir introduire dans le système de sécurité collective les deux grandes puissances qui ne faisaient pas

[1] AQO, Europe-Russie, n° 362, tél. d'Herbette à Briand n° 428-439 du 8 avril 1928.

[2] Notamment Michael J. CARLEY, « Episodes from the Early Cold War. Franco-soviet relations, 1917-1927 », *Europe-Asia Studies*, vol. 52, n° 7, novembre 2000, pages 1275-1305.

[3] BNF papiers Poincaré, 16004 f58, lettre de Jean Herbette à Raymond Poincaré du 8 août 1928.

[4] François ROTH, *Raymond Poincaré op. cit.*, pages 140 et 565.

partie de la SDN : les États-Unis et l'URSS. C'est ce qui avait poussé le ministre français des Affaires étrangères à proposer aux États-Unis en 1927, à l'occasion du dixième anniversaire de leur entrée en guerre, de renoncer à la guerre comme moyen politique. Le secrétaire d'État Kellogg était favorable et voulait même aller plus loin. Après de longues négociations, le 28 août 1928, quinze puissances signèrent à Paris le pacte « de renonciation générale à la guerre », appelé pacte Briand-Kellogg. Tous les autres pays furent invités à parapher ce texte. Au nom de la France et du département d'État américain, c'est Herbette qui fut chargé de demander l'adhésion de l'URSS. Tchitcherine étant trop malade pour assurer ses fonctions, c'est à Litvinov, commissaire adjoint, qu'Herbette transmet la proposition d'adhésion.

Un bras de fer s'ensuit entre les deux diplomates, car dans un premier temps l'URSS condamne le pacte. Litvinov ne veut pas y adhérer s'il n'a pas des garanties de sécurité en Europe de l'Est. Aussi, il propose aux pays voisins un protocole indépendant valable pour l'Europe orientale mais analogue au pacte Briand-Kellogg. Face à la proposition soviétique, Herbette craint une sorte de Locarno oriental entre la Pologne et l'URSS rendant le traité polono-roumain caduc et laissant Bucarest désarmée face à Moscou. Au début de l'année 1929, Après la signature du « protocole Litvinov » par l'URSS, la Pologne, la Roumanie, la Lettonie, l'Estonie, la Lituanie et la Turquie, l'URSS signe le pacte général[1]. Si cette nouvelle est de nature à pouvoir rassurer Herbette sur les intentions belliqueuses qu'il prête à l'URSS, il constate que sur le plan intérieur, le régime soviétique est de plus en plus autoritaire et que le pays s'enfonce dans les difficultés.

[1] Louis FISCHER, *Soviets and World Affairs … op. cit.*, pages 779–780 et Traian SANDU, *Le système de sécurité français … op. cit.*, pages 306–307.

CHAPITRE IV

1929–1931 : LES ALERTES ET LA RUPTURE

LA CONDAMNATION D'UN RÉGIME DESPOTIQUE

Dans la presse qui célèbre en janvier 1929 le cinquième anniversaire de la mort de Lénine, Herbette remarque un article de la *Pravda* qui « maintient invariablement le programme de révolution mondiale que Lénine avait conçu en d'autres temps ». Pourtant, l'ambassadeur indique que les choses ont bien changé depuis 1924 – ce qui lui permet au passage de justifier son évolution personnelle à l'égard de l'URSS – et il en tire quelques conclusions sur la conduite à tenir face à Moscou. Selon lui, « quelles que soient les privations et les souffrances que le régime bolcheviste inflige aujourd'hui encore à ses administrés », une nouvelle génération qui n'a pas connu l'ancienne Russie, et que l'on peut qualifier de « soviétique » et est en train d'émerger. Le régime est donc de moins en moins combattu et peut-être pense-t-il davantage « à déchaîner la guerre civile dans tous les autres pays » pour étendre la révolution. Néanmoins, Herbette affirme : « en faisant ressortir ce trait intolérable de la situation, je ne cherche point à prouver qu'il faut combattre systématiquement le gouvernement soviétique, ni encore bien moins qu'il faut rompre avec lui ». Non, ce que l'ambassadeur propose, c'est « de distinguer, dans la politique du parti communiste russe, deux sortes d'éléments : ceux qui sont compatibles avec une évolution pacifique des rapports internationaux, et ceux qui sont incompatibles avec cette évolution ». Si Herbette propose de s'accommoder des premiers, il appelle à contrecarrer les seconds, et « à poursuivre leur anéantissement ». Pour autant, il ne méconnaît pas la difficulté de ces questions et « la tâche exige tant de souplesse qu'il vaut mieux, pour l'accomplir, ne pas la formuler explicitement »[1]. Plus concrètement, Herbette doit soulager le sort des Français d'URSS.

En avril et mai 1929, l'ambassadeur organise avec efficacité le ravitaillement d'une centaine de Français travaillant à l'ambassade ou habitant Moscou. Grâce à ses démarches et à celles du Quai d'Orsay, des pâtes, des légumes secs, de l'huile et d'autres denrées de première nécessité arrivent à Moscou après avoir été achetées au prix de gros à la maison Potin et transportées gratuitement par la compagnie Worms. Le soutien d'Herbette aux Français de Moscou vient contredire une fois de plus Boisanger qui nous dépeint un Herbette hermétique à ce qui se passe au dehors de l'ambassade. Comme le fait remarquer Sophie Coeuré, Herbette est « précisément au courant des graves difficultés alimentaires touchant les villes dès l'instauration de la collectivisation forcée », il « n'ignore donc ni les conditions de vie de la population, ni la répression politique »[2]. En octobre 1929, l'ambassadeur attire de nouveau l'attention de Paris sur « les Français qui ont le courage ou la résignation de vivre en URSS ». Si pour les autorités soviétiques, il y a 2 000 Français sur leur territoire, d'après l'ambassade de France, ils sont environ 900, surtout concentrés à Moscou et à Leningrad. L'immense majorité d'entre eux vit « plus ou moins misérablement »[3]. Un mois plus tard, dans une lettre à son frère, Herbette évoque encore « les difficultés intérieures, et particulièrement les difficultés alimentaires » dues aux « rendements faibles et aux conceptions parfois absurdes »[4]. Nous voyons dans cet épisode une autre facette de notre personnage à travers des préoccupations humanitaires qu'il a exprimées dès l'adolescence : la nécessité d'assurer à chaque être humain les moyens matériels les plus élémentaires et la liberté. Nous retrouverons cet aspect de son métier d'ambassadeur lors de la Guerre civile d'Espagne. Dans l'impossibilité de pouvoir soutenir tous les Français de Russie, l'ambassadeur envisage des rapatriements massifs au début de l'année 1930 : « il faut faire rentrer en France tous nos malheureux compatriotes qui traînent une existence pénible en URSS. Il ne faut pas laisser ces otages à la portée du Guépéou »[5]. En effet, les autorités soviétiques font pression de toutes

[1] ADN photos allemandes R 239, dép. d'Herbette à Briand n° 40 du 20 janvier 1929.

[2] AQO Russie-URSS n° 573, dépêches d'Herbette et réponses du Département, avril–mai 1929. Sophie COEURÉ, *La grande lueur à l'Est … op. cit.*, pages 147 et 149–150.

[3] AQO Russie-URSS n° 573, dép. d'Herbette à Briand du 9 octobre 1929.

[4] Lettre de Jean Herbette à François Herbette du 12 novembre 1929, coll. part.

[5] AQO Russie-URSS n° 1073, dép. d'Herbette à Briand du 21 janvier 1930.

sortes de façons sur les Français qui ne manifestent pas une adhésion zélée au régime. Cela inquiète Herbette au moment où « le régime actuel de la Russie ne s'achemine point vers la liberté [et] est rigide et non pas souple »[1].

Face à la campagne de « dékoulakisation » lancée par Staline, Herbette a des mots très durs : « la collectivisation de l'agriculture, c'est le moyen de tondre le paysan ». Il évoque quelques jours plus tard « la guerre au village ». Toutes les explications alléguées par le régime sont contrecarrées par l'ambassadeur : « pour essayer de justifier le despotisme qu'il exerce sur la classe ouvrière elle-même, le "parti" soutient qu'il travaille à émanciper le prolétariat, que cette émancipation exige des luttes acharnées, et que ces luttes, à leur tour, exigent une discipline de fer. C'est donc dans l'intérêt des ouvriers que le parti leur refuserait la liberté. Mais cette théorie, aussi vieille dans le monde que le despotisme lui-même, est démentie par les faits ». Herbette estime qu'à la mort de Lénine, le système soviétique pouvait être assimilé à une « féodalité communiste » avec des « fiefs » réservés à des « grands feudataires », comme le commissariat de la Guerre à Trotski, l'Internationale à Zinoviev et le parti à Staline … Venaient ensuite des « barons respectés » comme Krassine ou Tchitcherine. Puis, les grands feudataires se sont combattus, Staline se servant des uns pour combattre les autres avant de tous les éliminer : « ce n'est pas un petit ouvrage d'avoir ainsi restauré une sorte de monarchie plébiscitaire sous l'étiquette du communisme. Quoi qu'on pense de l'œuvre si vite accomplie, l'homme qui l'a faite sort du commun. Mais où veut-il en venir ? Où veulent en venir ses principaux lieutenants ? Car il amène naturellement avec lui, comme tous les dictateurs, les éléments d'une nouvelle oligarchie »[2]. L'ambassadeur ne prétend pas répondre à ces questions, mais s'interroge sur l'avenir du régime soviétique. Quelques mois plus tard, en octobre 1929, compte tenu de l'affermissement du despotisme qu'il constate chaque jour, il écrit : « la politique des autres États envers l'URSS ne peut consister à attendre, tout simplement, la décomposition spontanée du régime bolcheviste »[3]. Si les puissances européennes ne réagissent pas vite, ce sont elles qui risquent au contraire de se décomposer puisque la destruction des koulaks, « donne un avant goût de ce que serait, dans les autres pays, la révolution minutieusement préparée dont la propagande remonte

[1] ADN photos allemandes R239, dép. d'Herbette à Briand n° 187 du 7 mars 1930.

[2] ADN photos allemandes R239, dép. d'Herbette à Briand n° 349 du 3 juin 1929.

[3] ADN photos allemandes R239, dép. d'Herbette à Briand n° 599 du 13 octobre 1929.

actuellement le mécanisme »[1]. Nous verrons bientôt qu'Herbette ne s'en tient pas à cette alerte et préconise des moyens pour lutter contre le bolchevisme.

La lutte antireligieuse est souvent rappelée par Herbette pour illustrer le despotisme du régime soviétique. Malgré le refus de Moscou d'amnistier les prêtres emprisonnés, Tchitcherine pense toujours à un possible établissement de relations avec le Saint-Siège, mais constate que la présence à Moscou des évêques clandestins, dont Neveu, embarrasse les négociations. Car le Saint-Siège possédant déjà des évêques en URSS, n'est pas pressé de conclure un accord. Voyant où Tchitcherine veut en venir, en avril 1928, Herbette l'avertit que le gouvernement français ne pourrait accepter que l'on retirât la liberté de conscience aux Français de Moscou en touchant à Mgr Neveu et à la paroisse française. Dès la fin de l'année 1927, l'ambassadeur ne déclarait-il pas à l'évêque : « pourquoi les catholiques sont-ils si timorés en France et dans tous les pays ? Il faudrait crier : les Soviets n'ont peur de rien autant que de ces bruits. Ce n'est tout de même pas à l'ambassadeur à mener une campagne de presse contre le Gouvernement auprès duquel il est accrédité ». C'est donc bien un combat pour la liberté religieuse qu'il veut mener, et d'autant plus librement qu'il est étranger à toute pratique et que cela est conforme aux principes de la République laïque. Au président du Conseil des commissaires, Rykov, qui s'étonne : « c'est étrange, quand il s'agit des catholiques nous trouvons toujours la France devant nous ! », Herbette aurait répondu : « nous voudrions vous épargner les fautes que nous avons commises »[2].

Mgr Neveu est admiratif devant l'énergie du diplomate français à défendre la liberté de la foi sinon l'Église. Il loue son travail quotidien de trappiste durant plus de onze heures, confirmant ainsi d'autres témoignages déjà évoqués. Selon l'évêque, c'est à l'intervention d'Herbette que Mgr Skalski, vicaire général de Jitomir accusé d'espionnage au profit de la Pologne, doit de « n'avoir pas été fusillé ou envoyé en prison en catimini », mais d'avoir eu droit à un procès. Par ailleurs, la valise diplomatique de l'ambassade de France à Moscou transporte toujours la correspondance que Mgr Neveu entretient avec le Saint-Siège. Antoine Wenger laisse entendre que l'influence de Neveu ne fut pas étrangère à l'évolution de l'attitude personnelle d'Herbette à l'égard des Soviets. Il souligne notamment « l'intimité et

[1] ADN photos allemandes R239, dép. d'Herbette à Briand n° 42 du 16 janvier 1930.

[2] Antoine WENGER, *Rome et Moscou … op. cit.*, pages 250 et 252.

la communion de pensée qui devinrent plus grandes » entre les deux hommes[1].

Au début de l'année 1930, la question religieuse en URSS prend une nouvelle dimension. Le 2 février, le pape Pie XI annonce une croisade de prière pour la Russie où l'on décroche les cloches des églises. Herbette défend cette initiative jusque devant Litvinov en affirmant qu'elle a seulement une dimension religieuse et en aucun cas politique. Staline lui-même, dans la *Pravda* du 2 mars, est contraint de dénoncer la descente des cloches afin de calmer le jeu. Quelques jours plus tard, Herbette se félicite du « grand service qu'ont rendu le pape et les ecclésiastiques de diverses confessions lorsqu'ils ont dénoncé les persécutions antireligieuses en URSS ». Car, « si les communistes russes se permettent tant d'abominations [...] c'est parce que le reste du monde ne proteste pas assez vigoureusement ». Cependant, l'ambassadeur ne croit évidemment pas à un renversement de tendance : « on aurait tort de penser que le bolchevisme s'assagit. La lutte engagée par la dictature de M. Staline contre les autres gouvernements ne peut pas se terminer par une paix blanche. Les communistes sont une menace pour toutes les puissances, mais à celles-ci, il reste un avantage relatif. C'est que le Vatican est jusqu'ici la seule puissance qui l'ait pris corps à corps »[2]. Voilà donc la théorie d'Herbette et l'explication de son soutien à la politique du Saint-Siège en URSS : les pays d'Europe peuvent espérer vaincre le communisme si, comme l'a montré le Vatican, ils n'hésitent pas à l'affronter et à s'unir pour cela. Via d'Herbigny, Mgr Neveu informa le Saint-Siège de l'attitude favorable d'Herbette à l'égard de la politique de l'Église. Le nouveau secrétaire d'État Pacelli transmit au gouvernement français et à l'ambassadeur « la souveraine satisfaction du Saint-Père »[3].

Dans tous ces combats contre le despotisme soviétique, Herbette a conscience de lutter aussi pour la paix en Europe. En effet, dans une lettre à son frère datée du 12 novembre 1929, l'ambassadeur avoue être impressionné par « l'énergie et la discipline [qui] sont à un potentiel qui doit faire réfléchir les galvanomètres oscillants de l'Occident ». Il constate que l'URSS est capable d'infliger « de terribles commotions au monde extérieur ». C'est pour éviter cela qu'il demeure fidèle au poste : « n'abdiquons rien de notre raison, assurément, mais mettons

[1] Antoine WENGER, *Rome et Moscou ... op. cit.*, pages 251-253.

[2] ADN photos allemandes R239, dép. d'Herbette à Briand n° 202 du 10 mars 1930.

[3] Lettre du cardinal Pacelli à l'ambassadeur de France près le Saint-Siège du 18 mars 1930, citée dans Antoine WENGER, *Rome et Moscou ... op. cit.*, page 196.

notre volonté à la hauteur de celle qui travaille ici, ou bien l'Europe va à de rudes épreuves ». Comme souvent, il invite François à garder pour lui ces confidences : « il ne faut pas alarmer les gens [...] et l'on ne peut pas parler à tout le monde comme je parle à l'ancien capitaine de chasseurs que tu es »[1]. Malgré cette détermination, au tournant des années 1929–1930, comme à plusieurs reprises dans les années précédentes, Herbette s'interroge de plus en plus sur la manière de mener sa mission. Bien peu nombreux sont ceux qui le soutiennent dans son entreprise. Au printemps 1929, il a bien pris l'initiative de renouer avec Anatole de Monzie, après dix-huit mois de brouille due à l'affaire Rakovski. Mais le sénateur, qui a « vécu en silence cette période, faisant effort pour sauvegarder des possibilités », n'est plus guère écouté par Poincaré[2]. Plus que jamais, À Moscou, Herbette se sent bien seul.

À QUOI BON RESTER À MOSCOU ?

Herbette pose très clairement la question à Briand à la veille du nouvel an 1930 : « à quelles conditions peut-on envisager le maintien des relations diplomatiques entre la France et l'URSS ? ». Plus que d'y répondre, il développe la question dans une dépêche de douze pages. Il constate qu'aucun des grands dossiers présentés comme prioritaires lors de la reconnaissance en 1924 n'a été réglé : ni celui des dettes russes, ni celui des relations commerciales, ni celui des consulats, ni celui de la propagande communiste en France[3]. Lorsque l'on connaît l'acharnement avec lequel Herbette a défendu le maintien de l'ambassade de France à Moscou, on ne peut manquer de s'étonner de ce manque de confiance en sa mission. Deux hypothèses peuvent expliquer cette interrogation. Soit, l'ambassadeur prêche le faux pour connaître exactement la position du Quai d'Orsay sur la politique soviétique de la France, et ce serait bien conforme à son caractère ; soit, et ce serait plus étonnant, Herbette manque de forces pour continuer son combat contre les Soviets, le terme de l'évolution de son attitude vis-à-vis de l'URSS étant le renoncement. Il faut dire, que depuis le début de l'année 1929, la France et Herbette lui-même sont très souvent attaqués dans la presse soviétique.

1 Lettre de Jean Herbette à François Herbette du 12 novembre 1929, coll. Part.

2 AHC-FNSP, papiers De Monzie, lettre d'Anatole de Monzie à Herbette du 4 juin 1929, répondant à une lettre de « réconciliation » d'Herbette.

3 AQO Russie-URSS n° 362, dép. d'Herbette à Briand n° 781bis du 31 décembre 1929.

Le Quai d'Orsay prend les interrogations d'Herbette assez au sérieux pour lui répondre par des encouragements. Certes, aucun des problèmes n'a été réglé, mais les raisons qui ont poussé à la reconnaissance de 1924 sont toujours valables. Le maintien de relations diplomatiques avec l'URSS permet au peuple russe de se sentir intégré dans l'Europe et permet de défendre les pays de l'Est face aux ambitions soviétiques. Tout cela contribue au renforcement de la paix. Pour terminer, le Département fait l'éloge de la « précieuse documentation » envoyée par Herbette[1]. Les rapports entre l'ambassadeur et Paris sont donc exactement inverses de ceux des années antérieures lorsque c'était Herbette qui fournissait au Quai d'Orsay toutes les bonnes raisons pour que la France demeure en URSS. Le Département insiste maintenant sur le fait que grâce aux informations d'Herbette, la propagande internationaliste en France et plus généralement en Europe est mieux connue et mieux contenue.

Il est vrai qu'en janvier 1930, l'ambassadeur dénonce plus que jamais le caractère artificiel des distinctions entre Internationale, Parti communiste soviétique et État soviétique. C'est donc le gouvernement de Moscou qu'il accuse de mener en France une campagne de propagande qui vise d'une part à présenter la presse française comme agressive vis-à-vis de l'URSS, et de l'autre à encourager dans l'opinion l'opposition au gouvernement français. Il a même acquis la certitude que des ouvriers français de l'industrie de l'armement font parvenir à Moscou des renseignements militaires. Il accumule les indices qui tendent à prouver que le Parti communiste français et *L'Humanité* sont financés par Moscou. Enfin, il considère comme un devoir de proposer au peuple français un décodage systématique de la propagande communiste afin de lui ouvrir les yeux sur les manœuvres de Moscou. « Ce n'est pas en se taisant qu'on tiendra tête à une propagande organisée comme une guerre »[2]. Herbette semble de plus en plus éprouver l'impression de se heurter à un mur, à une masse énorme contre laquelle il ne peut pas grand chose, du moins tout seul. S'il n'est pas suivi dans ses recommandations, il est légitime qu'il se pose des questions sur l'intérêt de son maintien à Moscou. Au mois de mars 1930, juste avant de rentrer en France pour un congé – au bon moment pour que sa mission lui soit précisée par le Quai d'Orsay – il insiste sur l'embrigadement de l'opinion russe en le qualifiant, « sans contredit possible »,

[1] AQO Russie-URSS n° 1001, projet de réponse de Briand à Herbette du 23 janvier 1930.

[2] AQO Russie-URSS n° 945, dép. d'Herbette à Briand n° 93 du 31 janvier 1930 et du 2 février 1930. Sur le même thème de la propagande extérieure n° 127 du 10 février 1930.

de « plus grande expérience d'abrutissement qui ait été tentée sur une collectivité humaine »[1]. Juste avant son départ, il doit batailler ferme pour obtenir que la « croisière jaune » organisée par Citroën puisse traverser le Turkestan soviétique[2]. L'ambassadeur quitte la capitale soviétique le 11 mars, quand il arrive en France, sans doute ne sait-il pas s'il retournera en URSS ; d'ailleurs en a-t-il envie ?

Herbette parti pour on ne sait trop combien de temps, la presse soviétique s'acharne sur lui de plus belle et annonce qu'il ne reviendra pas en URSS. *Vetchernaia Moskva* (Moscou) et *Zaria Vostoka* (Tiflis) publient une même correspondance de Paris les 19 et 20 mai : « on sait depuis longtemps que le représentant officiel de la France a profité de sa situation pour tromper complètement son gouvernement sur l'état réel de l'Union Soviétique. Pour favoriser une politique antisoviétique, il a fréquemment répandu des bruits alarmistes, tendancieux et sans aucun fondement, relatifs à des préparatifs d'agression des Soviets contre leurs voisins ». Selon ces journaux, la nouvelle du non-retour d'Herbette serait accueillie avec joie par la diplomatie soviétique et par l'ensemble du corps diplomatique présent à Moscou. Le 21 mai, c'est l'agence *Tass* qui transmet la nouvelle à l'étranger, en l'accompagnant de « commentaires désobligeants », précise Helleu, qui est chargé de l'intérim à l'ambassade de France. Aussitôt, ce dernier a formulé auprès du commissariat aux Affaires étrangères « une protestation contre cette inconvenante publication »[3]. Huit jours plus tard, c'est le ministère français de l'Intérieur qui s'inquiète de la campagne de presse menée contre Herbette. Selon ses informations, « les journaux officiels de l'URSS vont jusqu'à reprocher à M. Herbette ses manières et son train de vie qui portent un gros préjudice au prestige de la France à Moscou ». Ces titres « espèrent que le rappel d'Herbette sera l'épilogue de tristes pages de l'histoire des relations franco-soviétiques »[4]. Là encore, la Sûreté nationale française, faisant écho à cette campagne de presse semble plutôt favorable à une rupture des relations franco-soviétiques.

Malgré tout, Herbette rejoint son poste le 24 juillet 1930. Ce retour n'était peut-être pas envisagé à l'ambassade, puisqu'un secrétaire avait « prier le portier de mettre les maudites bêtes [les fameux

[1] AQO Russie-URSS n° 901, dép. d'Herbette à Briand n° 195 du 6 mars 1930.

[2] Sophie COEURÉ, *La grande lueur à l'Est … op. cit.*, page 163.

[3] AQO Russie-URSS n° 889, tél. de Helleu à Briand n° 206 du 21 mai 1930.

[4] AQO Russie-URSS n° 889, note du ministre de l'Intérieur au ministre des Affaires étrangères n° 5439 du 27 mai 1930.

chats] dans un sac et de les précipiter dans la Moskowa. Ce qui fut fait. Au retour de Mme Herbette, on prit une mine affligée pour lui annoncée qu'une épizootie s'était abattue sur Moscou, n'épargnant aucun des ses minets chéris »[1]. Il faut dire que quelques jours seulement avant ce retour, *Vetchernaia Moskva* maintenait son affirmation qu'Herbette ne reviendrait pas à Moscou. Quand le journal doit se rendre à l'évidence, il annonce sournoisement que « le commerce des antiquités pourra reprendre »[2]. On accuse en effet le couple Herbette de collectionner les icônes et de faire de l'argent en les vendant en Occident. Au vu de la bibliothèque de Jean Herbette, conservée à Lausanne, il apparaît évident qu'il s'intéressait aux belles reliures et aux œuvres d'art russes, mais peut-on en déduire un quelconque commerce ? Si l'on en croit Suzanne Bidault, le bruit courait au Quai d'Orsay « qu'Herbette razziait les antiquaires de Moscou en vue d'acquérir des objets d'art dont l'exportation était interdite mais qu'il envoyait par la valise à Berlin contre espèces sonnantes et trébuchantes »[3]. Plus importante pour les relations franco-soviétiques est la question du contenu des rencontres entre Herbette et Briand et les responsables du Quai d'Orsay pendant le séjour à Paris de l'ambassadeur. Mais une nouvelle fois, les archives manquent cruellement d'indications. Cependant, si l'on replace le séjour d'Herbette à Paris dans le cadre des relations commerciales franco-soviétiques, il est possible de distinguer un « avant » et un « après », et donc d'en déduire le « pendant ».

Depuis la fin de 1929, Herbette multipliait les alertes sur la politique commerciale de l'URSS qui pratiquait « le plus audacieux dumping » notamment sur ses exportations textiles[4]. Il attirait donc l'attention du Quai d'Orsay sur le fait que « toute assistance financière qu'on donne à l'URSS se trouve être, en définitive, une prime à ce *dumping* soviétique qui peut ruiner un jour les industries d'autres pays ». Il préconisait donc un renforcement du protectionnisme à l'égard de l'URSS[5]. Il est vrai qu'en valeur l'URSS exporte vers la France trois fois plus de produits qu'elle n'importe de produits français ; et

[1] Suzanne BIDAULT, *Par une porte entrebâillée … op. cit.*, page 68.

[2] AQO Russie-URSS n° 889, coupure de presse; *Vetchernaia Moskva* du 19 juillet 1930.

[3] Suzanne BIDAULT, *Par une porte entrebâillée … op. cit.*, page 68.

[4] René GIRAULT, « Les relations franco-soviétiques devant la crise de 1929 », *Revue d'Histoire Moderne et Contemporaine*, tome XXVII, avril–juin 1980, pages 237–257.

[5] ADN photos allemandes R238, dép. d'Herbette à Briand n° 685 du 19 novembre 1929.

ce déséquilibre va en s'accentuant. De plus, Herbette était persuadé que la propagande soviétique passait en France par les canaux des échanges commerciaux franco-soviétiques[1]. Selon lui, si l'on restreignait ceux-là, on diminuerait celle-ci. Partant du même constat du déficit de la balance commerciale française, le gouvernement français souhaitait, au contraire de son ambassadeur, voir se développer les relations commerciales avec l'URSS. D'après Marcel Cachin, cette divergence de vue fut aplanie pendant le séjour d'Herbette à Paris. Au début du mois de juin, Briand lui aurait indiqué la marche à suivre dans ce domaine : « tâchez de pousser la collaboration industrielle de la France et de la Russie des Soviets »[2]. Il apparaît en effet à toute l'Europe que l'URSS a besoin d'une aide étrangère pour mener à bien son programme d'industrialisation. Briand voit là un moyen de renforcer les liens politiques entre les deux pays en même temps qu'un moyen d'améliorer les échanges économiques. Mais pour cela il faut être deux, et à la fin de ce même mois de juin, dans l'un de ses discours, Staline présente la France comme « le pays le plus agressif et le plus militariste de tous les pays les plus agressifs et les plus militaristes du monde ». Voilà une déclaration qui ne saurait améliorer les relations entre les deux pays qui n'ont jamais été si tendues depuis 1924[3].

De retour à Moscou, l'ambassadeur de France trouve en face de lui Litvinov, désormais installé dans le fauteuil de commissaire aux Affaires étrangères. Certes depuis 1928 il dirigeait déjà de fait la diplomatie soviétique en raison de la maladie de Tchitcherine, mais désormais il en est le responsable en titre. Pour Herbette, cela ne change rien et il estime qu'il ne faut pas donner d'importance à ce changement de figure. Peut-être est-ce parce qu'il entretient de moins bons rapports « personnels » – si ce qualificatif a une signification dans les rapports entre les diplomates soviétiques et étrangers – avec Litvinov qu'avec Tchitcherine. Boisanger rapporte qu'à l'ambassade de France, et « sans plus se soucier des microphones », Herbette pestait contre « cet immonde Litvinov »[4]. En 1929, l'ambassadeur français constatait : « M. Litvinov n'a qu'un crédit limité », et insistait sur le

[1] Sophie COEURÉ, *Images de la Russie bolchevique ... op. cit.*, page 445.

[2] Marcel CACHIN, *Carnets ... op. cit.*, page 70. Conversation Briand-Herbette du 2 juin 1930.

[3] William E. SCOTT, *Le pacte franco-soviétique. Alliance contre Hitler*, 1965, page 13.

[4] Claude de BOISANGER, *Vivre en Russie ... op. cit.*, page 43.

peu d'importance des hommes : « quand le commissariat aux Affaires étrangères fait des déclarations, on a un peu l'expression irrévérencieuse que Scarron a traduite dans la fameuse image où l'ombre d'un laquais brosse l'ombre d'un carrosse ». Herbette ne voit en Litvinov que le continuateur de la diplomatie de Tchitcherine, un partisan de l'alliance allemande prêt à s'appuyer sur les nations déçues de Versailles pour s'opposer aux deux grandes démocraties occidentales[1]. Les relations entre les deux hommes sont d'autant plus difficiles en 1930 que les relations entre leurs deux pays sont mauvaises.

Dès le 31 juillet, quelques jours seulement après son retour, Herbette dénonce la politique antireligieuse du pouvoir soviétique qui se poursuit, malgré les dires du gouvernement. Au début de septembre, c'est par la valise diplomatique française que Mgr Neveu fait parvenir à Mgr D'Herbigny et au Saint-Siège la liste de tous les prêtres emprisonnés à Solovki et des renseignements sur les mauvais traitements qu'on leur inflige. Ces documents seront ensuite publiés par le *Morning Post*[2]. Désormais, Herbette se sent surveillé et se méfie de tout et de tous. En août, il écrit à son frère que les relations internationales sont dominées par « une guerre d'usure entre le régime communiste, qui accentue sans cesse sa doctrine, et le monde capitaliste. La volonté la plus forte vaincra, comme dans toute guerre ». On apprend au passage que l'expédition du courrier de l'ambassade se prépare dans le bureau d'Herbette, « *securitatis causa* »[3].

Dans le domaine commercial, l'automne 1930 est marqué par une véritable petite guerre des tarifs. Le 3 octobre, André Tardieu, devenu président du Conseil, annonce des décrets réduisant le nombre de produits importés d'URSS. Ils visent surtout les produits agricoles qui ne comptent que pour 10 à 15 % des importations françaises totales. Tardieu appliquait en quelque sorte la politique que préconisait son ancien camarade de classe et confrère journaliste, Jean Herbette. Ces décrets, loin d'améliorer le solde commercial français à l'égard de l'URSS allaient au contraire entraîner l'augmentation du déficit. En effet, l'URSS qui achetait à la France surtout des produits manufacturés trouva très facilement à les acheter ailleurs en représailles aux décrets français. De son côté, la France ne pouvait suivre cette escalade

[1] Raoul GIRARDET, « Litvinov et ses énigmes », in *Les relations germano-soviétiques de 1933 à 1939, op. cit.*, p.103–135, page 120, référence à dép. d'Herbette à Briand du 7 décembre 1929.

[2] Antoine WENGER, *Rome et Moscou … op. cit.*, pages 292 et 408.

[3] Lettre de Jean Herbette à François Herbette du 29 août 1930, coll. part.

puisqu'il lui était très difficile de se procurer en dehors de l'URSS le pétrole, le bois ou l'anthracite qu'elle lui achetait[1]. La politique commerciale de Tardieu – et d'Herbette – était donc un échec, elle n'avait servi qu'à durcir les rapports franco-soviétiques. Herbette le laisse clairement entendre après une soirée rassemblant le corps diplomatique sous l'autorité du Président Kalinine. Afin d'apaiser les tensions franco-soviétiques, Kalinine porte un toast « pour que nos deux pays vivent en paix ». Herbette, qui conserve ses réflexes diplomatiques, indique au Quai d'Orsay que des remerciements seraient les bienvenus car « les difficultés que nous rencontrons ici ne doivent point nous détourner, en effet, d'encourager les sympathies qu'on nous y manifeste parfois »[2]. Pourtant, les jours qu'Herbette doit encore passer à Moscou sont désormais comptés.

LE PROCÈS DU « PARTI INDUSTRIEL » ET LE DÉPART

L'affaire dite du « parti industriel » implique huit professeurs et ingénieurs soviétiques qui sont accusés de s'être livrés à du sabotage et à de l'espionnage au profit de gouvernements étrangers. Herbette prévient aussitôt le Quai d'Orsay que « la puissance étrangère principalement visée est la France ». En effet, dans l'acte d'accusation qui est rendu public en novembre 1930, le rôle de deux Français est dénoncé explicitement. L'un d'entre eux est appelé « K », les noms de Loucheur, Briand et Poincaré sont évoqués comme étant les commanditaires ou les bénéficiaires de ces actes antisoviétiques. Les protestations d'Herbette auprès du commissariat aux Affaires étrangères sont immédiates. Il juge intolérable la « mise en cause de noms et de personnes illustres » ; il réfute toute allusion à l'idée que la France prépare une guerre contre l'URSS ; il récuse très nettement la présence de « prétendus agents français espions » ; enfin il fait valoir que ce genre de campagne antifrançaise peut présenter des risques pour la sécurité des Français d'URSS. *Le Matin* et d'autres journaux français publient une dépêche d'Havas qui dénonce « la duplicité bolchevique » et présente à la fois la protestation d'Herbette à Moscou et une note du Quai d'Orsay qui l'approuve entièrement[3].

[1] William E. SCOTT, *Le pacte franco-soviétique … op. cit.*, page 15.

[2] AQO Russie-URSS n° 1001, dép. d'Herbette à Briand n° 650bis du 8 novembre 1930.

[3] AQO Russie-URSS n° 1269, tél. d'Herbette à Briand n° 616–624 du 11 novembre 1930 et réponse du Quai d'Orsay n° 340 du 13 novembre 1930, *Le Matin* du 16 novembre 1930.

Au cours du procès du « parti industriel », les références à la France se font plus précises et l'on révèle que « K » serait Kieffer, l'attaché commercial de l'ambassade de France dont nous avons déjà parlé en évoquant le voyage de Georges Duhamel. L'affaire se rapproche évidemment d'Herbette. La presse soviétique ne se gêne pas pour faire l'amalgame entre l'attaché commercial et l'ambassade, entre l'ambassade et l'ambassadeur. De là à laisser penser que Kieffer agissait sur ordre d'Herbette, il n'y a qu'un pas. De leur côté, les autorités soviétiques demandent à la France des éclaircissements, et le départ de Kieffer est évoqué. Cela n'est pas sans rappeler l'affaire Fontenoy, du nom du correspondant français d'Havas à Moscou que les Soviets accusaient d'espionnage et d'antisoviétisme. On se souvient qu'Herbette avait demandé à Fontenoy de quitter l'URSS pour éviter une crispation des relations franco-soviétiques qu'il voulait voir prospérer ; on était alors au début de l'année 1926. Cette fois, l'ambassadeur réagit d'une tout autre manière. Certes, l'affaire n'est pas exactement identique, mais surtout Herbette est prêt à envisager une rupture des relations franco-soviétiques. Il préconise donc de ne céder en rien aux injonctions du gouvernement soviétique : « l'autorité même dont nous avons besoin pour maintenir la paix en Europe se trouverait amoindrie si nous paraissions résignés à nous laisser traiter ainsi »[1].

Cette manière d'envisager les choses est partagée par la Direction des Affaires politiques et commerciales du Quai d'Orsay qui note que « notre ambassadeur a placé ainsi la question sur le véritable terrain où elle se pose ». En résumé, plutôt rompre que ployer. En effet, si la France cède dans cette affaire, l'URSS en tirera grand profit pour alimenter sa propagande antifrançaise tant à l'intérieur qu'à l'extérieur. La direction propose donc la rupture des relations franco-soviétiques en la présentant comme « un acte négatif [qui] peut devenir un acte positif s'il a pour objet de montrer nettement que la France n'a pas l'intention de se laisser émouvoir par la politique violente d'intimidation de l'URSS »[2]. Tous les éléments sont réunis pour qu'une confrontation ait lieu. Herbette et le Quai d'Orsay semblent d'accord sur cette question.

Cependant, la conjoncture internationale amène la France à reconsidérer ses relations avec l'URSS. Pour William Scott, Briand s'était jusqu'ici désintéressé des rapports avec Moscou puisqu'il croyait en

1 AQO Russie-URSS n° 1270, tél. d'Herbette à Briand n° 718 du 8 décembre 1930.

2 AQO Russie-URSS n° 1270, note de la direction des Affaires politiques et commerciales : « le procès de Moscou et les relations franco-soviétiques » du 10 janvier 1931.

Locarno et que la France demeurait militairement plus puissante que l'Allemagne. La marge de manœuvre, assez grande finalement, dont Herbette a disposé jusqu'alors, plaide également pour cette thèse. Mais en 1931, Locarno est bien loin et l'Allemagne plus forte. C'est pourquoi le Quai d'Orsay relance l'idée de l'alliance de revers et Briand y prête attention[1]. Pour songer à une alliance avec l'URSS, il faut d'abord sortir de l'impasse commerciale créée par les décrets Tardieu et sans doute changer d'ambassadeur. En effet, l'hostilité d'Herbette au régime soviétique est trop manifeste, et ses relations avec le commissariat aux Affaires étrangères sont trop mauvaises pour qu'il puisse mettre en œuvre une nouvelle politique soviétique de la France. La situation d'Herbette est d'autant plus compromise que son nom est trop souvent évoqué dans le procès du « parti industriel ».

L'ambassadeur est par ailleurs victime d'autres maladresses qui le compromettent. Ainsi, en février par un concours de circonstances rocambolesques, une lettre adressée à Mgr Neveu par Mgr d'Herbigny, et devant passer comme à l'accoutumé par la valise diplomatique bimensuelle française, se trouve à voyager par le circuit postal normal. Or, sur l'enveloppe, figure « M. Herbette, ambassadeur de France à Moscou ». Cette lettre a sûrement été lue par la censure et les services de renseignements soviétiques en ont très vite compris le contenu malgré quelques codes grossiers (« grand-père » pour le Pape, etc.). Désormais, le gouvernement soviétique détient une preuve – car il le sait depuis longtemps – que Mgr Neveu informe régulièrement le Vatican grâce au concours de l'ambassade de France. Comme l'écrit Neveu, « c'est pour M. Herbette que la chose était la plus ennuyeuse »[2]. La portée de ses interventions en faveur des catholiques d'URSS, notamment les paroissiens de Saint-Louis-des-Français qui sont arrêtés dans la nuit du 15 au 16 février, est désormais très amoindrie puisqu'on peut désormais le considérer à Moscou comme un agent du Vatican.

On comprend que tout cela affaiblit la position d'Herbette. La dimension commerciale des relations franco-soviétiques joue également un rôle de premier plan dans le départ de l'ambassadeur. En effet, les résultats des premiers mois de 1931 montrent le désastre de la politique des décrets, c'est donc à la France de faire un geste pour en sortir. Déjà, le groupe parlementaire franco-russe qui avait été dissous en 1927 est reconstitué au début de 1931 afin de promouvoir

[1] William E. SCOTT, *Le pacte franco-soviétique … op. cit.*, pages 20–21.

[2] Cité dans Antoine WENGER, *Rome et Moscou … op. cit.*, pages 353–354.

un rapprochement. Sous la présidence d'Anatole de Monzie, ses membres proposent des mesures commerciales concrètes comme les préalables à tout resserrement des relations franco-soviétiques. Le 21 février, à la Chambre, le président de la Commission des Affaires commerciales résume les rapports commerciaux franco-soviétiques en ces termes : « nous sommes absents, mais remplacés. Est-ce le meilleur moyen de nous défendre ? ». Le ministre du Commerce reconnaît l'échec des décrets, le Quai d'Orsay également. Si les importations françaises en provenance de l'URSS ont diminué de 40 %, les exportations vers l'URSS ont chuté de 70 %[1]. On s'occupe donc de ces affaires à Paris où la politique intérieure française entre également en ligne de compte. Le mandat du président Doumergue arrive à expiration et l'on parle de Briand pour lui succéder à l'Élysée. À l'occasion du départ éventuel du ministre des Affaires étrangères, qui est en poste depuis 1925, certains évoquent une possible évolution de la politique soviétique de la France.

De son côté, Moscou souhaite une telle évolution. Lors du sixième Congrès des Soviets, le 7 mars, Molotov évoque tour à tour le besoin d'aide étrangère et le caractère antisoviétique de la diplomatie française avant de conclure : « si les Français ont modifié leur sentiment à notre égard, nous sommes prêts à poursuivre nos efforts en vue de renforcer nos relations »[2]. La balle est donc dans le camp français, mais l'on comprend que si l'URSS ne veut pas faire le premier pas, elle espère que la France, elle, l'osera sous la forme du rappel d'Herbette. Et nous retrouvons le procès du « parti industriel ». Après avoir suivi son ambassadeur dans une attitude de fermeté vis-à-vis des accusations soviétiques, le Quai d'Orsay se reprend. Sans doute entrevoit-il une manière de faire d'une pierre deux coups : sortir de l'affaire dite « parti industriel-Kieffer » et fonder de nouvelles bases pour le développement des relations franco-soviétiques. Au début mars 1931, le secrétaire général du Quai d'Orsay, Philippe Berthelot, indique à Herbette qu'il doit rentrer à Paris avec Kieffer pour déterminer la suite à donner à cette affaire[3].

Les deux hommes quittent Moscou le 14 mars. Les *Izvestia* titrent sobrement : « Départ de M. Jean Herbette et de l'attaché commercial pour conférer à Paris avec le gouvernement français ». Mais, personne

[1] William E. SCOTT, *Le pacte franco-soviétique … op. cit.*, page 17.

[2] *Ibidem* page 13.

[3] AQO Russie-URSS n° 889, tél. secret de Berthelot à Herbette n° 64–66 du 8 mars 1931.

ne songe que l'ambassadeur pourra revenir à son poste ; son départ est présenté partout comme définitif. La *Gazette de Cologne* évoque une « décision inattendue du gouvernement français qui pourrait avoir une grande importance de principe »[1]. Les autorités soviétiques comprennent bien le message : les relations franco-soviétiques vont désormais pouvoir prendre un nouveau départ.

Les dernières dépêches envoyées par Herbette de Moscou sont des plus intéressantes, car l'ambassadeur tente en quelques pages synthétiques de présenter les problèmes de l'URSS et les enjeux des rapports franco-soviétiques. Selon lui, la politique intérieure de l'URSS et sa politique extérieure sont liées. Ainsi, chaque fois qu'une difficulté intérieure se pose, le régime détourne l'attention vers l'extérieur. Or, « c'est précisément ce que nous voulons éviter », écrit Herbette, « en effet, de quoi s'agit-il ? De défendre la paix contre le danger qui la menace dans l'Europe orientale jusqu'au moment où le jeu normal des forces intérieures de l'URSS aura atténué suffisamment ce danger né de la révolution russe et aggravé par la politique de M. Staline ». Aussi, le futur ex-ambassadeur de France à Moscou laisse-t-il quelques conseils pour son successeur : « dans le domaine politique : poursuivre, sans repousser d'avance la participation soviétique, mais sans jamais tolérer le sabotage communiste, l'œuvre d'organisation européenne » et empêcher l'Italie et l'Allemagne, même en les aidant, de se rapprocher de l'URSS. En effet, « la clef du problème russe est à Berlin, et c'est ce qui fait peser sur l'Allemagne une lourde responsabilité qu'on aurait tort de lui laisser ignorer ». Dans le domaine commercial, après l'échec du protectionnisme qu'il préconisait, Herbette n'a pas d'avis aussi tranché, et pour cause. Il conclut en évoquant la guerre : « la catastrophe est possible, certes. Elle deviendrait même inévitable si les gouvernements étrangers oubliaient qu'elle est possible. Mais si la connaissance du danger leur inspire une politique cohérente et forte, et si la connaissance des embarras intérieurs de l'URSS leur donne le calme et la ténacité propres à ceux qui sont sûrs de leur force, il n'y a point de raison irrésistible pour que l'on ne réussisse pas à préserver l'Europe d'une calamité qui dépasserait peut-être celle de 1914 »[2]. C'est dans cet état d'esprit qu'Herbette quitte son poste, avec le sentiment d'avoir participé au maintien de la paix en Europe et d'avoir mené à

[1] AQO Russie-URSS n° 1001, tél. de Conty (chargé d'affaires à l'ambassade de France à Moscou) à Briand n° 158-159 du 17 mars 1931.

[2] ADN photos allemandes R 239, dép. confidentielle d'Herbette à Briand n° 213 du 3 mars 1931 et n° 231 du 12 mars 1931.

Moscou la politique qu'il convenait le mieux à l'intérêt de la France. Dans aucune de ses dernières dépêches on ne trouve trace d'une quelconque interrogation ou d'un doute sur les actions entreprises depuis plus de six ans à Moscou.

De son côté, dans un article de *La Petite Gironde* datée du 9 avril 1931, Anatole de Monzie, dresse un bilan de la politique soviétique de la France. Et de dénoncer son inefficacité : « 1917 ! 1931 ! Pas un traité de commerce provisoire ! Pas une convention d'établissement autorisant l'espoir de relations régulières ! De temps à autre, un fait divers dont un commentaire entretient une mutuelle défiance ! Une figuration d'ambassade à Paris et à Moscou pour la frime diplomatique ! ». Ces appréciations, manifestement inspirées par la colère, sont très dures, notamment pour Herbette, même si celui-ci n'est pas cité dans l'article. Le comparer à un figurant de la diplomatie semble outré, mais il vrai que son bilan est bien maigre. De Monzie appelle de ses vœux « une nouvelle politique franco-russe ». Par dépit, pourrait-on dire, il affirme que « une franche rupture serait préférable à cette expectative bougonne, car elle serait suivie d'une réaction du bon sens, du sens pratique, ainsi qu'il advint à Londres »[1]. Dans une lettre dont le destinataire est inconnu, de Monzie insiste sur les deux plus grandes erreurs de la politique soviétique de la France : l'expulsion de Rakovski et la politique commerciale de 1930. On remarquera qu'il s'agit là de deux épisodes dans lesquels l'ambassadeur Herbette s'est particulièrement illustré. « Le résultat dès maintenant s'avère désastreux », poursuit-il, « d'ailleurs nous avons désavoué implicitement et silencieusement cette erreur de nos ministres abusés »[2]. Comment ne pas penser que de Monzie considère Jean Herbette comme un de ceux qui n'ont pas su conseiller la bonne politique à suivre.

[1] AHC-FNSP, papiers De Monzie, « Une nouvelle politique franco-russe », *La Petite Gironde*, 9 avril 1931.

[2] AHC-FNSP, papiers De Monzie, lettre d'Anatole de Monzie, destinataire inconnu, 1931.

POST-SCRIPTUM DES ANNÉES DE RUSSIE

LA RECONNAISSANCE DU SAINT-SIÈGE ENVERS HERBETTE

Les actions entreprises par Herbette pour soutenir l'Église et les fidèles de la foi catholique en URSS, lui valent de nombreux remerciements de la part du Vatican. Mgr d'Herbigny, qui avec Mgr Neveu était le plus à même de connaître tous les efforts déployés par Herbette, le rencontra à Paris le 20 avril 1931. Le président de la commission *Pro Russia* remercia chaleureusement l'ambassadeur et encouragea « tous ceux qui, par l'influence de M. Herbette, sont les seuls à ne pas vouloir l'alliance soviétique »[1]. En juillet, avant son départ pour Madrid en tant que nouvel ambassadeur de France en Espagne, Herbette reçut des mains de Mgr d'Herbigny le Grand cordon et la Grand-croix de l'Ordre de Pie IX. Un mois et demi plus tard, l'ambassade de France près le Saint-Siège rapportait que Pie XI « avait apprécié l'action de M. Jean Herbette pour la protection des intérêts catholiques en URSS » et exprimait « sa reconnaissance envers le gouvernement français »[2].

Deux ans plus tard, le cardinal secrétaire d'État Pacelli confie à l'ambassadeur de France Charles-Roux, qu'il attache « le plus grand prix au jugement de M. Jean Herbette », sur qui il s'exprime « dans les termes les plus flatteurs ». Il rappelle notamment que pendant sa mission à Moscou, « le Saint-Siège a reçu de lui des avis et des services très appréciés ». Herbette considère que ces « appréciations imméritées » sont « uniquement dues à la bienveillance des deux

[1] Antoine WENGER, *Rome et Moscou … op. cit.*, page 408.

[2] ADN MfC n° 233, dép. confidentielle de Gentil (chargé d'Affaires) à Briand n° 365 du 20 août 1931.

interlocuteurs »[1]. Déjà, en 1928, le nouvel ambassadeur de France près le Saint-Siège, Fontenay, avait reçu « un flot de louanges de Pie XI » sur l'action d'Herbette à Moscou[2].

En 1934, Mgr Neveu entretient toujours des relations épistolaires avec les Herbette – les lettres transitent par les valises diplomatiques entre Moscou et Madrid. L'évêque remercie Mme Herbette pour les provisions qu'elle lui envoie et la prie de transmettre à son mari ses « sentiments de profond respect, de bien vive gratitude et de bien sincère affection »[3].

Cette reconnaissance du Saint-Siège pour Herbette, nous la retrouverons dans l'exercice même de ses fonctions d'ambassadeur de France en Espagne. Dans ce pays où l'influence de l'Église a tant d'importance et où la révolution sociale menace, le Vatican et Pie XI savent qu'en cas de besoin ils peuvent compter sur le diplomate français. Il est certes athée, mais son pragmatisme et son anticommunisme l'éloignent de tout anticléricalisme doctrinaire. En 1936–1937, pendant la guerre civile d'Espagne, l'ambassadeur de France ne décevra pas le Vatican. D'ailleurs, en bibliophile averti, Herbette collectionne aussi bien les riches éditions du Coran rapportées de Perse ou reçues d'amis turcs que les bibles orthodoxes ou romaines acquises en Russie. Quelle évolution depuis l'affiche arrachée à la porte des Barnabites !

L'ÉVOCATION D'HERBETTE DANS DIFFÉRENTS PROCÈS D'ESPIONNAGE EN URSS

Jusqu'à l'arrivée d'Herbette à Moscou en janvier 1925, la population française de la ville s'était organisée comme elle le pouvait. Mme Alice Ott, citoyenne française devenue russe par son mariage avec Albert Ott, un professeur à l'institut universitaire hydraulique, était chargée de l'entretien de l'Église de Saint-Louis-des-Français. Elle fournissait également de l'aide aux Français les plus nécessiteux. En 1922, Herriot de passage à Moscou, l'avait au nom du gouvernement français

[1] ADN MfC n° 165, dép. confidentielle de Charles-Roux à Paul-Boncour (ministre des Affaires étrangères) n° 289 du 29 juillet 1933 ; n° 2mi1094, dép. confidentielle d'Herbette à Paul-Boncour n° 727 du 19 août 1933.

[2] Annie LACROIX-RIZ, *Le Vatican, le Reich et l'Europe de la Première Guerre mondiale à la guerre froide*, 1996, page 224.

[3] BCUL fonds Herbette IS 4147, lettre de Mgr Eugène Neveu (Moscou) à Madame Jean Herbette (Madrid) du 8 mai 1934.

confirmé dans cette fonction. L'argent nécessaire lui parvenait de France *via* l'ambassade de Pologne à Moscou. Le 5 mars 1938, Albert Ott fut arrêté pour espionnage. Au cours de son procès, il déclara que jusqu'en 1931 lui et sa femme étaient engagés par Herbette pour faire de l'espionnage. Il mourut en déportation du typhus en 1939. Dans le train qu'il l'emmenait vers la Sibérie, il put néanmoins écrire à sa famille ; dans sa lettre, il affirmait qu'on l'avait forcé à faire ces aveux. On ne s'étonnera qu'à moitié qu'Herbette soit mêlé à cette affaire : que l'on se souvienne du procès du « parti industriel ». Il faut aussi préciser, qu'en 1938, Herbette n'est plus ambassadeur et qu'il a pris des positions très hostiles à l'URSS pendant la guerre civile d'Espagne.

Près de dix ans plus tard, en décembre 1947, Alice Ott est arrêtée à son tour pour espionnage, sur la foi des déclarations de son mari et de dénonciations. Interrogée sur ses rapports avec Herbette, elle précise qu'elle est entrée au service de l'ambassade en février 1926, mais que le diplomate « était alors déjà bien au fait des choses de l'Union Soviétique, car il était venu avec son équipe chargée de l'informer ». Pendant les nombreux interrogatoires qui durent jusqu'en juillet 1948, Alice Ott dément toute implication de sa part et d'Herbette dans des activités d'espionnage. Néanmoins, la conclusion de l'accusation stipule qu'à partir de 1926, elle « établit un lien criminel avec l'ambassadeur de France en URSS, Herbette ; elle l'informait de la réalité soviétique et jusqu'en 1932 (*sic*) inclusivement elle lui fournissait diverses informations sur l'URSS, ainsi que sur les Français qui nourrissaient des dispositions pro-soviétiques ». Cette accusation est confirmée par le fait qu'appréciant « hautement » les services d'Alice Ott, « Herbette [...] a fait des démarches auprès du gouvernement français sur la nécessité, au cas de rupture des relations diplomatiques entre l'URSS et la France, de faire venir la famille Ott en France ». Alice Ott est condamnée à quinze ans d'enfermement dans « un camp spécial de travail correctif » et à la confiscation de tous ses biens[1].

Après la mort de Staline et dans le contexte de déstalinisation initié par Khrouchtchev, Alice Ott demande plusieurs fois sa réhabilitation et celle de son mari. Albert Ott est finalement réhabilité en avril 1956 au motif que « les informations que M. Ott transmettait à M. Herbette sur les différentes constructions de stations hydroélectriques [...] étaient alors du domaine public, puisqu'elles avaient paru dans des

[1] Sur les procès d'Albert Ott, d'Alice Ott (mère) et d'Alice Ott (fille), voir Antoine WENGER, *Catholiques en Russie ... op. cit.*, chapitres 9 et 10 pages 211 à 262.

revues scientifiques spécialisées ». « D'autre part, le KGB ne dispose pas de preuves de l'appartenance d'Albert Ott au réseau d'espionnage français, ni sur des liens criminels avec Herbette ». L'accusation principale qui pesait sur Alice Ott tombait du même coup, mais il fallut attendre encore un an et demi pour qu'en novembre 1957, Alice Ott soit à son tour réhabilitée. Après une intervention de De Gaulle auprès de Khrouchtchev, elle put s'installer en France en juin 1960, avec sa fille qui avait été elle aussi malmenée. Elle a été décorée de la Légion d'honneur en 1962[1].

Outre l'illustration de l'évolution politique intérieure de l'URSS et des relations internationales, ces épisodes sont révélateurs de la mauvaise image qu'Herbette a conservée très longtemps en URSS. Du procès du « parti industriel » à celui d'Alice Ott en 1948 en passant par celui de son mari en 1938, il y a une même accusation portée contre le personnel de l'ambassade de France ou contre des gens qui l'ont approché. Certes, les accusations ne portent pas uniquement sur la période 1925–1931 et d'autres ambassadeurs de France sont également nommés, mais aucun autant qu'Herbette, et de loin. Il faut préciser que nous n'avons trouvé aucun document portant sur ces affaires, ni dans les archives diplomatiques, ni dans les archives privées de Jean Herbette. Seules les archives soviétiques consultées par Antoine Wenger permettent d'évoquer cette question. Dans aucune des correspondances privées ou administratives d'Herbette ne figure le nom Ott. Complètement retiré des affaires publiques après 1937, on peut même imaginer qu'Herbette ne sut jamais que le couple Ott dût endurer tant de souffrances … pour simplement avoir été dans son entourage. Il faut ajouter que si Herbette est la bête noire des autorités soviétiques encore après la Deuxième Guerre mondiale, c'est que ses dépêches envoyées de Moscou à Paris ont été détournées par l'Allemagne nazie en 1943.

[1] Antoine WENGER, *Catholiques en Russie … op. cit.*, chapitre 11 pages 263 à 281.

L'UTILISATION DE LA CORRESPONDANCE D'HERBETTE PAR LA PROPAGANDE NAZIE

Lorsque les troupes allemandes arrivent à Paris en 1940, on sait que beaucoup de papiers du Quai d'Orsay, notamment ceux de la sous-direction d'Europe, sont brûlés par les fonctionnaires des Affaires étrangères. La correspondance de Moscou, du moins celle des années 1920 ne fut pas concernée par ce tri, sans doute y avait-il des papiers plus importants à détruire. La correspondance d'Herbette put donc être à loisir consultée par les fonctionnaires allemands. Après juin 1941 et l'offensive contre l'URSS, elle prenait évidemment une signification très importante que la propagande nazie sut bien utiliser. La dénonciation par Herbette du despotisme soviétique, de la menace pour la paix européenne, du risque de révolution bolchevique en Occident, tout cela apportait de l'eau au moulin de la propagande antisoviétique du nazisme et du régime de Vichy.

Aussi, en 1943, la Commission des Archives du ministère des Affaires étrangères du Reich publie dans la collection « Les origines de la guerre de 1939 », *Ein französischer Diplomat über die bolschewistische Gefahr*. Bien entendu, il est traduit et paraît également en français : *Un diplomate français parle du péril bolchevique*, avec la précision suivante : *Rapports de Jean Herbette, ambassadeur de France à Moscou (1927–1931)*[1]. Il ne s'agit donc pas d'un livre écrit par Herbette lui-même. Une introduction de 18 pages, qui présente l'objectif suivi par les auteurs, précède la reproduction partielle ou totale de 28 dépêches rédigées par Herbette entre 1927 et 1931. Il va de soi que la correspondance envoyée par l'ambassadeur pendant les premières années de sa mission – et qui préconisait le rapprochement de la France avec l'URSS contre l'Allemagne – n'était pas celle qui intéressait le plus les propagandistes du Reich !

Le court avant-propos du livre précise que « l'exposé de M. Herbette [...] à l'époque actuelle, apporte la preuve indiscutable que l'enjeu de la lutte contre Moscou n'est pas autre chose en réalité que l'existence ou la destruction de notre continent ». Le but de l'entreprise de propagande est donc clairement exprimé : montrer aux Français que l'un d'entre eux, parmi d'autres qui étaient peu nombreux, avait saisi la véritable nature du communisme et la nécessité de lutter contre lui.

[1] *Un diplomate français parle du péril bolchevique. Rapports de Jean Herbette, ambassadeur de France à Moscou (1927–1931)*, Imprimerie de Sceaux, Commission des Archives du Ministère des Affaires étrangères du Reich, 1943, 206 pages.

En ce sens, ce livre a peut-être été l'un des éléments qui ont poussé des jeunes Français à s'engager dans la Légion des Volontaires Français qui est allée combattre sur le front russe dans les armées du Reich. Pour rendre la propagande encore plus efficace et pour tenter de montrer l'objectivité du livre, il est précisé dans l'introduction qu'en 1924, Herbette était « animé de sentiments amicaux, voire même d'un enthousiasme presque illimité pour la Russie bolcheviste ». On comprend où les propagandistes nazis veulent en venir : « quand nous partons de ce fait, les rapports ultérieurs de l'ambassadeur gagnent encore en importance, car ils ne sont nullement influencés par une aversion personnelle ou une étroitesse doctrinaire de leur auteur ». L'évolution d'Herbette à l'égard de l'URSS, qui n'est d'ailleurs pas datée avec précision, est expliquée par le fait qu'il « n'arrive que progressivement à pénétrer la véritable nature du bolchevisme, ses intentions, ses objectifs ».

L'introduction se poursuit par un résumé synthétique des dépêches reproduites ensuite. Elle se termine sur une question tout à fait pertinente que tous les chercheurs qui travaillent sur les mécanismes de la prise de décision en politique étrangère connaisse bien : « quelle influence ce diplomate a-t-il exercée sur les décisions de son gouvernement en matière de politique extérieure ? » Ici, la réponse est péremptoire : « les hommes d'État français n'ont pas prêté l'oreille à leur ambassadeur à Moscou ». L'aspect propagandiste apparaît ici bien nettement : il s'agit de montrer aux Français que leurs dirigeants de l'entre-deux-guerres les ont menés à leur perte. Nous avons montré de notre côté que malgré ses changements de position, Herbette a toujours été écouté lorsqu'il était à Moscou, qu'il a été souvent entendu et qu'il a pris une grande place dans la détermination de la politique soviétique de la France. Certes, lorsqu'il quitte Moscou en 1931, c'est parce qu'une autre politique se prépare : celle du rapprochement qui mènera au pacte franco-soviétique de 1935. Mais, le fait même qu'il doive alors quitter Moscou montre qu'il avait un certain poids non seulement dans l'exécution mais aussi dans la prise de décision de la politique soviétique de la France.

C'est un véritable dithyrambe qui ponctue la présentation de l'ambassade d'Herbette dans l'ouvrage nazi : « il prend congé en 1931, mais cette fois, il sait ! Oui, autant que nous puissions le constater aujourd'hui, lorsqu'il s'en va, il est un des rares hommes qui savent, un homme qui, par l'ardente sagacité de son sens d'observation, par la clarté de son intelligence et l'acuité de sa logique purement française, a percé la brume de tromperies et de fourberies dont les gouvernants russes aiment à s'envelopper ; il a déchiré le voile de mensonges dont se recouvraient les plans du Kremlin et divulgué les menées destructrices, à la fois brutales et raffinées, de celui-ci ». Enfin, les dernières lignes ne sont ni plus ni moins une réécriture falsifiée du déclenchement de la Deuxième Guerre mondiale : « lorsque l'Allemagne et l'Europe virent se lever dans la personne d'Adolf Hitler le grand homme qui devait les sauver du bolchevisme, le gouvernement français fit entrer le gouvernement soviétique dans la Société des Nations, il pratiqua avec lui une politique commune, finalement il conclut avec lui cette alliance qui, sans considération pour tout ce qui fut entrepris ultérieurement par le Führer de l'Allemagne pour écarter encore une fois la terrible menace qui pesait sur le continent, ouvrit au chef tout puissant du Kremlin les voies qui devaient conduire à cette guerre que, d'après Herbette, Staline souhaitait depuis longtemps et s'efforçait de provoquer. Les "États capitalistes" : les États-Unis et l'Angleterre, combattus – ainsi que le souligne également Herbette – par le dictateur rouge, avec la plus grande haine, lui ont tendu une main secourable ».

On excusera cette trop longue citation, mais face à de tels écrits, il faut aller au texte et rien qu'au texte afin d'empêcher toute maladresse et toute synthèse réductrice. Sans poursuivre trop longtemps la critique par trop évidente des lignes qui précèdent, on se bornera à quelques remarques fondamentales. Outre le fait qu'aucune dépêche des années 1925, 1926 et 1927 ne soit reproduite, on constate qu'aucune des 28 dépêches reproduites n'évoque l'Allemagne. Et pour cause, si de Moscou Herbette dénonce le bolchevisme, il dénonce également et constamment le danger allemand et les raisons objectives qui poussent l'Allemagne de Weimar et l'URSS à perturber les relations européennes. Par ailleurs, certaines dépêches ont été coupées. C'est pourquoi, contrairement à d'autres auteurs, nous n'avons pas utilisé ces reproductions comme sources pour notre développement. Lorsque nous avons retrouvé les originaux dans les archives, c'est ceux-là que nous avons cités ; lorsque nous n'avons pas retrouvé les originaux, nous ne pouvions pas être sûrs que les dépêches reproduites le soient complètement. Or, l'on peut tout faire dire et son contraire à une citation extirpée de son contexte. En revanche, l'étonnant fonds des « photos allemandes » des archives diplomatiques de Nantes nous a permis de consulter certaines des dépêches d'Herbette, introuvables par ailleurs, que les services allemands avaient sélectionnées en vue d'une utilisation éventuelle.

Nulle trace de ce livre n'a été trouvée dans les archives personnelles d'Herbette. Pourtant, il semble impensable qu'il n'ait pas été au courant de cette publication. Même retiré des affaires en Suisse, il connaît encore assez de monde pour qu'on lui signale cette parution. Par exemple, son frère François possède un exemplaire du livre. Quelle a été alors la réaction de notre personnage ? Nous n'en savons rien, mais connaissant un peu le caractère de l'homme, il n'a pas pu éprouver de la satisfaction d'être ainsi utilisé et déformé. Ensuite, n'oublions pas son obsession de la menace allemande. Enfin, la correspondance diplomatique qu'Herbette envoie de Madrid jusqu'en 1937 ainsi que ses lettres personnelles postérieures montrent sans aucune ambiguïté qu'il considère le nazisme comme un système totalitaire destructeur de l'homme et de la paix. C'est donc bien sûr sans lui demander son avis que la propagande nazie a ainsi détourné ses dépêches.

QUATRIÈME PARTIE

AU CHEVET DE LA RÉPUBLIQUE ESPAGNOLE (1931–1936)

CHAPITRE I

UNE NOUVELLE AMBASSADE DANS UNE ESPAGNE NOUVELLE

COMPRENDRE LES TROUBLES DE L'ESPAGNE

C'est la dictature de Miguel Primo de Rivera qui domine largement l'histoire de l'Espagne des années 1920. Le roi Alphonse XIII l'a laissée s'installer en 1923, puis l'a soutenue jusqu'à ce qu'elle ne soit plus tenable en 1930. Après la démission de Primo de Rivera, le gouvernement du général Berenguer s'avère incapable de répondre au besoin de réformes. D'un autre côté, le retour au système politique d'avant 1923 est impossible car la monarchie s'est trop compromise avec la dictature. En août 1930, les républicains de tous bords : socialistes, modérés, catalans et basques, et même anarcho-syndicalistes de la CNT, signent le pacte de Saint-Sébastien qui prépare le changement de régime en Espagne. Mais en décembre, la garnison de Jaca se soulève trop tôt par rapport aux plans établis, c'est un échec. La répression est sévère : les capitaines Fermín Galán et García Hernández sont exécutés. Cependant, pas plus que Berenguer, l'amiral Aznar qui lui succède n'est en mesure de résister à la poussée républicaine : il doit consentir un calendrier électoral qui est inauguré par des élections municipales – les premières depuis 1923 – le 12 avril 1931[1].

[1] Pour l'événementiel, on peut se référer à Joseph PEREZ, *Histoire de l'Espagne*, 1996 ; Guy HERMET, *L'Espagne au XXème siècle*, 1986 ; Pierre BROUÉ et Émile TÉMIME, *La révolution et la guerre d'Espagne*, 1961 ; Manuel TUÑON DE LARA, *La Segunda República*, 1976 et le tome IX de *Historia de España : La crisis del Estado, dictadura, república, guerre (1923–1936)*. Pour les relations franco-espagnoles, Yves DENÉCHÈRE, *La politique espagnole de la France de 1931 à 1936, une pratique française de rapports inégaux*, 1999.

De Moscou, Herbette s'intéresse à la situation espagnole et à la propagande de l'Internationale. Il faut préciser que le parti communiste espagnol est alors une toute petite formation dont l'influence n'est pas grande. Une situation qui s'explique par l'importance de la tradition anarchiste en Espagne. En janvier 1930, l'ambassadeur signale un article de la *Pravda* signé Barbey, un des responsables français de l'Internationale. L'auteur indique que la crise de la dictature espagnole est propice à la grève, qui pourrait permettre au PCE de montrer sa maturité révolutionnaire. Pour Herbette, « les dirigeants de l'Internationale communiste comptent exploiter le changement éventuel de régime en Espagne pour tenter immédiatement la formation de soviets ». En attendant, ils « reprennent sans vergogne les armes classiques de toutes les insurrections espagnoles : catalanisme, particularisme basque, *pronunciamientos* militaires ». L'ambassadeur insiste sur l'attention particulière que Moscou porte à l'Espagne : « le plan de guerre civile conçu pour l'Espagne par "l'état-major de la Révolution mondiale" paraît donc être plus audacieux que les programmes applicables à maints autres pays ». Pour autant, il n'est pas inquiet outre mesure car il pense que « les gens de Moscou connaissent mal le peuple espagnol ». Mais « ils n'en feront pas moins tout pour lui procurer des convulsions sanglantes, et nos amis d'outre-Pyrénées feront bien d'y songer à temps »[1].

L'avertissement est encore plus net à la fin de l'année 1930, quand Herbette envoie coup sur coup trois dépêches sur la situation espagnole telle qu'elle se présente vue de Moscou. Il explique que le travail fait à Moscou *sur* l'Espagne doit se doubler d'un travail fait *en* Espagne et qu'il « doit être possible de trouver les traces des agissements soviétiques ». Au début de l'année 1931, l'ambassadeur constate : « en somme on ne néglige rien à Moscou pour donner les meilleures recettes de révolution aux communistes espagnols. Il est permis de supposer qu'on leur donne autre chose aussi ». Toutes ces observations prouvent, « l'attention avec laquelle on a dressé un plan de campagne pour faire dans ce pays la révolution bolcheviste »[2]. Bien entendu, Herbette n'apporte pas de preuve de ce qu'il avance, mais par l'intermédiaire du Quai d'Orsay, il convainc l'ambassadeur de France à Madrid, Charles Corbin, de s'intéresser de plus près à la propagande soviétique en Espagne. De Madrid, l'analyse qui parvient au Quai d'Orsay

[1] ADN, MfC car.150 dép. d'Herbette (Moscou) à Briand n° 30 du 11 janvier 1930.

[2] ADN, MfC, car. 150, dép. d'Herbette (Moscou) à Briand n° 778, 782 et 789, des 17, 18 et 21 décembre 1930 et n° 9 du 5 janvier 1931.

est d'une moindre intensité dramatique. Corbin constate que la propagande soviétique ne préoccupe pas le gouvernement espagnol, tant l'audience qu'elle peut avoir lui semble limitée. Cependant, l'ambassadeur à Madrid remarque que le communisme progresse parmi les ouvriers catalans. Quant à savoir si Moscou a envoyé des fonds, c'est probable mais invérifiable[1].

À la veille des élections municipales d'avril 1931, il apparaît à tous que l'enjeu est de choisir entre la monarchie et la république. D'ailleurs, partout la coalition monarchiste et la coalition républicano-socialiste se font face. Malgré de grandes craintes, le scrutin se déroule dans le calme et la mobilisation est forte. Les résultats dévoilés dans la journée du 13 avril donnent la victoire aux républicains : ils ont obtenu la majorité des sièges dans presque toutes les grandes villes, dont Madrid. L'amiral Aznar reconnaît la défaite des monarchistes et conseille au roi de se retirer. Ce n'est que le 14 au matin qu'Alphonse XIII s'embarque à Carthagène pour Marseille. Il choisit l'exil, mais sans abdiquer. Tant que le roi est encore en Espagne, les chefs républicains hésitent à proclamer la République. C'est à Barcelone, le 14 avril à 14 heures que le colonel Macía, chef de la gauche républicaine catalane, proclame le premier la république. La foule chante *la Marseillaise* en catalan. À Madrid, Niceto Alcála Zamora, républicain modéré et catholique, s'impose parmi les leaders républicains et, en tant que chef du Gouvernement provisoire, il proclame à son tour la république dans la soirée du 14 avril. Les télégrammes de Corbin permettent de suivre heure par heure les événements fondateurs du nouveau régime espagnol. Malgré sa volonté de ne pas porter de jugement trop hâtif, l'ambassadeur estime que de dures épreuves attendent le nouveau pouvoir : l'expérience des nouveaux ministres est quasi-nulle, et l'entente républicaine est très disparate[2].

À Paris, la décision de reconnaître le nouveau régime républicain espagnol est prise promptement. Dès le 17 avril, le Quai d'Orsay fait parvenir au ministre d'État (Affaires étrangères) du Gouvernement provisoire, la notification française. Au début mai, la Chambre des députés et le Sénat envoient des adresses de sympathie à Madrid. Désormais, la France doit intégrer dans sa politique espagnole les données nouvelles issues de la « révolution » du mois d'avril. Les autorités françaises dans leur ensemble l'ont compris, mais à Madrid, Corbin ne semble pas l'homme de la situation. L'ambassadeur est

1 ADN MfC reg. 2mi1085 dép. de Corbin (Madrid) à Briand n° 40 du 28 janvier 1931.

2 ADN MfC reg. 2 mi1085, dép. de Corbin à Briand n° 151 du 16 avril 1931.

en poste en Espagne depuis 1929 seulement, après avoir exercé au Quai d'Orsay les hautes responsabilités de sous-directeur d'Europe (1924–1927) et de directeur des affaires politiques et commerciales (1927–1929). Armand Bérard, qui le rencontre à Madrid dans les derniers mois de la dictature de Primo de Rivera nous en livre le portrait suivant : « grand, svelte, très légèrement voûté comme s'il eût voulu s'excuser de sa grande taille et se rapprocher de son interlocuteur, l'ancien directeur des affaires politiques était l'un de nos diplomates les plus fins, les plus avertis. Toujours vêtu avec goût, discret, peu disert ». Ce portrait assez flatteur est bien éloigné de ceux qu'Herbette a pu inspirer à ses contemporains. En ce qui concerne la conception qu'ils ont de la diplomatie, les deux hommes sont également éloignés l'un de l'autre. En témoigne cette remarque de Corbin qui conseille à Bérard de passer le concours du Quai d'Orsay : « ou bien vous serez des cadres, ou bien, pour y entrer plus tard, vous serez obligé de rechercher des protections politiques »[1]. C'est bien là toute la différence du parcours de Corbin avec celui d'Herbette.

Dans le contexte du changement de régime espagnol, les bonnes relations que Corbin entretenait avec Alphonse XIII deviennent encombrantes. Bérard note que l'ambassadeur était « apprécié de l'aristocratie madrilène et respecté des intellectuels ». On notera les différences d'attitudes vis-à-vis de Corbin de la part de deux groupes dont l'un soutient la monarchie et l'autre participe à son renversement. Aussi, le représentant français assiste sans enthousiasme au changement de régime. Bien plus, il reste très attaché à la famille royale en exil en France. Dix jours après l'avènement de la république, il charge le duc de Miranda (« Mon cher Duc ») de transmettre à « Sa Majesté le Roi », ses condoléances pour la mort de l'infante Isabelle[2]. Cette correspondance est certes personnelle, mais c'est tout de même l'ambassadeur de France auprès de la République espagnole qui considère encore Alphonse XIII comme un roi ? Peut-il dans ces conditions rester à son poste ?

Le remplacement de Corbin est en fait envisagé dès le lendemain du changement de régime. La décision de nommer un autre ambassadeur est prise en mai et le 10 juin le ministère d'État espagnol donne son

[1] Armand BÉRARD, *Un ambassadeur se souvient*, tome I : *Au temps du danger allemand*, 1976, page 91. Jean-Baptiste Duroselle écrit de Corbin : « quoique fort bon écrivain, il préférait la précision à la couleur », *La décadence*, 1979, page 278.

[2] ADN MfC car. 118, lettre de Corbin au duc de Miranda (Fontainebleau) du 24 avril 1931, réponse du premier mai 1931.

agrément à la nomination d'Herbette. Ce dernier, quittant Moscou en mars 1931 par « antisoviétisme croissant » comme le remarque Jean-Marc Delaunay[1], se trouve libre au moment où il faut envoyer un nouveau représentant à Madrid. Cependant, Corbin doit insister pour obtenir l'agrément du gouvernement espagnol pour Herbette. Pour le secrétaire général du Quai d'Orsay, Philippe Berthelot, le « gouvernement espagnol paraît ainsi peu pressé de répondre à une manifestation spéciale de sympathie » ; il considère que « ce retard est anormal »[2]. Il est impossible de préciser si ce délai est simplement technique ou dû à la personnalité d'Herbette.

Jean-Baptiste Barbier, qui sera le conseiller d'ambassade d'Herbette au début de la guerre civile – et qui le déteste – affirme que s'étant fait « une vraie spécialité de représentation diplomatique en pays rouges [...] il avait réclamé et obtenu en 1931, c'est-à-dire aussitôt après la naissance de cette république qui s'annonçait déjà révolutionnaire en Espagne, le poste d'ambassadeur à Madrid, conservé désormais par lui en dépit de compétitions naturellement nombreuses parmi tous nos *ambassadorisables* à tendances accusées de gauche et d'extrême gauche »[3]. Si les souvenirs d'URSS de Boisanger sont parfois à manier avec précaution en ce qui concerne Herbette, nous montrerons souvent que ceux de Barbier, frappés du coin du parti pris politique, sont encore plus suspects, parfois complètement contraires à la réalité. Néanmoins, il est tout à fait probable qu'Herbette, qui de Moscou s'est déjà intéressé à la situation espagnole, ait fait tout son possible pour obtenir le poste de Madrid. Et sans doute, n'était-il pas le moins qualifié des diplomates français pour saisir la nouvelle réalité espagnole. De son côté, Corbin rejoint l'ambassade de France à Londres, d'où il aura encore à s'occuper de l'Espagne pendant la guerre civile en tant que représentant de la France au Comité international de contrôle de la non-intervention. Pour l'heure, le 27 juin 1931, Corbin transmet au ministère d'État les lettres signées par Doumer et Briand qui mettent fin à sa mission. Afin de suivre le déroulement des si importantes élections aux Cortès constituantes du 28, il ne quitte Madrid que le 3 juillet. Herbette arrive à Madrid le 9 au soir et prend officiellement ses fonctions le 10 juillet 1931.

[1] Jean-Marc DELAUNAY, *Des palais en Espagne : l'École des Hautes Études Hispaniques et la Casa de Velázquez au cœur des relations franco-espagnoles du XXème siècle*, thèse 1987, page 521.

[2] ADN MfC car. 4, tél. de Berthelot à Corbin n° 178 du 10 juin 1931.

[3] Jean-Baptiste BARBIER, *Un frac de Nessus*, 1951, page 612.

DE LA MOSKOVA AU MANZANARES

Le choix d'Herbette pour l'ambassade de France à Madrid interpelle les Espagnols. Certains journaux y voient le signe que la France a peur de l'évolution politique de l'Espagne. Le journal *Amanecer*, dans un article intitulé « El nuevo embajador francès », prétend que « la France est saisie de panique [...] ; qu'elle s'imagine qu'une flamme rouge est à ses côtés ; que pour ces raisons elle envoie en Espagne un ambassadeur familiarisé avec les manèges soviétiques ». Le quotidien conclut que « le Français ignore de plus en plus la géographie puisqu'il confond le Manzanares et la Moskova »[1]. Il n'est pas utile de multiplier les exemples de ce genre, mais il est révélateur des réactions de l'opinion publique espagnole. De leur côté, les Herbette semblent avoir besoin de quelque temps pour oublier la vie en URSS. Dans son journal, Manuel Azaña, républicain modéré qui est en 1931 ministre de la Guerre avant de devenir président du Conseil puis président de la République en 1936, évoque leur installation à Madrid. « Ils étaient saisis de peur. Partout ils voyaient des agents secrets, des espions, des mystères et des dangers »[2]. Georges Duhamel, qui leur rend visite en Espagne en avril 1932, note dans son journal que « Herbette a la réputation de parler à voix basse depuis son retour de Russie ». Jeanne Herbette laisse entendre que la femme russe de Kieffer travaillait pour le Guépéou, mais elle dit cela « très gentiment, sans amertume et presque sans reproche ». Quant à l'ambassadeur, « il parle des choses russes de façon intelligente et modérée »[3]. Il est vrai que le temps est déjà un peu passé, et que l'immeuble de l'ambassade de la rue Salustiano Olózaga, non loin du parc du Retiro, n'a sans doute pas de mal à faire oublier la triste bâtisse de Moscou.

Dès le 11 juillet, Herbette remet ses lettres de créance au Président Alcalá Zamora. À 11 h 30, Herbette se présente en uniforme d'ambassadeur – dans lequel il a cette fois investi ! – au palais de la présidence du Conseil. À cette occasion, pour la première fois depuis l'avènement de la république, les honneurs militaires sont rendus à un hôte étranger. Le Président tient à le faire remarquer à l'ambassadeur en insistant sur la signification symbolique qu'il donne à l'événement.

1 *Amanecer*, 20 juin 1931.

2 Cité par José María BORRÁS LLOP, « Relaciones franco-españolas al comienzo de la guerra civil : la embajada de Jean Herbette (1936–1937) », *Arbor*, n° 491–492, 1986, pages 80–81.

3 Georges DUHAMEL, *Le livre de l'amertume ... op. cit.*, pages 192–193.

En effet, la Deuxième République espagnole n'est-elle pas une petite sœur de la Troisième République française ? L'expression « il n'y a plus de Pyrénées » est souvent reproduite dans les journaux républicains au printemps 1931. Suit le traditionnel échange de discours dont les contenus peuvent se réduire à l'expression de la volonté des deux parties de « maintenir les liens d'amitié cordiale et sincère qui unissent [les] deux pays ». Après cet exercice qui répond aux canons de la diplomatie, Herbette a de longs entretiens avec Alcalá Zamora, mais aussi avec le ministre d'État Alejandro Lerroux et Manuel Azaña, chargé du portefeuille de la Guerre. Ce sont surtout les questions de politique intérieure qui sont au centre des conversations[1]. En effet, après la transition des trois premiers mois, la république doit désormais organiser ses institutions. C'est la tâche des Cortès constituantes qui se réunissent pour la première fois le 14 juillet, date symbolique qui là encore n'a pas été choisie au hasard.

En rétablissant la *jornada* qui avait été supprimée par la dictature, le gouvernement provisoire redonne à Saint-Sébastien son petit air de capitale d'été. En effet de la mi-juillet à la mi-septembre, une délégation du ministère d'État s'installe dans cette ville et permet aux représentations étrangères d'échapper à la fournaise madrilène. Mais du même coup, les chefs de missions se retrouvent loin de Madrid et des travaux de l'assemblée. Pour sa part, Herbette préfère rester dans la capitale, pour un moment au moins. Ensuite il hésite entre s'installer dans la maison de France à Saint-Sébastien ou partir à la rencontre des colonies françaises d'Espagne. Finalement, il ne rejoint le corps diplomatique qu'à la mi-août. Cette affaire montre le peu de cas qu'Herbette fait des relations avec ses collègues : pour le moins elles ne sont pas prioritaires. L'ambassadeur des États-Unis à Madrid de 1933 à 1939, Claude Bowers, écrit dans ses mémoires que « froid, distant, et peu avenant, il [Herbette] ne jouissait pas, d'une manière générale, d'une grande popularité »[2]. Il est vrai que le diplomate français a davantage de relations avec le comte Welczeck, ambassadeur d'Allemagne à Madrid, ou avec le nonce Monseigneur Tesdechini, qu'avec ses collègues américain ou britannique. Selon Barbier, Herbette était même « universellement détesté ». Il évoque la « voix de corbeau », le « rire impossible à décrire et sardonique [...] de cet homme qui déclarait

1 ADN MfC reg. 2mi1086, dép. d'Herbette à Briand n° 357 du 11 juillet 1931.

2 Claude G. BOWERS, *Ma mission en Espagne (1933–1939)*, 1956, page 69. Voir également Yves DENÉCHÈRE, « Les États-Unis et la Deuxième République espagnole. L'ambassade de Claude G. Bowers (1933–1939) » in *Histoires d'Europe et d'Amérique. Le monde atlantique contemporain*, 1999, pages 271 à 286.

lui-même aimer le mauvais temps et détester la bonne cuisine »[1]. Ce dernier trait est confirmé par Manuel Azaña dans son journal daté de 1937 : il considère cela comme un comble pour un Français[2]. Mais en 1931, la première impression du responsable espagnol est qu'Herbette est « intelligent et agréable ». Il le reçoit ensuite pour « une visite très affectueuse et cordiale ». En octobre 1931, Azaña devient président du Conseil, il note : « Herbette est très sympathique avec moi » et les « époux Herbette sont très aimables et très cordiaux ». D'ailleurs, les Azaña et les Herbette sortent ensemble au théâtre, s'invitent à dîner, et les épouses passent des soirées ensemble[3]. Bowers confirme : Herbette « était la bête noire des aristocrates espagnols, tant à cause de ses idées politiques que parce qu'il avait accompli une mission diplomatique à Moscou, mais il était en faveur auprès des partis de gauche ». Il apparaît donc bien qu'Herbette préfère être introduit dans les milieux politiques espagnols qui construisent une nouvelle Espagne que fréquenter le corps diplomatique. En 1932, Indalecio Prieto, l'un des leaders du Parti Socialiste et Ouvrier Espagnol (PSOE) déclare qu'Herbette est l'ambassadeur « le plus amical que nous ayons »[4].

Peut-être est-ce pour cela que Bowers le qualifie de « plus ou moins socialiste ». Mais plusieurs années après, lorsqu'il demande à un diplomate français (?) si Herbette était socialiste, il s'entend répondre : « non, il était herbettiste ! »[5]. Tous les contemporains qui approchent Herbette lors de ces années espagnoles tentent de cerner ses idées politiques. Barbier évoque ses « stupéfiantes évolutions puisqu'il était parti des hauteurs de la droite à l'ancien *Écho de Paris*, pour gagner au *Temps* les bas-fonds du centre gauche »[6]. Encore oublie-t-il *Le Siècle* et *L'Information* ! Angel Herreria Oria, qualifie Herbette de socialiste et de Franc-maçon. Maurice Legendre, directeur adjoint de la prestigieuse Casa de Velázquez, voit lui aussi en Herbette « un délégué de la Franc-maçonnerie et de l'esprit révolutionnaire ». Il faut dire que l'ambassadeur s'oppose à la promotion de Legendre à la tête de la Casa

[1] Jean-Baptiste BARBIER, *Un frac de Nessus ... op. cit.*, page 594.

[2] Pedro BARRUSO, « La misión diplomática del embajador francés, Jean Herbette, durante la Guerra civil » in *Los protagonistas de las relaciones internacionales*, actes du colloque de 1994, *Bulletin d'Histoire Contemporaine de l'Espagne*, n° 28–29, décembre 1998 – juin 1999, page 124.

[3] Manuel AZAÑA, *Memorias políticas y de guerra*, 1976, tome I, pages 91, 377, 379, 403 et 496.

[4] José María BORRÁS LLOP, « Relaciones franco-españolas ... », *Arbor op. cit.*, page 80.

[5] Claude G. BOWERS, *Ma mission en Espagne ... op. cit.*, page 69.

[6] Jean-Baptiste BARBIER, *Un frac de Nessus ... op. cit.*, page 612.

car ce dernier ne cache pas ses sympathies pour la monarchie déchue[1]. Les pages qui vont suivre, permettront de mieux cerner les idées politiques d'Herbette. Ce que l'on peut dire, c'est qu'en arrivant à Madrid, Herbette a une aversion pour le bolchevisme. Encore quelque temps, et elle se doublera d'une aversion égale pour le fascisme et le nazisme. Mais c'est son refus de l'anarchisme qui sera encore le plus fort.

L'avènement de la république et l'arrivée d'Herbette à Madrid entraînent la modification de l'organisation du travail à l'ambassade de France. Outre l'ambassadeur, bon an, mal an, six agents composent le personnel diplomatique. Peu de noms émergent de ce personnel, si ce n'est celui de René Bonjean, un secrétaire qui a la confiance d'Herbette et qui joue un rôle important en restant à Madrid au début de la guerre civile. Il y a également, plus ou moins présents et plus ou moins efficaces, des attachés militaire, naval, de l'air et commercial. Toujours selon Barbier – qui rappelons-le connaît Herbette seulement à partir de 1936 et en dehors de Madrid – l'ambassadeur régnait en despote sur tout le personnel puisque « c'était un type vraiment étrange de sadique administratif ». Aussi, « une sorte d'atmosphère de gêne et de malaise » pesait constamment sur l'ambassade. De plus, Herbette « inspirait aux agents du ministère une vraie terreur, ce qui rendait très difficile de recruter pour lui du personnel ». Barbier concède néanmoins à l'ambassadeur une « grande intelligence », « une vaste et remarquable érudition », « une promptitude de compréhension peu commune », « une extraordinaire facilité d'assimilation et une adresse d'expression rare ». Pour autant, Barbier ne se dit impressionné que par la facilité avec laquelle il a appris sur place l'espagnol, puisque toutes les autres qualités « restaient chez lui stériles, en ce qui touchait tout au moins l'exercice de ses hautes fonctions diplomatiques ». De même, si Herbette « faisait lui-même la plus grande partie de la besogne » à l'ambassade, c'était par « une méfiance effroyable et maladive d'être trahi par ses collaborateurs de carrière ». C'est pourquoi « il apposait sa signature sur toutes les pièces à la suite du dernier mot qu'elles comportaient et non point au-dessous comme cela est normal »[2]. Ces trop nombreuses citations caricaturent la représentation française en Espagne car tout ceci est

[1] Jean-Marc DELAUNAY, *Des palais en Espagne … op. cit.*, page 261. L'auteur n'a retrouvé aucune trace de l'appartenance éventuelle d'Herbette à une loge maçonnique, nous non plus. Les presses espagnole et française hostiles à Herbette évoquent parfois cette appartenance.

[2] Jean-Baptiste BARBIER, *Un frac de Nessus … op. cit.*, pages 594, 607, 608, 612 et 613.

dit avec trop de mauvaise foi et de subjectivité. Cependant, derrière l'outrance de Barbier, on peut parfois deviner la silhouette de notre personnage et les conséquences de l'expérience soviétique.

Si à Moscou Herbette était loin de Paris et isolé, l'ambassade de France en Espagne est facilement en contact avec Paris. Trente-six heures sont quand même nécessaires pour le voyage de la valise diplomatique entre les deux capitales. Herbette utilise largement ce moyen et n'hésite pas à envoyer de longues dépêches au Quai d'Orsay ... et nombreuses. Pendant la durée de sa mission (de juillet 1931 à octobre 1937), Herbette envoie plus de 8 000 dépêches à Paris. La moyenne annuelle dépasse donc les 1 200, c'est deux fois plus que sous l'ambassade de Corbin (600 dépêches par an en moyenne). Il faut ajouter à cela un nombre encore plus important de télégrammes qui permettent à Herbette d'informer correctement le Quai d'Orsay lorsque les événements s'accélèrent. En Espagne, l'ambassadeur peut s'appuyer sur un maillage consulaire dense d'une dizaine de consulats dont le consulat général de Barcelone et d'une soixantaine d'agences consulaires. Le métier d'ambassadeur qu'Herbette doit exercer à Madrid est donc à cet égard bien différent de celui qu'il a exercé à Moscou. La proximité lui permet également de prendre davantage de congés. Chaque année, il s'absente de Madrid au début du mois de janvier et au mois de juin. À Paris, il loge à l'hôtel Crillon où il reçoit ses relations[1]. À ce propos, le bruit court au Quai d'Orsay, que pendant ces dîners, « sur une console, les convives pouvaient voir trôner une bouteille poudreuse, attirante, mais inamovible. En fin de repas, Herbette poussait un cri de surprise indignée, gourmandait le sommelier qui avait oublié d'ouvrir la bouteille et prévenait tout geste imprudent de la part de cet employé en se hâtant de soupirer : "il est trop tard maintenant !" Et la bouteille pouvait regagner le cellier en attendant d'autres occasions de figuration »[2]. C'est là un échantillon des histoires que l'on raconte dans le milieu diplomatique à propos de notre personnage, nous en verrons bien d'autres.

Dès son arrivée en Espagne, l'attention d'Herbette se porte sur les résultats des élections du 28 juin. La coalition de gauche et centre-gauche remporte une grande majorité aux Cortès. Herbette se limite à donner des chiffres et à reproduire les professions de foi des uns et des autres. « L'Espagne », écrit-il, « est un pays où l'on ne doit pas faire de pronostics à brève échéance ? Ce n'est donc pas après

[1] ADN MfC car. 4, correspondance de l'ambassadeur Herbette avec l'hôtel Crillon.

[2] Suzanne BIDAULT, *Par une porte entrebâillée ... op. cit.*, page 70.

quelques jours à Madrid que je me permettrai d'émettre une opinion sur l'avenir »[1]. Cette prudence issue du bon sens le plus élémentaire ne résiste pas aux mouvements anarchiques de partage des terres qui se multiplient à la fin juillet. Dès le début d'août, pour la première fois, Herbette indique que la France doit soutenir le gouvernement de l'Espagne républicaine pour éviter l'anarchie et le fascisme qui guettent la péninsule si le nouveau régime ne s'impose pas. Une grande partie de la conception des rapports franco-espagnols d'Herbette se trouve résumée là. L'ambassadeur appelle d'autant plus à soutenir le gouvernement provisoire, qu'il note « l'amitié de tous les ministres pour la France ». Pourtant, il remarque que le projet de constitution élaboré pendant l'été est « très différent de notre idéal constitutionnel » puisque le principe de la chambre unique a été retenu[2].

À la fin septembre, la nature du régime républicain est définie avec précision : « l'Espagne est une république de travailleurs de toutes classes qui s'organise en régime de liberté et de justice. Les pouvoirs de ses organes émanent du peuple. La république constitue un État intégral qui rend possible l'autonomie de communes et de régions »[3]. Cela convient parfaitement à notre ambassadeur qui écrit de nouveau : « notre intérêt évident est que l'Espagne évite un bouleversement social sans retomber dans la dictature ». Très vite, la question de la séparation de l'Église et de l'État divise la majorité. Alcalá Zamora et Miguel Maura, le ministre de l'Intérieur, tous deux catholiques, démissionnent. Azaña devient le chef du gouvernement. Après l'adoption de la Constitution, il demeure à ce poste tandis que Alcalá Zamora est élu président de la République ; un compromis a donc eu lieu. Plus d'une fois, Herbette remarque que « l'Espagne est un pays où les événements ont une incomparable élasticité et où tout s'arrange la plupart du temps ». Malgré les avatars de la politique intérieure, il pense qu'il faut soutenir « cette république dont les peuples des deux côtés des Pyrénées peuvent se dire l'un à l'autre ce que M. Thiers disait jadis de la République française : "c'est le régime qui nous divise le moins" »[4]. Cependant, des questions anciennes comme de nouvelles sont à régler si l'on veut voir les relations franco-espagnoles se construire sur de nouvelles bases.

1 ADN MfC reg. 2mi1086, dép. d'Herbette à Briand n° 369 du 15 juillet 1931.

2 ADN MfC reg. 2mi1086, dép. confidentielles et très confidentielle d'Herbette à Briand n° 445, 462 et 486 des 5, 11 et 19 août 1931.

3 Titre préliminaire de la Constitution de la Deuxième République espagnole, voté le 26 septembre 1931.

4 ADN MfC reg. 2mi1086, dép. d'Herbette à Briand n° 632 et 704 des 16 octobre et 18 novembre 1931.

LA NÉCESSAIRE INTÉGRATION DE LA SITUATION NOUVELLE

En ancien journaliste, Herbette porte très vite une attention particulière au rôle de la presse des deux pays dans les relations franco-espagnoles. Il faut dire que les journaux français ont dans leur ensemble assez mal accueilli la Deuxième République et que cela a provoqué des manifestations antifrançaises, à Barcelone notamment, dès le mois d'avril 1931. Lors du débat sur la séparation de l'Église et de l'État, les titres français de droite critiquent ouvertement le gouvernement espagnol. « Je me permets de penser », écrit Herbette au Quai d'Orsay, « que nos journaux doivent se montrer très prudents lorsqu'ils apprécient les événements d'Espagne ». Il précise « qu'en tout cas leurs commentaires doivent toujours être inspirés par le désir sincère de voir se consolider et prospérer la République espagnole »[1]. On reconnaît bien là les mêmes sentiments qui animaient Herbette lors de ses premiers mois à Moscou et du différend qui l'avait opposé alors au correspondant d'Havas. C'est en technicien de la presse et de la diplomatie que l'ambassadeur évoque « l'impression causée en Espagne par un article de journal étranger [qui] peut produire des conséquences plus sérieuses que maintes décisions gouvernementales »[2]. Si Herbette revient souvent sur cette idée, c'est qu'il est peu entendu au Quai d'Orsay où l'on sait toutes les difficultés qu'il peut y avoir à intervenir auprès de la presse. Mais nous verrons que jusqu'à la fin de sa mission, Herbette n'en démord pas ; selon lui, la presse française joue un rôle dommageable dans les rapports franco-espagnols. Pour convaincre, il s'appuie sur les ressemblances entre les deux républiques et entre leurs partis en expliquant que les questions de politique intérieure et de politique extérieure s'entrecroisent tellement qu'il faut éviter toute polémique.

C'est exactement cet aspect des relations franco-espagnoles qui préoccupe notre personnage lors de la venue de Vincent Auriol à Madrid en août 1931. Les premières déclarations du député socialiste sont mesurées et Herbette se réjouit de le voir dans des « dispositions fort sages ». Cependant, l'ambassadeur écrit : « le séjour de M. Auriol en Espagne pourra donner lieu à maintes informations erronées ».

[1] ADN MfC reg. 2mi1086, dép. d'Herbette à Briand n° 632 du 16 octobre 1931.

[2] ADN MfC car. 216, dép. d'Herbette à Briand n° 851 du 30 décembre 1931.

Il craint qu'un déplacement de ce genre soit monté en épingles par ceux qui dénoncent la trop grande influence politique de la France sur le nouveau régime espagnol. Herbette avait vu juste, car c'est exactement ce qui se passe : les journaux espagnols d'opposition présentent Auriol et Léon Blum, qui aurait dû l'accompagner à Madrid, comme les « conseillers extérieurs » du nouveau gouvernement[1]. Désormais, à chaque fois qu'un parlementaire français viendra en Espagne, Herbette le suivra de près. Mais il n'est pas hostile au rapprochement politique : il apprécie que « dans le parti socialiste espagnol [...] la France gagne maintenant du terrain » au détriment de l'influence socialiste allemande[2].

Une autre nouvelle donnée des relations franco-espagnoles est la présence en France de l'ex-roi Alphonse XIII et de monarchistes espagnols. Lors du changement de régime en Espagne en avril 1931, il y a en effet un chassé-croisé entre anciens et nouveaux réfugiés politiques espagnols. Les socialistes Indalecio Prieto et Marcelino Domingo, jusqu'alors réfugiés à Paris partent pour Madrid où ils sont appelés à faire partie du gouvernement. Dans le même temps, le Roi et une partie de sa cour trouvent refuge en France. Contrairement à Corbin, Herbette n'a aucune sympathie pour la famille royale et la noblesse espagnole. Dès son arrivée à Madrid, il signale au Quai d'Orsay les effets désastreux que produisent sur les relations franco-espagnoles les agissements des monarchistes espagnols en France. L'ambassadeur subit régulièrement des pressions du ministère d'État demandant que la France limite la liberté de mouvement de ces réfugiés. Herbette insiste auprès du Département en s'appuyant essentiellement sur deux arguments. D'abord c'est justice par rapport aux émigrés républicains d'hier qui sont au pouvoir aujourd'hui à Madrid ; ensuite parce que les réfugiés monarchistes ne sont pas des amis de la France républicaine et laïque. Au contraire, ils apparaissent comme des germanophiles et le « parti clérical » espagnol ne ménage pas la France depuis la loi de 1905[3]. Fidèle à la tradition d'accueil des réfugiés politiques espagnols : des carlistes à Alphonse XIII en passant par Primo de Rivera et les socialistes (qui se retrouvent ensemble à Paris au début de 1930), le Quai d'Orsay ne suit pas son ambassadeur lorsque celui-ci préconise de conseiller à l'ex-roi d'Espagne de chercher asile ailleurs.

1 ADN MfC reg. 2mi1086, dép. d'Herbette à Briand n° 456 du 7 août 1931.

2 ADN MfC reg. 2mi1090, dép. d'Herbette à Tardieu n° 446 du 10 mai 1932.

3 ADN MfC reg. 2mi1086, dép. très confidentielle d'Herbette à Briand n° 491 du 20 août 1931.

Herbette réclame également l'éloignement des Pyrénées des monarchistes espagnols et des opposants à la république, en particulier du cardinal Segura. Archevêque de Tolède et primat d'Espagne, ce prélat prend la plume au début du mois d'août 1931 pour dénoncer le nouveau régime. Aussitôt, Herbette demande à Paris son éloignement de la frontière, en précisant bien que ce vœu est personnel et que personne à Madrid n'a réclamé à ce sujet. Cet empressement à montrer par avance que l'idée est de lui est peut-être un signe qu'une démarche officieuse a été entreprise auprès de l'ambassade de France. D'ailleurs, quatre jours plus tard, le ministre d'État Lerroux demande – officiellement cette fois, serait-on tenté d'ajouter – que le cardinal Segura soit éloigné à plus de cent kilomètres de la frontière. Le Quai d'Orsay acquiesce à la proposition et la mesure est effective en septembre[1]. Cet épisode montre qu'Herbette est davantage en osmose, tout au moins sur cette question, avec le gouvernement espagnol qu'avec le Quai d'Orsay qui attend des réclamations officielles pour agir[2].

La gestion de la frontière franco-espagnole est d'autant plus complexe qu'elle nécessite la prise en compte de deux réalités très particulières : la Catalogne et Andorre ; le pays Basque posant beaucoup moins de problèmes en 1931. Dès la proclamation de la république à Barcelone, un courant pan-catalaniste se développe. Il évoque les Catalans des deux côtés des Pyrénées et voudrait faire du Roussillon une « terre irrédente » comme le signale le consul général de France à Barcelone. Le recteur de l'Université de Barcelone parle même de « la Garonne qui porte l'esprit catalan jusqu'aux eaux de l'océan Atlantique ». Devant ces paroles outrancières, Herbette réagit vivement. Il rend public le communiqué suivant : « Les Français qui habitent le long de la Garonne ont la réputation d'avoir de l'esprit tout court, et non pas de l'esprit catalan, ce qui est bien différent quand l'esprit catalan s'exprime comme ci-dessus ». Il ajoute, mais cela paraît superflu après une telle rectification que « la Catalogne ne s'étend pas jusqu'au bassin d'Arcachon »[3]. Nous retrouvons là un Herbette cinglant, qui nous rappelle un peu, par son intransigeance et sa plume

[1] ADN MfC reg. 2mi1086, dép. d'Herbette à Briand n° 491 et 502 des 20 et 25 août 1931.

[2] Sur la question des réfugiés politiques espagnols en France, Yves DENÉCHÈRE, « L'inégalité de traitement des réfugiés politiques en France, l'exemple des Espagnols avant 1936 », *Annales de Bretagne et des Pays de l'Ouest*, tome 108, année 2001, n° 3, pages 117 à 134.

[3] ADN MfC car. 139, dép. d'Herbette à Briand n° 456 du 7 août 1931.

acérée, celui qui était en poste à Moscou. Sur la Catalogne, le Quai d'Orsay et Herbette ont la même approche, ce n'est pas tout à fait le cas pour la question d'Andorre.

Le statut d'Andorre est tout à fait particulier, unique même. Depuis le XIIIème siècle, il s'agit d'une co-souveraineté exercée par un laïc, le comte de Foix puis après d'autres « successeurs », le président de la République française, et un clerc : l'évêque de la Seo d'Urgel en Espagne. Lors de la discussion sur la séparation de l'Église et de l'État en octobre 1931, Andorre est évoquée aux Cortès constituantes. En effet, en rompant les liens avec l'Église, l'État espagnol voit lui échapper une influence dans la co-principauté. Car si avant le régime de séparation, l'évêque est fonctionnaire de l'État espagnol, c'est en tant qu'évêque qu'il est co-prince d'Andorre et c'est lui qui le demeure après la séparation. Herbette ne semble pas voir le problème venir. C'est en effet le Quai d'Orsay qui l'alerte sur ce point, et même Briand en personne. Le message est clair, Herbette doit répéter sans cesse au gouvernement espagnol – soupçonné de lorgner sur la co-souveraineté de l'évêque d'Urgel – que « l'Espagne n'a rien à voir dans les affaires d'Andorre ». Herbette s'exécute et de nombreuses fois tiendra ce discours invariable. Mais le Quai d'Orsay et Berthelot reviennent toujours à la charge tandis qu'Herbette ne semble pas y attacher une importance suprême[1]. Sans doute pense-t-il qu'il y a mieux à faire avec l'Espagne que se quereller sur une affaire où c'est la Troisième République laïque qui rappelle le droit féodal pour refuser à la Deuxième République la récupération des droits d'un évêque ! Lorsqu'il arrive au Quai d'Orsay, Joseph Paul-Boncour pense à peu près la même chose que notre ambassadeur. À propos de ses collaborateurs, il écrit « les avoir un peu raillés de l'importance qu'ils avaient attachée à des troubles survenus dans la République d'Andorre »[2].

D'une tout autre dimension sont les questions relatives aux échanges commerciaux entre la France et l'Espagne. Les deux pays sont touchés par la grande dépression surtout à partir de 1931 et ils renforcent leur protectionnisme. Lors du changement de régime en Espagne, des négociations reprennent. Herbette ne semble pas très à l'aise sur ce terrain. Rappelons que les mesures qu'il préconisait pour les échanges franco-soviétiques ont été un échec et que les négociations commerciales entre la France et l'URSS se déroulaient à Paris. C'est

1 ADN MfC car. 220, dép. de Briand à Herbette n° 372 du 9 septembre 1931, note de Berthelot du 2 novembre 1931.

2 Joseph PAUL-BONCOUR, *Entre deux guerres*, tome III, pages 71–72.

donc la première fois qu'il doit vraiment gérer ce type de dossier. Après quelques jours seulement de pourparlers, il dénonce la duplicité espagnole, qui est pourtant de bonne guerre en pareilles discussions : « on est proche de la rupture, les Espagnols se sont moqués de nous ! »[1]. Ce langage peu diplomatique et inhabituel sous la plume d'Herbette, montre un certain désarroi face à des questions techniques. Ce coup de sang témoigne également d'une désillusion du camp français qui pensait pouvoir aboutir facilement après le changement de régime. Un accord, ou plutôt un arrangement commercial est finalement trouvé en octobre 1931, mais les négociations ont eu lieu à Paris entre le Quai d'Orsay et l'ambassade d'Espagne. Notre ambassadeur s'est donc trouvé écarté d'un important dossier. Mais l'arrangement n'arrange pas tout ! Herbette n'a pas fini de se pencher sur ces problèmes. Son approche des questions commerciales sera désormais plus politique. Il constate que « les motifs d'intérêt politique ou financier et les sentiments d'amitié ont été pour l'arrangement du 23 octobre des défenses plus solides que les raisonnements purement commerciaux ». Selon lui, il faut donc régler au plus vite toutes ces questions commerciales qui empoisonnent les relations franco-espagnoles[2]. Il n'est pas au bout de ses peines …

L'un des enjeux les plus importants de la politique espagnole de la France est incontestablement le protectorat au Maroc. Cette question prend une nouvelle dimension à partir de 1931 et Herbette l'analyse assez bien. Dès le mois d'avril, la France réclame le maintien du *statu quo* marocain et la continuation des efforts de l'Espagne pour mettre en valeur et en sécurité la zone que lui a concédée la France en 1912. Après l'évocation d'un éventuel retrait des Espagnols du Maroc, dont la France ne veut pas entendre parler, la question de la véritable situation juridique de la zone espagnole du Maroc se pose. Dès son arrivée à Madrid, Herbette estime qu'il ne faut pas entreprendre ce débat avec les Espagnols, mais seulement leur faire comprendre qu'ils doivent respecter les traités. Après une visite à Madrid du résident général français au Maroc, Lucien Saint, l'ambassadeur tente de convaincre le Quai d'Orsay que les Espagnols ont bien compris qu'ils n'ont rien à gagner à se ménager la sympathie des mouvements nationalistes arabes[3]. Force est de constater que l'appréciation d'Herbette est très subjective et que ce n'est pas en cachant les problèmes qu'on

[1] ADN MfC car. 108, dép. d'Herbette à Briand n° 377 du 17 juillet 1931.

[2] ADN MfC reg. 2mi1087, dép. d'Herbette à Briand n° 735 du 23 novembre 1931.

[3] ADN MfC car. 282, dép. secrète d'Herbette à Briand, n° 728 du 24 novembre 1931.

les empêche d'exister. Bientôt, il se rendra compte lui-même que sa vision était beaucoup trop optimiste. En effet, aux questions relatives à la zone espagnole s'ajoute celle de Tanger dont le statut de zone internationale fait un périmètre restreint des luttes d'influence des puissances européennes.

La Méditerranée est un grand jeu international dans lequel toutes les puissances essaient d'avancer leurs pions. L'arrivée d'un nouveau régime en Espagne amène un bouleversement de la donne, tout comme l'arrivée au pouvoir de Mussolini en avait été un précédemment. La question principale est de savoir quelle politique méditerranéenne et européenne va mener l'Espagne républicaine. Bien sûr, la France espère que la Deuxième République aura des conceptions internationales proches des siennes. Mais c'est sans compter avec la volonté d'indépendance et de neutralité de l'Espagne. Lorsqu'au début de 1932, l'Espagne et l'Italie signent un traité commercial, Herbette accuse le coup. Dans ses mémoires, Azaña, visiblement agacé écrit : l'ambassadeur de France « voudrait nous voir ennemi en tout avec l'Italie » ; mais ce n'est pas la conception du président du Conseil espagnol[1]. L'attitude de l'Allemagne est particulièrement étudiée par Herbette qui constate dès son arrivée un renforcement de la propagande allemande en Espagne tous azimuts. Plus nombreux que jamais, des navires de guerre allemands font escale dans les ports de la péninsule et des archipels espagnols, une ligne aérienne allemande relie désormais Cadix et les Canaries, etc. Herbette s'inquiète même du « retentissement qu'obtient, dans un pays pourtant éloigné de l'Allemagne, la publicité organisée autour de M. Hitler »[2]. À la veille de la conférence sur le désarmement, Herbette se réjouit de voir que les Espagnols l'abordent de la même manière que les Français : « toute diminution des armements doit être accompagnée d'une augmentation de la sécurité »[3].

Ce rapide tour d'horizon des principales questions des relations franco-espagnoles prouve que quelques mois après son arrivée à Madrid, Jean Herbette a saisi l'ampleur de sa tâche dans toutes ses dimensions. On devine déjà quelles seront ses priorités et les dossiers pour lesquels il se battra avec moins de pugnacité. Toujours est-il, qu'après une entrée dans la carrière abrupte et originale à plus d'un titre à l'ambassade de Moscou, Herbette devient le chef d'une mission

[1] Manuel AZAÑA, *Memorias políticas … op. cit.*, tome I, page 418.

[2] ADN MfC reg. 2mi1087, dép. d'Herbette à Briand n° 797 du 15 décembre 1931.

[3] ADN MfC car. 191, tél. d'Herbette à Briand n° 404 du 12 novembre 1931.

normale. Sans doute, cela rejaillit-il sur l'homme. On est surpris de lire dans une lettre écrite à son frère François en décembre 1931 : « au fond, il y a un côté drôle dans la vie, et ceux qui savent le saisir ne sont pas les plus mal partagés ». Ce ton est assez rare et neuf pour être souligné ici. Imagine t-on notre personnage écrire de telles choses de Moscou ? La vie est évidemment plus agréable pour les Herbette dans la capitale espagnole qu'elle ne l'était dans la capitale soviétique. À son frère François qui accède à la direction de la Société d'Études et d'Information Economique qui édite un *Bulletin Quotidien* très lu dans le patronat, il conseille d'attraper une grosse nouvelle de temps en temps. Mais il ne croit pas que l'Espagne puisse en fournir beaucoup, « bien qu'il ne faille jurer de rien »[1].

[1] Lettre de Jean Herbette à François Herbette, 30 décembre 1931, coll. part.

CHAPITRE II

LE SOUTIEN AFFIRMÉ À LA POLITIQUE DU *PRIMER BIENIO* (1931–1933)

L'ENGAGEMENT AUX CÔTÉS DU GOUVERNEMENT AZAÑA

Avec l'arrivée à la présidence du Conseil d'Azaña en octobre, puis la mise en place de la constitution en décembre 1931, s'ouvre une période de deux ans (*bienio*) qui constitue la période la plus stable de la Deuxième république. Jusqu'aux élections aux Cortès de novembre 1933, c'est une même majorité de républicains modérés de gauche et de socialistes qui soutient les gouvernements. Azaña demeure président du Conseil jusqu'en septembre 1933. Il note dans son journal qu'Herbette « s'intéresse énormément à la politique espagnole et la suit au jour le jour. Il ne manque pas une séance aux Cortès »[1]. De grandes réformes sont entreprises pendant cette période, mais elles ne réussissent pas à apaiser les revendications du peuple espagnol[2]. Même si parfois l'ambassade de France fait pression sur le gouvernement, Herbette est un inconditionnel de la politique menée par Azaña.

Le diplomate ne cache pas son admiration pour l'homme et ses idées politiques. Il présente Azaña comme « pénétré de culture française » alors que le président Alcalá Zamora est germanophile. De plus, Azaña « sent que la consolidation de la république en Espagne est conforme aux intérêts de la France, comme l'amitié de la France est utile à l'affermissement du régime républicain en Espagne ». Herbette ne saurait mieux dire et encourage le Quai d'Orsay à donner des preuves d'amitié

[1] Manuel AZAÑA, *Memorias políticas … op. cit.*, tome IV, page 189, 10 octobre 1931.

[2] Dans l'historiographie espagnole, ce *primer bienio* est aussi appelé *bienio reformador*.

au gouvernement[1]. Peut-être est-ce pour cela que Laval, qui vient d'arriver au Quai d'Orsay et à la présidence du Conseil, inaugure ses invitations diplomatiques en recevant le ministre d'État, Luis de Zulueta, et Salvador de Madariaga, le nouvel ambassadeur d'Espagne à Paris. Quant à l'équipe en place à Madrid, d'après Herbette « on trouverait difficilement un autre gouvernement où l'ambiance intellectuelle et sentimentale puisse être aussi favorable à la France »[2]. Cependant, la tâche d'Azaña et de ses ministres est rendue très difficile par les soulèvements anarchistes qui se multiplient.

Déjà, en décembre 1931, Herbette dénonçait les anarchistes espagnols qui affirment ne pas faire de politique, mais poussent les gens à se révolter. En février 1932, il confie à son frère François son analyse personnelle de la situation politique espagnole ; sa lettre se termine une fois de plus par : « garde cette lettre uniquement pour toi ». Selon lui, « l'Espagne a passé par une révolution purement politique qui doit être suivie d'une transformation sociale sous peine d'aboutir un jour, après quelques péripéties que ce soit, à une révolution sociale ». Or pour l'ambassadeur, « un cabinet comprenant des socialistes est mieux qualifié actuellement que tout autre pour maintenir l'ordre public et pour faire l'économie d'un bouleversement social ». Et c'est ce que la France veut à tout prix. La principale menace qui pèse sur l'Espagne est donc l'anarchisme et la propagande communiste internationale. En revanche, il ne croit pas aux complots militaires. Un peu comme lors de ses premiers mois à Moscou, Herbette souligne la différence d'analyse qui existe entre les Français en France et lui : « il me vient de temps en temps des Français qui se figurent, je ne sais pourquoi, que toute l'Espagne est bouleversée. Ils sont stupéfaits de constater qu'on vit tranquillement et qu'il se fait des choses fort appréciables. Comme des habitants d'un pays ont de la peine à saisir ce qui se passe dans un autre ! »[3]. La conséquence de cet état de fait est simple : lui est sur place et connaît la situation réelle du pays, ce sont donc ses analyses qu'il faut suivre pour déterminer la politique espagnole de la France.

Mais quelques semaines plus tard, Herbette atténue son optimisme et évoque les risques que court le gouvernement en précisant le rôle que la France doit jouer : « le gouvernement continue à agir énergiquement et nous avons intérêt au succès de ses efforts. Il convient de

[1] ADN MfC reg. 2mi1088, dép. d'Herbette à Briand du 6 janvier 1932.

[2] ADN MfC car. 216, dép. d'Herbette au Service d'information et de presse n° 6 du 30 décembre 1931.

[3] Lettres de Jean Herbette à François Herbette, 10 février et 16 mars 1932, coll. part. Lettre du 10 février 1932 reproduite en annexe n° 7.

répéter en effet que tout bouleversement provoqué en Espagne, soit qu'il menât à la dictature en passant par une tentative de révolution sociale, soit qu'il menât à la révolution sociale en passant par une tentative de dictature, serait contraire à nos intérêts comme à ceux de la paix et de la prospérité européenne ». À partir du printemps 1932, Herbette a donc bien conscience que les dangers peuvent venir de tous les côtés. À propos du débat autour du statut catalan, l'ambassadeur écrit : « l'Espagne est si près de notre pays que je ne me mêlerai point d'y faire le prophète », mais il ajoute qu'il « serait bon pour l'Espagne et pour la France que M. Azaña réussît le plus longtemps possible »[1]. Herbette prend donc nettement position en faveur du pouvoir en place et d'une manière qu'il est assez rare de rencontrer dans les correspondances diplomatiques. Comment imaginer par ailleurs que les protagonistes de la vie politique espagnole puissent ignorer ce que l'on peut appeler l'engagement d'Herbette dans le soutien du gouvernement. L'attitude de l'ambassadeur est donc à la limite de la correction diplomatique. Certes il rappelle toujours que ses positions sont conformes aux intérêts de la France, mais il les exprime sans doute avec trop d'ostentation et cela va en augmentant.

Peut-être, Herbette est-il encouragé dans ses prises de positions politiques par le retour au pouvoir en France d'Édouard Herriot. En effet, en 1932, le second cartel des gauches gagne les élections législatives ; Herriot redevient président du Conseil et ministre des Affaires étrangères. Briand est mort en mars 1932. Pour la fête nationale, Herbette envoie à ses frais un télégramme personnel à Herriot. Il y exprime des vœux pour que « se poursuive avec succès la grande œuvre intérieure et extérieure qui incombe au gouvernement de la république : le rétablissement de la prospérité et la consolidation de la paix »[2]. Même si les sources nous manquent pour affirmer que les deux hommes ont continué à avoir des relations suivies pendant les années 1927-1931, ce télégramme montre que la reconnaissance d'Herbette à l'égard d'Herriot est manifeste et ne change pas ; son soutien politique non plus. L'ambassadeur a donc su maintenir, et peut-être réactiver depuis son retour de Moscou, des relations avec les dirigeants politiques français. À son frère qui cherche quelque soutien dans son nouveau métier d'éditorialiste, il rappelle le nom de Stephen Pichon comme étant « un nom très sympathique »[3]. En 1932 et 1933, Herbette est

[1] ADN MfC reg. 2mi1090, dép. d'Herbette à Tardieu n° 477 et 511 des 19 et 31 mai 1932.

[2] ADN MfC car. 34, tél. personnel d'Herbette à Herriot du 14 juillet 1932.

[3] Lettre de Jean Herbette à François Herbette du 16 mars 1932, coll. part.

en contact avec Georges Bonnet, alors ministre des Finances, avec Vincent Auriol et Paul-Boncour auxquels il manifeste son « cordial » ou « fidèle » ou « affectueux attachement ». Le sénateur Strauss et bien d'autres parlementaires qui visitent l'Espagne ont recours aux services de l'ambassadeur. Celui-ci n'oublie pas de présenter ses condoléances à Mme Albert Thomas pour la disparition de son mari[1]. En tout cas, Herbette doit se sentir conforté dans sa mission par l'arrivée d'Herriot au Quai d'Orsay : qui mieux que lui peut le comprendre, lui faire confiance et suivre la politique qu'il préconise ? Aussi, la correspondance d'Herbette, sans être débridée, se fait alors plus libre, dans le sens où se confondent désormais son analyse personnelle et son analyse professionnelle de la situation espagnole.

Ainsi, à propos de la présence en France de l'ex-roi Alphonse XIII, Herbette n'hésite plus à écrire qu'« il est évident que le séjour prolongé de l'ex-famille royale en France peut nuire à nos relations avec la République espagnole. Il peut y nuire dans la mesure où l'ex-roi et sa famille paraissent y constituer un centre de conspiration ». Quant aux partis républicains espagnols de droite, ils ne trouvent aucune grâce aux yeux d'Herbette : « ils ressemblent à des hommes qui, tout en parcourant le couloir de leur wagon en sens inverse de la marche du train, seraient cependant emportés par le train ». Quant aux ennemis de la Deuxième République, ils « sont en même temps les nôtres » écrit l'ambassadeur de France[2]. La tentative manquée de *pronunciamiento* du général Sanjurjo en août et le démantèlement de ses soutiens en France donnent raison à Herbette qui n'a pas été écouté sur la question des exilés monarchistes. Et elle renforce encore ses convictions politiques. Lorsqu'il se demande : « est-il désirable que l'Espagne soit gouvernée par la gauche ? Du point de vue de la France ? Et de celui de l'Espagne ? », sa réponse est « affirmative dans tous les cas »[3]. Aucun obstacle selon lui ne s'oppose à ce que les gouvernements frères des républiques sœurs entretiennent des relations plus étroites. Même sur la question catalane, les deux pays sont d'accord : l'autonomie oui, le désordre et les revendications exagérées, non[4]. « L'attitude que nous

[1] ADN MfC car. 4, copies de lettres de Jean Herbette adressées à ces personnes, 1932–1933.

[2] ADN MfC reg. 2mi1090, dép. d'Herbette à Herriot n° 541, 583 et 584 des 8 et 22 juin 1932.

[3] *D.D.F.* 1ère série (1932–1936), tome I, pièce 98, dép. très confidentielle d'Herbette à Herriot n° 747 du 11 août 1932.

[4] Yves DENÉCHÈRE, « Aspects nationaux et internationaux du catalanisme à la veille de la guerre civile espagnole » in *Régions, Nations, Europe*, actes du colloque de Szeged, 2000, pages 167–175.

conseillent nos intérêts », indique Herbette, « nous permet [...] d'être en bons termes, à la fois avec Madrid et Barcelone si l'on y est sage [...] seulement ces choses sont délicates et demandent à être suivies de près »[1]. Dans les affaires marocaines aussi, les Espagnols semblent prêts à négocier sur la coopération pour le développement de leur zone, sur le statut de Tanger qui arrive à échéance en 1935 et sur le nationalisme arabe. Sur ce dernier point, c'est Herbette qui est régulièrement chargé par le Quai d'Orsay – et Alexis Leger qui s'intéresse beaucoup à cette question – de rappeler les exigences françaises. À chaque fois, l'ambassadeur affirme que le gouvernement espagnol ne fait rien pour encourager les actions antifrançaises des mouvements nationalistes arabes au Maroc. Au vu des demandes répétées de Paris, on peut penser que le Département ne croit qu'à demi son représentant en Espagne.

Herbette accorde aussi un *satisfecit* à la politique d'Azaña sur la scène internationale. Il apprécie en particulier la politique dissuasive et défensive de l'Espagne à l'égard des autres nations et qualifie de « très juste » la conception d'Azaña de l'indépendance nationale. À côté de ceux qui préconisent pour l'Espagne une neutralité molle, Herbette trouve « intéressant et satisfaisant de constater l'énergie avec laquelle le chef du gouvernement espagnol convie ses compatriotes à défendre leurs possessions »[2]. Herbette se contente là des grands principes et des déclarations publiques. Il ne relève pas, ou du moins n'insiste pas sur ce point, à la différence du Quai d'Orsay, que l'Espagne ne se donne guère les moyens de cette politique en refusant de se réarmer. À la conférence sur le désarmement qui s'ouvre au début de l'année 1932, l'Espagne est favorable aux thèses françaises et va même beaucoup plus loin. Si l'on en croît Azaña, c'est alors qu'Herbette offre que Paris et Madrid donnent un exemple concret de désarmement. Il aurait proposé que la France et l'Espagne retirent leurs troupes de la frontière sur un certain nombre de kilomètres. Azaña étant contre, la suggestion est abandonnée[3]. Cependant, dans les relations internationales, la France et l'Espagne demeurent côte à côte et pratiquent à peu près la même diplomatie des démocraties.

Alors que les relations franco-epagnoles semblent aller mieux, paradoxalement, les relations personnelles entre Herbette et Azaña

[1] ADN MfC reg.2mi1091, dép. confidentielle d'Herbette à Herriot n° 676 du 20 juillet 1932.

[2] ADN MfC reg.2mi1091, dép. d'Herbette à Herriot n° 862 du premier octobre 1932.

[3] Manuel AZAÑA, *Obras completas*, volume IV, page 420. Aucun autre document ne permet de recouper ce qu'avance Azaña.

se détériorent au cours de l'année 1932. Il faut dire que si l'ambassadeur peut présenter sous le meilleur jour les rapports entre la France et l'Espagne, c'est qu'il oublie les domaines où cela va moins bien. Ce que le président du Conseil espagnol n'accepte pas, ce sont les interventions de la France pour limiter la politique de réforme du gouvernement afin qu'aucun des intérêts français en Espagne ne soit lésé. Pourtant, Herbette essaie autant qu'il le peut de limiter ces interventions, alors qu'il reçoit du Quai d'Orsay des indications pour aller beaucoup plus loin et beaucoup plus fort. Ainsi, lorsque Berthelot propose de faire pression sur le gouvernement et de renforcer l'opposition intérieure à la réforme agraire, Herbette répond qu'il est « douteux que des étrangers aient intérêt à jouer des divergences politiques espagnoles »[1]. Il est finalement suivi. L'ambassadeur modère également les pressions françaises contre une ordonnance sur les sociétés d'assurance et contre la loi réorganisant les chemins de fer. En revanche, il va très loin pour lutter contre un projet de loi du ministre du Travail socialiste Largo Caballero sur le contrôle des ouvriers au sein des entreprises. Car, si les influences anarcho-syndicalistes parvenaient à imposer leurs délégués, « au lieu d'être des contrôleurs, ils risqueraient d'être des saboteurs »[2]. Les démarches officieuses puis officielles vont alors se succéder tandis que le patronat et l'étranger se mobilisent ; le texte sera finalement retiré. L'échec du projet est-il dû à l'intervention d'Herbette ? Azaña semble le croire en tout cas. Selon lui, Herbette aurait menacé l'Espagne d'une « intervention française » pour s'opposer à la loi[3]. Pour Manuel Tuñon de Lara, la pression d'Herbette fut assez déterminante pour faire échouer le projet[4].

En tout état de cause, c'est après cet épisode que les relations entre le président du Conseil espagnol et le représentant français se dégradent. En janvier 1932, Azaña note dans son journal : « cet ambassadeur prétend gagner du terrain à force d'être aimable, courtois et amical avec moi, et je crois qu'il fait la même chose avec Zulueta »[5]. Le président du Conseil doute donc des marques d'amitié que lui professe Herbette car il pense qu'il s'agit d'une tactique pour renforcer l'influence de la

[1] AQO relations commerciales vol. 85, tél. d'Herbette à Briand n° 388 à 391 du 2 novembre 1931.

[2] ADN MfC reg. 2mi1087, dép. d'Herbette à Briand n° 673 du 4 novembre 1931.

[3] José María BORRÁS LLOP, « Relaciones franco-españolas ... », *Arbor op. cit.*, page 82.

[4] Manuel TUÑON DE LARA, *La II República*, 1976, volume I, page 89.

[5] Manuel AZAÑA, *Memorias ... op. cit.*, tome II page 55. Luis de Zulueta est alors ministre d'État.

France sur l'Espagne. Cette méfiance est bien compréhensible, mais elle n'est pas justifiée. Il suffit de lire les dépêches élogieuses pour Azaña qu'Herbette envoie à Paris pour se rendre compte que l'admiration montrée ostensiblement au chef du gouvernement espagnol par l'ambassadeur n'est pas feinte. Pour autant, Herbette fait une erreur s'il pense pouvoir compenser ses interventions dans les affaires intérieures de l'Espagne par quelques courtoisies. En fait, il apparaît qu'aucun des deux hommes ne sait exactement ce que l'autre pense de lui. Azaña considère Herbette comme un hypocrite qui croit le manœuvrer alors qu'Herbette admire sincèrement Azaña et ne doit pas se douter de sa méfiance à son égard.

Non, le seul domaine où Herbette voit des difficultés persistantes, ce sont les relations commerciales. Car l'arrangement d'octobre 1931 prévoyait d'autres négociations qui ne s'ouvrent pas et les journaux espagnols dénoncent vivement les contingents français sur les vins espagnols. Pendant tout l'hiver 1931–1932, Herbette tente de relancer les discussions, en vain. Mais en raison de ses efforts, l'ambassadeur se trouve au centre des polémiques commerciales. Il en tire une leçon : à l'avenir, il ne faudra pas confier de négociations commerciales à l'ambassade de France à Madrid, cela la met dans une trop mauvaise position à l'égard de l'opinion publique[1]. Hormis ces difficiles affaires, les relations franco-espagnoles semblent s'améliorer depuis l'avènement de la république au-delà des Pyrénées. Herbette le pense sincèrement et envisage de le montrer à toute l'Europe lors d'un voyage d'Herriot à Madrid.

HERRIOT À MADRID

Malgré ce qu'il affirme dans ses mémoires, on sait depuis les travaux des historiens espagnols sur le sujet, que Salvador de Madariaga n'est pas à l'origine de l'idée d'un voyage d'Herriot à Madrid[2]. C'est en fait Herbette qui est sinon l'organisateur, du moins l'inspirateur de

[1] Idée exprimée dans ADN MfC reg. 2mi1093, dép. confidentielle d'Herbette à Paul-Boncour n° 258 du 22 mars 1933.

[2] Notamment, Feliciano PÁEZ CAMINO ARIAS, *La significación de Francia en el contexto de la Segunda República (1931–1936)*, page 86 et María de los Angeles EGIDO LEON, *La concepción de la política exterior española durante la Segunda República*, pages 133–134.

cet événement rare dans les relations franco-espagnoles[1]. Dès 1931, il demande la venue de ministres français dans « l'Espagne républicaine et amie »[2]. Ensuite, en mars 1932, il propose « une expression suffisamment précise » de l'amitié franco-espagnole et des « engagements échangés entre la France et l'Espagne » qui permettraient d'écarter tout risque de conflit armé entre les deux pays[3]. Mais pas plus Briand que Tardieu n'avaient répondu à l'insistance d'Herbette. Lorsque Herriot arrive au pouvoir, l'espoir d'Herbette de voir un ministre, et pourquoi pas le chef du gouvernement, venir en Espagne renaît. Très vite, la décision d'Herriot est prise puisque dès le mois d'août, la préparation de la visite est en cours.

Une lettre inédite du résident général français à Rabat permet de cerner le rôle exact d'Herbette dans la décision du président du Conseil français. En effet, quelques jours seulement avant de partir pour Madrid et alors que la presse internationale soupçonne Herriot de quelque manœuvre, Lucien Saint écrit : « le Président regrette d'avoir cédé aux instances de M. Herbette »[4]. Il ne fait donc pas de doute que c'est bien notre ambassadeur qui a réussi à convaincre Herriot de faire un voyage à Madrid. Pour autant, pour des raisons de commodité et conformément aux usages diplomatiques, c'est à Paris, entre le Quai d'Orsay et l'ambassadeur Madariaga que le contenu du séjour est défini. D'où l'appropriation postérieure par le grand diplomate espagnol de la paternité d'une visite officielle qui a marqué la Deuxième République espagnole.

Devant les suspicions et les oppositions intérieures et internationales déclenchées par ce projet de voyage, les deux parties décident de ne le lier à aucune recherche d'alliance ou de garantie de la part de la France. Leger précise même que ce déplacement doit se limiter à deux objectifs : montrer la cordialité spéciale qui unit la France et l'Espagne, et affirmer que les deux pays sont attachés aux mêmes principes de politique internationale. D'ailleurs, le clou du voyage doit être la remise par Herriot à Alcalá Zamora de la grand-croix de la Légion d'honneur. Herbette explique au ministre d'État : « nous avons voulu

[1] Les dernières visites en Espagne de présidents de la République et/ou du Conseil remontent à 1905, 1913 et 1928.

[2] ADN MfC reg. 2mi1087, dép. d'Herbette à Laval n° 669 du 5 novembre 1931.

[3] AQO SDN série IX Espagne car. 2044, dép. très confidentielle d'Herbette à Tardieu n° 268bis du 16 mars 1932.

[4] ADN Maroc CD car. 250, lettre de Lucien Saint (Marignac, France) à Marchat (Rabat) du 24 octobre 1932.

donner un témoignage de notre estime et de notre amitié au peuple espagnol, dans la personne de son représentant le plus élevé ». Que l'on ne s'y trompe pas, le « nous » n'est pas ici seulement un pluriel de majesté mais bien un pronom personnel défini : nous, c'est Herriot et Herbette. De Zulueta voit dans ce geste « une preuve supplémentaire de l'amitié cordiale qui unit les deux républiques »[1]. Cependant, quelques jours plus tard, le ministre d'État précise avec « beaucoup de tact et de délicatesse » à l'ambassadeur que le voyage ne pourra se clore par une déclaration conjointe des deux gouvernements. Et il évoque les émigrés monarchistes en France et surtout le contentieux commercial. Herbette saisit la balle au bond et propose qu'Herriot se fasse précéder à Madrid par le sous-directeur des affaires commerciales du Quai d'Orsay qui pourrait régler un certain nombre de questions[2]. Cette entrevue est intéressante, car elle montre qu'Herbette espère que le voyage d'Herriot sera l'occasion d'améliorer l'ensemble des relations franco-espagnoles.

Les affaires marocaines pourraient aussi être évoquées dans le cadre du voyage d'Herriot, mais au dernier moment, Herriot renonce à se faire accompagner par le résident général. Le contexte international et les oppositions intérieures en Espagne à la venue d'Herriot à Madrid expliquent que finalement aucune des grandes questions bilatérales franco-espagnoles ne sera évoquée pendant ces premiers jours de novembre. Aussi, peu de temps avant son départ, Herriot ne semble plus très chaud pour entreprendre ce voyage qui « soulève mille difficultés ». Si l'on suit Lucien Saint, Herriot en veut même un peu à Herbette de l'avoir embarqué dans cette affaire en lui laissant entrevoir des résultats possibles. Aussi, désormais, il « entend conserver à ce voyage un caractère de visite purement amicale et de courtoisie »[3].

Dans ces conditions, le déroulement du voyage d'Herriot apparaît comme un déplacement exclusivement protocolaire et touristique. Un véritable « embarquement pour s'y taire »[4]. Dès son arrivée dans la capitale espagnole, le 31 octobre, Herriot se rend compte qu'il n'est

[1] ADN MfC car. 214, dép. d'Herbette au Service d'information et de presse n° 37 du 9 septembre 1932.

[2] *D.D.F.* 1ére série (1932-1936) tome I pièce 179, dép. très confidentielle d'Herbette à Herriot n° 830 du 14 septembre 1932.

[3] ADN Maroc CD car. 250, lettre de Lucien Saint (Marignac) à Marchat (Rabat) du 24 octobre 1932.

[4] Jean-Marc DELAUNAY, « l'Espagne dans la politique générale française au XXème siècle, une réflexion sur la bilatéralité entre les nations » in *Images et influences de l'Espagne dans la France contemporaine*, page 37.

pas le bienvenu. Dans *Jadis*, il raconte avoir été étonné du déploiement des forces de l'ordre et des bagarres au sujet de son voyage : « évidemment, ma présence provoquait certaines complications. Je m'en rendais compte au soin avec lequel le gouvernement espagnol organisait en mon honneur de pittoresques excursions archéologiques »[1]. Herbette aussi fait de son mieux pour que le voyage ne soit pas plus pénible. *Je Suis Partout* affirme que pour la conférence de presse, Herbette n'a invité que des « journalistes gouvernementaux » espagnols. Cela n'a pas empêché quelques questions hostiles sur une éventuelle alliance franco-espagnole qui ont fait perdre son sang froid à Herriot. De son côté, *L'Intransigeant* dénonce Herbette comme ayant donné aux journalistes français la consigne de ne pas se rendre à une invitation du quotidien monarchiste espagnol *ABC*[2].

Herriot se contente de remettre à Alcalá Zamora le cordon de grand-croix de la Légion d'honneur. Il reçoit également l'ordre le plus élevé de l'ordre de la République espagnole. Il visite le Prado, fait des excursions à Tolède et à Alcalá, enchaîne déjeuners et dîners officiels, va au théâtre, discute des œuvres d'El Greco et de Beethoven avec Azaña … Herbette le suit partout comme son ombre ; il est sur toutes les photographies. Dans ses mémoires, le beau-frère d'Azaña présente les deux Français comme deux vieux amis faisant du tourisme[3].

Malgré le soin qu'il apporte au déroulement de cette visite, Herbette ne va pas jusqu'à mettre les petits plats dans les grands. Geneviève Tabouis, qui couvre le voyage d'Herriot, rapporte que lors de la réception à l'ambassade de France, « l'avarice traditionnelle de l'ambassadeur, bien connue de tout le corps diplomatique, s'est surpassée ! ». En effet, « le champagne est strictement réservé à la petite table du Président et les menus des autres tables vont décrescendo dans la mesure où celles-ci s'éloignent de la table officielle. Aussi, les convives des toutes dernières tables doivent se contenter de gros mauvais gâteaux ». Pourtant, « tous les personnages illustres de la République espagnole sont là »[4]. Dans *Les Ambassades*, Roger Peyrefitte évoque

[1] Édouard HERRIOT, *Jadis*, tome II : *D'une guerre à l'autre (1914–1936)*, 1952, page 351.

[2] *Je Suis Partout* du 12 novembre 1932, article de René Richard intitulé « M. Herriot humilié » ; *L'Intransigeant* du 7 novembre 1932, article intitulé « Pour la presse espagnole ».

[3] Cipriano de RIVAS CHERIF, *Retrato de un desconocido : vida de Manuel Azaña*, 1961, pages 208–209.

[4] Geneviève TABOUIS, *Vingt ans de « suspense » diplomatique*, 1958, page 129.

aussi l'avarice d'Herbette, même s'il ne cite pas son nom, du moins pas à cet endroit du livre. Il fait dire à l'un de ses personnages, l'ambassadrice : « nous ne suivons pas l'exemple de ... qui, à Madrid, ornait ses buffets de langoustes ; mais c'étaient toujours les mêmes carapaces que l'on remplissait de lotte. Un ambassadeur étranger arracha un œil à l'une d'elles pour la reconnaître et il la suivait ainsi de fête en fête »[1]. Suzanne Bidault, qui consacre trois pages au « remarquable Harpagon » Jean Herbette, évoque la même anecdote dont la source est au Quai d'Orsay, mais ajoute qu'elle n'a pas pu la vérifier. En revanche, elle a constaté personnellement « l'état d'accablement dans lequel se trouvait notre camarade Ledoux, secrétaire à Madrid ». Herbette l'avait chargé de se procurer les vins pour la réception des journalistes à l'occasion du voyage d'Herriot. Avec les 1 000 francs que l'ambassadeur avait consenti à lui donner, la mission était quasi impossible. « Les liqueurs se réduisirent à une bouteille de Chartreuse, payée sur les deniers de l'infortuné secrétaire », conclut la narratrice[2]. La réputation d'avarice d'Herbette n'est pas usurpée.

Le soir du départ, le 2 novembre, Herriot reçut enfin « l'accueil » qu'il attendait. Les organisations républicaines, drapeaux et bannières en tête, viennent dire au revoir au président du Conseil français. « Les wagons furent assiégés », raconte Herriot, « on nous combla de cadeaux et de fleurs et, lorsque le train s'ébranla, une formidable Marseillaise fit trembler les vitres du hall »[3]. Sans doute, cette réaction francophile de la dernière heure a t-elle été organisée, ou du moins suggérée, par les autorités espagnoles pour qu'Herriot ne garde pas un si mauvais souvenir de son voyage en Espagne.

Dans les jours qui suivent, la presse, les autorités espagnoles et françaises et bien sûr Herbette, font le bilan de cette visite. Pour l'ambassadeur de France, malgré de « menus incidents absolument négligeables », tout le monde convient à Madrid qu'il s'agit d'un « succès complet et magnifique ». Il échange des félicitations et des remerciements avec l'ambassadeur Madariaga et le professeur Gregorio Marañon. Selon le ministre d'État, « bien qu'il n'ait pas eu de contenu politique à proprement parler, ce voyage a indubitablement une grande signification politique ». Voilà un bel exemple de langage et d'euphémisme diplomatiques ! La conclusion d'Herbette, directement adressée à Herriot, a un petit goût de « contre mauvaise fortune bon

1 Roger PEYREFITTE, *Les Ambassades*, 1951, pages 63-64.

2 Suzanne BIDAULT, *Par une porte entrebâillée ... op. cit.*, page 70.

3 Édouard HERRIOT, *Jadis*, tome II : *D'une guerre à l'autre ... op. cit.*, page 351.

cœur » : « aucune négociation diplomatique qui se serait greffée sur ce voyage, aucune tentative faite pour "l'exploiter" n'aurait obtenu le résultat qu'a produit le pur et simple témoignage d'affection apporté par Votre Excellence à la République Espagnole »[1]. Belle phrase destinée sans doute à ne pas trop faire regretter la façon dont s'est déroulé ce voyage qui n'a pas abouti à grand-chose. Mais Herbette semble essayer de se convaincre lui-même, et tous ceux qui veulent bien l'écouter, que tout cela n'a pas été vain.

Dans une lettre à son frère, il évoque « le voyage de M. Herriot, qui a eu ici un succès éclatant, quelque effort que les spectateurs parfois peu bienveillants aient fait pour dissimuler la vérité dans des journaux étrangers »[2]. Herbette parle de la presse et ne peut pas s'empêcher de le faire. La vérité est que le gouvernement espagnol est assez embarrassé de cette visite car bon nombre de journaux, tant espagnols que français et étrangers – notamment italiens et anglais – ne croient pas qu'un tel déplacement n'a pas donné davantage de résultats. Donc, ils supposent toutes sortes d'accords secrets passés entre la France et l'Espagne. Le ministère d'État et le Quai d'Orsay doivent multiplier les démentis les plus nets pour que ces rumeurs s'apaisent. Pour Herbette, il ne fait aucun doute que c'est la presse qui est responsable de toute cette campagne qui nuit aux rapports franco-espagnols en même temps qu'à son crédit personnel ; et il sait de quoi il parle.

L'AMBASSADEUR ET LA PRESSE

« Aucun communiqué [...] ne devrait être fourni aux agences ni à la presse par un de nos départements ministériels, quel qu'il soit, sans une entente préalable avec le service d'information et de presse du Quai d'Orsay ». Voilà ce qu'Herbette propose afin d'éviter les effets désastreux de certains articles sur la politique étrangère de la France[3]. Peut-être espère-t-il convaincre André Tardieu qui est alors président du Conseil et ministre des Affaires étrangères. Mais, le Quai d'Orsay est réfractaire à toute mesure que la presse pourrait facilement qualifier de censure. Herbette reconnaît sa relative impuissance en la matière : « je sais bien qu'il y a des journaux français qui manquent d'amabilité

[1] ADN MfC reg. 2mi1092, dép. confidentielle d'Herbette à Herriot n° 929 du 4 novembre 1932 ; car. 4, lettres d'Herbette à Madariaga et à Marañon du 6 novembre 1932.

[2] Lettre de Jean Herbette à François Herbette du 9 novembre 1932, coll. part.

[3] ADN MfC reg. 2mi1089, dép. d'Herbette à Tardieu n° 324 du 30 mars 1932.

envers l'Espagne, je le sais d'autant mieux que j'interviens de temps en temps avec plus ou moins de succès, pour protester contre leurs articles »[1]. Ce travail ne manque pas avant, pendant et après le voyage d'Herriot, puisque de nombreux titres publient des séries d'articles sur la situation de la nouvelle Espagne.

En 1933, la presse d'extrême droite se déchaîne contre la république espagnole en la comparant à un foyer révolutionnaire. *Je Suis Partout* et *Action Française* sont les plus virulents De son côté, la presse conservatrice continue de condamner les grandes réformes qui visent à moderniser l'Espagne. *L'Information* et *La République* notamment, critiquent la politique d'Azaña. Et Herbette de s'emporter : « ils [ces journaux] ont laissé l'Espagne croupir sous le régime monarchique et la mèneraient volontiers aujourd'hui à une dictature encore pire, dans l'illusion de sauvegarder ainsi quelques intérêts matériels et au risque de déchaîner une catastrophe sociale »[2]. Mais là encore, Herbette n'est pas suivi par le Quai d'Orsay lorsqu'il demande de réagir.

Si son influence sur la presse française est voisine de zéro, Herbette peut davantage agir sur la presse espagnole. Dès janvier 1932, il indique que « le moment semble venu d'envisager les moyens d'améliorer encore nos relations avec la presse espagnole ». Sa méthode consiste à avoir des relations confiantes avec tous les titres, à démentir toute fausse information, à ne jamais se départir d'une « scrupuleuse correction ». De plus, les anciens journalistes Tardieu et Herbette semblent savoir comment se comporter avec les journalistes. Au nom de celui-là, celui-ci remet la Légion d'honneur à plusieurs d'entre eux et constate l'effet extrêmement positif de ces manifestations. Par ailleurs, Herbette surveille quotidiennement la presse espagnole et son regard de professionnel ne laisse rien passer. Dès qu'un article défavorable à la France paraît, il s'efforce d'en modifier les effets.

On a vu que lors du voyage d'Herriot, la volonté d'Herbette d'éviter les contacts entre la presse française et la presse espagnole le pousse à aller un peu loin. Une autre affaire du même ordre remonte jusqu'au Quai d'Orsay. En effet, López Oliván, sous-secrétaire d'État espagnol, évoque dans un entretien privé, « l'activité insolite déployée par M. Herbette auprès de la presse, principalement du *Heraldo de Madrid* ». Paris demande à l'ambassadeur de s'expliquer. Il le fait

1 ADN MfC car. 33, lettre d'Herbette (Saint-Sébastien) à Bogaërs (Madrid) du 6 août 1932.

2 ADN MfC car. 216, dép. d'Herbette au Service d'information et de presse n° 7 du 17 février 1933.

volontiers en affirmant n'être jamais intervenu auprès du titre espagnol qui soutient « naturellement » la France. Il écrit très bien savoir que « tout excès serait fâcheux »[1]. Il n'en dira pas davantage ; le Quai d'Orsay devra se contenter de cela. En janvier 1933, la presse espagnole de gauche, en particulier le journal *El Sol*, offre un dîner en l'honneur d'Herbette. « Les ambassadeurs », raconte Azaña, « s'étaient réunis pour savoir s'ils assisteraient ou pas au banquet d'Herbette. Ils décidèrent que non et quelques-uns supposaient qu'Herbette n'accepterait pas le cadeau ». C'était mal connaître notre personnage ; bien sûr qu'il accepta et se rendit au fameux dîner auquel assistèrent plusieurs ministres du gouvernement et de nombreux intellectuels dont le professeur Marañon et Miguel de Unamuno. À la fin de la réception, ce dernier déclara que l'Espagne était en guerre civile, « et que M. Herbette était appelé à apaiser les musiques discordantes ». Malgré une réponse très spirituelle de l'ambassadeur, la presse de droite attaqua vivement Unamuno[2]. Quelque temps plus tard, le journal satirique espagnol *El Duente*, dans un article francophobe, pose la question suivante : « quels sont les journaux espagnols que l'ambassade de France subventionne ? » Il y a trois réponses au choix : « 1 – beaucoup de gens le savent ; 2 – ceux du gouvernement ; 3 – excepté ceux de droite, tous les autres »[3]. Cette accusation n'est étayée par aucun commencement de début de preuve, mais elle montre comment l'attitude d'Herbette à l'égard de la presse espagnole peut être stigmatisée.

Dans une longue dépêche de la mi-février 1933, l'ambassadeur répond au Département qui lui a demandé de faire des suggestions relatives aux rapports de la France avec la presse espagnole. Il distille alors toute une série de conseils : faire preuve de considération envers les correspondants espagnols à Paris ; continuer de décorer des journalistes espagnols ; lier la publicité française dans les journaux espagnols à leur attitude vis-à-vis de la France ; que chaque consul apporte du soin à la presse régionale ; etc. Somme toute, une approche modérée du problème résumée ainsi : « faire un effort correct, discret, mais efficace, dans nos relations avec la presse espagnole »[4]. C'est la théorie d'Herbette. Dans la pratique, voyons si elle est appliquée. Devant la

[1] ADN MfC reg. 2mi1093, dép. d'Herbette à Paul-Boncour n° 12 du 4 janvier 1933 en réponse à la demande n° 524 du 30 décembre 1932.

[2] Manuel AZAÑA, *Diarios, 1932–1933, los cuadernos robados*, 1997, p.140–141, « 18 janvier 1933 ».

[3] ADN MfC car. 207, rapport du commissaire divisionnaire d'Hendaye au directeur de la Sûreté générale n° 1614 du 22 juin 1933.

[4] ADN MfC car. 283, dép. très confidentielle d'Herbette au SIP n° 7 du 17 février 1933.

tendance antifrançaise du journal gouvernemental *El Sol*, Herbette tente en suivant sa méthode tout en souplesse d'obtenir un changement d'attitude. Constatant que cela ne marche pas, il intervient auprès de Zulueta qui lui réussit à imposer un peu plus « d'objectivité » au titre. « Il convient naturellement de conserver le caractère le plus confidentiel à cette intervention du ministre d'État », précise Herbette. Ce dernier avait déjà employé cette méthode lorsque *El Socialista* avait écrit que « la guerre a été l'œuvre de la France qui aspirait à la revanche »[1]. Nous sommes là devant un type d'ingérence qu'Herbette n'avait pas cru devoir indiquer dans sa méthode : l'intervention directe auprès du gouvernement espagnol. Et encore, ces actions qui laissent des traces dans les archives ne sont sans doute que la partie émergée de l'iceberg des interventions entreprises par Herbette dans ce domaine qui lui tient particulièrement à cœur.

L'ambassadeur de France a aussi parmi les journalistes espagnols à Paris des « bêtes noires ». Eugenio Montes, correspondant du quotidien catholique *El Debate* est de ceux-là. « Je me permets à nouveau », écrit Herbette au Quai d'Orsay, « d'insister sur l'utilité qu'il y aurait à modifier, s'il se peut, les tendances de ce publiciste »[2]. Décidément, il n'en finit pas de donner des leçons de contrôle de la presse au Département. Plus l'année 1933 avance et plus l'on s'approche des élections de novembre 1933, plus Herbette multiplie ses actions sur la presse. C'est que ces élections sont importantes ... Et quelles ne sont pas gagnées d'avance pour le gouvernement Azaña !

LE PARTI PRIS POLITIQUE D'HERBETTE LORS DES ÉLECTIONS DE 1933

La politique de réforme entamée par Azaña doit nécessairement tenir compte de la réalité espagnole et des oppositions qu'il rencontre. Aussi, une partie du peuple ne se retrouve pas dans ce que la république lui propose, pas assez vite, pas assez loin. En janvier 1933, des troubles anarchistes secouent l'Espagne. Cela ne convient pas aux intérêts de la France, remarque Herbette, car « l'offensive révolutionnaire d'Espagne pourrait faire partie, après tout, d'un plan de guerre internationale aussi bien que d'un plan de guerre sociale »[3].

1 ADN MfC reg. 2mi1089, dép. d'Herbette à Tardieu n° 348 du 5 avril 1932.

2 ADN MfC reg. 2mi1093, dép. d'Herbette à Paul-Boncour n° 353 du 2 mai 1933.

3 ADN MfC reg. 2mi1092, dép. d'Herbette à Paul-Boncour n° 27 du 11 janvier 1933.

Suivez son regard vers Moscou … La théorie du complot international sera désormais toujours avancée par l'ambassadeur pour expliquer les troubles en Espagne. Les incidents les plus graves se déroulent à Casas Viejas où quatre gardes civils sont tués ; la répression est sanglante. À Madrid, Herbette pense qu'il convient de rendre hommage au gouvernement espagnol qui a obtenu un résultat « conforme aux intérêts de la France ». Mais aux Cortès, Azaña est attaqué à propos des exécutions sommaires qui ont eu lieu Casas Viejas. Il doit promettre de faire la lumière sur ces événements et de faire passer la justice si besoin. Loin de se poser le même cas de conscience, le Quai d'Orsay et Herbette conviennent de saisir la première circonstance favorable pour décerner un ordre national à Azaña dont « l'attitude énergique […] est vraiment digne d'être appréciée par nous »[1]. La fin justifiant les moyens, l'ambassadeur ne trouve rien à redire sur la répression de Casas Viejas, alors que le gouvernement espagnol lui-même fait amende honorable. C'est une attitude assez curieuse pour être relevée de la part du représentant en Espagne du pays des droits de l'Homme et des libertés.

En ce début d'année 1933, le soutien à Azaña est donc sans faille mais dans son journal, le président du Conseil n'abandonne pas tout à fait ses préventions contre l'attitude mielleuse de l'ambassadeur français. En février, Azaña, souffrant, reçoit d'Herbette une boite de comprimés de bromo-quinine de marque française. « Peut-être bien qu'Herbette croit que c'est un remède inconnu dans ce pays », note avec amusement le chef du gouvernement espagnol. Il y a même parfois de l'ironie dans les propos d'Azaña sur Herbette. Ainsi, lorsqu'il raconte avoir offert à l'ambassadeur un de ses livres bien reliés et qu'il lui a répondu par un sonnet de remerciements, il conclut : « nous ne pouvons pas être plus délicats » ! Quelques jours plus tard, Azaña est de nouveau reçu à dîner à l'ambassade de France avec trois de ses ministres[2].

Herbette analyse également l'évolution de l'Europe à l'aune de la défense des intérêts français. Comme il l'a toujours fait, il accorde beaucoup d'attention à l'Allemagne où Hitler vient d'arriver au pouvoir. Très tôt l'ambassadeur français perçoit « la communauté de vues que l'arrivée au pouvoir de M. Hitler peut accentuer encore, entre l'Allemagne et l'Italie ». Un peu plus tard, il craint qu'Hitler

[1] ADN MfC car. 150, tél. d'Herbette à Paul-Boncour n° 18 du 13 janvier 1933 et tél. n° 14 de Paul-Boncour à Herbette du 18 janvier 1933.

[2] Manuel AZAÑA, *Diarios, 1932–1933*, *op. cit.*, p.173, « 13 février 1933 ».

ne permette « la reconstitution de la puissance allemande au profit des classes qui en disposaient avant la guerre ». L'analyse d'Herbette est en quelque sorte la quintessence des attitudes françaises face à Hitler : le rejet par la gauche de toute dictature et la crainte de la droite de voir se renforcer une Allemagne militariste et revancharde. Dès avril 1933, le représentant français note que la propagande nazie est assez efficace pour que la presse espagnole au Maroc minimise les persécutions des Juifs en Allemagne. Pourtant, « le traitement infligé aux Juifs sous le régime de M. Hitler » est constitué de « faits établis et connus » qu'Herbette demande de diffuser partout[1]. Il tente également de lutter contre la propagande allemande en Espagne. Puisqu'une escadre de navires de guerre allemands visite plusieurs ports espagnols, il propose et obtient qu'une escadre française la suive et présente des navires plus puissants[2].

Sur la scène internationale, c'est la proposition italienne de « pacte à Quatre » qui domine le printemps 1933. Mussolini veut reconstituer une entente des puissances européennes entre la France, l'Angleterre, l'Allemagne et l'Italie. En vertu des bons rapports que la France entretient avec le gouvernement Azaña, Herbette propose plusieurs fois et avec insistance qu'on l'autorise à indiquer confidentiellement au ministère d'État ce que la France pense de ce projet. Ayant sans doute des préoccupations plus urgentes, le Quai d'Orsay ne répond pas à la suggestion de son ambassadeur. Mais une semaine plus tard, à la demande du gouvernement espagnol cette fois, Paris consent à informer Madrid des discussions en cours[3]. On voit bien dans cette affaire l'inégal souci des responsables français de ménager une place à l'Espagne dans le concert européen. Pour Herbette, les négociations du « pacte à Quatre » sont l'occasion de montrer en quelle estime et en quelle confiance la France tient l'Espagne. Pour Paris, l'Espagne, comme toutes les petites puissances, ne devait avoir connaissance de la nouvelle donne européenne que lorsque celle-ci serait dévoilée au grand jour. C'est donc sous la pression espagnole que des informations sont données à Madrid. Herbette voulait que ce soit d'une manière spontanée.

À Madrid, Azaña réussit à sortir de l'affaire de Casas Viejas et à conserver le pouvoir, mais il est incontestablement affaibli. Les élections

[1] ADN MfC reg. 2mi1092 et 1093, dép. d'Herbette à Paul-Boncour n° 78, 189 et 316 des 31 janvier, 7 mars et 20 avril 1933.

[2] ADN MfC car. 376, tél. d'Herbette à Paul-Boncour n° 72-74 du 3 mars 1933.

[3] ADN MfC reg. 2mi1093, dép. d'Herbette à Paul-Boncour n° 235, 237, 241 des 22 et 24 mars 1931 et car. 152, tél. du Département à Herbette n° 88-89 du 28 mars 1933.

municipales d'avril 1933 sont une dure épreuve, mais là encore il arrive à maintenir sa position. En envoyant les résultats à Paris, Herbette explique quelle doit être la position de la France par rapport à la politique intérieure espagnole : « nous n'avons pas à prendre parti, mais il nous est permis de discerner nos intérêts probables. Ceux-ci demeurent à gauche ». On notera la subtile distinction de notre ambassadeur. Un peu plus loin, il l'abandonne pour préciser que si un gouvernement de droite venait au pouvoir, « nous n'aurions pas à nous en louer »[1]. Herbette a donc choisi son camp, sinon en raison de ses opinions personnelles, du moins dans l'intérêt de la France et de la démocratie. Cependant, en républicain pragmatique, l'ambassadeur conserve d'amicales relations avec des membres de tous les partis, avec la presse de gauche comme la presse de droite, au cas où …

La droite s'organise en vue de conquérir le pouvoir par les urnes. En mars 1933, pour la première fois se crée un grand parti politique catholique : c'est la CEDA (Confédération Espagnole des Droites Autonomes) dirigée par José María Gil Robles. De plus en plus engagé aux côtés du gouvernement espagnol, Herbette rend la droite responsable de la radicalisation de la vie politique espagnole : « la campagne excessive de la droite espagnole et sa tendance au "fascisme" poussent les socialistes à se rapprocher de tous les partis révolutionnaires placés "à leur gauche" ». Il semble découvrir qu'il y a une gauche et une droite et qu'elles évoluent en interaction ! Deux jours plus tard, il relève dans *El Socialista* un article sur les dangers des armements allemands pour la paix. « Il est à peine utile d'ajouter » – ajoute-t-il tout de même ! – « qu'on chercherait en vain des jugements aussi conformes aux intérêts de notre défense nationale dans les journaux espagnols de droite ». Régulièrement, l'ambassadeur lie la politique intérieure de l'Espagne aux dangers extérieurs qui menacent la France. « Il semble », écrit-il, « qu'en dehors de toute opinion ou préférence personnelle on doive reconnaître ceci : la France a besoin, pour sa tranquillité et, en cas de complication, pour sa sécurité même que l'Espagne ne soit pas gouvernée par des hommes inféodés au "système" du fascisme italien et du national-socialisme allemand. Toute combinaison qui unit sous une même influence l'Allemagne, l'Italie et l'Espagne est dangereuse pour la France : la géographie l'indique et l'histoire l'a confirmé »[2]. Aussi, Herbette, en plein accord avec le Quai d'Orsay, encourage le

[1] ADN MfC reg. 2mi1093, dép. d'Herbette à Paul-Boncour n° 342 du 26 avril 1933.

[2] ADN MfC reg. 2mi1094, dép. d'Herbette à Paul-Boncour n° 666, 667 et 678 des 29 et 31 juillet et 2 août 1933.

ministère d'État à lancer l'idée d'un « pacte méditerranéen » capable d'assurer la paix dans tout le bassin de la Méditerranée et en Europe du Sud. Le but est bien évidemment d'amener Mussolini à accepter le *statu quo*. La France rencontre en effet partout l'obstacle italien dans ses relations avec l'Espagne. Jusque dans la question des monarchistes exilés en France, puisque certains d'entre eux reçoivent l'appui de Rome. Herbette dénonce ce soutien et les complots ourdis contre la Deuxième République. Même si le Quai d'Orsay répond qu'il ne faut rien exagérer, l'ambassadeur se trompe rarement lorsqu'il attire l'attention de Paris sur ces affaires. Ainsi, en août, il prévient que des généraux espagnols monarchistes tentent de passer en Algérie afin d'organiser un mouvement au Maroc ... et il a raison[1]. Trois mois avant les élections, Herbette est donc plus que jamais favorable à la gauche espagnole.

Après des élections au Tribunal des Garanties constitutionnelles qui lui sont défavorables, le gouvernement Azaña chute en septembre 1933. Après la dissolution des Cortès devenues instables, un gouvernement de transition est chargé d'organiser les élections législatives. Dans ce nouveau contexte politique, des bruits font état du rappel d'Herbette à Paris car il serait trop compromis avec le gouvernement Azaña. L'ambassadeur d'Espagne à Paris, Madariaga, croit même savoir que Raymond Patenôtre serait le nouvel ambassadeur de France à Madrid[2]. Mais Herbette demeure à son poste et ne change pas son fusil d'épaule. La question qui domine la campagne électorale est de savoir de quel côté les femmes, qui votent pour la première fois, feront pencher les urnes. Claudio Sanchez Albornoz, un membre éminent du parti d'Azaña et ministre d'État, confie à Herbette : « les curés menacent ouvertement les femmes d'aller en enfer si elles votent pour moi ». L'ambassadeur se demande si le Saint-Siège est au courant de ces pratiques. Il propose même de l'en avertir au motif qu'il est néfaste pour l'Église d'éliminer les éléments modérés de la république espagnole[3]. En somme, Herbette n'envisage rien moins que de faire intervenir le Vatican dans les élections espagnoles ... au profit de la gauche qui a voté la loi de séparation de l'Église et de l'État ! Mais il est vrai que les relations que notre diplomate a entretenues avec le Vatican peuvent lui permettre de croire cela possible.

[1] ADN Maroc CD, dép. du Quai d'Orsay à la Résidence de France à Rabat n° 368 du 9 août 1933.

[2] Feliciano PÁEZ CAMINO ARIAS, *La significación de Francia ... op. cit.*, pages 785–791.

[3] ADN MfC car. 133, dép. d'Herbette à Paul-Boncour n° 975 du 8 novembre 1933.

Les dernières prises de position d'Herbette avant le scrutin trahissent un certain désarroi. Les pronostics sont en effet assez contradictoires, mais aucun n'est vraiment favorable à la gauche. L'ambassadeur craint des réactions populaires violentes si les résultats étaient trop en faveur de la droite et dus à des procédés électoraux douteux. Sans vouloir inquiéter à l'avance, il écrit « qu'on aurait tort de sous-estimer les facteurs de révolution dès que la masse entrevoit la possibilité d'un gouvernement de droite ». Mais le pire n'est jamais sûr, car « il y a en Espagne beaucoup plus de bon sens et de flexibilité que ne le croient en général les étrangers »[1]. Herbette veut donc rester optimiste jusqu'au bout mais attend fébrilement les résultats. La droite l'emporte finalement ; la CEDA devient le premier parti avec plus de 200 députés, le centre dans lequel on compte le parti radical de Lerroux a 168 députés. La gauche obtient moins de 100 sièges ; Herbette a perdu.

1 ADN MfC car. 133, dép. d'Herbette à Paul-Boncour n° 992 du 15 novembre 1933.

CHAPITRE III

LA NÉCESSAIRE ADAPTATION À L'ÉVOLUTION POLITIQUE ESPAGNOLE (1933-1936)

GÉRER L'ALTERNANCE POLITIQUE

Dans une longue dépêche plusieurs fois réécrite – les différents brouillons retrouvés l'attestent – Herbette analyse la nouvelle situation politique espagnole. Il veut proposer une position à adopter vis-à-vis du gouvernement de droite, mais il veut avant tout justifier son attitude à l'égard des partis politiques espagnols depuis 1931. L'ambassadeur affirme que nul ne peut reprocher à la France « d'avoir fourni un appui indirect aux partis de gauche », puisque l'ambassade a eu de bons rapports avec des personnalités de gauche comme de droite. Désormais, « nous ne devons rien négliger pour que sans perdre assurément les sympathies qu'elle a trouvées à gauche, la France vive en termes d'amitié avec des gouvernements espagnols de droite ». Mais le plaidoyer *pro domo* d'Herbette n'est pas très convaincant, car on ne voit pas bien les partis de la droite espagnole accueillir à bras ouverts le représentant de la France alors qu'ils n'ignorent rien de ses préférences politiques. Et comme le laisse entendre Herbette, ces partis sont portés « vers des modèles qui ne se trouvent pas chez nous [...] l'exemple de M. Mussolini et celui de M. Hitler répondent beaucoup mieux [...] aux besoins intérieurs des hommes qui en Espagne dirigent le mouvement de droite et qui regardent la démocratie comme incapable d'empêcher la révolution »[1].

Aussi, la France doit réagir mais en évitant deux illusions selon Herbette. L'une est rétrospective, et il commence par elle comme pour

[1] ADN MfC car. 133, dép. d'Herbette à Paul-Boncour n° 1014 du 22 novembre 1933.

se dédouaner. C'est de penser que la France (Herbette lui-même ?) « aurait dû traiter plus froidement les partis espagnols de gauche ». L'autre illusion concerne l'avenir et consiste à croire que la France doit faire des concessions à la nouvelle majorité pour obtenir « l'affection des droites espagnoles ». Illusion, car l'effet serait inverse : « on nous jugerait faibles ou effrayés et nous verrions grossir les exigences en même temps ». Non, ce qu'Herbette préfère penser, c'est que « l'amitié franco-espagnole a sa base solide dans les intérêts communs des deux pays [...] ces choses ne dépendent pas des formes de gouvernement ». Cela rappelle un peu les arguments avancés par le journaliste Herbette pour demander la reconnaissance des Soviets. Face à l'alternance politique espagnole il pense que la France ne doit pas avoir peur mais restée vigilante, car « si l'Espagne s'achemine maintenant vers un régime non-démocratique, elle risque de s'éloigner de nous ». Pour l'instant, Herbette s'en tient à la réalité des faits. Après s'être rassuré lui-même sur son action passée – c'est du moins l'impression que cela donne – il s'efforce de garder son sang-froid : « l'Espagne est toujours une république pour le moment, et nous y conservons assez de sympathies et d'influences pour ne pas nous hâter de mettre les choses au pire ». Il n'empêche, sur le plan international, l'ambassadeur craint que la politique étrangère de l'Espagne soit davantage favorable à l'Italie et à l'Allemagne. Car, « la similitude des politiques intérieures favorise nécessairement le rapprochement des politiques extérieures »[1]. Mais Herbette tombe là dans un amalgame qui n'a aucun fondement en rapprochant des situations politiques très éloignées. Si le fascisme et le nazisme sont au pouvoir à Rome et à Berlin, à Madrid la république et la démocratie demeurent, l'alternance en est la preuve.

Faisant contre mauvaise fortune bon cœur, Herbette préconise donc une attitude d'équilibre nouvelle entre la gauche et la droite. Cette proposition montre s'il en était encore besoin, que ce n'est pas la politique qu'il a menée jusque-là. À la mi-décembre, Alejandro Lerroux constitue un gouvernement composé de radicaux et de républicains de droite. La CEDA ne participe pas au gouvernement, mais le soutient aux Cortès. Malgré son souci de rééquilibrer son positionnement face aux partis espagnols, l'ambassadeur ne peut pas s'empêcher de juger très durement la droite. « La faiblesse des droites espagnoles », ironise-t-il, « c'est qu'elles en sont encore à croire que leur grand adversaire est le "marxisme", et que l'entrave qui les gêne pour courir sus au marxisme s'appelle le régime parlementaire. Pauvres partis de droite ! Ils ne se

[1] ADN MfC car. 133, dép. d'Herbette à Paul-Boncour n° 1014 du 22 novembre 1933.

rendent pas compte que les socialistes eux-mêmes se demandent comment ils résisteront aux partis révolutionnaires d'action directe »[1]. On se souvient de l'analyse d'Herbette sur la capacité d'un gouvernement socialiste à éviter la révolution, il n'en a pas changé. Alors que le nouveau gouvernement entame une politique de contre-réforme – après le *bienio reformador*, c'est un *bienio rectificador* qui commence – la situation est dans beaucoup de domaines explosive.

Certes, les anarchistes déclenchent des troubles dans plusieurs provinces, mais le représentant français insiste sur le danger fasciste qui, dans sa correspondance du moins, semble focaliser alors toute son attention. Pour Herbette, « il est évident qu'aucun revirement politique, surtout s'il met en relief une doctrine extrême comme celle du fascisme, ne résout des questions qui sont avant tout économiques »[2]. Au début mars 1934, visiblement agacé par l'aveuglement du gouvernement, il écrit : « Lerroux ne voit pas ou ne veut pas voir ou ne veut pas avouer qu'il voit le péril fasciste ». Aussi, l'ambassadeur se permet de lui dessiller les yeux et conseille au gouvernement d'imposer « son prestige et son autorité ». Aux dires d'Herbette, Lerroux écoute avec bienveillance ...[3] Mais le pouvoir espagnol reste faible ; « les gauches ont l'impression qu'elles commencent à gagner du terrain dans le pays et peut-être ne se trompent-elles pas », rapporte Herbette à Leger[4].

Sans doute l'ambassadeur est-il encouragé à s'enhardir et à intervenir auprès du gouvernement de droite comme il le faisait auprès des gouvernements de gauche par plusieurs facteurs extérieurs à la vie politique espagnole. Une des conséquences de la journée tragique du 6 février 1934 est que la France est désormais gouvernée par un cabinet d'Union nationale moins éloigné du gouvernement Lerroux que ne l'étaient ceux du cartel des gauches. D'ailleurs, les presses française et espagnole sont comme apaisées et Herbette constate avec satisfaction que c'est un élément qui favorise les relations entre les deux pays. De plus, le jour même où l'ambassadeur évoque le risque fasciste devant Lerroux, un accord commercial franco-espagnol est signé et met fin – Oh que très provisoirement ! – à des contentieux qui duraient depuis des années. Pour Herbette, qui demandait sans relâche que l'on aboutisse à un règlement, c'est l'occasion de pousser

[1] ADN MfC car. 129, dép. d'Herbette à Paul-Boncour n° 1123 du 20 décembre 1933.

[2] ADN MfC car. 129, dép. secrète d'Herbette à Paul-Boncour n° 11 du 4 janvier 1934.

[3] ADN MfC reg. 2mi1095, dép. d'Herbette à Daladier n° 272 du 6 mars 1934.

[4] AQO papiers 1940, papiers Leger vol. 11, lettre personnelle d'Herbette à Leger du 18 avril 1934.

plus avant la coopération franco-espagnole dans d'autres domaines. Les affaires marocaines présentent alors un terrain favorable. En effet, en avril 1934, Lerroux annonce officiellement l'occupation de la petite zone d'Ifni par les troupes espagnoles. Or, depuis plusieurs années, dans le cadre des opérations de pacification du Sud-marocain, la France demandait cette occupation effective afin qu'Ifni ne serve plus de refuge aux indigènes résistants[1]. L'opération est réalisée en complet accord avec les autorités françaises auxquelles Lerroux rend hommage : « le résultat des dernières opérations qu'en cette zone a réalisées l'armée française, a contribué de grande manière à l'occupation politique du territoire d'Ifni »[2].

Aussitôt, Herbette, qui voit s'ouvrir une nouvelle ère des rapports franco-espagnols, envoie une lettre personnelle de félicitations à Lerroux, et demande à Paris de lui exprimer en plus les félicitations du gouvernement français. Dans un télégramme assez cassant, le Quai d'Orsay rappelle son ambassadeur à davantage de retenue. Il ne saurait être question de félicitations officielles, puisque l'Espagne a surtout réussi cette opération grâce à la pacification française opérée autour du territoire espagnol[3]. Dans cette affaire encore, la différence d'appréciation entre Herbette et le Département est notable. L'ambassadeur voit une occasion de resserrer des liens quand le Quai d'Orsay veut faire sentir à l'Espagne qu'elle est et restera sa débitrice dans cette affaire. Que le gouvernement espagnol soit de gauche ou de droite, la suffisance de la France vis-à-vis de l'Espagne demeure, tandis qu'Herbette, en pragmatique, est prêt à reconnaître les mérites de Lerroux, au moins en ce qui concerne Ifni … Mais Lerroux quitte le pouvoir dès la fin avril 1934.

Depuis l'arrivée de la droite au pouvoir à Madrid, toute la politique espagnole de la France consiste à montrer à son partenaire que leurs intérêts sont communs en Méditerranée et que ceux-ci sont bien supérieurs aux évolutions intérieures. Mais cette tâche n'est pas des plus aisées compte tenu de la mobilisation des autres puissances dans la péninsule. En avril 1934, Herbette signale que les ambassades italienne et allemande à Madrid semblent travailler ensemble pour faire pression sur l'Espagne … et sur l'ambassade de France. Ainsi, l'espionnage

[1] Sur ce point voir : Yves DENÉCHÈRE, « La campagne française de "pacification" dans le Sud-marocain : la question de la coopération militaire espagnole (1931–1934) », *Guerres Mondiales et Conflits Contemporains*, n° 199/2000, pages 93–109.

[2] ADN MfC reg.2mi1096, dép. d'Herbette à Barthou n° 416 du 9 avril 1934.

[3] ADN MfC car. 324, tél. d'Herbette à Barthou n° 356 du 9 avril 1934 et réponse n° 138 du 10 avril.

français aux Baléares est dénoncé par des journaux allemands qui affirment ne souhaiter que la neutralité de l'Espagne. Mais Herbette a de la mémoire et rappelle qu'en 1914 l'Allemagne a prétendu que la Belgique serait utilisée militairement par la France et l'Angleterre pour justifier le viol de sa neutralité[1]. De son côté, le gouvernement espagnol de droite est encore plus attaché à la neutralité que ses prédécesseurs et anime le groupe des pays neutres à la SDN. Le Quai d'Orsay y voit une entreprise sinon dirigée contre la France, du moins gênante pour sa diplomatie. Pour Herbette au contraire, l'Espagne joue un rôle de modérateur favorable à la France au sein de ce groupe des neutres. C'est effectivement le cas lors des derniers avatars de la conférence du désarmement en mars–avril 1934. En somme, Herbette se satisfait d'un gouvernement de droite dans les affaires extérieures. En ce sens, il y a un assez beau printemps 1934 dans les relations franco-espagnoles. Mais en ce qui concerne la situation intérieure de l'Espagne, Herbette ne change pas de position.

Lorsque *El Socialista* durcit son langage dans un sens plus révolutionnaire, l'ambassadeur de France remarque : « comme il était facile de le prévoir et comme je m'étais permis de le pressentir plus d'une fois, la situation sociale n'est pas stabilisée par la formation de gouvernements orientés à droite »[2]. Il est vrai que l'été 1934 apporte son lot de grèves, de révoltes, de complots de toutes sortes, etc. Pour Herbette, l'Espagne court à la catastrophe. « On voudrait se persuader », écrit-il, « que les événements d'Espagne, comme il est arrivé si souvent, continueront à se dérouler beaucoup plus paisiblement qu'ils ne s'annoncent. Cependant, de grandes causes [...] ne permettent pas d'affirmer que l'Espagne échappera à des commotions graves »[3]. Devant le risque de révolution, Lerroux est de nouveau chargé de constituer un gouvernement. Sa politique consiste à incorporer la droite catholique dans les institutions républicaines ; il fait entrer des ministres CEDA au gouvernement. Mais pour les partis de gauche, c'est une trahison à la république. Deux semaines après l'alerte d'Herbette, la Catalogne et les Asturies sont en révolution.

[1] ADN MfC reg. 2mi1095, dép. d'Herbette à Barthou n° 406 du 6 avril 1934.

[2] ADN MfC reg. 2mi1096, dép. d'Herbette à Barthou n° 640 du 24 mai 1934.

[3] ADN MfC reg. 2mi1098, dép. d'Herbette à Barthou n° 1213 du 20 septembre 1934.

INVENTER UN NOUVEAU TYPE DE RELATIONS AVEC L'ESPAGNE

Le 6 octobre 1934, le président de la Généralité de Catalogne, Luis Companys, qui a succédé à Macía, proclame « l'État catalan dans la république fédérale espagnole ». La CNT anarchiste ne participe pas au soulèvement et l'armée reste fidèle à Lerroux : dès le lendemain Companys capitule. Dans les Asturies, la situation est plus préoccupante pour le pouvoir. La grève des mineurs débouche sur une « République socialiste ». Les légionnaires du *Tercio* et les supplétifs marocains commandés par le général Franco se heurtent à une violente résistance. Sur tous ces événements, Herbette est peu loquace ; il est surtout occupé à autre chose. En effet, il doit répondre aux nombreuses manifestations de sympathie que reçoit l'ambassade de France après l'assassinat de Barthou aux côtés du roi Alexandre de Yougoslavie le 9 octobre. Aussi, Herbette se contente de transmettre les nouvelles qui lui semblent les plus probables et insiste sur l'instabilité qui demeure : « on manque de recul, tout n'est pas fini »[1]. Ce n'est qu'après avoir repris Oviedo, rue par rue, que l'armée vient à bout de la rébellion le 19 octobre. La répression qui s'abat alors est sévère et sanglante. Le leader monarchiste Calvo Sotelo la justifie en rappelant la Commune de Paris : « les exécutions [de communards] ont donné à la France soixante-dix ans de paix sociale » !

L'échec de la révolution et la répression qui s'ensuit entraînent un nouveau mouvement de réfugiés politiques espagnols vers la France. Alors que depuis les élections de novembre 1933 beaucoup de monarchistes sont rentrés en Espagne, les révolutionnaires des Asturies ou de Catalogne passent les Pyrénées. Pour Paris, leur surveillance est de rigueur, car ils sont plus nombreux et considérés comme plus dangereux politiquement que les monarchistes. Herbette, qui est sous la pression du gouvernement espagnol, considère que la présence d'agitateurs catalans dans le Sud-Ouest est très indésirable et que leur résidence doit être fixée au nord de la Loire[2]. Pourtant, ces réfugiés se révèlent moins actifs que les monarchistes, mais ils réussissent à faire parler d'eux à travers la presse de gauche, notamment *le Populaire* et *L'Humanité*. La Ligue des Droits de l'Homme soutient également qu'il faut les accueillir comme des combattants pour la liberté.

[1] ADN MfC reg. 2mi1098, dép. confidentielle d'Herbette au Quai d'Orsay n° 1281 du 10 octobre 1934.

[2] ADN MfC reg. 2mi1098, dép. d'Herbette à Laval n° 1313 du 23 octobre 1934.

Plus généralement, dans une belle dépêche de décembre 1934, Herbette porte une attention particulière à l'immigration espagnole en France. C'est avec d'infinies précautions qu'il présente ses propositions à ce sujet au Quai d'Orsay : « l'observateur spécialisé dans l'étude d'un problème craint toujours de s'en exagérer la valeur, jusqu'au moment où il craint encore davantage de se taire indûment ». Il commence par montrer que la population française stagne tandis que la population espagnole augmente, « il est donc inévitable que la population espagnole, enfermée dans ses frontières, exerce une pression croissante ». Entourée de pays à démographie dynamique (Allemagne nazie et Italie fasciste), Herbette remarque que la France ne peut pas résister à toutes ces poussées et propose d'accueillir en nombre les Espagnols, ce qui va à l'encontre de la politique française d'immigration des années trente. L'ambassadeur développe ensuite ses arguments : « la plupart des émigrants espagnols sont assimilables pour nous » ; et il loue les qualités des « Basques industrieux, des Bretons ingénieux de la Galice » ... Il ne voit aucun obstacle à ce qu'ils « fraternisent avec des Français et même à ce qu'ils fassent souche de Français ». C'est une véritable régénération de la population française par l'immigration espagnole que le diplomate préconise, « en accordant, à notre foyer un peu clairsemé, une place à ses enfants trop nombreux ». On voit bien les avantages qu'Herbette pense pouvoir récolter de cette politique : équilibre démographique avec les autres puissances et symbiose franco-espagnole. Car Herbette ne voit dans cette affaire que l'intérêt de la France, ce n'est pas un quelconque souci humanitaire, assez anachronique dans les années trente, qui motive ces propositions. Cependant, il sait que ses idées sont d'avant-garde et qu'elles « menacent de heurter les opinions les plus respectables, les plus fondées sur certains intérêts de la France ». Pour autant, il refuse de se taire : « dix ans passés à l'étranger [...] m'ont donné l'habitude [...] de penser sans cesse à l'avenir, bref d'envisager les choses avec une liberté dont on ne peut malheureusement pas jouir quand on est dans la maison »[1]. Ces idées d'Herbette, trop avancées pour une époque où la crise entraîne le repli sur soi, ne recevront aucune réponse du Quai d'Orsay. Manifestement, Paris n'attend pas de son ambassadeur de telles élucubrations, mais qu'il suive au plus près l'évolution politique de l'Espagne[2].

1 ADN MfC reg. 2mi1099, dép. confidentielle d'Herbette à Laval n° 1509 du 5 décembre 1934.

2 Pour plus de détails sur la conception d'Herbette, Yves DENÉCHÈRE, « Un enfoque original de la inmigración en tiempos de crisis : un proyecto de simbiosis franco-española en los años treinta », *Studia Historica* n° 17, 1999, pages 231 à 248.

Les monarchistes, raffermis par l'échec du mouvement des Asturies et la réaction de l'armée, créent en décembre 1934 le Bloc national. Son leader, José Calvo Sotelo, met ouvertement son espoir dans un coup de force militaire contre la république. Herbette avertit qu'il faut se méfier de ce courant politique, car « des causes supérieures à toutes les préférences humaines font qu'un régime de réaction politique et sociale a nécessairement de l'aversion envers la France ». Mais, « on ne doit pas en conclure que nous ayons intérêt à attaquer l'extrême droite espagnole. Il ne faut jamais donner, même à des ennemis, aucun prétexte pour détester la France ». L'ambassadeur rappelle également que selon certaines archives espagnoles, si le général Prim en 1870 a choisi la candidature Hohenzollern au trône d'Espagne, c'était pour se venger d'offenses de Napoléon III. Certes, Calvo Sotelo n'est pas Prim, mais il faut être vigilant, car « la contre-révolution à laquelle il travaille mettrait l'Espagne sous l'influence d'États qui ne nous veulent pas toujours du bien »[1]. C'est une nouvelle expression de l'analyse d'Herbette sur la situation espagnole : la France a doublement intérêt à voir la démocratie s'enraciner en Espagne, tant pour des raisons idéologiques que pour de raisons de politique extérieure.

Lorsqu'en octobre 1934, on parle d'établir un attaché naval espagnol à Berlin, Herbette voit là une concrétisation de ses craintes. Aussi, il n'hésite pas à en parler avec Lerroux ; de ce fait il intervient bel et bien dans les relations entre l'Espagne et une tierce puissance. Il fait remarquer au président du Conseil espagnol que si le projet aboutissait, « le gouvernement espagnol pourrait se trouver dans une position difficile en cas de tension internationale ». Bien qu'il reconnaisse s'occuper là d'une question qui n'est pas de sa « stricte compétence », il fait pression sur le gouvernement espagnol[2]. Ce n'est pas la première fois que nous le prenons en flagrant délit d'ingérence. On peut penser que si Herbette se permet ce genre d'actions, c'est qu'il a réussi à tisser des liens avec les ministres de droite. Ceux-ci confient même parfois à Herbette leurs impressions personnelles. Ainsi, en novembre 1934, Lerroux constate comme Herbette que l'Allemagne prépare la guerre, mais ajoute : « moi, je ne crois pas à la guerre. La dernière est encore trop proche de nous. On ne fait pas deux guerres de cette envergure dans une même génération. Au dernier moment se lèverait une tempête (ici un geste expressif) qui empêcherait de faire la guerre »[3]. Le

[1] ADN MfC reg. 2mi1099, dép. d'Herbette à Laval n° 1523 du 7 décembre 1934.

[2] ADN MfC car. 167, tél. secret d'Herbette à Laval n° 992–993 du 27 octobre 1934.

[3] *D.D.F.* 1ère série 1932–1936, tome VIII, tél. secret-réservé d'Herbette à Laval n° 1092 à 1094 du 26 novembre 1934.

ministre d'État Rocha – qui en juin 1934 alors qu'il est ministre de la Marine a invité personnellement les Herbette à suivre à ses côtés les manœuvres navales près des Baléares – évoque lui aussi les risques de guerre. « Si par malheur une guerre éclatait », confie-t-il à Herbette, « j'espère que l'Espagne ne serait pas obligée d'y prendre part. Mais en tout cas, il y a une chose que je ne devrais peut-être pas vous dire en tant que ministre d'État, mais qui est évidente : c'est que l'Espagne ne pourrait pas la faire dans des conditions où elle serait en même temps forcée de combattre contre le Portugal »[1]. Herbette paraît donc assez bien introduit auprès du gouvernement, mais uniquement auprès des ministres radicaux. Il n'a pas de relations avec les ministres issus de la CEDA. Mais rien n'est jamais acquis, et l'ambassadeur ne rechigne pas à poursuivre son travail quasi quotidien d'analyse de la presse espagnole.

En dix jours, Herbette demande par trois fois qu'on ne laisse pas faire J.E. Yndart, le correspondant à Paris du *Diario de Madrid*, qui écrit systématiquement avec un esprit antifrançais. Il insiste auprès du Quai d'Orsay qui ne se décide pas à agir : « on a le droit de trouver qu'il exagère et l'on pourrait avoir le devoir, à la longue, de ne pas le laisser continuer »[2]. Il réclame également que l'on fasse pression sur Francisco Lucientes, correspondant du journal catholique du soir *Ya*. S'il ne demande pas son expulsion de France, c'est juste parce qu'il « ne mérite pas les palmes du martyr »[3]. Pourtant, la censure imposée à la presse espagnole à partir d'octobre 1934 et jusqu'à janvier 1936 fait que le nombre d'articles défavorables à la France – et à toute autre puissance étrangère – est très faible. Sans doute est-ce pour cela qu'ils sont encore plus insupportables à Herbette.

Les correspondants espagnols attaquent surtout la France dans le domaine commercial. En effet, l'accord franco-espagnol de mars 1934 est surtout avantageux pour la France et un mécontentement se développe outre Pyrénées. Plusieurs fois, Herbette avertit le Quai d'Orsay que cet état d'esprit gêne considérablement l'ensemble des relations franco-espagnoles et demande un assouplissement des tarifs français en vigueur. Mais loin de suivre cette politique, Paris impose toujours de nouvelles taxes tandis qu'il demande à son ambassadeur à Madrid

[1] ADN MfC reg. 2mi1099, dép. très confidentielle d'Herbette à Laval n° 1504 du 26 novembre 1934.

[2] ADN MfC reg. 2mi1099, dép. d'Herbette à Laval n° 1396, 1433 et 1440 des 13, 19 et 20 novembre 1934.

[3] ADN MfC reg. 2mi1100, dép. d'Herbette à Laval n° 231 et 358 des 16 février et 9 mars 1935.

de protester contre la moindre augmentation des tarifs douaniers espagnols. La situation d'Herbette est donc assez intenable, et il s'en plaint au Quai d'Orsay avec l'agacement de n'être pas écouté. En octobre 1934, il affirme ne pas savoir comment il va pouvoir protester contre une taxe espagnole de 0,50 franc par quintal alors que les fruits espagnols subissent une double taxation française de 30 et 75 francs par quintal ! Selon l'ambassadeur, la politique commerciale de la France à l'égard de l'Espagne ne peut mener qu'à une rupture alors que l'accord de mars doit être renégocié pour 1935[1].

De laborieuses négociations traînent pendant toute l'année 1935. Chacun des deux pays campe sur ses positions et ne veut rien céder. En juillet, Herbette qui a appelé plusieurs fois le Quai d'Orsay à faire des concessions, se désespère de voir les choses évoluer : « c'est à la diplomatie de se mettre en oeuvre et de faire que la rupture prenne l'aspect moins irritant d'une simple et pure interruption »[2]. En novembre on sort enfin de l'impasse et il faut d'ultimes négociations en décembre pour qu'un accord soit trouvé. Le 18, Jean Herbette écrit à son épouse : « cette négociation me donne bien du tourment. Si l'on pouvait se faire écouter ! je ne sais toujours pas ce soir ce qui va se passer. Je pense que nous serons fixés demain. Si l'on signe, comme je le voudrais, M. Bonnet viendra ici »[3]. Le ministre français du Commerce vient effectivement à Madrid pour signer le traité le 21 décembre. Après Herriot, c'est la seconde fois qu'un membre d'un gouvernement français vient en Espagne depuis l'instauration de la République.

L'arrivée du ministre, qu'Herbette est venu accueillir à la gare de Saint-Sébastien, est émaillée d'un incident burlesque que Georges Bonnet relate dans ses mémoires. Le chat de Mme Herbette, qui a un nom russe et qu'elle promène partout dans un cabas, s'échappe dans la gare. Après une mobilisation générale, il est rattrapé, non sans mal ! À Madrid, la signature se passe pour le mieux, mais Bonnet avoue avoir été plongé « dans une grande confusion » lors de la réception qui suit à l'ambassade de France. « Jean Herbette ne recevait jamais », raconte-t-il, « il avait fallu le séjour d'un ministre français à Madrid, pour un acte officiel important, pour l'obliger à inviter tout le gouvernement espagnol ». Mais les valets sont improvisés, mal habillés, le service

1 ADN MfC reg. 2mi1098, dép. d'Herbette à Barthou n° 1194 du 15 septembre 1934.

2 ADN MfC reg. 2mi1102, dép. d'Herbette à Laval n° 1079 du 10 juillet 1935.

3 BCUL fonds Herbette IS 4147 car. 23, mot de Jean Herbette à Jeanne Herbette du 18 décembre 1935.

est lent et le repas médiocre. Selon Alphand, lui aussi présent, il n'y avait pas assez à manger pour tout le monde bien que les restes de la table d'honneur soient servis aux tables les plus éloignées[1]. Encore des témoignages concordant sur l'avarice d'Herbette, mais notons que s'ils sont aussi ressemblants, c'est qu'ils émanent tous de la même source diplomatique. Seul, le Général Weygand qui est reçu à dîner à l'ambassade de France à Madrid en 1935 ne trouve rien à redire. Il parle même « d'attentions » à son égard, mais il est vrai que la réception est privée[2]. Herbette, lui, ne s'arrête pas à ce qu'il considère comme des futilités. Il préfère noter que le voyage de Bonnet a eu en Espagne un « retentissement sans précédent »[3]. Et le voyage d'Herriot alors ? De son côté, le ministre du Commerce déchante lors de son retour en France : « quand je rentrai à Paris, je m'aperçus que mon voyage en Espagne n'intéressait personne »[4]. L'importance donnée à l'Espagne par Herbette, par le Quai d'Orsay ou par la presse française n'est évidemment pas la même.

À titre personnel, Herbette a la satisfaction de recevoir la Grand-croix de l'ordre d'Isabelle la Catholique, après avoir reçu le Grand cordon de l'ordre de la République sous le *primer bienio*[5]. Il a manifestement réussi à rééquilibrer son attitude à l'égard de la majorité de droite au pouvoir. Oubliées donc, les rumeurs du printemps 1935 qui laissaient entrevoir le prochain départ d'Herbette de Madrid. Ces bruits ne semblaient pas beaucoup inquiéter le principal intéressé, qui imperturbablement en faisait part au Quai d'Orsay. Si l'on en croit Barbier – mais nous avons dit ce qu'il faut en penser – « comme la plupart de ses collègues de grade promus postérieurement aux élections de 1924, cette année néfaste à jamais pour le pays, il [Herbette] mettait au-dessus de tout son propre maintien en fonction et il déployait, pour y parvenir, une habileté de procédés extraordinaire et un extrême zèle partisan »[6]. Point besoin de commentaire, le parti pris politique est trop nettement exprimé ici.

Pendant les interminables négociations commerciales, Herbette a déploré leurs conséquences néfastes qui laissaient l'impression que la France et l'Espagne n'étaient capables de s'entendre sur rien. Aussi,

1 Georges BONNET, *Vingt ans de vie politique … op. cit.*, pages 238–239.

2 Général WEYGAND, *Mémoires*, tome II : *Mirages et réalités*, 1959, page 439.

3 ADN MfC reg. 2mi1103, dép. d'Herbette à Laval n° 1850 du 22 décembre 1935.

4 Georges BONNET, *Vingt ans de vie politique … op. cit.*, page 239.

5 BCUL fonds Herbette IS 4147, carton 3.

6 Jean-Baptiste BARBIER, *Un frac de Nessus … op. cit.*, page 612.

il conseille de saisir « la première possibilité qui se présentera pour négocier avec l'Espagne. Si les questions commerciales et financières ne s'y prêtent pas encore, il y a des questions marocaines qui attendent leur solution »[1]. Finalement, ces affaires vont également trouver un dénouement en novembre 1935 avec le renouvellement du statut de Tanger, pour lequel Espagnols et Français arrivent à établir un compromis. Tout comme pour le printemps 1934, l'automne 1935 paraît donc être une période agitée, certes, mais également fructueuse. Pour en arriver là, il a fallu convaincre l'Espagne du bien fondé du rapprochement franco-italien.

Les accords de Rome, signés dans le cadre des entretiens Laval-Mussolini de janvier 1935, modifient la situation en Méditerranée. L'Espagne craint que quelque accord secret se soit traité sur son dos à Rome. Afin de rassurer le ministère d'État, Herbette est chargé de montrer au ministre d'État Rocha le texte des accords et de dissiper tout malentendu. Là encore, l'ambassadeur de France fait pression sur la diplomatie espagnole pour l'amener à suivre la politique française. Lorsque l'Espagne évoque un pacte méditerranéen général, Herbette précise que « la Méditerranée occidentale, c'est l'Europe, tandis que la Méditerranée orientale, ce sont les Balkans ». Et de conclure : « si j'étais un Espagnol, je ne me mêlerais pas volontiers aux affaires des Balkans ». En prodiguant ce conseil, l'ambassadeur croit avoir travaillé « au bénéfice de la France et de l'Espagne »[2]. Herbette – et d'autres sûrement – a dû être convaincant, puisque l'idée d'un pacte méditerranéen est abandonnée par la diplomatie espagnole.

La propagande allemande, toujours plus active en Espagne, constitue un autre souci pour Herbette ; il la dénonce sans relâche. Il montre que partout, dans la presse, dans le cinéma, dans la publicité commerciale, dans l'économie, au Maroc ... l'influence allemande grandit tandis que celle de la France recule. Herbette regarde « avec appréhension l'état d'infériorité où nous sommes ici » car dans de nombreux domaines, « nous n'existons pas à côté des Allemands »[3]. Le constat de la propagande allemande en Espagne est donc fait et bien fait, mais l'ambassadeur dispose de moyens trop inférieurs à ceux de son collègue allemand pour pouvoir lutter à armes égales :

[1] ADN MfC reg. 2mi1101, dép. d'Herbette à Laval n° 710 du 2 mai 1935.

[2] ADN MfC reg. 2mi1100, dép. secrète d'Herbette à Laval n° 155 du 1er février 1935.

[3] ADN MfC reg. 2mi1102, dép. d'Herbette à Laval n° 962 du 15 juin 1935.

« il y a des procédés de corruption que je n'emploierai jamais »[1]. En revanche, Herbette est persuadé que le caractère espagnol est plus facile à comprendre pour des Français que pour des Allemands. En effet, « le tempérament espagnol est accessible à de vives impulsions sentimentales plutôt que susceptible de calculs longuement prémédités ». Aussi, dans le contexte de grandes tensions internationales, il faut « obtenir que l'Espagne soit sans cesse disposée à réagir d'une manière amicale envers nous ». Une fois encore il indique donc au Quai d'Orsay qu'il faut abandonner une politique suffisante à l'égard de l'Espagne, « c'est un travail qu'il est encore temps d'entreprendre, je l'espère, pourvu qu'on le sente urgent et qu'on y mette du cœur »[2]. Mais l'ambassadeur ne semble pas se faire trop d'illusions ...

Après le rétablissement par Hitler du service militaire obligatoire, la France, l'Italie et l'Angleterre se réunissent à Stresa en avril 1935. La réaction espagnole est méfiante devant ce front qui apparaît bien fragile et surtout devant l'opportunisme italien. Herbette note un effet de Stresa contraire aux intérêts de la France. En cas de conflit, si l'Italie et la France combattaient dans le même camp, l'ambassadeur craint que la gauche espagnole ne soit écartelée entre son désir de soutenir la France et sa volonté de lutter contre le fascisme. Donc, « les conséquences du mouvement d'opinion qui se dessine en Espagne, on doit le reconnaître, tendent à écarter l'Espagne de nous »[3]. Le jour même où Herbette écrit ces mots, à Paris, le pacte franco-soviétique est signé. L'ambassadeur ne fait aucun commentaire sur cette alliance. Peut-être est-ce pour éviter d'avoir à formuler des appréciations trop négatives. Il relève simplement l'opposition du gouvernement espagnol de droite à une alliance entre la France et l'URSS. En octobre, après l'attaque des troupes italiennes en Ethiopie, Herbette craint encore que l'Espagne ne suive davantage l'Angleterre que la France dans cette affaire[4].

Après les remous issus de la révolution des Asturies, Lerroux a constitué le gouvernement le plus à droite de la république, en avril 1935. Il comprend cinq ministres CEDA, dont son leader Gil Robles à la Guerre. Face à cette nouvelle donne, Herbette affirme qu'il a « des rapports personnels qui demeurent excellents avec les représentants

[1] ADN MfC car. 152, tél. très confidentiel d'Herbette à Flandin n° 203 du 29 février 1936.

[2] ADN MfC reg. 2mi1102, dép. secrète d'Herbette à Laval n° 891 du 5 juin 1935.

[3] ADN MfC reg. 2mi1102, dép. d'Herbette à Laval n° 710 du 2 mai 1935.

[4] *D.D.F.* 1ère série 1932–1936, tome XII, tél. d'Herbette à Laval n° 1281–1282 du 3 octobre 1935.

des nuances les plus diverses de l'opinion espagnole ». Mais il ne peut s'empêcher de proposer au Quai d'Orsay ce qu'il y a quelques mois il présentait comme un piège : faire des concessions à la droite espagnole afin « d'empêcher l'aggravation de certaines tendances et le développement de certaines influences qui nous sont hostiles »[1]. La CEDA est désormais largement débordée sur sa droite par le Bloc national monarchiste et la Phalange fascisante de José Antonio Primo de Rivera. Le fils du dictateur des années 1920 déclare : « nous n'avons pas d'autres choix que d'aller à l'insurrection. Notre devoir est d'aller à la guerre civile ». À gauche, on s'est ressaisi et l'union progresse dans les esprits. En juillet 1935, Herbette constate que « les luttes politiques s'accentuent » et conclut avec un certain fatalisme qui ne lui est pas habituel : « il ne dépend pas de nous que la limite de l'horizon visible soit plus ou moins éloigné. Contentons-nous de distinguer aussi clairement que nous en sommes capables aujourd'hui ce qui peut être aperçu »[2]. Mais à l'automne, l'ambassadeur retrouve son intérêt pour la politique espagnole en même temps qu'Azaña fait son grand retour. Herbette le présente comme le grand sauveur de la Deuxième République et rappelle qu'il avait misé sur lui dès 1931. « En réalité, l'on voit poindre déjà la situation qui était si facile à prévoir, si facile que je me suis permis de l'annoncer depuis assez longtemps : le rôle réservé à M. Azaña, si la légalité subsiste, peut être celui de l'homme qui empêchera le revirement politique de tourner au bouleversement social ». Si pour l'instant il est en train de renverser la majorité actuelle, il « sera ensuite le rempart de l'ordre social »[3]. La dissolution des Cortès, le dernier jour de l'année 1935, renvoie tout le monde devant les électeurs.

FRENTE POPULAR ET FRONT POPULAIRE

Pendant la campagne électorale, on peut plus que jamais parler d'une Espagne face-à-face. Partout la gauche et la droite, l'une et l'autre unie, s'affrontent. À gauche, le rassemblement du *Frente popular* est signé en janvier et réunit socialistes, communistes, syndicalistes et d'autres groupes moins importants. À droite, la CEDA de Gil Robles et le Bloc national de Calvo Sotelo s'unissent également ; la Phalange, trop gourmande reste à l'écart. « la bataille est engagée

[1] ADN MfC reg. 2mi1102, dép. secrète d'Herbette à Laval n° 891 du 5 juin 1935.

[2] ADN MfC reg. 2mi1102, dép. d'Herbette à Laval n° 1173 du 31 juillet 1935.

[3] ADN MfC reg. 2mi1102, dép. d'Herbette à Laval n° 1531 du 22 octobre 1935.

avec une extrême âpreté. [...] Dans une campagne comme celle-ci », note Herbette, « où deux camps de force apparemment équivalente se dressent l'un contre l'autre et où, en fin de compte les femmes voteront, l'on ne saurait être trop prudent en matière de pronostics ». Aussi, prend-il la peine de décorer des journalistes de droite comme des journalistes de gauche. Mais comme lors des élections de 1933 il ne cache pas qu'il souhaite, dans l'intérêt de la France, la victoire de la gauche. À propos de déclarations inamicales sur le Maroc, l'ambassadeur souligne que « la droite monarchiste espagnole ne profite pas de la campagne électorale pour prêcher l'amitié franco-espagnole [...] elle nous rappelle qu'une victoire électorale des droites en Espagne ne peut pas être conforme aux intérêts de la France ». De plus, Herbette craint une victoire qui serait intolérante aux vaincus. « Le 17 février », écrit-il, « des réfugiés pourront se présenter aux frontières de l'Espagne. Sans prétendre désigner d'avance le camp auquel ils appartiendront, l'on fera bien, à tout hasard, de se souvenir qu'il y a encore des Pyrénées »[1].

Le scrutin, incertain jusqu'au bout, donne finalement au *Frente popular* une victoire étriquée en voix, mais une large majorité aux Cortès (plus de 260 sièges). Cependant, alors que la gauche avait été laminée en 1933, la droite obtient plus de 210 sièges. Incontestablement, pour Herbette c'est le retour à une situation politique espagnole plus favorable à la France. Cependant, lorsqu'il rencontre le nouveau ministre d'État, Augusto Barcia – qui est francophile –, l'ambassadeur souligne que l'Espagne ne va pas du jour au lendemain changer de politique extérieure, mais qu'il y aura des « changements de nuances ». Barcia réussit à convaincre l'ambassadeur qu'il est prêt « à aller aussi loin que possible dans le rapprochement avec la France »[2]. Herbette rencontre également Azaña qui lui réserve un « accueil tout à fait affectueux ». Le président du Conseil n'a « pas d'inquiétudes, du moins visibles » sur l'avenir de la République[3]. Face à la remilitarisation de la Rhénanie, après en avoir discuté avec Barcia, Herbette signale par deux fois au Quai d'Orsay « que dans son extrême désir de voir l'Angleterre et la France adopter la même politique, le ministre d'État espagnol ne refuserait probablement pas de s'interposer amicalement entre les deux

1 ADN MfC reg. 2mi1103, dép. d'Herbette à Laval n° 34, 73 et 188 des 9, 16 janvier et 8 février 1936.

2 ADN MfC car. 152, tél. d'Herbette à Flandin n° 161–162 et 179–180 des 20 et 23 février 1936.

3 BCUL Fonds Herbette IS 4147 car. 23, mot de Jean Herbette à sa femme du 26 février 1936.

puissances si on lui en donnait l'occasion »[1]. Mais cette occasion, le Quai d'Orsay ne la donnera pas à Barcia et ne permet donc pas à l'Espagne de concrétiser un rapprochement franco-espagnol, au grand dam d'Herbette qui voit là une occasion manquée. Il faut dire qu'au nord des Pyrénées, la presse de droite et la presse conservatrice se déchaînent contre le nouveau gouvernement de Manuel Azaña. La France est alors en pleine campagne électorale pour les législatives du printemps 1936 et dénoncer le *Frente popular*, c'est lutter contre le Front populaire.

Herbette observe que « les partis de gauche, parmi lesquels les commentaires de la presse française suscitent tant d'irritation, sont précisément les seuls sur lesquels nous puissions compter pour soutenir ici la cause française dans la situation européenne. Ces considérations mériteraient, semble-t-il, de faire réfléchir tous les patriotes français sans distinction d'opinion ». Il appelle donc le Quai d'Orsay à agir sur les journaux français qui détériorent les relations franco-espagnoles, mais il n'est pas écouté. « J'aurai du moins conscience d'avoir rempli mon devoir en attirant une fois de plus l'attention », se résigne-t-il[2]. Quelques jours avant le vote des Français, il rappelle que les partis espagnols de gauche sont « les seuls qui soient traditionnellement capables d'être nos amis ». Il ajoute en cette période de campagne électorale en France qu'« il est superflu de préciser que ces réflexions ne sont inspirées par aucune préférence politique ». Lorsque la victoire du Front populaire est connue en Espagne, Herbette envoie une revue de presse des réactions des journaux espagnols et conclut que « comme d'ordinaire la sympathie envers la France et la confiance dans son avenir vont en augmentant à mesure qu'on se déplace de la droite vers la gauche »[3].

La sympathie d'Herbette pour la gauche espagnole ne fait donc pas de doute, et elle est connue de tous à Madrid. Ce sont ces excellentes relations et les services qu'il a rendus naguères au Vatican qui font que le nonce apostolique se tourne vers lui. Mgr Tedeschini craint que la nonciature, située dans un quartier populaire, ne soit brûlée par des

[1] *D.D.F.* 2ème série 1936–1940, tome I, tél. d'Herbette à Flandin n° 258–262 du 12 mars 1936.

[2] ADN MfC reg. 2mi1104, dép. d'Herbette à Flandin n° 450 et 556 des 1er et 24 avril 1936.

[3] ADN MfC car. 215, dép. d'Herbette à Flandin n° 512 du 16 avril 1936 et tél. n° 471 du 5 mai 1936.

militants d'extrême gauche en cas de troubles. « Je suis venu, m'a dit Mgr Tedeschini, vous demander confidentiellement si je pourrais, en cas de nécessité, me réfugier dans votre ambassade ». Herbette, touché par « l'humilité que révélait une semblable requête », répond que si de tels événements survenaient, dès que le nonce ferait signe, il irait lui-même en voiture le chercher. « Le nonce me considère probablement comme sentant le fagot depuis tant d'années, que la maison où je suis en est devenue incombustible », conclut l'ambassadeur[1]. Le Vatican estime sans doute qu'après avoir fait beaucoup plus et avoir pris bien davantage de risques pour l'Église en URSS, ce service est facilement à la portée d'Herbette.

L'extrême tension de la vie politique espagnole nécessite en effet que les représentants étrangers prennent garde de ne pas commettre de maladresses ou de provocations. Aussi, lorsqu'il s'agit d'envoyer à l'ambassade de France un nouvel attaché militaire français, Herbette précise l'attitude qu'il devra tenir. Celui qui a été choisi est le commandant Henri Morel. On le présente comme plein de tact, de pondération et d'éducation. Pour l'ambassadeur, toutes ces qualités ne seront pas de trop car il insiste sur l'objectivité et l'impartialité dont il devra faire preuve : « quelques préférences que chacun soit en droit d'avoir dans son for intérieur pour telle ou telle doctrine politique ou sociale, il importe en effet d'éviter, non seulement dans l'attitude extérieure, mais jusque dans les jugements confidentiels, toute espèce de parti pris ou de prévention »[2]. On ne peut pas vraiment dire qu'Herbette a toujours eu cette conduite vis-à-vis de la politique intérieure de l'Espagne !

Le 10 mai 1936, Azaña est élu président de la république espagnole. C'est l'occasion pour Herbette de se demander « si les changements qui viennent de se produire en Espagne sont conformes aux intérêts de la France. La réponse ne fait aucun doute ». D'abord, tous les responsables politiques « sont aussi près de nous que peuvent l'être des Espagnols ». Voilà qui rappelle singulièrement la correspondance de notre ambassadeur au cours du *primer bienio*. Ensuite, la pérennité de la Deuxième République est assurée si l'armée est contrôlée par le pouvoir politique, et si « le système d'attentats individuels, cultivé par un curieux mélange d'anarchistes et de fascistes » est combattu. Dans un pays si agité, Herbette est « presque surpris qu'il ne s'y passe pas des

1 ADN MfC reg. 2mi1104, dép. secrète d'Herbette à Flandin n° 404 du 25 mars 1936.

2 ADN MfC reg. 2mi1104, dép. d'Herbette à Flandin n° 445 du 1er avril 1936.

choses plus graves »[1]. Il voit bien que ceux qui ont voté pour le *Frente popular* attendent de grandes réformes et vite. Mais le gouvernement espagnol est-il en mesure de répondre à leurs attentes ? Les grèves, les expropriations de fait, les violences de toutes sortes constituent une situation révolutionnaire qui « n'est comparable à aucune de celles qu'on a pu voir ailleurs ». Pour Herbette, la politique espagnole de la France est toute tracée : « nous devons faciliter en tout ce qui dépend de nous la tâche du gouvernement espagnol, quand il s'applique à faire régner l'ordre chez lui ». La France ne doit donc pas tolérer sur son territoire des campagnes de presse ou des complots anti-espagnols. C'est alors seulement que pourra se réaliser la « symbiose franco-espagnole » qu'Herbette appelle de ses vœux[2].

Il propose au nouveau gouvernement français de Front populaire de mener enfin une politique espagnole permettant un rapprochement entre les deux pays. Les conditions sont plus que jamais réunies, avec deux républiques sœurs et deux gouvernements issus de majorités politiques de gauche. De plus, il faut profiter d'un petit refroidissement entre Madrid et Londres où les conservateurs sont au pouvoir. Il faut commencer par une invitation à venir à Paris adressée à Barcia. Ensuite, il ne faut pas suivre une politique aventureuse, mais respecter la neutralité à laquelle les Espagnols sont si attachés. Devant les risques de guerre européenne, il ne faut donc pas chercher à attirer préalablement l'Espagne dans le camp de la France, « les faits seuls s'ils surviennent, pourront changer cette mentalité ». Mieux vaut concrètement créer les conditions d'un rapprochement commercial – toujours le commerce ! – qui permettrait de se concilier l'opinion publique espagnole. Et Herbette évoque alors encore une fois la « symbiose franco-espagnole » qui pourrait en résulter[3]. Toutes ces propositions – il faut, il ne faut pas ... – Herbette les a déjà faites au Quai d'Orsay qui ne lui a jamais répondu. Les fonctionnaires du Département doivent avoir la sensation, comme nous, de les lire pour la énième fois ! Mais l'ambassadeur ne varie pas et ne se lasse pas, il ne semble pas pouvoir envisager une autre politique espagnole que celle-là.

Le Quai d'Orsay n'entend pas le seul son de cloches d'Herbette sur la situation espagnole. Outre les nombreux renseignements drainés de diverses manières en Espagne, il lit également la correspondance des autres représentants français à l'étranger. Le ministre de France

[1] ADN MfC reg. 2mi1104, dép. d'Herbette à Flandin n° 638 du 14 mai 1936.

[2] ADN MfC reg. 2mi1105, dép. d'Herbette à Flandin n° 719 du 4 juin 1936.

[3] ADN MfC reg. 2mi1105, dép. d'Herbette à Flandin n° 719 du 4 juin 1936.

à Lisbonne, Amé Leroy, a une vision de l'Espagne bien différente d'Herbette, et le fait savoir. Il écrit qu'Herbette ne veut pas parler d'anarchie, mais que c'est pourtant bien la réalité de l'Espagne du *Frente popular*[1]. La critique ne semble pas tout à fait justifiée après les citations précédentes, mais il est en revanche avéré qu'Herbette cherche à minimiser le désordre espagnol. En juin, l'ambassade de France à Madrid et les consulats reçoivent de plus en plus de lettres de Français qui demandent s'ils peuvent traverser l'Espagne sans danger. L'ambassadeur répond qu'il n'y a « aucun danger particulier ». Après cette affirmation rassurante, il précise que pour les étrangers parlant espagnol, « il est facile d'échapper aux conséquences des mouvements sociaux ». On remarquera l'euphémisme ; et pour les autres ? Eh bien Herbette propose de définir un itinéraire d'Irún à Algésiras que l'on ferait particulièrement surveiller par la police espagnole[2]. En fait, Herbette propose une mesure justifiée uniquement en cas de menaces sérieuses ... et elles le sont, et il le sait.

Les conceptions personnelles d'Herbette sur les rapports franco-espagnols le poussent même à ne pas exécuter tous les ordres qui lui sont donnés. La mise en application du renouvellement modifié du statut de Tanger pose des problèmes complexes de transfert de souveraineté de la France vers l'Espagne. Mais l'assemblée de Tanger refuse cette évolution, compte tenu de l'instabilité espagnole. Pour le Quai d'Orsay, si on en est arrivé là, « l'Espagne n'a qu'à s'en prendre à elle-même ». Herbette est chargé de transmettre cette position, mais il ne s'exécute pas. Il explique à Paris qu'une telle appréciation ne ferait qu'envenimer les choses. Le Département approuve finalement l'analyse de son ambassadeur et retire ses propos[3]. Si Herbette n'est pas souvent suivi lorsqu'il fait des propositions au Quai d'Orsay, il peut en revanche plus ou moins appliquer les consignes qui lui viennent de Paris. Il semble que ce soit là une des rares – et très limitées – marges de manœuvre dont il dispose pour faire avancer ses conceptions des relations franco-espagnoles. Il peut également donner un certain nombre de consignes aux consuls de France en Espagne. Ainsi, à propos d'une simple histoire de décoration à attribuer au président de la généralité de Catalogne, Herbette indique au consul général de

[1] ADN MfC car. 164, tél. confidentiel d'Amé Leroy à Flandin n° 66 du 1er mai 1936.

[2] ADN MfC reg. 1105, dép. d'Herbette à Delbos n° 741 du 10 juin 1936.

[3] ADN MfC car. 298, tél. du Département à Herbette n° 241–242 et 244 des 14 et 15 mai 1936.

France à Barcelone quelle est la conduite qu'il doit tenir : « lorsqu'il y a eu dans le passé ou lorsqu'il peut y avoir dans l'avenir, un désaccord entre le gouvernement espagnol et la Généralité de Catalogne, sur une question qui nous touche, nous devons nous efforcer d'estomper les contrastes de manière à rester les amis de tous »[1].

Herbette n'hésite pas non plus à relever les maladresses ou les erreurs commises par les autorités françaises dans la gestion des affaires espagnoles. En juillet 1936, il déplore auprès de son ministre Delbos, que la Sûreté française considère trop d'Espagnols comme des suspects. Sur une liste susceptible d'être portée sur le carnet « B » spécial, il relève que les seuls griefs retenus à l'encontre de beaucoup d'Espagnols sont « a participé à l'insurrection des Asturies » ; « militant communiste ». Après avoir développé certains exemples, Herbette affirme : « les socialistes et les communistes espagnols qui ont pris part à l'insurrection des Asturies en octobre 1934 sont beaucoup moins capables de prendre parti contre la France que les monarchistes germanophiles dont nous avons tant eu à nous plaindre pendant la guerre et dont plus d'un a joui ou jouit encore de l'hospitalité française, depuis l'avènement du régime républicain »[2]. Alors que tout le monde s'attend en Espagne à un coup de force, Herbette rappelle quels sont les amis de la France. La veille, Barcia – que l'ambassadeur de France rencontre beaucoup – lui a confié qu'une « agitation séditieuse commence à se faire sentir dans l'armée »[3].

Depuis les premiers jours de juillet, les pressions communistes se font plus nombreuses. À l'occasion d'un grand meeting communiste de Dolores Ibarruri à Oviedo, Herbette renvoie dos à dos fascisme et communisme : ces deux « opinions politiques ne sauraient vivre que s'il y a liberté d'opinion. Oui, pour continuer à prêcher la dictature, l'un et l'autre ont besoin de la liberté. La tactique de Mme Dolores Ibarruri et de ses amis, qui consiste à mobiliser les masses pour contraindre le gouvernement, est la négation même de la légalité. Elle est donc funeste aux revendications populaires que le Parti communiste se flatte de faire triompher. On ne guérira pas l'Espagne du fascisme en aggravant les abus dont le fascisme est né »[4]. Au fascisme et au communisme qu'il dénonce comme des forces maléfiques pour l'Espagne et le monde, Herbette en ajoute deux autres, deux jours plus tard. Selon

[1] ADN MfC car. 140, tél. d'Herbette à Trémoulet n° 58–59 du 8 juillet 1936.

[2] ADN MfC reg. 2mi1105, dép. d'Herbette à Delbos n° 870 du 9 juillet 1936.

[3] ADN MfC car. 148, tél. d'Herbette à Delbos n° 760–762 du 8 juillet 1936.

[4] ADN MfC reg. 2mi1105, dép. d'Herbette à Delbos n° 853 du 6 juillet 1936.

lui, la guerre que se livre la droite et la gauche « ne peut conduire finalement l'Espagne qu'à une période d'anarchie, fût-ce par le détour d'un *pronunciamiento* militaire. Tel est peut-être le résultat auquel tendent certaines intrigues étrangères, mais aucun Espagnol ne devrait s'y prêter »[1]. Ainsi, voilà clairement exprimés, les quatre dangers qui guettent l'Espagne selon Herbette : le communisme, le fascisme, l'anarchisme et le *pronunciamiento*. Lui ne croit qu'en la République, même si elle apparaît à tous comme incapable de résister à tant de prédateurs. Le 12 juillet, Herbette indique que l'agitation séditieuse dans l'armée « paraît déjà avoir été déjouée »[2]. Il est alors bien difficile de distinguer les fausses rumeurs des vraies informations.

[1] ADN MfC car. 148, tél. d'Herbette à Delbos n° 760–762 du 8 juillet 1936.

[2] ADN MfC car. 148, tél. secret d'Herbette à Delbos n° 785–788 du 12 juillet 1936.

CINQUIÈME PARTIE

DANS LA TOURMENTE DE LA GUERRE CIVILE D'ESPAGNE (1936–1937)

LA PLACE D'HERBETTE DANS L'HISTORIOGRAPHIE DE LA GUERRE CIVILE D'ESPAGNE

Les sources inédites sur lesquelles nous avons travaillé nous conduisent à présenter dans le détail l'évolution de la position d'Herbette face la guerre civile d'Espagne comme nous l'avons fait pour ses années de Russie. Mais là, l'évolution ne se fait pas sur plus de six ans, mais sur moins de 15 mois, de juillet 1936 à octobre 1937. C'est cette brièveté qui a conduit trop souvent à généraliser à l'ensemble de la période l'attitude nettement favorable aux franquistes qu'adopte l'ambassadeur avant d'être rappelé en 1937.

Ainsi, pour Jean Lacouture, Herbette est « un observateur surtout proche des rebelles » car il fait partie d'un groupe de diplomates « animé de l'anticommunisme le plus élémentaire »[1]. Sa longue collaboration au *Temps*, prouve à l'historien espagnol José María Borrás Llop, qu'Herbette est avant tout un conservateur dont les convictions démocratiques se révèlent peu solides dès le début de la guerre civile[2]. Dans la biographie qu'elle consacre à Franco, Andrée Bachoud estime qu'Herbette « appartient à une tradition diplomatique peu encline à comprendre les difficultés républicaines »[3]. En revanche, David Wingeate Pike considère l'ambassadeur de France comme un « sympathisant de la cause gouvernementale »[4]. Pour Émile Témime,

[1] Jean LACOUTURE, *Léon Blum*, 1979, page 347.

[2] José María BORRÁS LLOP, « Relaciones franco-españolas al comienzo de la guerra civil : la embajada de Jean Herbette (1936–1937) » in *Arbor*, n° 491–492, 1986, pages 77 à 99.

[3] Andrée BACHOUD, *Franco ou la réussite d'un homme ordinaire*, 1997, page 139.

[4] David Wingeate PIKE, *Les Français et la Guerre d'Espagne (1936–1939)*, 1975, page 114.

« l'attitude de l'ambassadeur français à Madrid est très hésitante », « il semble peu enthousiaste pour soutenir la cause républicaine »[1].

Les historiens anglo-saxons qui se sont penchés sur la guerre civile espagnole, comme Hugh Thomas et Gabriel Jackson ignorent purement et simplement Herbette. Ce qui laisse supposer que pour eux, l'ambassadeur de France n'a pas joué un rôle bien déterminé et en tout cas pas déterminant[2]. Dans leur ouvrage partisan publié en 1939, Robert Brasillach et Maurice Bardèche n'évoquaient pas non plus notre personnage[3]. Le seul moyen pour nous d'en savoir davantage est évidemment de retourner aux sources, et en particulier à la correspondance d'Herbette, tant diplomatique que privée. C'est ainsi que nous pourrons présenter objectivement l'attitude d'Herbette dans la guerre civile espagnole. En effet, les indications données par les uns et par les autres comportent toutes une part de vérité … mais à un moment donné, bien précis. Il est donc nécessaire de suivre au jour le jour l'attitude de notre personnage et d'expliquer sinon de comprendre l'évolution de sa position.

[1] Émile TÉMIME, « l'influence de la guerre d'Espagne » in Marc-Olivier BARUCH et Vincent DUCLERT (dir.), *Serviteurs de l'État. Une politique de l'administration française*, 2000, pages 470–471.

[2] Hugh THOMAS, *La guerre d'Espagne*, 1961 ; Gabriel JACKSON, *The Spanish Republic and the Civil War (1931–1939)*, 1965.

[3] Robert BRASILLACH et Maurice BARDÈCHE, *Histoire de la guerre d'Espagne*, 1939.

CHAPITRE I

LA PERCEPTION DES DANGERS

LE SOUTIEN DU GOUVERNEMENT LÉGAL FACE AUX RISQUES D'ANARCHIE ET DE DICTATURE MILITAIRE

« Les circonstances actuelles sont favorables à un coup de force contre le régime », écrit Herbette le 16 juillet 1936, « aussi, les rumeurs de sédition militaires ne cessent-elles de se répandre »[1]. L'ambassadeur de France est alors avec l'ensemble du corps diplomatique à Saint-Sébastien pour la période de la *jornada.* Il est tenu au courant de ce qui se passe à Madrid par le secrétaire René Bonjean qui est resté à l'ambassade, et par le consul de France dans la capitale espagnole. Les ultimes rumeurs rapportées par Herbette s'avèrent fondées puisque les 17 et 18 juillet, le soulèvement militaire redouté a bien lieu. La résistance d'une partie importante de l'armée et des instances gouvernementales entraîne l'échec du *pronunciamiento*. Tous les télégrammes qu'Herbette envoie au Quai d'Orsay dans la journée du 18 sont plutôt rassurants car « le gouvernement [...] avait pris ses précautions ». Il s'agit néanmoins de savoir « si le mouvement [a] d'ores et déjà échoué grâce à l'abstention de la plupart des garnisons de province ou bien si d'autres soulèvements [vont] encore se produire »[2].

Le ton est nettement plus pessimiste le lendemain 19 car « la situation s'est sensiblement dégradée ». Herbette éprouve de la difficulté

[1] ADN MfB car. 553, tél. confidentiel d'Herbette (St-Sébastien) à Delbos n° 822–824 du 16 juillet 1936. Ce document et beaucoup d'autres antérieurs déjà évoqués démentent l'allégation selon laquelle Herbette n'aurait pas prévenu le Quai d'Orsay du risque de coup d'État militaire (Jean Lacouture, *Léon Blum op. cit.*, page 330).

[2] ADN MfB car. 553, tél. d'Herbette à Delbos n° 826 du 18 juillet 1936. Jusqu'au début septembre, la correspondance d'Herbette est envoyée de Saint-Sébastien.

« à se faire une idée exacte de la situation ». En attendant de pouvoir être plus précis, il pense que « la Sûreté nationale fera bien de surveiller spécialement la frontière de la Navarre, les insurgés étant maîtres de cette province. La même observation s'appliquerait à la frontière catalane si l'insurrection n'était pas rapidement étouffée à Barcelone »[1]. L'ambassadeur exprime donc clairement ses craintes de voir les insurgés gagner du terrain alors qu'il est de l'intérêt de la France de continuer à soutenir le gouvernement espagnol en place.

Après avoir évoqué la Navarre et la Catalogne, et la guerre civile s'installant, Herbette s'intéresse de près à la situation dans les provinces basques. En effet, il constate que « les forces qui soutiennent le gouvernement régulier sont très hétérogènes puisqu'elles s'étendent depuis les nationalistes basques jusqu'aux anarchistes ». Or, selon Herbette, ces forces sont en passe de venir à bout de l'insurrection, et c'est ce qui lui pose problème. Car, « avant que les éléments pondérés du nationalisme [basque] aient eu le temps de s'organiser et de s'armer, les autorités pourraient être débordées par les anarchistes ». Après le déclenchement de la guerre civile, c'est le danger de l'anarchisme qu'Herbette souligne une fois de plus. Aussi, en vient-il à conclure : « il est préférable que le succès commencé ne se développe que progressivement dans cette province-ci »[2].

Deux jours plus tôt, soit le 27, Delbos informait Herbette de la décision prise en conseil des ministres le 25 : toute livraison de matériel de guerre à destination de l'Espagne était interdite. Nul doute que cette disposition convient à Herbette qui souhaite alors voir la guerre durer un peu pour éliminer le péril anarchiste. Pourtant, en juin 1936 le Quai d'Orsay et Herbette avaient fait pression sur le gouvernement du *Frente popular* pour qu'il honore les clauses de l'accord commercial de décembre 1935 relatif à l'achat de matériel de guerre à la France. En effet, l'Espagne s'était alors engagée à en acheter pour 20 millions de francs minimum[3]. C'est alors la France qui poussait Madrid à acheter des canons et des avions français ; mais par manque de moyens, les Espagnols faisaient traîner les choses. Après le coup d'État manqué, c'est la situation inverse qui se produit. Le gouvernement espagnol demande à acheter des armes à la France

[1] *D.D.F.* 2ème série 1936–1939 tome III, tél. d'Herbette à Delbos n° 836 du 19 juillet 1936.

[2] ADN MfB car. 553, tél. d'Herbette à Delbos n° 897 du 29 juillet 1936.

[3] ADN MfC car. 362, note confidentielle de l'attaché militaire à Herbette du 5 juin 1936 et reg. 2mi1105, dép. d'Herbette à Delbos n° 733 du 8 juin 1936.

et ce dans le cadre d'un accord dont la France exigeait l'exécution ; mais le gouvernement français doit désormais tenir compte de son opposition intérieure et de l'Angleterre. D'où les hésitations de Blum à répondre aux demandes de livraison d'armes du gouvernement Giral, et le texte alambiqué de la déclaration du 25 juillet qui interdit l'envoi d'armes, mais évoque d'une manière détournée une éventuelle intervention française.

Au début du mois d'août, Herbette précise que « deux risques principaux se présentent pour nos intérêts. L'un est l'anarchie, l'autre la dictature ». Si l'anarchie l'emportait, « elle nous menacerait dans nos communications avec l'Afrique du Nord [...] voire dans notre tranquillité intérieure car l'exemple de la violence et de l'indiscipline est contagieux ». Quant à la dictature militaire, elle serait un « anachronisme brutal et fragile qui s'appuierait nécessairement sur des puissances étrangères plus ou moins redoutables pour nous », et elle conduirait *in fine* « à la révolution sociale ou à un état d'anarchie ». Face à ces deux dangers, l'intérêt de la France est facile à définir : c'est « la présence d'un gouvernement à la fois démocratique et fort. Ce gouvernement ne peut être actuellement que celui de Madrid ». Quinze jours après le déclenchement des hostilités, Herbette se déclare donc pour un soutien de la France au gouvernement légal espagnol. Il le dit encore plus nettement quelques lignes plus loin : « toute préférence politique ou sociale mise à part, il est donc dans notre intérêt [...] que le gouvernement de Madrid [...] recouvre aussitôt que possible le plein exercice d'un pouvoir auquel il n'a pas cessé d'avoir seul un véritable droit ». Il n'y a donc aucune ambiguïté dans l'attitude de l'ambassadeur en ce début d'août. Comme lors des échéances électorales de 1933 et 1936, il choisit clairement son camp, et c'est celui du pouvoir légal. Aussi, il indique au Quai d'Orsay quelle est selon lui la politique à suivre : « le soutien à lui [le gouvernement espagnol] donner doit évidemment être mesuré et présenté de manière à ne pas faire apparaître ce gouvernement comme protégé de l'étranger et à ne pas fournir le prétexte d'interventions abusives en sens inverse »[1].

Le même jour, face à l'arrivée d'avions italiens dans la zone espagnole du Maroc, Léon Blum autorisait une livraison d'avions français au gouvernement de Madrid. Il y en aura d'autres dans les jours qui suivent. Herbette est donc au début du mois d'août complètement en phase avec son gouvernement et sa correspondance aide sans doute Blum à déterminer sa position, ou plutôt à retarder l'abandon du

[1] ADN MfB car. 553, tél. d'Herbette à Delbos n° 926–928 du 2 août 1936.

soutien aux républicains espagnols que réclame une partie de son gouvernement, dont le ministre des Affaires étrangères Delbos. En effet, devant la commission d'enquête sous Vichy, Blum déclarera : « pendant cette période, j'ai lu moi-même toutes les correspondances diplomatiques »[1] ; donc bien sûr, et sans doute surtout, les dépêches et les télégrammes d'Herbette. Cela tend à montrer qu'au début de la guerre civile, le rôle de l'ambassadeur dans la prise de décision politique et diplomatique de la France face au conflit espagnol a été important, mais pas exempt d'hésitations. Par exemple, devant des renseignements qui indiquent que les anarchistes ne respectent aucune autorité, l'ambassadeur espère tout le contraire de ce qu'il exprimait quatre jours plus tôt. Il propose désormais de « hâter la fin de la guerre civile en Espagne » afin d'enrayer la menace anarchiste[2]. Les hésitations du gouvernement français et de Blum ont pu être nourries par celles d'Herbette.

AU CŒUR DE LA MÊLÉE

Le soutien de l'ambassadeur au gouvernement légal espagnol déchaîne contre lui l'opposition de la presse française qui, dans son ensemble, est défavorable à toute intervention de la France. Ainsi, Gaëtan Bernoville, qui écrit dans *Le Journal* et dans *La Croix*, brosse un portrait au vitriol d'Herbette. Alors qu'il est « sagement d'usage de laisser les ambassadeurs en dehors et au-dessus des querelles et polémiques, tant du pays qu'ils représentent que de celui où ils sont accrédités », le journaliste attaque Herbette pour être « entré dans la mêlée ». L'article, qui est accompagné d'une caricature assez réussie de l'ambassadeur, présente Herbette comme revenu de Moscou « enivré – et il n'en faisait pas mystère – des principes, des méthodes et généralement du régime des Soviets ». Il est inutile ici de s'attarder à réfuter cette analyse complètement tronquée. Plus intéressant est le récit de l'ambassade d'Herbette en Espagne. Bernoville insiste sur ses « amitiés retentissantes et exclusives avec des personnalités d'extrême gauche », Azaña étant considéré comme faisant partie de cette catégorie ! Il évoque ensuite l'appartenance d'Herbette à la franc-maçonnerie, ses « liaisons dangereuses » avec des Espagnols impliqués dans le trafic d'armes à destination des révolutionnaires

[1] G. LEFRANC, *Histoire du Front populaire (1934–1938)*, 1965, page 389.

[2] ADN MfB car. 553, tél. d'Herbette à Delbos n° 939–940 du 3 août 1936.

espagnols et sa présence à des « réunions mystérieuses » de l'extrême gauche. Lors de la victoire de la droite espagnole en 1933, l'article affirme que « par sa diplomatie de partisan », Herbette se trouva « dans une situation plus que délicate », mais que « l'avènement du Front populaire en France et en Espagne remit le poisson dans l'eau ». Voué « au plus incendiaire des amours pour le *Frente popular* », tout naturellement, Herbette s'est engagé dans la guerre civile aux côtés des « communistes et des dirigeants de la FAI [Fédération Anarchiste Ibérique] ». Et Bernoville de poser des questions sur les nombreux voyages d'Herbette aux alentours de la frontière, du côté d'Irun. Il conclut : « nous aurons grand mal à réparer à Madrid les dégâts qu'y a fait la diplomatie partisane de M. Herbette » ; « Il nous faut au plus tôt, à Madrid, non un ambassadeur de Front populaire, mais un ambassadeur de France »[1].

Les opinions politiques de l'auteur, très opposées au Front populaire, expliquent en grande partie les exagérations et même les contre-vérités véhiculées par cet article. Pour autant, certains aspects du portrait expriment davantage la réalité de notre personnage. Si l'expression « diplomatie partisane » est outrée, nous avons constaté à maintes reprises qu'Herbette a pris nettement position sur la scène politique espagnole et même française. Cet article montre que pour la presse opposée à un soutien français aux républicains espagnols, Herbette est l'un de ceux qu'il faut attaquer. Si elle le dénonce et le combat, c'est qu'elle croit qu'il exerce une influence certaine sur le gouvernement. Dans le cas contraire, elle ne se donnerait pas la peine de tirer à boulets rouges sur un simple exécutant de la politique espagnole de la France.

La décision française du 8 août de suspendre les envois d'armes vers l'Espagne et d'entrer définitivement dans la non-intervention marquait le triomphe de la conception de Delbos et du Quai d'Orsay sur celle défendue jusqu'alors par Blum. On ne trouve pas de trace d'une réaction d'Herbette face à ce nouveau changement de cap de la diplomatie française. La France continue de souhaiter le respect de la légalité républicaine et la victoire du gouvernement de Madrid, mais ne fait rien pour l'aider à recouvrer son légitime pouvoir. Elle espère que les autres puissances – l'intervention de l'Italie en faveur des nationalistes

[1] Coupure de presse, « Portrait. Son excellence M. Herbette, par Gaëtan Bernoville », coll. part. Il semble que cet article ait paru dans *Le Journal* à la fin juillet ou au mois d'août 1936.

espagnols est alors avérée – adopteront la même attitude et leur propose de s'entendre sur la notion de non-intervention. Herbette est alors encore très présent à Saint-Sébastien – qui est toujours aux mains des républicains – contrairement à ses collègues étrangers qui ont franchi les Pyrénées dès le début du mois d'août devant l'avancée des troupes insurgées. Si la chancellerie française s'est installée à Saint-Jean-de-Luz, Herbette effectue de nombreux voyages à Saint-Sébastien et y soutient les autorités en place.

La position légaliste d'Herbette apparaît aussi à la lumière d'une affaire qui le touche personnellement. Le 25 août, l'ambassadeur répond au Quai d'Orsay qui vient de l'informer sur « des incidents qu'on chercherait à provoquer en territoire français et d'un attentat qu'on projetterait même de commettre contre ma femme ». Après examen de la situation, Herbette ne voit que deux explications possibles. Soit il s'agit d'une tentative d'intimidation, soit il s'agit de gens qui prépareraient un ensemble d'actes de violence contre les diverses missions diplomatiques en Espagne résidant alors en territoire français. Sur les responsabilités des menaces qui pèsent sur son épouse, Herbette est très net : « les coupables ne sauraient être des anarchistes, qui sont rares en France et qui en Espagne se présentent comme partisans du Front populaire, mais bien des émigrés espagnols sympathisant avec les insurgés, à moins que ce ne soient peut-être des agents étrangers ou des Français d'extrême droite ». Herbette écarte les anarchistes car ils soutiennent le *Frente popular*, et sont donc pour lui des alliés objectifs, même s'il les considère comme un danger. En revanche, l'extrême droite française ou étrangère – qui soutient les « insurgés » – est clairement désignée par Herbette comme la tendance la plus susceptible de lui en vouloir compte tenu de ses prises de position dans la guerre civile. Aussi, Herbette propose-t-il une attitude à adopter à l'égard de ce péril d'extrême droite : « débarrasser notre région frontière, de Bayonne à Hendaye et à Saint-Jean-Pied-de-Port, des trop nombreux émigrés espagnols qui méconnaissent les règles de l'hospitalité et finissent par fomenter chez nous la guerre civile »[1]. Rappelons qu'en cette fin août 1936, le Pays basque espagnol est encore sous contrôle républicain, et que les émigrés dont parle Herbette sont des sympathisants des militaires putschistes et/ou des monarchistes.

[1] ADN MfC reg. 2mi1105, dép. d'Herbette à Delbos n° 963 du 25 août 1936, accusant réception de la dép. du Département n° 435, non retrouvée par ailleurs.

Rejoignant son poste alors que la guerre civile est déjà entamée, Barbier rapporte qu'Herbette lui affirme que « les franquistes seront nécessairement battus ». Selon son conseiller, l'ambassadeur de France « multipliait ses entretiens téléphoniques avec des personnalités de gauche et d'extrême gauche ». Barbier soutient qu'Herbette a facilité « l'entrée dans la péninsule d'une foule de propagandistes russes ou pro-soviétiques » et qu'il aurait servi « d'intermédiaire et de *trucheman* entre la Révolution déjà installée et solidement organisée en Russie et la Révolution déjà en marche en Espagne ». On reconnaît la même inspiration dans l'article de Bernoville. Selon des bruits, auxquels Barbier dit ne pas croire mais qu'il rapporte tout de même, en 1936 l'engagement d'Herbette pour « les rouges » va jusqu'à transporter « des caisses de munitions » de France au Pays basque espagnol[1]. Tout cela est évidemment faux, et illustre une fois de plus la haine politique que Barbier – qui est favorable aux insurgés espagnols – voue à Herbette.

Dans ce contexte de guerre, on comprend que François Herbette, le frère de notre ambassadeur, qui dans le *Bulletin Quotidien de la Société d'Études et d'Informations Economiques* soutient la non-intervention et dénonce « l'expérience marxiste du front populaire en France »[2], lui conseille la plus grande prudence. Jean lui répond : « ne t'imagine pas que je cours tant de dangers. D'ailleurs, quand on y est, on n'y pense plus »[3]. Pourtant, les passages de la frontière sont délicats compte tenu de la situation militaire du Pays basque. Les gardes frontière espagnols exercent avec zèle les contrôles afin d'empêcher tout trafic en direction des insurgés. Il faut également préciser que depuis le premier jour de la guerre, toute communication entre le Pays basque et la Catalogne par l'Espagne est devenue impossible puisque les insurgés tiennent la Navarre. À la fin août, la frontière est quasiment fermée, et par les Espagnols et par les Français. Malgré les risques, Herbette continue de passer fréquemment la frontière. Le jour même de son arrivée, le 27 août 1936, Barbier est convié par Herbette à l'un de ces voyages : « l'ambassadeur me dit alors d'un ton sévère et solennel qu'il allait se rendre à Saint-Sébastien en exposant sa vie dans l'intérêt de la nation et il me demanda si j'étais d'humeur

[1] Jean-Baptiste BARBIER, *Un frac de Nessus … op. cit.*, pages 606, 612 et 615.

[2] Titre d'un recueil de ses articles parus dans le *Bulletin Quotidien*.

[3] Lettre de Jean Herbette (Ciboure) à François Herbette du 1er septembre 1936, coll. part. Les principaux articles de François Herbette sur la Guerre d'Espagne sont rassemblés dans François HERBETTE, *L'expérience marxiste en France (1936–1938)*, 1959.

de l'accompagner ». Mme Herbette que le conseiller considère comme « une bien curieuse personne » est également du voyage ; c'est elle qui conduit.

Au pont international d'Irun, la voiture s'arrête à la hauteur de miliciens et de fonctionnaires espagnols : « l'ambassadeur parut les connaître fort bien et il les salua en souriant et en tendant le poing », ce que Barbier se refuse à faire. En Espagne, la route devient plus dangereuse car les combats entre les républicains et les requetés navarrais ne sont pas loin. Selon Barbier, l'ambassadrice, que le personnel de l'ambassade appelle « tigrette », trouve cela très excitant. Au passage, le conseiller nous livre un portrait de Jeanne Herbette : « svelte et d'un âge impossible à chiffrer, cette ex-danseuse de l'Opéra semblait faite en biscuit et je n'analysais pas sans une très grande peine l'impression singulière à tous égards qu'elle produisait sur moi. Elle était presque enfantine de mouvements, quoique émaciée et même parcheminée de face, et son air calme et même parfois presque endormie n'excluait pas des réactions soudain violentes ».

Sous le feu d'un avion, le trio est contraint de se réfugier dans une maison en chantier. À Saint-Sébastien, Herbette rend visite au gouverneur civil Ortega, qui anime la résistance aux troupes franquistes. Sur le retour, nouvelle attaque aérienne avant de rejoindre la frontière. «J'avais pu constater durant le cours de cette journée que M. Herbette était doué d'un grand courage physique », admet Barbier. Mais c'est pour mieux le qualifier d'inutile, car selon lui ce genre de périple n'était pas fait pour un ambassadeur de France. Lisant une dépêche qu'Herbette s'apprête à envoyer à Paris le soir même, Barbier affirme découvrir les raisons de ces voyages en Espagne. À Saint-Sébastien, Herbette s'était entretenu avec Ortega de la situation militaire et par sa communication, il renseignait Paris sur l'aide à fournir aux républicains basques, malgré l'engagement de non-intervention pris le 8 août. Les voyages du couple Herbette continuèrent régulièrement dans les jours qui suivirent, conclut Barbier[1]. Les supputations de l'auteur sur les motivations et les buts réels de cette excursion ne sont pas étayées. La narration de cette journée illustre bien dans quelles circonstances tout à fait particulières, l'ambassadeur doit poursuivre sa mission. Il faut préciser également que le couple Herbette possède une villa – la villa Loraitz – à Fontarabie, et que certains des nombreux passages de frontière sont dus à des raisons domestiques. Nous verrons bientôt ce qu'il faut penser des autres.

[1] Jean-Baptiste BARBIER, *Un frac de Nessus, op. cit.*, pages 607 à 611.

Les jours qui précèdent la chute d'Irun (3 septembre) sont électriques car les bombardements de la ville par les nationalistes, accroissent encore la tension et les populations commencent à se réfugier en France. Les combattants républicains franchissent eux aussi les Pyrénées afin de rejoindre leurs camarades à Bilbao ou à Barcelone. Les incidents de frontière se multiplient. Face à l'inéluctable défaite des républicains, Herbette doit se résoudre à ne plus se rendre en Espagne par la route. L'épisode que raconte *Le Matin* du 3 septembre a lieu sans doute lors du dernier franchissement de la frontière terrestre par Herbette. Le journal rend les anarchistes espagnols responsables d'un incident qui a impliqué Herbette. La voiture de l'ambassadeur, dans laquelle avait pris place sa femme et un Français d'origine espagnole, est arrêtée au pont international qui enjambe la Bidassoa. Les gardes frontière espagnols prétendent alors en faire descendre cet occupant « suspect ». « M. Jean Herbette naturellement s'y refusa et comme l'un de ces hommes devenait insultant, il rappela ses titres et qualités ». « – Et si l'on vous flanquait un coup de fusil ? répondit l'un de ces gardes. – Tirez donc Monsieur, si vous l'osez, sur un ambassadeur de France », répond alors Herbette. L'avancée des gardes français, qui voyaient la scène de l'autre côté du pont, permit de mettre fin à l'incident[1]. *La Dépêche* de Toulouse reprend le même article le 4 septembre et ajoute qu'il ne convient pas de grossir cet incident, en supposant qu'il se soit réellement produit ... Il est vrai que selon David W. Pike, cet incident, « l'ambassadeur, sympathisant de la cause gouvernementale, s'efforçait de l'atténuer, voire de le nier »[2]. On comprend l'embarras d'Herbette d'avoir été ainsi malmené par des miliciens qui objectivement défendent la même cause que lui ; mais pour combien de temps ?

[1] *Le Matin*, « L'ambassadeur de France menacé au pont d'Irun par des miliciens », 3 septembre 1936.

[2] David Wingeate PIKE, *Les Français et la guerre d'Espagne ... op. cit.*, pages 114–115.

LE CHANGEMENT DE POSITION D'HERBETTE

Barbier et Bowers situent le revirement d'Herbette au lendemain de la chute d'Irun alors qu'à Madrid, le gouvernement Giral est remplacé par un gouvernement Largo Caballero plus révolutionnaire. Si l'on en croit l'ambassadeur des États-Unis, « après la chute d'Irun, il [Herbette] devait se détourner sans scrupule de ses anciens amis et se mettre à fréquenter assidûment le commandant fasciste d'Irun »[1]. Lorsque quelques jours plus tard des bruits font état de l'emploi de gaz par les troupes gouvernementales. Herbette tombe d'accord avec son collègue britannique pour réagir, mais « il importe de rédiger cet avertissement de manière à ne pas jeter spécialement le soupçon sur l'un des deux partis en lutte »[2]. On sent également qu'un certain malaise gagne l'ambassadeur quand il demande au Quai d'Orsay de ne pas répondre à une communication de Madrid qui refuse de reconnaître « le droit d'exercer une action diplomatique aux chefs de missions qui ne résident pas en territoire espagnol »[3]. Ainsi, lui qui a été le dernier des ambassadeurs à quitter Saint-Sébastien et qui soutient – ou a soutenu – le gouvernement légal, il serait ignoré par ce même gouvernement ? La situation du corps diplomatique accrédité auprès de la République espagnole est alors assez extraordinaire. Le ministre d'État, Alvarez del Vayo, voudrait le faire rentrer à Madrid. Herbette n'est pas le dernier à s'y opposer et à vouloir maintenir cette situation particulière. Javier Rubio a montré que le maintien du corps diplomatique à Saint-Jean-de-Luz permettait à celui-ci non seulement d'être à l'abri de la guerre, mais aussi de pouvoir envisager des relations officieuses avec la zone rebelle[4]. Alors que le gouvernement légitime est toujours en place à Madrid, les chefs des missions étrangères restent donc regroupés à Saint-Jean-de-Luz. Malgré tous les efforts des autorités de Madrid, ils ne comptent pas bouger de là. Pour Herbette, la situation est quasiment burlesque : il est ambassadeur de France en Espagne … en France !

La « villa-chancellerie » française est installée à Ciboure, dans les environs de Saint-Jean-de-Luz. Elle est en relation avec Paris, Madrid,

[1] Jean-Baptiste BARBIER, *Un frac de Nessus … op. cit.*, page 618 et Claude BOWERS, *Ma mission en Espagne … op. cit.*, page 69.

[2] *D.D.F.* 2ème série 1936–1939 tome III, tél. d'Herbette à Delbos n° 1169 à 1171 du 8 septembre 1936.

[3] *D.D.F.* 2ème série 1936–1939 tome III, tél. d'Herbette à Delbos n° 1199 à 1201 du 14 septembre 1936.

[4] Javier RUBIO, *Asilos y canjes durante la guerra civil española*, 1979, page 114.

Saint-Sébastien et les autres consulats de France en Espagne, du moins ceux qui fonctionnent encore[1]. Le personnel de l'ambassade est assez réduit mais cela convient à Herbette car il veut réduire à tout prix les risques de fuite. C'est pourquoi il refuse d'engager un coursier. De même, pour le service de la porte, il emploie son propre valet de chambre ; Herbette aurait confié à Barbier : « il ne nous espionnera jamais car il ne comprend rien à ce qui l'entoure »[2].

Le 15 septembre 1936, pour la première fois nous semble-t-il, Herbette présente une analyse de la guerre civile espagnole différente de celle qu'il a répétée depuis deux mois. La nouvelle approche d'Herbette se fonde sur une constatation : « il est impossible d'ignorer que le système en vigueur à Madrid a cessé d'être constitutionnel » ; « nous sommes obligés de voir que le régime existant à Madrid est une sorte particulière de dictature où deux éléments, l'un socialiste de gauche et communiste et l'autre anarcho-syndicaliste, se disputent la réalité du pouvoir ». Le péril qu'il avait pressenti dès les premiers jours de la lutte est devenu pour Herbette une réalité. Pour l'heure, l'ambassadeur ne précise pas les responsabilités de ce « divorce entre le gouvernement et la légalité » et il évoque « l'hypothèse où toutes les responsabilités retomberaient sur les adversaires du gouvernement ». Mais, le constat étant fait, « il est clair qu'une pareille situation ne pourra se prolonger sans que nous ayons à en examiner les développements militaires et les effets diplomatiques »[3]. Herbette n'en dit pas plus pour le moment, mais il est indéniable que sa position a changé.

Une note du consul de France à Saint-Sébastien, Lasmartres, permet même de dire qu'il s'agit d'une véritable volte face. Le même 15 septembre, alors que la ville vient de tomber aux mains des franquistes, le consul indique à Herbette qu'il a été très bien reçu par les nouveaux maîtres de la ville. En effet, « le lieutenant-colonel Vigan, le nouveau commandant militaire qui occupe le cabinet de l'ancien gouverneur Ortega, a paru apprécier vivement les dispositions dont vous êtes animé à l'égard des nouvelles autorités de Saint-Sébastien. Il les communiquera au général Mola qui sera ici dans deux jours et m'a invité à lui en faire part moi-même »[4]. Ainsi, après avoir entretenu encore à la

[1] Voir sur ce point, le mémoire de maîtrise soutenu sous notre direction de Pauline Deffois, intitulé : « Les consuls de France en Espagne dans la tourmente de la Guerre civile », Université d'Angers, 2002.

[2] Jean-Baptiste BARBIER, *Un frac de Nessus ... op. cit.*, page 622.

[3] ADN MfB car. 553, tél. d'Herbette à Delbos n° 1212 du 15 septembre 1936.

[4] ADN MfB car. 554, « note pour l'ambassade » de Lasmartres à Herbette du 15 septembre 1936.

fin août des relations avec le républicain Ortega, Herbette est prêt à composer avec l'insurgé Vigan, qui va en informer l'un des plus hauts responsables du *pronunciamiento* de juillet en la personne du général Mola. Herbette s'en explique le lendemain : la vie reprend son cours à Saint-Sébastien et il faut que les Français y reviennent au plus vite, sinon ils vont céder la place dans tous les domaines à leurs concurrents[1]. Il pense bien évidemment aux Italiens et aux Allemands qui soutiennent les Franquistes. La pensée d'Herbette pourrait être résumée ainsi : j'ai fait ce que j'ai pu pour soutenir le camp républicain au Pays basque, mais maintenant qu'il a perdu, il faut s'entendre avec les vainqueurs car les relations franco-espagnoles doivent se poursuivre. En un mot, il faut tenir compte des réalités politiques (ce qui se passe à Madrid) et militaires (ce qui se passe au Pays basque) pour déterminer une nouvelle attitude conforme aux intérêts de la France. Après son combat pour la reconnaissance des soviets, le pragmatisme d'Herbette trouve ici une nouvelle expression, quitte à oublier où sont la légalité et la légitimité du pouvoir et où sont les insurgés.

Pour Barbier, ce changement de position d'Herbette s'explique par des préoccupations personnelles, voire bassement matérielles. Il « commençait à croire que les nationalistes avaient des chances de triompher, il voulait prendre position en leur faveur, ce qui lui permettrait, dans sa pensée, de devenir plus tard *persona grata* auprès d'eux et par conséquent, de rester en fonction comme devant ». Et plus loin le diplomate dénonce encore les multiples évolutions d'Herbette dans le journalisme, en URSS, en Espagne ... « On ne pouvait en somme trouver au ciel ni sur la terre de place pour l'inattendu "Saint Herbette" »[2].

Le revirement de l'ambassadeur ne passe pas inaperçu en France, notamment parmi les composantes du Front populaire. À la fin août, les JEUNES (Jeunes Equipes Unies pour une Nouvelle Economie Sociale) dénoncent certains fonctionnaires des Affaires étrangères sans évoquer le nom d'Herbette. Mais à la Mutualité le 17 septembre, lors d'une conférence de presse commune du communiste Jacques Duclos et du socialiste Jean Zyromski, Herbette est nommément mis en cause. Zyromski lance : « il paraît qu'il a reçu il y a un mois [à la mi-août donc] l'ordre formel de rejoindre son poste. Pourquoi n'a-t-il pas obéi et pourquoi ne l'a t-on pas foutu à la porte ? »[3]. En

[1] ADN MfB car. 554, tél. d'Herbette à Delbos n° 1218–1219 du 16 septembre 1936.

[2] Jean-Baptiste BARBIER, *Un frac de Nessus ... op. cit.*, pages 621–622.

[3] Carlos SERRANO, *L'enjeu espagnol. PCF et guerre d'Espagne*, 1987, page 31.

effet, les autorités de Madrid font toujours pression sur les délégations étrangères pour qu'elles réintègrent la capitale espagnole. Aucune d'entre elles n'accèdera à cette demande. Conformément au droit d'asile, l'ambassade de France à Madrid sert de refuge à plusieurs officiers supérieurs insurgés qui n'ont pas été suivis par leurs unités restées fidèles à la République. Ainsi, le colonel Muñoz Grandes et le général Espinosa de los Monteros séjournent à l'ambassade tenue par Bonjean. Rejoignant son poste au moment même où éclate la guerre civile, l'attaché militaire français, le commandant Morel, s'installe à l'ambassade. Il envoie à Paris des rapports d'une grande objectivité et d'octobre à décembre 1936, il est le seul représentant français à Madrid. La presse française de droite l'accuse de faire le jeu des républicains en continuant à croire en une « Espagne unie ». Herbette lui envoie comme message le 31 décembre 1936 : « je soutiens votre action et j'approuve tout ce que vous avez fait »[1]. L'ambassadeur semble considérer comme un tout l'action qu'il mène à Saint-Jean-de-Luz et celle de ses collaborateurs à Madrid ; notamment dans le domaine humanitaire.

L'ACTION HUMANITAIRE DE L'AMBASSADEUR

Très tôt après le début des combats, les services de l'ambassade de France en Espagne sont assaillis de demandes de familles françaises angoissées du sort de leurs membres résidant en Espagne. Herbette et tout le personnel diplomatique et consulaire s'efforcent de répondre au mieux à ces interrogations. S'ajoutent bientôt les litanies des réclamations de ceux qui ont perdu des biens dans la tourmente des combats. Mais Herbette s'intéresse surtout au sort des prisonniers et des otages détenus de part et d'autre dans les deux camps qui s'affrontent. Dès la fin août, il est intervenu auprès des autorités républicaines de Saint-Sébastien en faveur d'otages du camp adverse. L'ambassadeur s'intéresse en particulier au comte de Romanones, qui fut président du Conseil sous la monarchie. Celui-ci est détenu à Fontarabie, au fort de Guadalupe où Herbette lui a rendu visite dès le 14 août. Après avoir palabré plusieurs fois avec le gouverneur républicain Ortega, Herbette obtient son élargissement. Puis, le 23 août, Romanones passe

[1] Dominique de CORTA, *Le colonel Morel, attaché militaire à Madrid (1936–1939)*, mémoire de maîtrise sous la direction de Jean-Baptiste Duroselle, 1981. Jean BAILLOU (dir.), *Les Affaires étrangères et le corps diplomatique*, tome II : *1870–1980*, 1984, pages 441–443.

en France sous la protection des deux hommes[1]. C'est sans doute la vraie motivation des voyages rapportés par Barbier. Herbette indiquait alors à Delbos sa confiance dans les autorités basques mais craignait que les bombardements des franquistes entraînent des représailles, notamment de la part des anarchistes. C'est donc très tôt que l'ambassadeur entame des actions pour obtenir des libérations, des échanges ou simplement l'amélioration des conditions de détention.

Après la chute d'Irun, Herbette se rend plusieurs fois à Saint-Sébastien par la mer afin de procéder à l'évacuation de la colonie française et de prisonniers nationalistes. Le 7 septembre, l'aviso français *Aisne* transporte plus de 180 Français et Espagnols vers Saint-Jean-de-Luz. Quelque temps plus tard, Herbette manifeste « son généreux intérêt à l'équipage de l'*Aisne*, permettant ainsi d'améliorer les menus des matelots »[2]. Sans doute l'ambassadeur rechigne-t-il moins à dépenser pour récompenser une œuvre humanitaire que pour gaver les membres du corps diplomatique ! Le 12 septembre encore, soit la veille de la chute de Saint-Sébastien, il organise des opérations de ce type suite à la décision d'évacuer la ville prise à 14 heures 30[3]. Barbier, qui l'accompagne, raconte que l'ambassadeur « emmena de vive force, ou bien peu s'en fallut, un Espagnol qui avait combattu dans nos rangs durant la Grande guerre et auquel les Rouges auraient apparemment souhaité faire un mauvais sort ». Et le conseiller de louer une nouvelle fois le grand courage physique de son chef de mission … pour mieux le déplorer une fois encore, car selon lui, un ambassadeur doit s'abstenir de ce genre de démonstration[4].

La chute de Saint-Sébastien, le 13 septembre, et de l'ensemble du Guipúzcoa face aux troupes du général Mola, rendaient encore plus urgentes certaines opérations. Il faut alors évacuer de la Biscaye – de Bilbao notamment – et de Santander les ressortissants étrangers et les prisonniers politiques qui pourraient faire les frais d'émeutes suscitées par la peur de l'avance des nationalistes. De son côté, le général Mola a laissé jusqu'au 25 septembre pour mettre à l'abri les innocents, après, ses troupes attaqueront Bilbao. Sans attendre cet avertissement, l'aviso français *Alcyon* avait embarqué à Santander pour Saint-Nazaire

[1] Pedro BARRUSO, « La misión diplomática … », in *Los protagonistas … op. cit.*, page 122–123.

[2] ADN Londres fonds C car. 188, lettre de remerciement du ministère de la Marine (EMG 2) au Quai d'Orsay n° 1397 du 20 novembre 1936.

[3] ADN MfC car. 556, tél. d'Herbette à Delbos du 13 septembre 1936.

[4] Jean-Baptiste BARBIER, *Un frac de Nessus … op. cit.*, page 620.

40 réfugiés étrangers et 300 enfants de colonies scolaires madrilènes. C'est alors que se produit l'évolution notable de l'attitude d'Herbette à l'égard de la guerre civile. Pour autant, on ne peut pas en déduire que cela s'en ressent sur son action humanitaire. En effet, si l'ambassadeur s'intéresse surtout au sort des prisonniers rebelles, c'est qu'il ne possède une marge de manœuvre que dans les zones encore sous le contrôle des républicains. Les démarches humanitaires qu'il entreprend sont assez bien connues grâce aux témoignages et aux rapports des délégués du CICR (Comité International de la Croix-Rouge) envoyés en Espagne. La correspondance du docteur Marcel Junod, délégué général du CICR en Espagne pendant la guerre civile, présente Herbette comme un diplomate surtout attaché à soulager tant qu'il le peut le peuple espagnol des misères de la guerre civile. C'est aussi ce que l'on retient d'Herbette à la lecture du récent livre de Pierre Marqués consacré aux interventions de la Croix-Rouge dans la guerre d'Espagne[1].

Devant l'urgence de la situation, le 22 septembre Herbette et Monseigneur Mathieu, évêque de Dax et organisateur du Comité National Catholique d'Accueil aux Basques, se rendent à Bilbao pour la troisième fois ensemble. Grâce à l'ambassadeur, le prélat français peut visiter trois bateaux-prisons dans lesquels sont détenus des prisonniers nationalistes. La situation alimentaire et sanitaire y est lamentable : « ce que j'ai vu est trop horrible et trop cruel » déclare l'évêque à la presse. Il faut agir vite. La journée du 24 septembre est décisive. À bord de l'*Alcyon*, Herbette et Junod se rendent à Bermeo puis gagnent Bilbao en voiture. C'est selon Junod la quatrième fois que l'ambassadeur se rend dans cette ville. Les deux hommes proposent aux défenseurs de la ville, l'évacuation de leurs familles vers la France, contre une libération équivalente d'otages favorables aux franquistes. C'est l'ambassadeur de France en personne qui sert d'interprète entre le délégué du CICR et les autorités de Bilbao. Mais il ne participe pas à l'entrevue qui a lieu avec le gouverneur civil afin de ne pas entraver l'indépendance du CICR. En tout état de cause, il assure que « le gouvernement français fournira, dans la mesure de ses moyens, toute l'assistance morale et matérielle qu'on lui demandera ». Mais la décision est repoussée à plus tard. Néanmoins, Junod obtient la libération de Esteban Bilbao y Eguia contre celle du républicain Ernesto

[1] Marcel JUNOD, *Le troisième combattant*, 1989 ; largement cité dans Pierre MARQUÉS, *La Croix-Rouge pendant la guerre d'Espagne (1936–1939) Les Missionnaires de l'humanitaire*, 2000, notamment les pages 54–66.

Ercorea détenu par Mola. Junod raconte : « nous attendons la nuit et faisons monter Esteban dans un taxi. Il est bien caché, encadré par l'ambassadeur et moi »[1]. Les deux otages se retrouvent dans un hôtel de Saint-Jean-de-Luz et remercient leurs libérateurs.

Le 25 septembre, comme annoncé, les troupes du général Mola attaquent la Biscaye. Malgré le danger, Marcel Junod, Jean Herbette et son épouse retournent à Bilbao. Ils arrivent dans une ville où toute autorité semble absente. Des détenus des bateaux-prisons et des autres centres sont exécutés par les défenseurs de la ville aux abois. Herbette et Junod réussissent à faire embarquer une partie de la colonie française de Bilbao, soit une quarantaine de femmes et d'enfants. Sur le chemin du retour, le délégué du CICR découvre la zone internationale que l'ambassadeur de France a réussi à imposer aux républicains du Pays basque. Mise en place dans le quartier de Los Arenas, elle « est décorée de drapeaux sur un kilomètre de long et limitée de drapeaux blancs sur lesquels il est imprimé Zone internationale ». Le correspondant de la *Pravda*, Mijail Koltsov, constate que « les murs des maisons et leurs palissades sont encore ornés d'insolentes affiches fascistes. Et les naïfs garçons armés d'un fusil, gardiens de la zone internationale, ne se décident pas à arracher cette saleté. Le commandement leur a ordonné de protéger avec une grande rigueur l'intangibilité du quartier neutre »[2].

Au total, l'action humanitaire d'Herbette déployée en septembre 1936 est donc importante. Il est clair qu'il ne ménage pas sa peine pour apparaître comme un intermédiaire entre les deux camps qui s'opposent. L'ambassadeur s'intéresse notamment beaucoup au sort des enfants des colonies scolaires qui en cette période estivale se trouvent sur les côtes cantabriques et basques. Le premier octobre, il indique à Clouzot, un autre délégué de la Croix-Rouge, que le gouvernement français est prêt à mettre à sa disposition l'aviso *Arras*, pour le transporter à Santander et assurer la protection d'un cargo norvégien qui doit évacuer des enfants. En octobre, le sénateur et ancien ministre André Honnorat, avec lequel Herbette entretient des liens amicaux, apporte son soutien aux efforts de l'ambassadeur visant au rapatriement d'Espagne des enfants français[3]. En décembre, Clouzot indique qu'Herbette s'est toujours intéressé au sort d'enfants scouts de Saragosse qui ont été envoyés en France en octobre. Maintenant,

[1] Marcel JUNOD, *Le troisième combattant op. cit.*, pages 72–73.

[2] Mijail KOLTSOV, *Diario de la guerra de España*, 1963, pages 139–140.

[3] ADN MfC car. 4, lettre d'André Honnorat à Jean Herbette du 20 octobre 1936.

il s'agit d'essayer de les faire rentrer dans leurs familles, et la Croix-Rouge compte sur l'aide de l'ambassadeur de France. Herbette est en effet convaincu que les enfants envoyés en France au moment où les combats menaçaient leur sécurité doivent désormais rentrer dans leurs familles. C'est-à-dire qu'ils doivent rentrer dans des zones qui sont passées sous le contrôle des franquistes.

Ainsi, à la fin décembre 1936, Herbette plaide pour le retour à Saint-Sébastien d'enfants qui ont été accueillis en Maine-et-Loire. Après enquête minutieuse du consulat de France, il s'avère que 35 des 208 enfants concernés sont attendus par leurs familles. Pour les autres, la situation est plus délicate, la guerre ayant fait éclater les noyaux familiaux. Mais le ministère français de l'Intérieur et le préfet de Maine-et-Loire, sous la pression du gouvernement de Madrid *via* le consul d'Espagne à Hendaye, refusent de laisser partir ces 35 enfants[1]. Notre ambassadeur avoue ne pas comprendre la motivation du gouvernement légal espagnol : « on ne saurait supposer que le consul d'Espagne à Hendaye ait pu se laisser guider par la volonté d'atteindre dans les affections les plus chères des familles dont le seul tort est d'être restées sur place lors de l'occupation de Saint-Sébastien par les troupes du général Franco ». La suspicion d'Herbette illustre une fois de plus son changement d'attitude à l'égard des deux parties en conflit. Il ne voit aucune objection pour que des enfants retrouvent leurs familles dans des zones où les franquistes font régner l'ordre. En revanche, il montre que le gouvernement légal, en s'opposant au retour des enfants, semble vouloir faire payer les familles qui ont été favorables à l'avancée des franquistes. Enfin, si cet argument n'est pas suffisant pour convaincre Paris, Herbette rappelle que c'est le contribuable français qui supporte l'hébergement devenu injustifié de ces enfants espagnols[2]. Dans les mois qui suivent, et jusqu'à l'été 1937, l'ambassadeur n'a de cesse de rappeler ces positions, mais sa persévérance montre qu'il n'arrive pas à se faire entendre[3]. Le gouvernement français de Front populaire a du mal à justifier devant ses électeurs le renvoi dans l'Espagne franquiste d'enfants qui ont été accueillis alors qu'ils sont partis de zones républicaines que leurs parents défendaient.

L'analyse d'Herbette à propos des réfugiés espagnols installés en France près de la frontière évolue également notablement. Au début

1 Yves DENÉCHÈRE, « Les enfants espagnols réfugiés en Maine-et-Loire pendant la guerre civile d'Espagne (1936-1939) » in *Archives d'Anjou* n° 5, 2001, pages 147-163.

2 ADN MfC reg. 2mi1106, dép. d'Herbette à Delbos n° 1265 du 26 décembre 1936.

3 ADN MfC reg. 2mi1106 et 2mi1107, dép. d'Herbette à Delbos n° 64, 320, 632 et 657 des 22 janvier, 25 mars, 25 juin et 7 juillet 1937.

de la guerre civile, il demandait que les partisans des putschistes soient éloignés de la frontière. En octobre, il demande exactement la même mesure pour les réfugiés favorables au gouvernement légal, et en particulier pour les anarchistes. C'est avec pratiquement les mêmes mots qu'il réclame cette mesure : « les réfugiés espagnols qui vivent le long de notre frontière s'excitent de plus en plus, se font chez nous des partisans, suscitent du même coup des hostilités et nous inoculent finalement la guerre civile ». Leur éloignement au nord de la Garonne est donc demandé[1]. Dans une dépêche du même jour, l'ambassadeur laisse entrevoir les conséquences d'une éventuelle chute de la Catalogne républicaine : « beaucoup d'anarchistes et de gens qui ont travaillé avec eux voudront s'enfuir [...] nos départements limitrophes risqueraient alors d'être envahis par une foule d'éléments malfaisants et dangereux qui essaimeront ensuite à travers la France »[2].

On peut légitimement penser que l'évolution d'Herbette complique sa tâche dans la question des prisonniers et des otages détenus dans les bateaux-prisons de Bilbao. L'ambassadeur se rend encore une fois dans la ville basque sur un aviso français le 6 novembre. Les conditions de détention ne se sont pas détériorées lui semble-t-il. À son frère François qui lui a demandé d'intervenir en faveur d'un de ses amis détenu, Jean répond : « j'ai précisément inscrit ce nom dans la liste des otages dont j'ai demandé la libération, mais je n'ai pas grand espoir d'obtenir actuellement la délivrance de qui que ce soit ». On peut légitimement supposer que les autorités qui défendent Bilbao contre les attaques franquistes se méfient désormais de la subjectivité de l'ambassadeur de France. Pour ce dernier, l'issue des combats ne fait de doute, ni à Bilbao, ni à Barcelone. Ainsi, il évoque « tous les Français [...] qui restent – bien imprudemment – en Catalogne ». Mais, un peu contradictoirement, il ajoute que « partir dans un moment de péril imminent, c'est hasardeux ». Lorsqu'il écrit ignorer « l'effet que va produire la prise de Madrid », c'est qu'il s'attend manifestement à la défaite des républicains. Il conclut en écrivant : « je ne suis pas dans les secrets du haut commandement »[3]. C'est bien vrai. Car les combats sont loin d'être terminés ; Barcelone et Madrid résisteront encore longtemps.

[1] ADN MfB car. 556, tél. d'Herbette à Delbos n° 1339 du 17 octobre 1936.

[2] AQO Espagne vol. 267 dép. d'Herbette à Delbos du 17 octobre 1936, citée par Geneviève DREYFUS-ARMAND, *L'exil des Républicains espagnols en France de la guerre civile à la mort de Franco*, 1999, page 40.

[3] Lettre de Jean Herbette à François Herbette du 7 novembre 1936, coll. part.

CHAPITRE II

POUR UNE NON-INTERVENTION TOTALE DE LA FRANCE

LA NÉGATION D'UNE QUELCONQUE RESPONSABILITÉ FRANÇAISE

«Je ne suis pas chargé de juger l'attitude des diverses puissances à l'égard de la crise espagnole et je me garde volontiers d'une tâche si délicate », écrit Herbette à la fin septembre 1936. Il ne peut s'empêcher d'ajouter : « mais je ne puis me dispenser de soumettre à Votre Excellence l'impression que me laisse une fréquentation prolongée de cette guerre civile ». L'ambassadeur veut ainsi réagir contre la presse républicaine attaquant les démocraties occidentales qui « au lieu d'être amies restent indifférentes » (*El Socialista*) et le pacte de non-intervention qui met le gouvernement légitime de l'Espagne en état d'infériorité (*El Liberal*). Herbette tient à rétablir la vérité, sa vérité. Selon lui, si les forces gouvernementales ont connu tant de revers, c'est en raison du « manque de discipline en bas et de coordination en haut ». Il affirme que « si le gouvernement avait su mettre à profit le temps que les insurgés lui ont laissé, il aurait probablement gagné la guerre à l'heure qu'il est ». Partant de là, « il résulte évidemment que pour assurer la victoire du gouvernement, l'on aurait pas pu se contenter de lui fournir du matériel en masse. Il aurait fallu en outre lui procurer des instructeurs, des cadres subalternes, des officiers supérieurs et un état-major général ». Herbette élargit donc la question de la fourniture du matériel de guerre demandé par Madrid à la question de savoir si la France était prête à une intervention armée directe en Espagne. Cela est bien évidemment malhonnête, car si la première question divise les Français, il y a unanimité de l'opinion publique pour rejeter toute idée de guerre.

L'analyse d'Herbette se poursuit par une évaluation des cruautés commises par les deux camps. Il fait clairement deux poids deux mesures, car « du moins les cruautés des insurgés ont-elles une direction et une limite – l'extermination de leurs ennemis – tandis que les cruautés du "Frente popular" ont été incohérentes et illimitées, l'extermination s'étendant même à des amis éprouvés, même à des amis infiniment préférables aux individus qui leur survivaient ». On notera que pour la première fois semble-t-il, Herbette pratique l'amalgame entre anarchistes et *Frente popular* qui désigne la majorité parlementaire en place. Sa conclusion est ainsi toute trouvée : poser la question de l'indifférence de la France à l'égard du gouvernement de Madrid, c'est renverser les rôles. « C'est nous, Français, qui aurions le droit de demander compte au "Frente popular" de l'usage qu'il a fait des sympathies récoltées en France [...] Il ne faudrait pas qu'on s'avisât d'attribuer à la France les déceptions des républicains et des socialistes espagnols. Il serait trop facile de leur démontrer que les causes primordiales de leurs épreuves sont du même côté qu'eux des Pyrénées, voire du même côté de la barricade »[1].

Cette analyse personnelle d'Herbette sur la question de l'intervention de la France mérite quelques critiques tant elle orientée et réductrice du problème. En effet, Herbette pose la question de l'attitude de la France en dehors de tout contexte général. Il n'évoque pas les interventions italiennes et allemandes en faveur des insurgés, qui sont prouvées et dont on connaît l'importance. Ainsi, il explique les défaites des républicains sans évoquer les forces auxquelles ils doivent faire face ! Enfin, la haine qu'Herbette nourrit à l'égard des anarchistes – qui sont rendus responsables de tout alors que les insurgés sont quasiment dédouanés – le pousse à oublier les réalités espagnoles qui constituent le terreau de cette idéologie. L'ambassadeur va donc loin, très loin dans l'amalgame et dans la mauvaise foi. Peut-être s'en rend-il compte lui-même ou lui fait t-on remarquer, puisque trois jours plus tard il relativise – un peu seulement – ses propos. Il ne retire rien de ce qu'il a dit sur les violences des anarchistes – « le pillage et la mort » – ni sur sa déception de voir ainsi évoluer le régime espagnol, en revanche, il ménage le pouvoir. Il propose donc de marquer « que nous ne confondons nullement le gouvernement espagnol reconnu par nous avec les individus ni les associations qui commettent les crimes ». Une telle déclaration « libérerait notre conscience et dégagerait notre responsabilité ». Ces dernières paroles laissent entendre qu'il peut s'agir davantage d'une manœuvre

[1] ADN MfB car. 556, tél. d'Herbette à Delbos n° 1272 du 28 septembre 1936.

que d'une pensée sincère ! Plus loin, il lève le doute : il s'agit en fait de préserver les intérêts de la France en Espagne. Il propose surtout de favoriser la réconciliation « entre les Espagnols qui, dans les deux partis aujourd'hui en lutte, ont conservé des sentiments d'humanité ». On pourrait ainsi « adoucir les relations futures de la France avec ceux de ces Espagnols qui appartiennent au parti militaire », puisque pour Herbette, le vainqueur ne fait pas de doute[1]. Au début du mois d'octobre, il fait part des analyses de la diplomatie italienne sur l'évolution de la guerre et l'organisation de la future Espagne. Il ne cache pas qu'elles ne sont pas très éloignées des siennes[2].

L'ANALYSE DES INTERVENTIONS ÉTRANGÈRES

En réponse à l'analyse d'Herbette sur les causes de l'échec des républicains, le Quai d'Orsay fait remarquer la supériorité des aviations allemande et italienne dans les combats de la guerre d'Espagne. L'ambassadeur reconnaît qu'elle « a singulièrement facilité et hâté » le succès des insurgés. Pour autant, il répète que « la mauvaise organisation des forces gouvernementales et le rôle joué par les anarchistes auraient assuré la victoire aux chefs militaires même s'ils n'avaient pas disposé d'une force aérienne aussi nette »[3]. La volonté de l'ambassadeur demeure de hiérarchiser les responsabilités dans les défaites militaires du gouvernement légal, et les interventions allemandes et italiennes viennent assez loin dans son classement. Aussi, il donne instruction à Bonjean de faire savoir au gouvernement de Madrid qu'il ne peut améliorer sa position internationale qu'en se désolidarisant des anarchistes[4].

De même, plus que les interventions de l'Allemagne et de l'Italie en faveur des franquistes, Herbette s'inquiète de l'aide que l'URSS apporte au gouvernement de Madrid. Elle lui apparaît comme totalement inefficace puisqu'elle s'est surtout développée à partir du 15 septembre et que « c'est précisément dans cette période que la prise de Saint-Sébastien a achevé de démontrer que le gouvernement de Madrid ne

[1] ADN photos allemandes R 239, tél. d'Herbette à Delbos n° 1294 du 3 octobre 1936.

[2] *D.D.F.* 2ème série 1936–1939 tome III, tél. très confidentiel-réservé d'Herbette à Delbos n° 1298–1299 du 5 octobre 1936.

[3] *D.D.F.* 2ème série 1936–1939 tome III, tél. d'Herbette à Delbos n° 1308 du 6 octobre 1936.

[4] ADN MfB car. 553, tél. d'Herbette à Bonjean n° 48–51 du 9 octobre 1936.

pouvait pas gagner la guerre ». Au contraire, cette aide participe plutôt au triomphe du général Franco, comme les Soviétiques ont « contribué involontairement au triomphe de M. Hitler ». Quelques jours plus tard, Herbette écrit que l'URSS semble rechercher en Espagne un chaos dont le communisme international pourra profiter. Quant à la reconnaissance du gouvernement du général Franco par l'Allemagne et l'Italie le 18 novembre, Herbette considère que c'est un fait dans la logique des choses et qui doit amener la France à se poser des questions sur l'avenir de son influence en Espagne. L'ambassadeur pense qu'il n'est pas trop tard pour rétablir la situation : « quelles qu'aient pu être jusqu'à présent les manœuvres des uns et des autres, la partie n'est nullement perdue en Espagne pour les Anglais ni pour nous pourvu que : a – nous suivions la même ligne de conduite ; b – nous acceptions les conséquences des faits »[1]. À demi-mot, Herbette laisse entendre que la France doit prendre en compte les réalités militaires et que celles-ci mènent à une victoire de Franco … Il serait donc peut-être bon de le considérer autrement que comme un rebelle ou un insurgé. Le problème de la reconnaissance sinon de la junte de Burgos, du moins du caractère de belligérants des deux parties est donc posé par Herbette.

Les implications européennes de la guerre civile sont si nombreuses qu'on l'appelle le plus souvent guerre d'Espagne. Le terme de guerre civile d'Espagne nous paraît le plus approprié car il rend mieux compte des deux réalités de la guerre : une lutte interne entre deux Espagne que tout oppose, et un grand jeu espagnol qui met aux prises les grandes puissances européennes. La question du contrôle des îles Baléares est en particulier l'objet de nombreuses conjectures, car on sait les Italiens vivement intéressés par l'archipel. Mais l'ambassadeur italien en quittant son poste affirme à Herbette que c'est surtout pour faire équilibre à l'expansion de l'influence allemande en Espagne que l'Italie y intervient. Ces propos semblent rassurer le Français qui a eu des relations assez suivies avec le diplomate italien. Herbette distingue un point d'accord entre la France, l'Angleterre, l'Allemagne et l'Italie, c'est qu'il « ne doit pas y avoir de guerre européenne à propos de l'Espagne ». On remarque que l'URSS n'est pas associée à ces quatre pays soucieux du maintien de la paix en Europe. Selon Herbette, le meilleur moyen d'éviter une conflagration générale, c'est de ne pas séparer la ligne de la France de celle de l'Angleterre et d'empêcher par tous les moyens le passage d'hommes et d'armes par le territoire

[1] *D.D.F.* 2ème série 1936–1939 tome III, tél. d'Herbette à Delbos n° 1344, 1361, 1362, 1364 et 1373 des 19, 23, 24, 25 et 29 octobre 1936.

français. Car ces passages entraînent l'animosité des nationalistes pour la France et encouragent l'Allemagne et l'Italie à intervenir davantage en Espagne[1].

L'ambassadeur préconise donc une non-intervention complète de la France, à l'instar de la politique britannique. Cette non-intervention doit aller jusqu'à l'éradication du transit par le territoire français de combattants et de matériels de guerre venant d'URSS. Il voit des « milliers de Russes » dans les brigades internationales[2]. Il va même jusqu'à avancer le chiffre de 21 000 combattants russes présents en Espagne, ce qui est très exagéré. Rappelons que depuis la première offensive franquiste sur Madrid, les brigades internationales sont montées sur le front et défendent la capitale. On peut penser sans risque qu'Herbette regrette ce soutien extérieur – que le gouvernement français a autorisé dès le mois d'août – parce qu'il retarde l'échéance de la guerre. En décembre 1936, il appelle une nouvelle fois à « limiter strictement la circulation, tant à l'entrée qu'à la sortie, par la frontière qui donne accès à la Catalogne », afin d'empêcher le passage de combattants russes et volontaires. D'ailleurs, Herbette tient à ce qu'une distinction précise soit faite entre les termes de « volontaires » et celui de « combattants ». Selon lui les volontaires ne sont pas tous des combattants puisqu'ils peuvent être médecins ou avoir des motivations humanitaires. Quant aux combattants, notamment russes, l'ambassadeur indique que, comme tout le monde le sait, certains d'entre eux ne sont pas des volontaires[3].

La conclusion d'un accord germano-polonais est l'occasion pour Herbette de livrer une réflexion générale sur le rôle de l'URSS et même de la Russie sur la scène internationale. On constate qu'il ne focalise pas toute son attention sur la guerre civile, mais qu'il continue, en observateur privilégié, à pronostiquer le sort de l'Europe. Il écrit : « quiconque s'éprend d'elle [la Russie] se diminue, comme tant d'absolutistes ou de nihilistes jadis, comme tant de communistes aujourd'hui. Mais quiconque veut la prendre par la force se perd : Charles XII, Nicolas Ier, Guillaume II. L'Allemagne de Weimar a trop

[1] *D.D.F.* 2ème série 1936–1939 tome IV, tél. très confidentiels d'Herbette à Delbos n° 1470 et 1477–1478 des 23 et 24 novembre 1936. David Wingeate PIKE, *Les Français et la guerre d'Espagne … op. cit.*, pages 160 et 170.

[2] Émile TÉMIME, « L'influence de la Guerre d'Espagne », in *Serviteurs de l'État … op. cit.*, p. 471.

[3] ADN MfC reg. 2mi1106, dép. d'Herbette à Delbos n° 1201 du 1er décembre 1936 et n° 4 du 4 janvier 1937.

pensé à la Russie : Rapallo. Elle y a gagné le développement intense du communisme chez elle. L'Allemagne hitlérienne pense trop à la Russie : accord Ciano, accord japonais, intervention en Espagne. Elle y gagnera quelque autre mal. *Ne quid nimis* »[1].

LA CONSIDÉRATION D'HERBETTE POUR FRANCO

Avant le soulèvement de juillet, les deux hommes se sont rencontrés plusieurs fois, notamment à la fin de 1935. Franco était alors chef d'état-major général de l'armée et à ce titre évoquait des éventuels achats de matériel de guerre à la France. En novembre de cette année-là, il rend même « une longue visite amicale » à Herbette pour parler de ce projet. En décembre, des avions français Potez 450 et Amiot 143 sont présentés au général espagnol sur l'aéroport de Madrid[2]. On sait que l'arrivée au pouvoir du *Frente popular* écarte Franco des responsabilités importantes et l'éloigne aux Canaries. Pendant les premiers mois de la guerre civile, Herbette s'attarde peu sur la personnalité de Franco qui est un des généraux putschistes parmi d'autres. Mais peu à peu Franco s'impose à la tête de la junte de Burgos et devient, le 1er octobre 1936, le chef du gouvernement national qui s'installe ensuite à Salamanque. L'ambassadeur de France lui porte alors une grande attention.

Après l'échec de l'offensive de Franco face à la résistance madrilène en novembre 1936, Herbette abandonne l'idée de voir la guerre se terminer par une victoire rapide des nationalistes. Aussi, il n'est pas le seul à évoquer une éventuelle conciliation entre les deux camps. « Nous ne saurions manquer », écrit-il, « non seulement de nous associer à toute offre sincère de conciliation, mais encore de participer à son élaboration ». En effet, à la Chambre des Communes britannique, on a parlé d'une telle possibilité. Notre ambassadeur est d'autant plus favorable à une conciliation, qu'une « victoire durable ne peut appartenir ni à ceux qui suppriment la propriété privée en massacrant les classes sociales pourvues d'aisance ou de science, ni à ceux qui, dans l'autre camp, prétendent ressusciter l'Inquisition ou adapter les méthodes de l'anarcho-syndicaliste à l'usage d'un fascisme semi-africain ». Herbette

[1] *D.D.F.* 2ème série tome IV, tél. d'Herbette à Delbos n° 1515 du 2 décembre 1936. Les 17 et 18 novembre, l'axe Rome Berlin devenait une réalité avec la reconnaissance simultanée du gouvernement de Franco, et l'Allemagne signait avec le Japon le pacte antikomintern.

[2] ADN MfC car. 362, tél. confidentiels d'Herbette à Laval n° 1474 et 1806 des 18 novembre et 11 décembre 1935.

renvoie donc dos à dos les extrêmes des deux camps, soit les anarchistes et les communistes d'un côté, et les partis espagnols d'extrême droite de l'autre, puisque aucun de ces groupes ne pourrait se maintenir au pouvoir et qu'ils sont tous opposés à la France.

La solution, à la fois favorable à l'Espagne et à la France, « ne peut être apportée que par un "outsider" [...] qui peut provenir de l'un des deux camps qui sont actuellement aux prises. Il peut même être le chef de l'un de ces camps. Sa qualité d'"outsider" viendrait alors de ce qu'en devenant l'incarnation d'un pouvoir national, et non plus d'un parti ou d'un groupe de partis, il élargirait sa politique jusqu'aux plus amples limites où l'habileté permet de porter la tolérance »[1]. Herbette ne précise rien de plus ; au Quai d'Orsay de décrypter. L'on se souvient qu'avant le déclenchement de la guerre civile, Herbette réservait ce rôle de rassembleur et de rempart à toute aventure politique à Manuel Azaña. Mais désormais, point de doute, ce n'est pas au président de la République espagnole que l'ambassadeur pense quand il parle d'un "outsider", mais bien à Franco. En France, les communistes combattent bien évidemment cette idée et donc Herbette. Lors du débat parlementaire du 5 décembre, Maurice Thorez évoque l'ambassadeur de France « toujours à Saint-Jean-de-Luz, d'où il espérait peut-être entrer à Madrid quand Franco l'aurait occupée »[2].

Toutes les occasions qui permettent à Herbette de pousser sa théorie sont utilisées par lui. Dans chaque communication envoyée à Paris, il rappelle que les anarchistes et les communistes n'attendent que leur victoire en Espagne pour s'attaquer à la France. Il précise que ce sont les forces gouvernementales et non franquistes qui le 8 décembre ont attaqué l'avion de l'ambassade de France reliant Madrid à Toulouse. Il martèle que c'est une fiction de penser que le régime actuel de la Catalogne est la continuation du régime existant avant le 18 juillet. Il fait parvenir à Paris une liste de 13 noms d'anarchistes « particulièrement dangereux » afin de leur interdire l'accès au territoire français[3]. Force est de constater, qu'après avoir dénoncé les extrêmes des deux camps, il pratique de nouveau l'amalgame entre le gouvernement maintenant installé à Valence et les anarchistes, alors qu'il se garde bien de confondre Franco avec ses partisans extrémistes et ses soutiens étrangers.

1 *D.D.F.* 2ème série tome IV, tél. d'Herbette à Delbos n° 1516 du 2 décembre 1936.

2 Carlos SERRANO, *L'enjeu espagnol ... op. cit.*, page 31.

3 ADN MfC reg. 2mi1106, dép. d'Herbette à Delbos n° 1226, 1238, 1245 et 1251 des 12, 16, 17 et 21 décembre 1936.

Ainsi, Herbette présente le chef des nationalistes comme attaché à l'intégrité de l'Espagne et à son indépendance à l'égard des puissances étrangères. Pour ce faire, il cite son allocution prononcée devant une délégation de parlementaires français de droite : « je voudrais mettre en relief que personne ne doit se sentir blessé par la sympathie que nous ont manifestée d'autres pays, car cette sympathie n'est agressive envers personne »[1]. C'est sur ces principes de l'intégrité et de l'indépendance que l'ambassadeur de France pense qu'il faut envisager une éventuelle conciliation nationale espagnole autour de Franco. Car, dans l'esprit d'Herbette, si les républicains s'expriment eux aussi sur la nécessaire intégrité de l'Espagne, peuvent-ils parler sérieusement d'indépendance ... lorsqu'ils sont armés par l'URSS ? Le parti pris de l'ambassadeur est trop évident : le gouvernement de Salamanque pourrait être indépendant de Berlin et de Rome quand le gouvernement de Valence serait sous la coupe de Moscou. Toujours est-il que ce qui importe pour lui, c'est que « les événements militaires demeurent l'élément essentiel de la situation », et qu'il « serait bon de réfléchir » à ménager Franco qui, malgré des difficultés, apparaît comme le plus susceptible de l'emporter. D'ailleurs, selon un journaliste espagnol pourtant hostile à la France, Franco n'a pris aucun engagement territorial envers l'Allemagne et l'Italie. Au contraire, la situation géographique de l'Espagne le pousserait à chercher un appui auprès des puissances occidentales[2].

La conviction d'Herbette le pousse à travestir la vérité et à présenter de faux arguments, notamment sur la chronologie et l'ampleur des interventions étrangères. Ainsi, l'ambassadeur présente comme une « vérité qui perce de toutes parts » des déclarations qu'il est dans l'impossibilité de vérifier, mais qui lui sont utiles pour tenter de convaincre Paris. Selon un officier d'état-major qui aurait la confiance de Franco (?), « le concours allemand n'est nécessaire que dans la mesure où les forces gouvernementales reçoivent le concours de la Russie et celui de la France ». De même, « un compatriote français » (?) estime que Franco « n'aurait jamais fait appel à des combattants allemands ou italiens s'il n'avait pas trouvé en face de lui des combattants français, russes, tchécoslovaques, etc. ». De ces « affirmations », Herbette conclut que la cessation de tout envoi de combattants et de matériel

[1] ADN MfB car. 556, dép. d'Herbette à Delbos n° 1249 du 18 décembre 1936.

[2] ADN MfC reg. 2mi1106, dép. d'Herbette à Delbos n° 1271 du 29 décembre 1936 et *D.D.F.* 2ème série tome IV, tél. très confidentiel d'Herbette à Delbos n° 43 du 13 janvier 1937.

étrangers est la condition de la détente internationale[1]. L'ambassadeur sait pourtant très bien, puisqu'il les a dénoncées en leur temps, que les interventions italiennes et allemandes datent au moins de la fin juillet et du début d'août. Il sait également que c'est ce qui a déterminé, pendant un court laps de temps, le gouvernement français à autoriser quelques envois de matériel militaire en Espagne. Rappelons également que c'est à la fin de septembre que le Kominterm approuve la formation des brigades internationales et qu'elles n'interviennent qu'à la mi-novembre dans les combats pour Madrid.

Ces grossières manœuvres permettent à Herbette d'enfoncer le coin de sa théorie : Franco va gagner la guerre non pas parce qu'il est aidé par l'Allemagne et l'Italie, dont il se méfie, mais parce que les communistes et les anarchistes ont perverti le *Frente popular*. Pour affirmer cela, Herbette doit implicitement avouer qu'il fait partie de ceux qui se sont trompés en misant sur Azaña après les élections de février 1936. En effet, ce dernier n'a pas été capable d'empêcher la révolution sociale de submerger le *Frente popular*, et Herbette ne veut pas persister dans son erreur[2]. C'est pourquoi il présente Franco comme un modéré dont la préoccupation manifeste est « d'accentuer le caractère national (non-partisan diraient les Anglais) de son mouvement ». L'ambassadeur le voit en train de reconstituer « une Espagne pour tous » autour d'un sentiment catholique apaisé et du refus aussi bien de la démocratie anglaise ou française que du fascisme italien et du nazisme allemand. Herbette rapproche même le mouvement qu'il voit s'esquisser autour de Franco, du mouvement qui en 1931 avait renversé la monarchie espagnole. Aussi, « l'attitude du général Franco n'est pas sans analogie avec celle d'autres dictateurs qui, en d'autres pays et à d'autres époques, se sont appliqués à clore des périodes révolutionnaires, non pas par un retour au passé, mais par une sorte de synthèse qui a eu pour effet de développer une expansion nationale »[3]. En somme, Herbette a trouvé le Bonaparte espagnol ! Et cela lui semble conforme à l'intérêt de la France.

En attendant que cette prophétie se réalise, l'ambassadeur réclame « que les fonctionnaires de tout rang obéissent strictement aux ordres de leurs supérieurs et ceux-ci à la politique de non-immixtion qu'a

[1] *D.D.F.* 2ème série tome IV, tél. très confidentiel d'Herbette à Delbos n° 43 du 13 janvier 1937.

[2] ADN MfB car. 556, tél. secret d'Herbette à Delbos n° 59 du 15 janvier 1937.

[3] *D.D.F.* 2ème série tome IV, tél. d'Herbette à Delbos n° 68 du 20 janvier 1937.

proclamée le gouvernement français ». Car, il ne faut pas créer en Espagne « un état d'esprit tel qu'il rendra bien difficile la reprise de rapports confiants entre la France et les régions de l'Espagne qui reconnaissent l'autorité du général Franco »[1]. Son obsession du péril anarchiste est alors telle, que pas un seul jour il n'oublie d'en parler dans les termes les plus inquiétants. Et tous les jours, il trouve des mots rassurants pour évoquer Franco. Ainsi, le 5 février, il croit savoir que le général ne serait pas opposé à négocier quelque arrangement avec le leader socialiste Indalecio Prieto, qui est le ministre le plus clairvoyant du gouvernement de Valence et opposé à l'influence anarchiste[2]. Mais cette « conviction », ne s'appuie sur rien de tangible. Cependant, il revient plusieurs fois sur cette idée d'un futur régime espagnol « qui, tant qu'il assurera la paix intérieure, pourra probablement compter sur l'immense majorité du pays ». Le même jour, Herbette présente les décrets relatifs à la capacité civile de la femme mariée et au droit familial pris par les autorités de Valence, comme « évidemment inspirés de la législation soviétique »[3].

Si Herbette multiplie les correspondances favorables à Franco, c'est que le Quai d'Orsay pratique une politique espagnole bien différente du rapprochement avec les rebelles. À la fin de décembre 1936 – juste avant qu'Herbette ne rentre de quinze jours de congé – Barbier apprend par téléphone qu'il doit se rendre à Valence comme chargé d'affaires auprès du gouvernement espagnol. Le conseiller se dit persuadé que c'est pour éviter les foudres d'Herbette que le Quai d'Orsay profite de son absence pour procéder à cette affectation[4]. Il est vrai que cette décision met l'ambassadeur dans une position encore plus inconfortable. Le gouvernement auprès duquel il est accrédité ne le reconnaît pratiquement plus car il reste en France, alors qu'un simple chargé d'affaires représente la France auprès des autorités espagnoles à Valence.

[1] ADN MfC reg. 2mi 1106, dép. d'Herbette à Delbos n° 1275 du 31 décembre 1936 et n° 100 du 29 janvier 1937.

[2] *D.D.F.* 2ème série tome IV, tél. secret-réservé d'Herbette à Delbos n° 134 du 5 février 1937.

[3] ADN MfC reg. 2mi1106, dép. d'Herbette à Delbos, n° 181 et 188 du 12 février 1937.

[4] Jean-Baptiste BARBIER, *Un frac de Nessus … op. cit.*, 680.

LA QUESTION DES « VOLONTAIRES » INVOLONTAIRES

L'action humanitaire d'Herbette se poursuit en 1937, mais l'ambassadeur déplore l'impossibilité de négocier des échanges d'otages. Il en fait porter la responsabilité sur le gouvernement de Valence, Largo Caballero refusant de communiquer à Barbier les noms des personnes qu'il voudrait voir libérer. Herbette confie la « véritable douleur [qu'il] ressen[t] à la pensée de ne pouvoir soulager, de part et d'autre, tant de souffrances qui ne sont ni méritées en aucune manière, ni utiles de quelque façon que ce soit à la conduite de la guerre »[1]. Il ne dit pas que si le gouvernement de Valence ne répond pas aux appels d'Herbette, c'est qu'il accepte de plus en plus mal de ne pas avoir l'ambassadeur de France auprès de lui ; nous en reparlerons bientôt. Par ailleurs, Herbette est surtout préoccupé du sort de ceux qu'il appelle les « volontaires » involontaires. S'appuyant sur un rapport de l'attaché militaire Morel, il affirme que dans le camp gouvernemental, « il est certain que des Français sont traités en *disciplinaires* après avoir été attirés en Espagne par des appels à leurs convictions politiques accompagnés de promesses d'argent ». Ensuite, sans s'appuyer cette fois sur une étude précise, il écrit : « de là à admettre que certains d'entre eux ont péri par suite de mauvais traitements ou même d'exécutions, il n'y a pas loin ». Il préconise donc « d'organiser sans retard ce qui pourrait s'appeler "le rapatriement des volontaires involontaires" ». De Valence, Barbier rapporte que ces « volontaires » veulent rentrer en France[2].

Trois semaines plus tard, Herbette estime que sur les 75 000 étrangers soutenant le gouvernement de Valence, 35 000 sont des citoyens français[3]. Ces chiffres sont là encore très exagérés, les études les plus récentes sur les volontaires français des brigades internationales estiment que sur les 32 000 volontaires qui ont défendu la république espagnole, entre 9 000 et 10 000 étaient des Français[4]. Les chiffres que reprend Herbette sont en fait ceux qui sont avancés par les partisans de la cause franquiste qui veulent montrer qu'il y a davantage de combattants étrangers dans le camp républicain que dans le leur. *Le*

[1] ADN MfC reg. 2mi1106, dép. d'Herbette à Delbos n° 122 du 3 février 1937.

[2] *D.D.F.* 2ème série tome IV, dép. d'Herbette à Delbos n° 76 du 26 janvier 1937 et dép. de Barbier à Delbos n° 3 du 7 janvier 1937.

[3] *D.D.F.* 2ème série tome IV, tél. d'Herbette à Delbos n° 212 du 19 février 1937.

[4] Rémi SKOUTELSKY, *L'espoir guidait leurs pas. Les volontaires français des Brigades internationale 1936–1939*, 1998, pages 327–331.

Figaro et d'autres journaux de droite relaient ces informations et affirment que des Français sont retenus contre leur gré en Espagne[1]. De son côté, en mars 1937, l'ambassadeur de France écrit savoir de source sûre, que « beaucoup de volontaires français veulent s'en aller ». Il pense que le Quai d'Orsay devrait faire pression sur le gouvernement de Valence pour qu'il les laisse partir. Selon Barbier, « les éléments français des brigades internationales pourraient se révolter bientôt et s'ouvrir les armes à la main un passage vers Valence ou Alicante ». Herbette affirme même que des volontaires français et belges ont été condamnés à mort pour avoir voulu partir[2]. Dans son premier rapport à l'Internationale Communiste, André Marty évoque « le passage de la 13ème [brigade] à Valence [qui] a provoqué la désertion de près de 250 volontaires »[3]. Ceux-ci sont réfugiés dans divers consulats dont celui de France.

Mais le Quai d'Orsay se tait et comme à son habitude dans ce cas là, l'ambassadeur se permet d'insister à nouveau sur « l'urgence qu'il y aurait à faire tout ce qui est en notre pouvoir pour rapatrier ceux de nos nationaux qui doivent être actuellement regardés en Espagne comme des "volontaires involontaires" ». Il parle également de la nécessité de ramener en France ceux qui ont moins de vingt et un ans et les blessés. Jusqu'au début juillet, il revient plusieurs fois à la charge, sans être entendu[4]. Puis, il modifie son approche de la question en faisant valoir que si la France organisait un tel rapatriement, Salamanque pourrait proposer le retrait total des étrangers. Or, il croit savoir que Valence n'est pas prête à accepter cette mesure[5]. Une fois encore, d'une manière subtile certes, Herbette laisse entendre que les interventions étrangères sont plus avantageuses pour les républicains que pour les franquistes. Selon lui, la responsabilité des interventions étrangères et de leur maintien est tout entière à Valence.

Incontestablement, Herbette connaît mal la question des volontaires français des brigades internationales. Nous l'avons déjà constaté avec les chiffres, par ailleurs, les rapatriements sanitaires qu'il appelle

[1] David Wingeate PIKE, *Les Français et la guerre d'Espagne … op. cit.*, page 202.

[2] *D.D.F.* 2ème série tome IV, dép. très confidentielle d'Herbette à Delbos n° 235 du 4 mars 1937 ; tél. d'Herbette à Delbos n° 293 du 10 mars 1937 citant le tél. de Barbier n° 161.

[3] Rémi SKOUTELSKY, *L'espoir guidait leurs pas … op. cit.*, pages 218–220.

[4] *D.D.F.* 2ème série tome IV, tél. d'Herbette à Delbos n° 387 et 628 des 25 mars et 1er mai 1937.

[5] *D.D.F.* 2ème série tome IV, tél. d'Herbette à Delbos n° 1002–1005 et 1007–1009 des 3 et 4 juillet 1937.

de ses vœux existent déjà. En fait, l'ambassadeur semble prêter une oreille complaisante à la propagande que se livrent les « déserteurs » des brigades qui font valoir l'enlisement du conflit. En effet, le début de l'année 1937 voit le nombre d'engagements de volontaires français diminuer, essentiellement en raison de cette campagne. Il semble que sur les 9 000 ou 10 000 volontaires français on peut estimer, sur la période août 1936-septembre 1938 (date du retrait des brigades décidé unilatéralement par le gouvernement républicain) au plus à 500 le nombre de ceux qui ont abandonné la lutte et peuvent être considérés comme déserteurs. Le phénomène est donc largement surestimé par Herbette – même s'il s'agit d'un véritable problème – et il semble bien que ce soit volontairement et partialement. En l'absence de mesures officielles prises par la France, tout comme les consulats français dans la zone républicaine, Herbette encourageait à la désertion les volontaires français[1].

[1] Rémi SKOUTELSKY, *L'espoir guidait leurs pas … op. cit.*, page 222.

CHAPITRE III

POUR LA RECONNAISSANCE DE FRANCO

UN HERBETTE QUI DEVIENT ENCOMBRANT POUR PARIS

Les analyses personnelles d'Herbette sur la guerre civile espagnole ne sont pas toujours bien perçues à Paris. Le 16 février 1937, le ministre des Affaires étrangères, Delbos, recadre le travail de l'ambassadeur ainsi : « les rapports que vous recevez de nos consuls dans l'ensemble de l'Espagne et les renseignements que vous recueillez d'autre part [...] vous mettent à même d'observer les dispositions des autorités de Salamanque comme du gouvernement de Valence à notre égard ». C'est en effet un avantage de la situation d'Herbette en France. Il reçoit de la zone nationaliste comme de la zone républicaine, des correspondances des consuls et peut ainsi savoir qu'il se passe des choses bien différentes d'une province à l'autre. Le problème, c'est que l'ambassadeur ne se contente pas de cette mission de collecteur des renseignements : « je comprends », poursuit Delbos, « que vous vous préoccupiez de leurs conséquences éventuelles dans les diverses hypothèses auxquelles peut prêter l'issue incertaine des événements en cours ». Cette phrase est déjà une critique en soi, car Herbette ne fait pas mystère qu'il croit que Franco va gagner la guerre. En insistant sur une « issue incertaine », Delbos lui fait comprendre qu'il ne faut pas aller trop vite en besogne. Aussi, « tout en appréciant le souci que vous avez », conclut le ministre, « je crois devoir appeler votre attention sur la nécessité de maintenir une distinction très nette entre ce qui est du domaine de l'étude et appartient à l'avenir et la position du gouvernement au regard de l'état présent des affaires en Espagne »[1].

[1] ADN MfB car. 556 tél. de Delbos à Herbette n° 89 du 16 février 1937, 23 h 45.

L'avertissement est des plus nets. Le Quai d'Orsay ne veut plus qu'Herbette assomme le Département avec ses correspondances qui indiquent ce qu'il convient de faire pour maintenir l'influence de la France en Espagne après la victoire du général Franco. Ce n'est pas la question qui préoccupe pour l'instant Paris, mais l'application de la convention de non-intervention. Herbette doit donc se contenter de faire ce qu'on lui demande : renseigner. Car il est évident que d'où il est, il ne peut même plus appliquer la politique espagnole de la France, ni la faire valoir en Espagne. D'ailleurs, un tel rappel à l'ordre laisse à penser que le Quai d'Orsay sait très bien qu'Herbette n'a pas la même analyse que le gouvernement à propos de la guerre d'Espagne. Mais comme il est en poste … à Saint-Jean-de-Luz, cela a sans doute moins d'importance … du moins pour la diplomatie française. Cependant, il apparaît clairement que l'étau se resserre sur l'ambassadeur en cette mi-février 1937. Même s'il entretient encore des contacts avec des personnalités françaises comme de Monzie[1], qui peut bien le défendre à Paris, du moins parmi le personnel politique qui est aux affaires ?

Dans *L'Humanité* du 18, « on s'étonne qu'après cela, M. Herbette soit encore à son poste ». « Cela », c'est l'attitude de l'ambassadeur dans une affaire d'échange d'otages ou plutôt de prisonniers que dénonce le quotidien communiste. Plutôt que d'exiger la libération de M. Malet-Daubant, l'envoyé de Havas à Avila arrêté par des franquistes, Herbette aurait proposé « un indécent marchandage » : faire libérer en échange un aviateur allemand détenu par les gouvernementaux. D'après *L'Humanité*, Gabriel Péri aurait évoqué l'affaire devant la Commission des Affaires étrangères de l'Assemblée dont le président Mistler a promis de faire toute la lumière sur « ce scandale ».

Dans une dépêche de dix pages, Herbette explique toute l'affaire, rétablit la vérité et justifie son action. Il commence par rappeler que Havas a envoyé Malet-Daubant sans l'aval des autorités françaises. Puis que lorsqu'il a été arrêté et condamné à mort pour espionnage par les franquistes, Herbette est intervenu sur ordre du Quai d'Orsay : « de toute urgence par tous les moyens de votre pouvoir ». Il contacte alors des responsables franquistes avec lesquels il est en relation, notamment le chef du Cabinet diplomatique de Franco et le commandant du secteur de la Bidassoa[2]. C'est ce dernier, qui propose à Herbette un appel à la clémence qui pourrait éviter l'exécution de

[1] ADN MfC car. 4, télégramme de Jean Herbette à Anatole de Monzie (Cahors) du 1er février 1937.

[2] Il s'agit de Sangroniz et du commandant Troncoso. Nous reparlerons bientôt de ces deux personnages et de leurs relations avec Herbette.

Malet-Daubant et d'un aviateur allemand. Le Quai d'Orsay n'était pas opposé à un échange des deux hommes. Par la suite, Herbette démentait certaines des accusations portées contre le Français dont la vie n'apparaissait plus en danger. « Le rappel de ces différents faits », écrit Herbette, « dont le récit est facile à vérifier dans la correspondance du Département et l'Ambassade, me dispense de répondre aux appréciations du journal *L'Humanité* et à celles qu'a pu formuler M. le député Gabriel Péri ». Il laisse ce soin au Quai d'Orsay qui « possède en effet tous les éléments nécessaires pour rétablir la vérité ». Pour être sûr que cela sera fait et bien fait, l'ambassadeur termine en écrivant : « je serai heureux d'apprendre que M. le Président de la Commission des Affaires extérieures de la Chambre [...] a été mis en mesure de se faire une opinion exacte et de fournir à ses collègues toutes les précisions nécessaires pour les éclairer »[1].

L'épisode est révélateur de plusieurs choses. D'abord, mais nous l'avions déjà vu par deux fois au moins, c'est qu'Herbette est dans le collimateur du parti communiste français et cela ne nous étonne guère. Au passage, on s'aperçoit qu'il ne veut pas prendre la peine de se justifier auprès des communistes, sans doute parce qu'il les considère trop malhonnêtes pour pouvoir le croire. Ensuite, il faut remarquer l'insistance avec laquelle Herbette tient à impliquer le Quai d'Orsay dans le règlement de cette affaire ... au cas où ce dernier serait tenté de le lâcher. N'oublions pas qu'Herbette vient de recevoir un avertissement. Aussi, l'ambassadeur va jusqu'à demander par avance à Delbos de lui rendre compte des démarches qu'il ne saurait manquer de faire pour le soutenir. Peut-être, Herbette saisit-il ici une occasion de mettre le ministère des Affaires étrangères dans l'obligation de soutenir l'action de son ambassadeur alors qu'il ne le suit pas dans ses analyses sur l'échéance de la guerre civile. L'ambassadeur semble dire : ce n'est pas avec une affaire comme celle-là que vous pourrez vous débarrasser de moi ! Car la question est bien à l'ordre du jour. La mission diplomatique française accréditée en Espagne maintient toujours son implantation provisoire en territoire français. Cela dure désormais trop longtemps pour le gouvernement de Valence qui n'a comme interlocuteurs directs que Barbier et le consul Marcassin. Or, les tendances pro-franquistes des deux hommes sont connues et ils sont soutenus par Herbette. Ainsi, l'ambassadeur félicite Barbier pour avoir refusé de transmettre un « injuste blâme » à Marcassin et s'être

[1] ADN MfC reg. 2mi1106, dép. d'Herbette à Delbos n° 196 du 23 février 1937.

opposé – en vain – à l'installation d'un « centre d'hébergement pour les volontaires français échappés des lignes »[1].

Le ministre d'État, Alvarez del Vayo, écrit à Léon Blum le 24 février à propos d'Herbette. Il faut noter que cette lettre manuscrite est remise à Blum à son domicile particulier par l'ambassadeur d'Espagne à Paris. C'est dire si les Espagnols se méfient de la voie diplomatique officielle où nombre de fonctionnaires, Alexis Leger en tête, ne sont guère favorables à un soutien au gouvernement de Valence[2]. Dans cette lettre, Alvarez del Vayo rappelle qu'il a déjà eu l'occasion « à plusieurs reprises » de signaler « le profond mécontentement du gouvernement et du peuple espagnols pour l'absence, à notre avis inexplicable, de l'ambassadeur de France ». C'est donc « profondément préoccupé par la réaction provoquée ici », que le ministre d'État renouvelle sa plainte. Car, « si d'autres attitudes pouvaient trouver une certaine justification apparente dans les difficultés de la situation internationale, l'envoi à Valence de l'ambassadeur Herbette ou d'une personne qui puisse le remplacer avec le même rang d'ambassadeur dépend exclusivement du gouvernement français ». En clair, si la France n'a pas davantage soutenu par les armes la république espagnole, elle peut à la rigueur invoquer des raisons internationales, mais pas dans la question de la représentation française à Valence. Certes, Alvarez del Vayo ne peut pas demander abruptement le remplacement d'Herbette, mais on comprend à demi mot qu'un autre diplomate serait mieux accueilli. Compte tenu des positions d'Herbette qui sont connues de tous, demander son envoi à Valence, c'est demander son remplacement ... Afin de donner davantage de poids à sa doléance, Alvarez del Vayo rapporte que le Mexique a envoyé un nouvel ambassadeur à Valence, et que le président Azaña lui-même se plaint de l'absence « d'un » ambassadeur français. Le ministre évoque ensuite le problème du contrôle de la non-intervention. « Mais c'est au sujet de l'ambassade de France à Valence que je voulais vous écrire », conclut-il, « il est nécessaire que vous envoyiez tout de suite un ambassadeur ». Herbette n'est plus mentionné dans cette dernière phrase[3]. Pour l'ambassadeur d'Espagne à Paris, Luis Araquistáin, Alvarez del Vayo ajoutait confidentiellement : « on m'a envoyé un chargé d'affaires français encore

[1] Cependant, Herbette et Barbier se brouillent à propos du projet irréalisable de l'ambassadeur d'échanger José Antonio Primo de Rivera contre le fils de Largo Caballero. Jean-Baptiste BARBIER, *Un frac de Nessus ... op. cit.*, page 685.

[2] Carlos SERRANO, *L'enjeu espagnol ... op. cit.*, pages 28 à 30.

[3] Lettre citée par Ilan GREILSAMMER, *Blum*, 1996, pages 391–392.

plus imbécile que l'antérieur, mais qui le dépasse en insolence. Et il est grand temps qu'ils envoient un ambassadeur »[1]. Là non plus, il n'est pas question du diplomate en place à Saint-Jean-de-Luz.

Herbette pose incontestablement un problème au gouvernement français : l'envoyer à Valence, c'est impossible et serait considéré comme une provocation par les républicains espagnols et les Français qui les soutiennent ; le remplacer, c'est reconnaître que la politique menée jusqu'ici doit évoluer et risquer de mécontenter les Anglais ; le laisser rester à Ciboure, c'est maintenir un subtil équilibre ou au moins un *statu quo*. C'est donc cette dernière option qui est retenue, du moins pour le moment.

PRÉCONISER MALGRÉ TOUT UNE AUTRE POLITIQUE DE LA FRANCE

Le rappel à l'ordre de la mi-février n'est pas pris en compte par Herbette. Imperturbablement, il continue d'évoquer la fin de la guerre et les conséquences qui en suivront pour la politique espagnole de la France. « Les événements cheminent plus ou moins vite, mais implacablement vers la fin normale de toute guerre c'est-à-dire vers une situation dans laquelle les uns seront vainqueurs et les autres vaincus », écrit-il le 1er mars. Deux jours plus tard, il abandonne même l'apparence de l'objectivité pour insister sur la nécessité d'entretenir des rapports avec le général Franco. Certes, il présente avec précaution des observations « qui ne sont peut-être pas de ma compétence » – mais qui seront dites tout de même – car « le grave aspect de l'avenir ne permet à aucun Français de [les] taire une fois qu'elles lui sont revenues à l'esprit ». Puis il entame de nouveau un plaidoyer pour la prise en compte « des changements intervenus depuis le début de la lutte dans le camp du général Franco ». Herbette insiste une fois de plus sur la responsabilité des anarchistes et de l'URSS dans les défaites des gouvernementaux et dans les interventions étrangères. Comme « on doit convenir que la prolongation de la guerre civile en Espagne n'est pas avantageuse pour la France » et que le général Franco [...] est bien loin de représenter en Espagne l'élément que nous avons le plus à redouter », la position d'Herbette est toute faite. Cependant, il ne prend quand même pas le risque de l'exprimer explicitement afin « de ne pas pousser plus loin un raisonnement qui risque de heurter sans

[1] Lettre citée par Carlos SERRANO, *L'enjeu espagnol ... op. cit.*, page 36.

profit des convictions respectables »[1] … Celles de la majorité politique au pouvoir à Paris ! Car c'est rien moins que la reconnaissance de Franco par la France que préconise Herbette.

Selon lui, tout retard est préjudiciable à l'intérêt de la France en Espagne et en Europe : « l'absence de toutes relations régulières entre Salamanque et Paris ainsi qu'entre Salamanque et Londres, donne actuellement aux Allemands et aux Italiens une situation privilégiée ». L'ambassadeur voit même beaucoup plus loin : « l'Allemagne n'a donc que la ressource de faire tout ce qu'il dépend d'elle pour retarder la reconnaissance du général Franco par l'Angleterre et par la France, et pour entrer en guerre contre ces puissances avant que la lutte ait pris fin en Espagne ». Hitler pourrait alors avoir Franco à ses côtés. Au sujet de l'accréditation de l'ambassadeur d'Allemagne à Salamanque, Herbette évoque la responsabilité de la France en indiquant que « l'Allemagne et l'Italie, quelques services qu'elles aient rendus au général Franco, n'ont pas gagné seules l'autorité dont elles jouissent à Salamanque. Elles y ont été aidées par une puissante alliée : l'absence franco-britannique ». Pourtant, il y avait et il y a encore une alternative possible si la France cesse de regarder « les chefs militaires du parti militaire actuel, et notamment le général Franco, comme les adversaires les plus redoutables des intérêts britanniques et français ». Pour Herbette, Franco n'est pas un fasciste[2].

Dans une lettre personnelle à Maurice Sarraut, le directeur de *La Dépêche* de Toulouse, Herbette remercie le journal pour avoir rendu hommage à ses efforts humanitaires. Il en profite pour faire peser toute la responsabilité de l'échec des dernières tentatives de libération d'otages sur le gouvernement de Largo Caballero et sur Alvarez del Vayo en particulier. « Il est impossible », écrit-il, « de calculer aujourd'hui le nombre de vies humaines qu'aura coûté ce refus ». Herbette égratigne également la politique du gouvernement Blum : « l'état intérieur de la France ne semble pas s'adapter à la nécessité de supporter les formidables pressions extérieures qui vont croissant ». Il évoque bien sûr le Rhin, les Alpes et « bientôt les Pyrénées »[3]. On constate donc qu'Herbette ne tient pas compte des incantations du Quai d'Orsay et répète sans cesse qu'il faut reconnaître Franco. On peut s'étonner encore une fois du peu de réaction de Paris. Il est vrai que le Département

[1] ADN MfC reg. 2mi1106, dép. d'Herbette à Delbos n° 233 du 3 mars 1937.

[2] *D.D.F.* 2ème série 1936–1939 tome V, tél. d'Herbette à Delbos n° 259 et 311 des 3 et 12 mars 1937 et ADN MfC reg. 2mi1106, dép. d'Herbette à Delbos n° 262 du 9 mars 1937.

[3] ADN MfB car. 567, lettre de Jean Herbette à Maurice Sarraut du 12 mars 1937.

n'est sans doute pas fâché de lire les correspondances d'Herbette car l'ensemble de la « machine diplomatique » française, Delbos en tête, a des positions nettement moins favorables au gouvernement de Valence que Blum et les partis socialiste et communiste français.

S'appuyant sur le témoignage d'un compatriote (?) revenant de la zone soumise à Franco, Herbette écrit que « quelques Français qui auraient l'expérience du pays, qui s'armeraient de patience et qui, le moment venu, disposeraient de capitaux, pourraient en peu de temps réussir admirablement à Salamanque ». Au moment où Valence réclame un ambassadeur de France, Herbette se verrait bien, lui, à Salamanque. Ne le reconnaît-on pas dans la description qu'il donne des Français qui pourraient y réussir ? On peut bien sûr se poser la question de savoir si ce témoignage a vraiment existé. « La vérité n'a que plus de prix quand elle est anonyme », conclut Herbette[1]. Mais peut-elle être alors considérée comme la vérité ? C'est là tout le problème.

À propos d'une note de Salamanque dénonçant l'intervention d'avions français décollant de France dans les combats, Herbette avertit qu'« une étude objective de la situation en Espagne ne permet pas de considérer encore comme inévitable un conflit entre la France et le général Franco ». Ainsi se termine sa dépêche du 10 avril, mais un brouillon révèle qu'il avait prévu d'ajouter : « si bien que la responsabilité de ceux qui amèneraient ce conflit, sur quelque versant des Pyrénées que s'exerçât volontairement ou involontairement leur action, demeurerait entière »[2]. Après réflexion, Herbette décide de ne pas envoyer ces derniers mots qui mettent en cause directement le gouvernement français en l'accusant de mener une politique espagnole contraire à l'intérêt de la France. Depuis quelque temps déjà, on sentait chez Herbette ce sentiment qui s'exprime ici nettement, mais qu'il ne va pas jusqu'à transmettre à Paris. Néanmoins, les Français qui soutiennent les républicains espagnols continuent de stigmatiser l'attitude d'Herbette. Dans *L'Humanité*, Gabriel Péri dénonce un ambassadeur « sans crédit et sans courage » dans un article intitulé : « Le scandale doit cesser ». Une semaine plus tard, c'est *Sud-Ouest* qui demande le rappel d'Herbette en raison de ses prises de position pro-franquistes[3]. Impassible, le diplomate continue à montrer que la politique du gouvernement français est contraire aux sentiments et aux attentes du camp franquiste.

1 *D.D.F.* 2ème série tome V, tél. d'Herbette à Delbos n° 379 du 24 mars 1937.

2 ADN MfB car. 563, dép. d'Herbette à Delbos n° 386 du 10 avril 1937 et brouillon.

3 *L'Humanité* du 7 avril 1937 et *Sud-Ouest* du 14 avril 1937.

L'ambassadeur ne manque pas une occasion de célébrer « les manifestations de sympathie envers la France » qui ont lieu chez les franquistes. C'est le cas lors de l'enterrement d'un volontaire français, le comte de la Guillonière, qui s'est battu aux côtés des requetés navarrais. Le drapeau français est honoré par des *Viva Francia*. De plus, Herbette reçoit une visite « brève et inattendue » de Sangroniz, le chef du cabinet diplomatique de Franco. C'est « un homme intelligent et agréable », signale l'ambassadeur, qui le reçoit sans rendez-vous, comme on reçoit une bonne relation. À l'en croire, le camp franquiste est fréquentable puisque favorable à la France. En revanche, Herbette souligne que « la population de Saragosse est très excitée contre la France », car ce sont des avions gouvernementaux français qui bombardent leur ville[1]. Les communistes français n'acceptent bien évidemment pas le parti pris d'Herbette et *L'Humanité* poursuit sa campagne contre lui. Le quotidien accuse l'ambassadeur d'être compromis dans le passage en France de trois phalangistes qui étaient munis de passeports français. Cette suspicion, qui porte également sur le Quai d'Orsay, est considérée par Herbette comme un non-sens, « un acte capable de nuire aux intérêts de la France ». Et à son tour il dénonce les intentions trop visibles de *L'Humanité* et ses sources d'inspiration[2].

Au contraire, Herbette affirme que Franco n'attend qu'un geste de la France pour se montrer sous un jour favorable aux intérêts français. Le consul à Saint-Sébastien rencontre Nicola Franco, le frère du général, et Sangroniz. De ces conversations, l'ambassadeur déduit que « l'opinion règne à Salamanque que le gouvernement français n'est pas favorablement disposé envers le général Franco ». Pourtant, les deux franquistes sont conscients que de « bonnes relations avec la France » sont nécessaires à « la politique d'indépendance qu'ils sont résolus à pratiquer pour le bien même de l'Espagne »[3]. Après avoir tenté de convaincre Paris en se basant sur son analyse personnelle, Herbette montre qu'il n'est pas le seul à penser ainsi et que les franquistes eux-mêmes sont favorables à ce rapprochement. Il oublie de préciser qu'au sein du camp nationaliste, il existe des divergences idéologiques fondamentales que cache mal le décret d'unification pris le 19 avril par Franco. Le nom du nouveau parti ainsi créé, la Phalange Espagnole

[1] ADN MfC reg. 2mi1107, dép. d'Herbette à Delbos n° 416 du 22 avril et MfB car. 563, tél. n° 545 et 580 des 19 et 24 avril 1937.

[2] ADN MfC reg. 2mi1107, dép. confidentielles d'Herbette à Delbos n° 426 et 430 des 27 et 30 avril 1937.

[3] *D.D.F.* 2ème série tome V, tél. très confidentiel d'Herbette à Delbos n° 668 du 5 mai 1937.

Traditionaliste et des Juntes d'Offensive Nationale Syndicaliste (FET y de las JONS), suffit à montrer le caractère hétéroclite du rassemblement. Il est clair que les phalangistes, qui ont comme modèle le fascisme italien, n'ont aucune envie de se rapprocher de la France. Et pour l'heure, les franquistes pensent surtout à gagner la guerre.

LA CAMPAGNE DU NORD ET SES CONSÉQUENCES

À partir du 31 mars 1937, le général Mola, chef des armées franquistes du Nord, mène l'offensive pour venir à bout de la résistance dans les Asturies et le pays basque. Bilbao échappe encore à son contrôle. C'est dans le cadre de cette campagne, que la petite ville basque de Guernica est bombardée en piqué par la légion allemande Condor le 26 avril. La réprobation internationale est grande et la presse française se déchire sur le fait de savoir si ce sont bien des Allemands ou des rouges, comme l'affirme le gouvernement de Franco, qui ont détruit Guernica. Le lendemain 27, et sans doute sans connaître le bombardement dont la presse ne parle précisément que quelques jours plus tard, Herbette rencontre le délégué du CICR Junod et le consul britannique à Bilbao, Stevenson. Il s'agit d'organiser l'évacuation en masse des femmes et des enfants de Bilbao. Mais Herbette craint que des enfants puissent être embarqués contre le gré de leurs familles. On retrouve là une préoccupation qu'il a déjà manifestée. De plus, l'ambassadeur évoque la possibilité de rattacher cette évacuation à la question des « otages » à faire libérer par les autorités de Bilbao. En somme, il voudrait subordonner l'évacuation des femmes et des enfants à la libération des prisonniers franquistes. Stevenson est contre, craignant à juste titre que cette démarche soit assimilée par les autorités de la ville à du chantage. Junod montre bien que le consul britannique a dans cette affaire prééminence sur l'ambassadeur français. En effet, c'est la marine anglaise qui ravitaille Bilbao, et c'est elle seule qui peut assurer l'évacuation des femmes et des enfants. Ce sont aussi des organisations britanniques qui depuis février ont enregistré 1 800 enfants candidats au départ. En fait, Herbette est concerné par cette affaire uniquement parce que ces enfants seront évacués vers la France[1].

Le pessimisme qu'il manifeste à l'égard de l'entreprise, et que relève Junod, peut être interprété de différentes manières. L'ambassadeur

[1] Pierre MARQUÉS, *La Croix-Rouge pendant la guerre d'Espagne… op. cit.*, pages 186–187.

pense certainement que l'accueil en France d'enfants espagnols qui seront bientôt réclamés par les franquistes va encore compliquer la politique espagnole de la France. D'ailleurs, Salamanque est opposé à cette évacuation. Herbette pense également que si des navires franquistes s'opposaient à l'évacuation, la force navale française présente dans les parages apparaîtrait dans toute sa faiblesse. Non seulement un éventuel affrontement entre les contre-torpilleurs *Terrible* et *Almirante Cervera* anéantirait la politique de rapprochement avec Franco qu'il préconise, mais encore sans doute tournerait-il à l'avantage du navire espagnol[1]. Dans le même sens, l'ambassadeur évoque une « répétition générale d'une grande guerre, qui se poursuit depuis des mois en Espagne et qui présente beaucoup d'inconvénients pour nous ». Devant l'éminence de la chute de Bilbao, Herbette craint que la France ne soit engagée dans un guêpier. Pour le CICR c'est la preuve de l'attitude partiale et pro-franquiste de l'ambassadeur de France. Lorsqu'à la mi-mai, des cargos français participent à des évacuations massives, Herbette, comme le consul de France à Bilbao, Castéran, manifestent peu de zèle dans ces opérations organisées surtout par les Britanniques. Le gouvernement français paraît lui-même excédé par les initiatives anglaises qui envoient vers Bordeaux ou d'autres ports atlantiques des milliers de réfugiés basques[2].

Herbette, qui croit savoir qu'il existe des négociations entre les Franquistes et les Basques, indique quelle doit être l'attitude de la France devant la campagne du général Mola. Elle consiste à ne pas pousser les Basques à résister jusqu'au bout et à laisser faire les négociations en cours. Il estime un rapprochement possible entre les deux parties car « la reconstitution de l'unité nationale paraît moins difficile aux Espagnols de la zone occidentale lorsqu'ils sont en présence d'anarchistes que s'ils ont affaire à des communistes ou à des socialistes communisants ». C'est semble-t-il la première fois qu'Herbette exprime aussi nettement la primauté du péril communiste sur le péril anarchiste. « Cette particularité », continue-t-il, « s'explique d'ailleurs aisément puisque l'anarchisme est une mentalité espagnole et le communisme une doctrine étrangère ». D'un autre côté, les mesures sociales présentées par les autorités de Salamanque prennent en compte « la nécessité de satisfaire les besoins essentiels

[1] David Wingeate PIKE, *Les Français et la guerre d'Espagne … op. cit.*, page 264. *D.D.F.* 2ème série tome V, tél. d'Herbette à Delbos n° 659–661 du 4 mai 1937.

[2] Pierre MARQUÉS, *La Croix-Rouge pendant la guerre d'Espagne … op. cit.*, pages 212–215. ADN MfC reg. 2mi1107, dép. d'Herbette à Delbos n° 461 du 8 mai 1937.

de la population ouvrière et de la petite bourgeoisie et des paysans ». Pour Herbette, le gouvernement de Franco « a cessé d'être, dès les premiers mois, un mouvement purement militaire pour englober toute la population de la zone occidentale »[1]. Le retour à l'unité de l'Espagne est donc possible.

La question de la reconnaissance de Franco rebondit alors que la prise de Bilbao par les nationalistes ne fait plus de doute. Le 8 juin, le cabinet diplomatique de Salamanque produit un texte défendant le droit du gouvernement Franco d'être reconnu par les puissances. Herbette ne peut s'empêcher d'écrire ce qu'il en pense au Quai d'Orsay, avant même que celui-ci ait reçu le texte en question. Certes, il reconnaît que cette question dépasse sa compétence, mais il livre malgré tout son analyse. Selon lui, la France ne doit pas dissocier son attitude de celle de l'Angleterre puisque « notre intérêt national est pleinement à couvert » tant que les deux pays ont la même position. Ensuite, il pose deux questions simples qui lui paraissent résumer toute la situation : « a – quand une guerre dure depuis près de onze mois, est-il possible de concevoir une base juridique, pour les rapports des puissances étrangères avec les deux partis en lutte, sans reconnaître que la guerre existe ? b – peut-on reconnaître qu'une guerre existe sans reconnaître en même temps qu'il existe au moins deux belligérants ? » Herbette laisse le Quai d'Orsay traiter de ces questions, mais pour lui, « la réponse à chacune de ces deux questions ne paraît pas douteuse »[2]. D'ailleurs, l'ambassadeur joint l'acte à la parole. Si l'on en croit *Sud-Ouest*, il intervient pour que quatre appareils républicains obligés d'atterrir à Biarritz soient séquestrés par les autorités françaises[3]. Un mois plus tôt, le journaliste américain Jay Allen, qui couvre la guerre d'Espagne pour le *Chicago Daily News*, opposait à « la France de M. Blum », « la France de M. Herbette », et montrait qu'elles n'étaient plus conciliables. L'ambassadeur de France – comme l'ambassadeur britannique, Sir Henry Chilton – exprimant « un enthousiasme passionné pour le Général Franco »[4].

La chronique d'une chute annoncée se termine avec l'entrée des troupes franquistes à Bilbao le 19 juin 1937. Pour notre ambassadeur, c'est une armée « nationale » qui désormais fait régner l'ordre

[1] ADN MfB car. 553 et 554, tél. confidentiels d'Herbette à Delbos n° 725 et 727 des 15 et 16 mai 1937 et dép. n° 483.

[2] *D.D.F.* 2ème série tome V, tél. d'Herbette à Delbos n° 886–887 du 11 juin 1937.

[3] *Sud-Ouest* du 15 juin 1937.

[4] H. R. SOUTHWORTH, *La destrucción de Guernica. Periodismo, diplomacia, propaganda e historia*, 1977, page 257. *Chicago Daily News* du 11 mai 1937.

dans la ville basque. De cet épisode marquant des événements militaires, Herbette en tire la conclusion qui s'impose : il propose une nouvelle fois – mais désormais sans ambages – la reconnaissance de Franco[1]. « L'intérêt de la France serait mal servi », prévient-il, « si le gouvernement français demeurait sans relations officielles avec le gouvernement qui représente l'Espagne nationale ». Une fois encore, l'ambassadeur dénonce explicitement l'attitude de son gouvernement, et justifie sa position par la situation internationale et le risque pour la France d'avoir à se défendre sur les Pyrénées en plus d'avoir à le faire sur le Rhin et les Alpes. « Le seul moyen d'éviter ce troisième front », continue-t-il, « c'est le maintien de relations amicales avec tout gouvernement qui aura chance de personnifier la nation espagnole. Encore une fois, la nation reste et la politique passe, "la matière demeure et la forme se perd" »[2]. Cette référence à la formation scientifique d'Herbette rappelle également le journaliste qui demandait la reconnaissance des Soviets afin d'avoir des relations avec la Russie. Ambassadeur, il semble affirmer que les relations entre les États et les nations doivent perdurer quoi qu'il arrive, quelle que soit la nature des régimes en place. C'est de la *Realpolitik* avant l'heure, du pragmatisme poussé jusqu'au reniement.

Parallèlement à la nécessaire reconnaissance de Franco, Herbette s'attache à montrer qu'il n'y a plus rien à attendre de bon du côté de Valence. Lorsqu'il écrit qu'il n'est « pas possible de faire triompher dans un pays un intérêt étranger sur l'intérêt national », on pourrait croire qu'il évoque l'influence fasciste et nazie résultant des interventions allemandes et italiennes. Mais pas du tout ! Il continue ainsi : « la russification de la cause représentée par le gouvernement espagnol de Valence est donc un grand malheur pour ce gouvernement et tous les amis qu'il compte en Europe ». Le message est facile à comprendre : les démocrates qui ont soutenu le gouvernement espagnol, doivent se faire une raison ; par l'intermédiaire du président du Conseil Negrin, c'est maintenant Staline qui dirige la zone « républicaine ». Quant aux anarchistes, « ils voulaient gagner la guerre civile sans se battre, ou en se battant seulement à l'arrière contre les bourgeois désarmés possesseurs d'argenterie, de bijoux, etc. Ils attendaient de la France qu'elle fît, à leur place, l'effort militaire indispensable pour leur procurer la victoire. Leurs injures reflètent leur déception »[3]. En effet, à

[1] Javier TUSELL, *Franco en la guerra civil. Una biografía política*, 1992, page 193.

[2] *D.D.F.* 2ème série tome V, tél. d'Herbette à Delbos n° 925 du 19 juin 1937.

[3] ADN MfC reg. 2mi1107, dép. d'Herbette à Delbos n° 623 et 644 des 23 juin et 1er juillet 1937.

Barcelone, les anarchistes n'ont pas de mots assez durs pour qualifier la non-intervention française. Les attaques n'épargnent ni Blum, ni Chautemps qui l'a remplacé à la tête du gouvernement français le 23 juin, ni Delbos qui demeure au Quai d'Orsay.

LA COMPROMISSION D'HERBETTE AVEC LES FRANQUISTES

L'ambassadeur de France multiplie ses contacts avec les franquistes et ceux-ci l'encouragent dans sa campagne pour la reconnaissance de Franco. « M. de Sangroniz [...] m'a fait cet après-midi une visite de courtoisie », rapporte Herbette le 3 juillet. Il évoque une « ambiance de confiance réciproque ». Aussi, les discussions avancent sur la question des relations consulaires entre la France et la zone nationale. « Je crois », indique-t-il au Quai d'Orsay, « qu'il me serait actuellement possible de procéder à des investigations préalables » avec « la préoccupation exclusive de sauvegarder l'intérêt national de la France »[1]. Herbette n'en est donc plus à préconiser un changement de politique, il commence à le mettre en œuvre. De son côté, le consul de France à Bilbao rencontre une nouvelle fois Nicola Franco au cours d'un « entretien confiant et cordial »[2]. L'ambassadeur est en train d'initier une véritable politique espagnole parallèle à celle du Quai d'Orsay. En effet, au même moment, la France met fin au contrôle international sur les Pyrénées, ce qui équivaut à autoriser tacitement la contrebande d'armes et le passage des volontaires vers la Catalogne.

Pendant l'été 1937, Herbette porte des appréciations des plus sévères sur le gouvernement de Valence. Il justifie le refus de Franco de voir libérer une partie des otages détenus par les forces « gouvernementales », par la crainte que ces libérations soient discriminatoires. Manifestement, il parvient à convaincre le Département de cette façon de voir, puisque ce dernier informe Corbin à Londres de cette position[3]. Herbette constate que la cause de la corruption et des divisions internes du gouvernement est maintenant bien définie. Ce n'est plus l'attitude des anarchistes que l'ambassadeur stigmatise : « la république serait encore intacte en Espagne, si le communisme ne s'était pas avisé

[1] *D.D.F.* 2ème série tome V, tél. d'Herbette à Delbos n° 1020–1025 du 6 juillet 1937.

[2] *D.D.F.* 2ème série tome V, tél. secret-réservé d'Herbette à Delbos n° 1111 du 26 juillet 1937.

[3] ADN Londres fonds C car.187, dép. de Delbos à Corbin n° 1872 du 19 juillet 1937.

d'y faire la révolution »[1]. Il veut répéter « que la liberté n'est nulle part, ni par conséquent la légalité non plus. En le reconnaissant, on s'épargne beaucoup de controverses qui ne sont pas seulement stériles mais qui peuvent être malfaisantes »[2]. Il utilise toutes les nuances de la rhétorique pour arriver à persuader : l'avertissement solennel, la supplique, l'appel à l'intérêt suprême de la nation, les considérations géostratégiques, etc. Tout y passe, mais rien n'y fait. Au contraire, depuis l'abandon par la France du contrôle naval en Méditerranée en juillet, les autorités françaises semblent plus enclines à réaffirmer leur soutien au gouvernement légal.

Ainsi, la Sûreté générale française, qui a découvert un réseau d'espionnage franquiste à Biarritz et à Saint-Jean-de-Luz, décide en août d'expulser des Basses-Pyrénées le comte des Andes. Monarchiste notoire lié aux franquistes, ce dernier semble même avoir des relations avec des espions allemands. Herbette voit tous ses efforts battus en brèche par une telle opération. Aussi, il souligne gravement que l'exécution de cette mesure serait considérée par les autorités de Salamanque comme la manifestation de la volonté française « de n'avoir aucune espèce de rapport avec la zone occidentale de l'Espagne ». L'ambassadeur évoque l'éventualité de représailles de la part de Franco, qui pourrait rompre les relations consulaires avec la France, alors que depuis des semaines il espère la réciprocité consulaire entre la France et la zone nationaliste. Herbette, qui a si souvent demandé depuis 1931 à ce qu'aucun réfugié espagnol ne reste au voisinage de la frontière, considère désormais qu'éloigner le comte des Andes au nord de la Loire pourrait faire courir à l'intérêt de la France des « risques disproportionnés »[3].

Le 3 septembre, le comte des Andes lui-même proteste auprès d'Herbette en lui confiant qu'il est chargé par Alphonse XIII d'entrer en relation avec le gouvernement de Salamanque. L'éloigner de la frontière lui interdirait de poursuivre sa mission et mettrait en péril le retour vers l'unité de l'Espagne. La lettre du monarchiste contient également une menace de représailles contre les ressortissants français présents en Espagne. Herbette transmet aussitôt au Quai d'Orsay en indiquant que le comte des Andes pourrait servir de trait d'union entre l'ex-roi et Franco et ainsi éviter un alignement de l'Espagne franquiste sur l'Allemagne et l'Italie. Mais cette manière de voir est tronquée. Beaucoup de franquistes sont opposés à un retour à la monarchie et

[1] ADN MfC reg. 2mi1107, dép. d'Herbette à Delbos n° 758 du 5 août 1937.

[2] ADN MfB car. 553, dép. d'Herbette à Delbos n° 781 du 10 août 1937.

[3] *D.D.F.* 2ème série tome V, tél. d'Herbette à Delbos n° 1254–1259 et 1304–1307 des 20 et 30 août 1937. David Wingeate PIKE, *Les Français … op. cit.*, page 250.

le crédit du comte des Andes est bien limité à Salamanque[1]. Mais Herbette semble alors complètement sous la pression des franquistes et chaque jour qui passe le montre davantage.

Le 5 septembre 1937, Sangroniz envoie à Herbette une lettre qui pose clairement la question de la réciprocité consulaire – ce qui est une manière d'évoquer de possibles représailles contre la France. En transmettant à Paris, l'ambassadeur ne cache pas qu'il est tout à fait favorable à la demande franquiste et fait valoir qu'en cas de refus, on risque l'expulsion de la zone nationaliste des sept consuls français qui y sont encore. Par ailleurs, « la rupture des relations consulaires avec la France mettrait évidemment l'Espagne nationale dans une position plus propice aux efforts de quiconque voudrait provoquer un conflit armé ». Herbette en profite également pour tenter de réfuter les accusations d'espionnage portées contre les monarchistes et les franquistes présents en France[2]. Mais le gouvernement français n'est pas prêt à pratiquer cette politique au moment où se réunit, sous la présidence de Delbos, la conférence de Nyons afin de mettre un terme aux actes de piraterie en Méditerranée. Il y en résultait que désormais les flottes française et britannique avaient ordre de couler tout sous-marin ou bâtiment de surface qui s'attaquerait à un navire marchand non-espagnol. Les démocraties occidentales entamaient donc une politique de fermeté inédite depuis le début de la guerre. Mussolini fut même contraint de promettre son adhésion et le retrait des volontaires italiens en Espagne. La nuit, un passage quasi-officiel d'armes fut organisé sur la frontière des Pyrénées. On est alors bien loin de la politique défendue par Herbette ; on peut se demander si son maintien comme ambassadeur est encore possible.

Le caractère intenable de la situation d'Herbette en septembre 1937 est encore renforcé par l'arrestation du commandant Troncoso, gouverneur militaire d'Irun puis du Guipúzcoa, avec lequel il entretenait des relations suivies depuis septembre 1936. L'officier franquiste est accusé d'être le chef d'un groupe qui a perpétré, avec l'aide de la Cagoule, plusieurs attentats en territoire français, notamment à Hendaye, Toulouse et même Paris afin d'empêcher le recrutement de volontaires républicains en France. Un de ses objectifs était de s'emparer des sous-marins espagnols *C-2* et *C-4* qui se trouvaient à Bordeaux et à Brest. Troncoso arrêté, c'est tout un réseau qui n'allait

[1] ADN MfC car.573 tél. d'Herbette à Delbos du 3 septembre 1937 ; Pedro BARRUSO, « La misión diplomática … », in *Los protagonistas* … *op. cit.*, pages 130–131.

[2] *D.D.F.* 2ème série tome V, tél. d'Herbette à Delbos n° 1361–1363 du 6 septembre 1937. Javier TUSELL, *Franco en la guerra civil* … *op. cit.*, page 193.

pas tarder à être démantelé par des autorités françaises bien décidées à faire appliquer le droit. Troncoso avouait être l'organisateur de tout ceci, mais indiquait que s'il n'était pas libéré, les consuls français en poste dans la zone nationaliste seraient inquiétés. Ce fut effectivement le cas pour Desmartis à Malaga.

Pour Herbette, l'affaire était des plus embêtantes car ses rapports avec Troncoso étaient bien connus par les rapports de la préfecture des Basses-Pyrénées et des commissaires spéciaux d'Hendaye et de Bayonne. On apprend ainsi que le 29 juillet, le commandant franquiste déclarait à des douaniers français qui l'interrogeaient sur un bouquet de fleurs, qu'il était destiné à Mme Herbette. Le bouquet était maintenu par des rubans aux couleurs de l'Espagne nationale, de l'Italie et de l'Allemagne. Plus compromettant encore, Herbette reçut Troncoso juste avant son arrestation et alors qu'il est déjà soupçonné d'être le chef du réseau d'espionnage et terroriste en France[1]. Notre ambassadeur pense alors sans doute, comme *L'Écho de Paris*, que cette arrestation compromet « les rapports de la France avec l'Espagne de demain »[2]. Mais cette affaire marque incontestablement un affaiblissement supplémentaire de sa position et la presse française de gauche ne fait rien pour éviter de compromettre les diplomates français ou les autorités chargées de l'administration des départements frontaliers. Certains responsables de l'administration ou de la police sont destitués pour leur laxisme à l'égard des franquistes suspects. Le comité du Front populaire de Bayonne envoie au président du Conseil Chautemps le télégramme suivant : « suite événements récents, comité Front populaire Bayonne, enregistre avec satisfaction premiers efforts épuration, demande gouvernement continuer agir sans faiblesse : fermeture immédiate frontière rebelle, rappel ambassadeur Herbette [...] faute application ces mesures envisage action directe »[3]. Selon l'ambassadeur américain Bowers, la majorité des partis politiques du Sud-Ouest considère Herbette comme un « traître à la patrie » et demandent son rappel[4]. À Valence, le nom d'Herbette est aussi évoqué. Grâce à ses services de renseignements, le gouvernement

[1] Marina CASANOVA, *La diplomacia española durante la Guerra civil*, 1996, pages 107, 111 et 128, citant les archives des Pyrénées-Atlantiques, notamment 1 M 523.

[2] *L'Écho de Paris* du 22 septembre 1937.

[3] Cité par José María BORRÁS LLOP, « Relaciones franco-españolas ... », *Arbor op. cit.*, page 93.

[4] Claude G. BOWERS, *Ma mission en Espagne op. cit.*, page 304.

républicain sait parfaitement que les ambassadeurs britannique, sir Henry Chilton, et français « font preuve d'un extraordinaire intérêt à favoriser le sort de Troncoso »[1]. Les jours de l'ambassadeur Herbette semblent comptés.

Sur le plan international, les choses évoluent également assez vite à la fin septembre. À la tribune de la SDN, Alvarez del Vayo demande une nouvelle fois que l'Espagne soit considérée comme agressée : « on applique le Pacte [de la SDN] ou on le viole », martèle-t-il. De son côté la diplomatie franquiste fait de plus en plus d'avances à l'Angleterre et à la France afin d'obtenir l'établissement de relations sinon officielles, du moins officieuses. C'est le but avoué d'une démarche de Sangroniz auprès de Chilton et d'Herbette, sans doute le premier octobre 1937. Mais si Chilton peut parler au nom de l'Angleterre, Herbette n'a pas la même approche que son gouvernement. Malgré les pressions de la droite et des industriels, la France est moins prête que l'Angleterre à reconnaître d'une manière ou d'une autre le pouvoir de Salamanque, surtout après la découverte des agissements des franquistes sur son territoire. De plus, elle n'a pas en Espagne les mêmes intérêts économiques que les Britanniques. Enfin, Paris a toujours envisagé la non-intervention comme devant être favorable au gouvernement espagnol, alors que Londres la considérait comme impliquant l'impartialité[2].

Aussi, alors que la diplomatie anglaise s'apprête à établir des relations avec Franco, le Quai d'Orsay envisage d'envoyer son ambassadeur à Valence, ou plutôt un autre ambassadeur, car il ne saurait être question qu'Herbette soit celui-là. Herbette ne semble pas voir venir son rappel. Le premier octobre, il fait encore le panégyrique de Franco, à propos de la publication d'une lettre qu'il aurait envoyée au président du Conseil Casares Quiroga avant le soulèvement de juillet 1936. C'est pour l'ambassadeur l'occasion – la dernière, mais il ne le sait pas – de plaider pour la reconnaissance du chef de l'Espagne nationaliste. Si l'on suit son analyse, avant juillet 1936, « le général Franco cherchait à éviter le soulèvement militaire ». Si le coup d'État n'a pas été évité, c'est parce Casares Quiroga n'a pas été capable de prendre ses responsabilités. En somme, c'est le gouvernement espagnol qui est responsable du *pronunciamiento* et de la guerre civile qui en a

[1] Télégramme du 25 septembre 1937 cité par Pedro BARRUSO, « La misión diplomática ... », in *Los protagonistas ... op. cit.*, page 133.

[2] David Wingeate PIKE, *Les Français ... op. cit.*, pages 288 289.

découlé[1]. Le lendemain, conscient que ses idées lui valent beaucoup d'ennemis parmi les Français et les Espagnols et que des menaces qui pèsent sur lui, Herbette demande à la préfecture des Basses-Pyrénées que sa protection soit assurée. Le préfet lui répond que sa résidence sera particulièrement surveillée la nuit[2].

L'EUPHÉMISME DE LA « MISE EN DISPONIBILITÉ »

Le 2 octobre 1937, Delbos signe un télégramme à destination de Saint-Jean-de-Luz. Il met fin à la mission d'Herbette en ces termes : « Le Conseil des ministres a dû examiner, sous tous ses aspects, la situation créée depuis longtemps par la difficulté où se trouvait le Gouvernement de répondre aux incessantes demandes du Gouvernement espagnol tendant à assurer la présence effective de l'ambassade de France au siège du Gouvernement régulièrement reconnu par la France. Des conditions politiques, qui empruntent une force particulière aux circonstances les plus récentes, ont déterminé le gouvernement à donner au chef actuel du Gouvernement espagnol une satisfaction dont on ne saurait, en droit, contester la légitimité. En prenant cette détermination le Gouvernement n'a pu malheureusement faire abstraction du fait que les préventions suscitées en Espagne contre votre personnalité par les conditions même où s'est exercée votre mission depuis votre départ de Madrid ne vous permettaient plus aujourd'hui de rencontrer à Valence le traitement qui doit être assuré au représentant de la France. Le Conseil des ministres de ce jour s'est donc vu dans l'obligation de mettre fin à la mission que vous remplissez depuis déjà plus de six années et dont la prolongation dans les conditions actuelles ne serait plus compatible avec le cours des événements en Espagne »[3].

La citation est longue mais nécessaire. Tous les mots ont leur importance et tous les termes utilisés ont été pesés. Les derniers développements de la politique espagnole de la France sont d'abord rappelés, et c'est dans la logique des choses que Delbos présente l'envoi à Valence d'un ambassadeur de France. Le ministre rappelle ensuite la

[1] ADN MfB car. 559, dép. d'Herbette à Delbos n° 968 du premier octobre 1937.

[2] José María BORRÁS LLOP, « Relaciones franco-españolas … », *Arbor op. cit.*, page 97.

[3] ADN MfC car. 4, tél. de Delbos à Herbette n° 508–510 du 2 octobre 1937. Reproduit en annexe n° 8.

compromission d'Herbette avec les franquistes, qui a éclaté au grand jour avec l'affaire Troncoso. C'est donc parce que Herbette n'est plus l'homme de la situation qu'il est remercié. Pour autant, il ne s'agit pas d'une destitution car Delbos envisage de réserver à Herbette une espèce de traitement de faveur. « Bien que six mois seulement vous séparent de l'âge de la retraite, je crois répondre au vœu que vous pourriez former vous-même en vous faisant bénéficier des avantages exceptionnels de l'un des deux postes du cadre spécial de disponibilité, au traitement de 75 000 francs, créé pour les ambassadeurs par le décret-loi du 30 octobre 1935 ».

Ainsi, le ministre propose à Herbette de continuer à recevoir son traitement d'ambassadeur jusqu'à ce qu'il ait atteint l'âge de ses soixante ans, c'est-à-dire le 7 avril 1938. Sans doute le Département connaissant le caractère près du bonnet de l'ambassadeur, a-t-il pensé lui ménager une sortie honorable et/ou le réduire au silence. Les derniers mots du télégramme apprennent à Herbette le nom de celui qui rejoindra Valence : «J'invite d'autre part M. Payart à demander au Gouvernement espagnol son agrément à la désignation de votre successeur en la personne de M. Eirik Labonne directeur adjoint des Affaires politiques et commerciales au Département »[1]. Herbette connaît bien Labonne. On se souvient que ce dernier a été son conseiller d'ambassade à Moscou de 1925 à 1927.

La nouvelle arrive à Herbette le 3 octobre au matin. Immédiatement, en deux courtes phrases, il prend acte de la décision de son gouvernement, sans discuter quoi que soit, sans demander d'explications, sans laisser transparaître la moindre émotion : «j'ai l'honneur d'accuser réception du télégramme 508–510 de Votre Excellence qui m'est parvenu aujourd'hui. Je remettrai demain le service à M. Bonjean, premier secrétaire de l'ambassade ». C'est sur le sort qui lui est réservé qu'il est plus prolixe et laisse paraître une volonté de rupture totale avec le Quai d'Orsay : « le devoir qui s'impose plus que jamais à tous les Français de ménager les ressources de l'État ne me permet pas d'accepter le traitement que Votre Excellence veut bien m'offrir. Je prie donc Votre Excellence de m'admettre à faire valoir mes droits à la retraite (j'ai plus de quinze ans de services, en y comprenant les trois années pendant lesquelles j'ai exercé les fonctions de préparateur à la Faculté des Sciences de Paris) ; au cas où les prescriptions en vigueur

[1] ADN MfC car. 4, tél. de Delbos à Herbette n° 508–510 du 2 octobre 1937.

ne s'y prêteraient pas, je prierais Votre Excellence de me placer à ma demande dans la position de disponibilité sans traitement »[1].

Il est donc clair qu'Herbette ne veut plus rien avoir affaire avec le Département et rejette avec hauteur le placard doré qu'on veut bien daigner lui offrir. Il n'a pas été destitué en tant que tel, mais c'est lui qui pousse à la rupture, – par fierté, par suffisance peut-être aussi, sûr que la politique qu'il préconisait était la bonne. Dans cette affaire, il exprime la volonté de choisir lui-même son avenir, en toute indépendance. La carrière d'ambassadeur de Jean Herbette se termine donc comme un dossier que l'on referme après en avoir réglé tous les détails administratifs. Delbos entérine la dernière volonté de l'ambassadeur le 4 octobre. Herbette ne peut pas être autorisé à faire valoir son droit à la retraite avant « le 17 août 1938 » selon le Département, en fait Herbette est né un 7 avril. « J'avais souhaité d'ici là », termine le ministre, « vous voir placé dans une position administrative qui vous laissât à la disposition immédiate du Gouvernement, en vous assurant pendant ce temps la continuité d'un véritable traitement d'activité. Les termes dans lesquels vous formulez votre vœu ne me laissent d'autre latitude que d'y répondre en vous plaçant sans traitement dans la position de disponibilité sur votre demande »[2]. Assurément, Herbette ne veut plus être « à la disposition » d'un gouvernement qui selon lui ne comprend pas où est l'intérêt de la France en Espagne. Il préfère retrouver son indépendance.

Herbette informe les consulats de France en Espagne sans le moindre commentaire. « Le Conseil des ministres [a] décidé de mettre fin à ma mission et d'envoyer un ambassadeur à Valence », écrit-il simplement. Puis il prend congé des consuls et de quelques agents consulaires (dix-sept en tout) en formant des vœux pour leurs carrières. Pour six d'entre eux, il évoque « un excellent souvenir » et ajoute : « il me sera toujours agréable de recevoir de vos nouvelles et, si jamais l'occasion s'en présentait, je me mettrais bien volontiers à votre disposition pour tout ce qui pourrait vous être utile »[3].

En Espagne, la satisfaction du gouvernement de Valence est manifeste. Dans son journal, à la date du 3 octobre, le président de la République espagnole Manuel Azaña note : « enfin le gouvernement

[1] ADN MfC car. 4, tél. d'Herbette à Delbos n° 1516 du 3 octobre 1937. Reproduit en annexe n° 9.

[2] ADN MfC car. 4, tél. de Delbos à Herbette n° 513–515 du 4 octobre 1937. Reproduit en annexe n° 10.

[3] ADN MfC car. 4, deux lettres circulaires adressées aux consuls, 4 octobre 1937.

français a nommé un nouvel ambassadeur, renvoyant Herbette. Les derniers scandales sur l'espionnage dans le pays basco-français finirent par discréditer Herbette. Toutes les informations montrent qu'il s'entendait parfaitement bien avec les rebelles. Ce Monsieur s'est comporté avec nous comme un porc dans tous les domaines, et je suis certain que ses informations tendancieuses ont porté un grand préjudice à la République devant le gouvernement français »[1]. À la question que nous avons souvent posée, celle de l'impact de la correspondance d'Herbette sur la politique espagnole de la France, Azaña répond sans l'ombre d'un doute qu'il a été déterminant ... du moins jusqu'à ce qu'il faut bien appeler sa destitution !

Du côté du gouvernement de Salamanque, il ne semble pas y avoir de réaction, mais incontestablement pour les franquistes, c'est un revers. Aussi, cherchent-ils à minimiser leur déconvenue. L'organe monarchiste de Saint-Sébastien, *El Diario Vasco*, publie une information de Paris qui explique la destitution d'Herbette : « il n'est pas très difficile d'obtenir que les partisans du Front populaire changent de conduite. Il ne faut que la menace d'une manifestation communiste comme celle qui a obligé à rappeler l'ambassadeur français en Espagne M. Herbette. Assurément, il était loin d'être notre ami, mais les Soviets ont réclamé son départ en menaçant de troubler l'ordre samedi prochain »[2]. Avec encore plus de mauvaise foi, le 10 octobre, le même journal accuse Herbette « d'appartenir à l'extrême gauche ; ses sympathies pour les rouges étaient manifestes et l'aide qu'il leur apporta dans les premiers mois de la guerre fut très importante, se montrant ainsi fidèle à la politique de son Gouvernement, qui a causé tant de préjudices à la Cause Nationale »[3]. On comprend mieux maintenant pourquoi les attitudes d'Herbette peuvent être difficiles à saisir si l'on n'étudie qu'une seule source.

Dix jours après avoir été écarté, Jean Herbette remercie son frère pour son soutien et son affection. Il exprime son état d'esprit en écrivant : « c'est un grand soulagement pour moi de ne plus avoir à défendre nos ressortissants et nos intérêts contre les conséquences d'une politique opposée à mes conseils ». Il faut noter au passage l'intérêt rétrospectif de cette phrase qui indique clairement qu'Herbette

1 Manuel AZAÑA, *Memorias políticas y de guerra ... op. cit.*, tome II, page 307.

2 ADN MfC car. 4, tél. de Bonjean à Paris n° 1523 du 7 octobre 1937.

3 Cité par Pedro BARRUSO, « La misión diplomática ... », in *Los protagonistas ... op. cit.*, pages 133–134.

avait conscience de se battre contre l'incompréhension de Paris. Pour autant, ses convictions demeurent intactes : « je crois d'ailleurs qu'on finira par être obligé de faire ce qu'implique, depuis le début même de la guerre civile, la politique de non-intervention pour laquelle on s'était prononcé ; mais on le fera avec perte au lieu de le faire avec profit ». Il évoque bien sûr ici la reconnaissance de Franco. Sa conclusion sur l'avenir de la France est assez pessimiste mais pas désespérée : « à force de perdre chaque fois que d'autres gagnent, où mène-t-on notre pays ? Il faut de grands changements pour sauver ce qui peut encore l'être »[1].

[1] Lettre de Jean Herbette à François Herbette du 13 octobre 1937, coll. part. Reproduite en annexe n° 11.

SIXIÈME PARTIE

LE RECUL DU TEMPS ET DE L'ESPACE (1937–1960)

UNE TROISIÈME VIE QUI COMMENCE

Après trente années de journalisme et de diplomatie, deux métiers basés sur les relations publiques et touchant de près à la politique, notre personnage retrouve soudain l'anonymat et l'oisiveté. Pour le biographe, se pose donc la question des sources, car plus d'articles, plus de correspondance professionnelle, plus de dépêches ou de télégrammes ... Heureusement, il nous reste pour mieux connaître cette dernière tranche de vie la correspondance personnelle de Jean Herbette. Mais dans celle-ci, il y a de nombreuses lacunes qui nous obligent à présenter seulement quelques bribes des 22 années qui lui restent à vivre. Alors qu'il vient d'être écarté de la diplomatie, Jean Herbette s'intéresse encore de près à l'évolution des relations internationales, et notamment à la guerre civile d'Espagne. Il reste également assez de documents pour montrer son sentiment face à la drôle de guerre du début de l'année 1940. Après la Seconde Guerre mondiale et la création d'un nouvel ordre international, il se pose beaucoup de questions, et avoue ne plus pouvoir suivre l'accélération des événements ; il a alors près de soixante-dix ans. Les lettres personnelles qu'il envoie à son frère dans les années 1950 n'évoquent plus guère les affaires politiques ou internationales, mais nous permettent, sinon de percer les secrets de sa personnalité, du moins d'un peu mieux connaître l'homme.

Après son retrait de la carrière, Jean Herbette demeure à Saint-Jean-de-Luz jusqu'au début de 1938, le temps d'organiser sa nouvelle vie. C'est donc de là, que Jean envoie à son frère François ses vœux pour l'année qui commence. C'est pour l'ex-ambassadeur, l'occasion d'évoquer la situation internationale et « les dangers que court notre pays ». Il fait allusion aux risques de guerre qui pourraient être évités, si l'on disait la vérité aux Français, « au lieu des anesthésiques qu'on s'applique trop souvent à leur administrer ». Il est vrai que selon Jean-Baptiste Duroselle, cette période du début 1938 peut être considérée comme l'une des plus passives de la diplomatie française[1]. Herbette

[1] Jean-Baptiste DUROSELLE, *La décadence ... op. cit.*, page 325.

pense qu'il faut faire connaître aux Français des « vérités éclatantes » en particulier celles-ci : « on ne sauvera pas l'empire colonial français en assujettissant la France à un système de sécurité où figurent les bolchevistes russes, dissolvants de toute domination coloniale [...] on ne peut pas davantage fonder la sécurité de la France sur un groupement qui réunit les puissances à population décroissante ou stationnaire et qui a contre lui des puissances déjà surpeuplées, où le nombre d'habitants ne cesse de croître »[1].

On retrouve là des préoccupations qui montrent qu'Herbette n'a pas changé d'opinion sur la politique étrangère de la France. À propos de la guerre civile en Espagne, ses certitudes demeurent également : « la politique extérieure de la France perd toute indépendance et tombe sous l'influence de l'Angleterre et de la Russie si le gouvernement français n'a pas de représentation à Rome, ni à Salamanque ; etc. etc ... . (*sic*) » Il ne veut pas prendre la peine de répéter ce qu'il a dit tant et tant de fois, « mais qui fera comprendre ces choses aux endroits où elles devraient l'être, et surtout qui obtiendra qu'une fois comprises, elles règlent effectivement la politique extérieure du gouvernement français ». Manifestement, il a la conviction de ne pas y avoir réussi. Maintenant qu'il est davantage libre de s'exprimer, Herbette n'hésite pas à dénoncer la passivité du Quai d'Orsay ou plus exactement son obstination à suivre une politique dictée par des fonctionnaires. Le pouvoir politique n'est pas davantage épargné : « on en est encore aux polémiques de partis alors qu'il s'agirait simplement de tirer les conséquences d'observations aussi incontestables qu'une courbe de température ou une analyse d'urine ». En ce début d'année, Herbette forme le vœu qu'il ne soit pas trop tard pour redresser la barre, souhait « bien désintéressé », écrit-il, « car je me suis remis aux études scientifiques et je ne crois pas que rien ne sera désormais assez fort pour m'en détourner une seconde fois »[2].

Les Herbette ont effectivement fait installer un laboratoire dans la « Villa Barreswil », sise 15 rue du Lac, sur les bords du Léman, qu'ils ont achetée à Clarens, tout près de Montreux en Suisse. C'est sans doute pour ne plus rien avoir affaire avec une France qui le rejette, que Jean Herbette a choisi cet exil volontaire. On ne peut pas s'empêcher de penser qu'il échappe aussi à l'administration fiscale française : nous évoquerons plus loin Monaco et la fortune du couple. Le nom donné à la maison peut indiquer l'attachement de Jean pour sa mère et sa grand-mère ; les Barreswil avaient d'ailleurs des origines

[1] Lettre de Jean Herbette à François Herbette du 4 janvier 1938, coll. part.

[2] *Ibidem.*

suisses. Ce choix peut également rappeler les difficiles rapports que Jean a entretenus avec son père après la mort de sa mère, ou plus simplement manifester une volonté de garantir un certain anonymat. Toujours est-il que c'est dans ce cadre qu'il se consacre à l'étude scientifique, et il déclare : « je vais même jusqu'à élever au rang des dieux le Ministre à qui je dois ces loisirs : *namque erit ille mihi semper deus* ... »[1]. Dans les lettres qu'il envoie à son frère, il y a souvent de ces locutions latines et étrangères, notamment en allemand et italien, langues qu'ils ont tous les deux apprises. Ce sont de véritables polyglottes. On remarquera, que si l'on ajoute le français, l'anglais, le russe et l'espagnol, Jean Herbette maîtrise au moins six langues. Cela lui permet de continuer à lire la presse européenne que l'on trouve assez facilement en Suisse.

Il est ainsi au courant de tous les développements politiques français et étrangers, mais ne peut désormais livrer ses réflexions qu'à son frère. Ce qui explique une correspondance assez dense avec lui dans la première moitié de l'année 1938. Elle tranche avec les deux lettres par an de ses années d'ambassade. Cependant, les deux frères se rencontrent peu, une fois par an peut-être et encore jamais à leurs domiciles. Lors de rares passages à Paris, Jean Herbette ne se décide pas à aller chez François, ils se rencontrent donc dans des cafés. Lorsque François vient en Suisse pour des raisons professionnelles, c'est au buffet de la gare que Jean vient à sa rencontre. Il y a bien sûr dans les lettres qu'ils échangent des passages personnels dont certains éclairent la philosophie de notre personnage. Mais Jean se garde bien d'évoquer la famille ou l'éducation des enfants avec son frère – qui en a cinq : « faute d'expérience, je ne comprends pas très bien ce que tu as voulu dire à propos de la tâche d'éducateur ; mais j'imagine, d'après mes propres souvenirs de jeunesse, que les tendances des enfants diffèrent inévitablement de celles des parents, et entre nous je crois que c'est fort bien ainsi, Car les temps changent et toute génération qui ne s'y adapterait pas périrait »[2]. Les enfants de son frère, manifestement Jean Herbette ne tient pas à les rencontrer. Lorsqu'il voit l'aînée, Jeanne, juste après son mariage à Paris, il l'appelle madame et ne lui adresse pas la parole. Lorsque son neveu Claude, de passage en Suisse, s'aventure jusqu'à la villa Barreswil. Jean Herbette se fait passer pour le jardinier et répond que monsieur est sorti[3].

[1] Lettre de Jean Herbette à François Herbette du 28 février 1938, coll. part.

[2] Lettre de Jean Herbette à François Herbette du 20 mars 1938, coll. part.

[3] Témoignage de mesdames Kientz-Herbette et Monnier-Herbette, juin 2000 et avril 2002.

Ce sont surtout les articles que François Herbette écrit pour le *Bulletin Quotidien de la Société d'Études et d'Informations Économiques* qui déterminent les sujets des lettres de Jean. Les deux frères ont généralement les mêmes analyses politiques et diplomatiques, notamment sur la faiblesse du régime parlementaire français, mais ils ne proposent pas les mêmes remèdes. À propos du débat parlementaire des 25 et 26 février 1938 sur les menaces d'*Anschluss* entre l'Allemagne et l'Autriche, Jean Herbette souligne « les inconvénients que le régime représentatif, tel qu'on le pratique encore en France, offre pour la sécurité du pays et pour la défense même de ses intérêts quotidiens ». En effet, « le gouvernement français est obligé d'essuyer toutes les manœuvres et toutes les improvisations auxquelles prêtent les discussions publiques d'une assemblée de plus de six cents personnes, dont 70 environ se considèrent ouvertement comme tenues de défendre une puissance étrangère ». Toujours la dénonciation des communistes et le sentiment que « la diplomatie française n'est ni organisée, ni dirigée de manière à rendre les services dont la France à un besoin vital, etc. etc. »[1]. Quinze jours plus tard, le gouvernement Chautemps démissionne et Delbos quitte définitivement le Quai d'Orsay le 12 mars 1938, au moment où l'*Anschluss* se réalise.

[1] Lettre de Jean Herbette à François Herbette du 28 février 1938, coll. part.

CHAPITRE I

L'OBSERVATEUR EXTÉRIEUR

LA FRANCE, L'ESPAGNE ET LA TCHÉCOSLOVAQUIE

Une fois l'annexion de l'Autriche réalisée avec une facilité déconcertante, les frères Herbette relèvent le « désarroi » français. Pour Jean, « rien n'est moins surprenant, du moment qu'on n'avait pas prévu ce qui allait immanquablement se produire – et la prévision n'était pourtant pas difficile ». Et il considère que ce qui vient de se passer fait partie d'une série d'événements « qui se déclenchent les uns les autres [...] comparables à une avalanche ». Face à une telle force, Herbette ne croit pas à « des prétendues formules de redressement comme l'Union sacrée, l'unanimité, etc. ». Il ne soutient donc pas les efforts de Blum cherchant à constituer un gouvernement d'union nationale car « il faut se garder [...] de s'associer, en vue de ce soi-disant redressement, avec ceux qui ont commis les fautes de ces dernières années ». Si l'on avait encore des incertitudes sur ce que pense Herbette du Front populaire, les voilà levées. Ce qu'il veut, c'est une régénération dans tous les domaines : « ce relèvement, qui exigera des hommes nouveaux, peut-être un régime nouveau et en tout cas un renouveau de population nécessite des années ou pour mieux dire des lustres et que le seul moyen de le hâter consisterait à changer tout de suite de personnel politique et de doctrines, comme les républicains l'ont fait à la chute de l'Empire »[1]. Dans presque toutes ces lettres de ce début 1938, Herbette fait des rapprochements entre les événements auxquels il assiste de loin et la fin du Second Empire. Il y voit la même « crainte de reconnaître des erreurs commises », le même étonnement

[1] Lettre de Jean Herbette à François Herbette du 20 mars 1938, coll. part.

que celui de Napoléon III devant l'enchaînement des difficultés, la même « obsession de sauver le régime » qui a conduit au désastre de Sedan. Et comme nous l'avons déjà remarqué, c'est Thiers – que servait son père – qu'il met à l'honneur pour avoir su reconstruire la France et imposer l'ordre républicain. D'ailleurs, il avoue faire souvent le « cauchemar » d'une « réédition de la Commune »[1].

Que ce soit dans ses critiques d'un parlementarisme français dévoyé, dans l'affirmation de la nécessité d'un personnel nouveau ou dans la négation de l'égalité des hommes, Jean Herbette n'est pas loin de partager les idées de ceux qui prônent une transformation en profondeur du régime politique de la France. Tous ces éléments se retrouvent dans les écrits de Maurras. Mais Herbette se distingue nettement de lui – comme Tardieu que nous retrouvons là[2] – car il n'envisage pas la restauration de la monarchie, il demeure républicain, mais pour une République d'ordre rénovée. Faute de documents suffisants pour une étude plus précise sur ce point, il n'est sans doute pas possible d'évoquer une « dérive réactionnaire » chez Herbette. Cependant, on peut raisonnablement rapprocher Herbette des « libéraux » et des « nationaux » français qui désespèrent d'une république parlementaire entre les mains des socialistes. Ensemble, ils dénoncent un régime incapable de mener une politique étrangère dans l'intérêt supérieur du pays, notamment à l'égard de l'URSS et de l'Espagne.

Le 21 mars 1938, le *Bulletin Quotidien* publie une lettre de l'ethnologue Paul Rivet sur la guerre d'Espagne. C'est l'occasion pour Jean Herbette de revenir en détail sur la question de la politique à suivre dans la péninsule et de la lier à la situation de la Tchécoslovaquie qu'Hitler est en train de déstabiliser. Selon l'ex-ambassadeur, « les faits ne sont pas exactement connus des masses ». En effet, « il ne s'agit pas de choisir entre l'abandon et le soutien de l'Espagne "républicaine", parce qu'en fait il n'y a plus d'Espagne "républicaine" depuis le mois d'août 1936 et parce qu'aucun soutien ne saurait sauver une cause qui, ayant piétiné dans le sang de ses propres principes, est vouée au désastre depuis les événements militaires de septembre 1936, je dis septembre 1936, et j'en suis témoin ». C'est la chute d'Irun et de Saint-Sébastien, et ses efforts humanitaires qu'Herbette rappelle ici.

[1] Lettres de Jean Herbette à François Herbette des 4 janvier, 28 février, 20 et 31 mars 1938, coll. part.

[2] Voir André TARDIEU, *La Révolution à refaire*, dont les deux premiers tomes paraissent en 1936 et 1937. Herbette qui ne cite pas Tardieu ne peut pas ne pas avoir lu ces ouvrages. François MONNET, *Refaire la République, André Tardieu, une dérive réactionnaire (1876–1945)*, 1993.

C'est justement à ce moment que l'on a pu dater le revirement de sa position à l'égard de la guerre civile en Espagne. Un an et demi après les faits et six mois après avoir été écarté, Herbette persiste et signe en affirmant que la république espagnole est morte à partir du moment où les anarchistes ont commencé à se substituer de fait aux autorités légales. Mais que vient faire la Tchécoslovaquie dans ce discours que nous connaissons bien désormais ?

Herbette affirme que « le moyen le plus sûr de perdre la Tchécoslovaquie, État véritablement démocratique et unique défenseur de la démocratie en Europe centrale, consiste à refuser d'établir des relations diplomatiques entre la France et les nationaux espagnols avant la victoire complète de ceux-ci ». Même si pour lui « la chose est facile à comprendre », cela mérite d'être expliqué car on pourrait résumer sa théorie ainsi : reconnaître Franco, c'est sauver la Tchécoslovaquie des ambitions d'Hitler ! Selon Herbette, ni Londres, ni Washington ne feront quoi que ce soit pour sauver Prague, seule Paris peut le faire. Mais il faut que la France puisse compter sur la bienveillance anglaise et la neutralité italienne : « seule une telle constellation » peut faire réfléchir Hitler. Mais si la France n'a pas de relations avec Franco, l'Allemagne – à qui le général ne pourra rien refuser – suscitera des troubles dans les Pyrénées. L'Italie, qui intervient déjà en Espagne, ne pourra que suivre l'Allemagne ; la « constellation » sera donc impossible et la Tchécoslovaquie sera abandonnée à Hitler. Il conclut : « ce sont les partis de gauche qui, pour sauver la Tchécoslovaquie et pour préserver par là-même l'URSS, devraient insister les premiers pour que le gouvernement français entre en relations diplomatiques avec le général Franco »[1]. Tout cela est bien sûr de la diplomatie-fiction et ce raisonnement ne fonctionne que par implication, sans tenir compte des multiples interactions, ni de l'indépendance de décision des nombreux protagonistes cités. Il est même étonnant qu'un spécialiste de la diplomatie aussi expérimenté qu'Herbette puisse se livrer à de telles conjectures simplistes ! Mais il s'exprime désormais sans retenue, que ce soit sur la situation internationale ou sur l'évolution politique de la France.

« Il n'y a plus de démocratie à partir du moment où le gouvernement issu du suffrage universel ne peut plus se faire obéir, comme on le voit par les occupations d'usines » : Herbette parle encore de l'Espagne ? Non ! c'est de la France dont il s'agit ici. Et il répète la même chose

[1] Lettre de Jean Herbette à François Herbette du 25 mars 1938, coll. part.

à huit jours d'intervalle, lorsqu'il condamne le projet d'impôt sur le capital[1]. Puisque « la légalité s'est évanouie, et dans l'éventualité d'une guerre prochaine, il faut de toute urgence rétablir l'autorité sur une nouvelle base ». Cependant, le Front populaire n'est pas seul visé car « le régime pratiqué depuis des années par la France, sous des gouvernements de droite comme sous ceux de gauche, a été incapable de porter le moral de la nation et par la suite son potentiel de guerre au niveau nécessaire pour garantir la vie du pays ». Donc, « on ne saurait sauver la situation en se bornant à opérer une permutation circulaire entre des hommes politiques ni en associant dans un même cabinet tous les permutants. Il faut du nouveau : des hommes nouveaux et un nouveau système de gouvernement »[2]. Mais de qui et de quoi s'agit-il exactement ? Herbette ne le précise pas. Ce qui est certain, c'est que voir revenir Paul-Boncour au Quai d'Orsay dans un gouvernement Blum lui convient d'autant moins que le ministre envisage de soutenir plus nettement le gouvernement espagnol.

La meilleure chose qui puisse arriver à l'Espagne et à l'Europe, selon Herbette, c'est une fin rapide de la guerre, car sa prolongation est « un encouragement aux coups d'audace que les dirigeants allemands peuvent méditer en Europe centrale ou orientale ». Aussi, « chaque envoi d'hommes ou de matériel qui parvient encore au gouvernement de Barcelone grâce à la tolérance du gouvernement français accroît le danger couru par la Tchécoslovaquie et par tous les autres États qu'un nouveau coup allemand menacerait ». Après cette idée déjà exprimée, il conclut en insistant sur les rapprochements que l'on peut faire sur la scène internationale entre le nazisme et le communisme : « le communisme russe aura bien travaillé pour l'Allemagne, à ce point qu'on est contraint de se demander si réellement tous ceux qui ont pris part à ce travail, comme chefs ou comme agents, l'ont fait inconsciemment »[3]. La question de la concordance des intérêts soviétiques et allemands, mise en lumière par le pacte germano-soviétique d'août 1939, est déjà posée par Herbette au printemps 1938, mais il est vrai avec une problématique bien différente.

En attendant l'âge de la retraite en avril 1938, « j'ai pensé », écrit Herbette, « qu'une réserve absolue m'était prescrite par mon devoir professionnel ». La transgresser aurait encore amoindri « les chances, malheureusement si minimes déjà, que les représentants français

[1] Lettre de Jean Herbette à François Herbette du 7 avril 1938, coll. part.

[2] Lettre de Jean Herbette à François Herbette du 31 mars 1938, coll. part.

[3] Lettre de Jean Herbette à François Herbette du 7 avril 1938, coll. part.

à l'étranger ont d'être écoutés au Quai d'Orsay ». C'est pourquoi Herbette s'est tu et n'a pas bougé de Suisse. Mais « depuis lors j'ai atteint l'âge où la retraite est un droit et je ne doute pas que le Département n'en tire bientôt la conséquence, si ce n'est déjà fait sans que je l'aie su. Je retrouverai alors ma liberté et je pourrai notamment, je l'espère, retourner en Espagne ». Aucune menace de révéler quoi que ce soit n'est contenue dans ces paroles. C'est bien plutôt à sa maison de Fontarabie qu'Herbette pense : « j'aime profondément ce pays et, si je n'ai plus la perspective d'y retrouver, hélas, des amis qui ont été assassinés par de prétendus défenseurs de la légalité, j'ai du moins la *ilusión* – ce mot en espagnol veut dire à la fois "illusion" et "espérance" – d'y sentir souffler ce grand vent d'idéal patriotique et d'héroïque abnégation qui porte irrésistiblement à la victoire les soldats du général Franco ». C'est donc dans une Espagne franquiste qu'Herbette souhaite retourner. Pour lui les héros ne sont pas les volontaires des Brigades internationales, mais les patriotes franquistes. « Je te dis cela comme cela me vient, une fois pour toutes », précise-t-il à son frère, comme soulagé d'avoir pu l'exprimer enfin : « je ne songe qu'à avoir mon indépendance assurée et ma conscience en repos ».

Quant à son avenir, Jean Herbette ne fait point de « calculs personnels » et n'a aucune « ambition personnelle ». Aussi, il espère « sans aucun esprit de parti, de préférence ni de ressentiment » que le nouveau gouvernement français « puisse regagner le temps perdu ». L'explication qui suit mêle une certaine hauteur de vue et des préoccupations plus concrètes : « j'ai trop vécu à l'étranger pour m'inféoder à un parti, je n'ai de préférence que pour la France et quant au ressentiment, phénomène qui doit être bien désagréable et que je ne me rappelle pas avoir jamais éprouvé, je ne pourrais mieux le satisfaire qu'en voyant se poursuivre les erreurs qui ont déjà coûté son portefeuille au ministre par qui je fus mis à l'écart. Le cabinet actuel compte encore plusieurs hommes qui ne m'ont pas vraiment donné lieu de leur être reconnaissant, mais les échecs de ces hommes seraient peut-être irréparables pour la France et c'est pourquoi je souhaite de tout cœur qu'enfin notre gouvernement remplisse la condition préliminaire de la sécurité française en établissant des relations officielles avec le général Franco »[1]. Dans l'équipe de Daladier arrivée au pouvoir le 12 avril, Chautemps est vice-président du Conseil – il était chef de gouvernement quand Herbette a été écarté – et Georges Bonnet, qu'Herbette avait accueilli à Madrid en 1935 est le ministre des Affaires étrangères.

[1] Lettre de Jean Herbette à François Herbette du 2 avril 1938, coll. part.

C'est dans ce dernier qu'il place son espoir de voir la France se mettre en relation avec les franquistes qui sont en train de s'imposer à toute l'Espagne.

Le commandant Moullec, attaché naval en Espagne, semble partager l'avis d'Herbette sur cette question. Le militaire remercie l'ex-ambassadeur qui dans une de ses dernières dépêches a recommandé Moullec pour une promotion. Il termine sa lettre en évoquant la guerre civile : « quant au résultat final, à moins d'événements imprévus et étrangers à l'Espagne, il ne peut être que celui que vous annonciez dès septembre 1936 ». Les deux hommes tentaient alors ensemble d'évacuer civils et prisonniers du Pays basque. Cette lettre montre qu'Herbette ne vit pas caché en Suisse, mais que le Quai d'Orsay comme ses anciens collaborateurs savent où le joindre. Quelques mois plus tard, c'est le consul de France à Valence, Marcassin – qui vient d'être décoré de la Légion d'honneur – qui remercie Herbette pour « l'appréciation que vous avez cru devoir donner sur mes services »[1].

Au mois de mai 1938, toute l'attention des chancelleries se porte vers la Tchécoslovaquie. Les frères Herbette, eux aussi, évoquent la question. Jean ne donne pas cher du gouvernement tchécoslovaque qui « ne peut pas tenir tête à l'Allemagne en s'appuyant sur ses pactes avec la France et avec l'URSS ». Une fois de plus, il ramène tout à l'Espagne : si la France avait reconnu Franco, elle pouvait s'accorder avec l'Italie et donc sauver la Tchécoslovaquie. Puisque cela ne s'est pas passé ainsi, à quoi bon maintenir un pacte franco-soviétique qui ne sert à rien, même pas à sauver la Tchécoslovaquie qui a pourtant signé elle aussi un pacte avec Moscou ? L'opposition d'Herbette au pacte franco-soviétique auquel a abouti la politique soviétique de la France après son départ de Moscou est ici exprimée très clairement. « Les gouvernements français », écrit-il, « qui ont maintenu l'alliance soviétique et refusé d'entrer en relations avec Franco ont donc commis des fautes très lourdes. Ces fautes étaient faciles à discerner ; nos gouvernements en ont été prévenus ». Il n'en dit pas plus, mais on comprend qu'il s'est chargé lui-même de le faire lorsqu'il était en poste à Moscou et en Espagne.

C'est une véritable justification *a posteriori* de son action diplomatique qu'Herbette est en train de faire là. Lui, a mené une politique de fermeté face à Staline, « quant aux occasions de nouer des relations avec le général Franco, l'on serait étonné si l'on connaissait toutes celles

[1] BCUL fonds Herbette IS 4147 carton 5, lettre de Moullec à Jean Herbette du 30 avril 1938 et lettre de Marcassin à Jean Herbette du 30 novembre 1938.

qui se sont offertes ». Les vrais responsables de l'affaiblissement de la France sont « les fonctionnaires qui en ont été les exécuteurs, et sans doute les inspirateurs parfois, [et qui] continuent à diriger la diplomatie française toute jonchée des ruines qu'ils ont causées ». Aucun nom n'est cité, mais comment ne pas penser d'abord au secrétaire général du Quai d'Orsay, Alexis Leger ? En disant cela, « je n'obéis à aucun ressentiment personnel », précise Herbette, « il n'aurait tenu qu'à moi de poursuivre une confortable carrière, en m'abstenant de dénoncer les dangers de l'alliance soviétique et de l'aide aux rouges d'Espagne ». Selon Herbette voilà à quoi est dû son rappel de Moscou et sa mise en disponibilité en 1937 … C'est un peu court. Il oublie de mentionner les affaires dans lesquelles il a été compromis tant à Moscou qu'à Saint-Jean-de-Luz, à cause de sa trop grande implication personnelle dans les affaires politiques intérieures des États dans lesquels il représentait la France. Il néglige également d'évoquer la politique qu'il a menée personnellement en Espagne et qui était contraire à celle du Quai d'Orsay et encore plus à celle exprimée publiquement par le gouvernement français. « Si je voulais me venger », poursuit-il, « je ne pourrais rien trouver de plus cruel que de souhaiter à ces Messieurs de rester en place et d'y recueillir pleinement les fruits de leur politique ». C'est au moins la deuxième fois qu'Herbette parle de ressentiment, en affirmant qu'il n'en a pas, et il évoque maintenant la vengeance, pour dire qu'elle lui est étrangère. Peut-être est-ce vrai ? En tout cas il pense beaucoup à l'un et à l'autre … Sans doute, la violence de ses propos trahit-elle une inquiétude qui va grandissante : « rien, je crois, ne permet plus d'affirmer qu'on puisse encore arrêter la marche des événements. Trop de fautes ont été commises, au nom de la France, par des hommes qui ne savaient ou ne voulaient pas voir les réalités ni écouter les avertissements »[1]. Lui au moins, semble-t-il dire, a fait ce qu'il fallait faire au moment où il fallait le faire. S'il n'a pas été entendu, ce n'est pas sa faute.

La question des responsabilités revient sans cesse dans les lettres de Jean Herbette, comme une obsession que rien ne peut détourner. « En voyant rester à la tête de notre diplomatie », répète-t-il encore deux jours plus tard, « les gens qui nous ont conduits là, je doute qu'on puisse encore arrêter les événements ». Son autre leit-motiv concerne l'Espagne : « la première opération diplomatique à entreprendre, pour le gouvernement français, consisterait à nouer des relations (s'il en est encore temps) avec le gouvernement du général Franco ». Dans cette

[1] Lettre de Jean Herbette à François Herbette du 18 mai 1938, coll. part.

lettre, il répète qu'il n'envisage en rien de participer à cette reconnaissance, mais précise que cette idée devrait être « appliquée avec bonne foi, ainsi qu'avec la connaissance et je dirai même l'amour de l'Espagne ». N'est-il pas en train de brosser son propre portrait et ne serait-il pas l'homme qui conviendrait à Salamanque ? Certes, c'est après avoir fermé ses livres de chimie ou de biologie, à plus de minuit, qu'Herbette s'intéresse aux relations européennes, « mais nous sommes dans des moments où il faut en faire trop pour faire assez », conclut-il[1].

Malheureusement, il n'y a plus de traces de la correspondance d'Herbette postérieure au 20 mai 1938, on ne sait donc pas ce qu'il a pu penser de Munich et du démantèlement de la Tchécoslovaquie, ni des autres crises internationales qui mènent à la guerre en septembre 1939. On ne sait pas non plus, et c'est peut-être encore plus dommage, ce qu'il a éprouvé lors de la reconnaissance de Franco par la France à la fin de la guerre civile d'Espagne en mars 1939. Certes, on peut imaginer le ton de ses reproches sur le caractère tardif et désormais vain de cette reconnaissance, mais les mots et le sentiment de Jean Herbette nous manquent irrémédiablement.

LE NOUVEL AN 1940

À partir du 3 septembre 1939, la France est en guerre contre l'Allemagne, mais ne se bat pas : c'est la « drôle de guerre ». Jean et Jeanne Herbette passent la fin de l'année à Monte-Carlo où ils possèdent un appartement au 36 boulevard des Moulins. C'est de là que Jean fait part à François de quelques réflexions que lui inspirent la guerre. « Il me semble seulement », écrit-il, « que ces deux grandes guerres survenant à un si petit intervalle, entraîneront de profonds changements dans l'existence de tous ceux qui leur auront survécus ». De retour à Clarens quelques semaines plus tard, Jean envie son journaliste de frère, qui a été mobilisé avec Giraudoux au ministère de l'Information, car il peut « voir ce que le public n'aperçoit pas, et cela doit être palpitant ! ». Sans doute l'excitation du travail fourni à *L'Écho de Paris* et au *Temps* et la proximité du Quai d'Orsay pendant la Grande Guerre, lui reviennent-elles en mémoire. Il se pose des questions sur l'état intérieur de l'Allemagne, car « les articles de la presse neutre laissent deviner une

[1] Lettres de Jean Herbette à François Herbette des 20 et 24 mai 1938, coll. part.

grande détresse et me rappellent mes impressions de Russie ». Peut-être aboutira t-on « à une sorte de bolchevisme, dont le régime nazi actuel paraît du reste peu éloigné »[1]. À son vieil ami, le journaliste hollandais Van Oss, il écrit : « je pense en présence de cette guerre, ce que je pensais durant la guerre d'Espagne. C'est qu'une guerre ne se termine que par des événements militaires, l'un des partis étant vainqueur et l'autre vaincu. C'est une perspective atroce de voir couler le sang, mais il serait plus atroce encore de se fermer à l'évidence et de ne pas se préparer aux épreuves qu'il faudra surmonter, car cet aveuglement coûterait beaucoup plus cher encore »[2]. C'est donc en rassemblant ses souvenirs de Russie et d'Espagne qu'Herbette tente de déchiffrer l'avenir …

Pour autant, il n'a pas envie d'écrire ses mémoires comme le lui suggère Jean Ernest-Charles du *Temps*. Le journaliste indique qu'un homme qui a connu tant de personnalités et a traité tant d'affaires importantes de l'entre-deux-guerres, devrait livrer des souvenirs forcément intéressants. La réponse d'Herbette suscite l'intérêt de son biographe et de tout historien : « malheureusement je n'en suis pas sûr et dans le doute je m'abstiens. L'expérience m'a enseigné que la vérité ne plaît pas toujours et que, par surcroît, elle n'instruisait pas non plus ceux qu'on invitait à la contempler. Faire ingérer au public les leçons du passé, sous forme cristallisée d'un récit objectif, risque d'être aussi peu fructueux que l'arrosage d'arbres fruitiers avec une solution concentrée d'engrais chimiques bien purs : leurs feuilles jaunissent et les poires avortent »[3]. À méditer !

Malgré son vœu exprimé en 1938, Herbette n'a pas remis les pieds en Espagne. « Je vous envie d'être retourné dans notre chère Espagne », écrit-il à un Français installé au Sud des Pyrénées, car « je ne conçois bien l'avenir de la France sans une intimité permanente avec l'Espagne ». À un autre, il exprime sa nostalgie de sa maison de Fontarabie. Il conserve quelques relations parmi ses anciens collaborateurs, dont son ancien secrétaire d'ambassade, Bonjean, qui l'assure de son « fidèle attachement » ou le consul qui était chargé de la chancellerie à Saragosse Tur. Gregorio Marañon s'enquiert de l'avancée de ses travaux scientifiques[4].

[1] Lettres de Jean Herbette à François Herbette des 13 décembre 1939 et 19 janvier 1940, coll. part.

[2] BCUL fonds Herbette IS 4147 car. 5, lettre de Jean Herbette à Van Oss du 11 janvier 1940.

[3] BCUL fonds Herbette IS 4147 car. 5, lettre de Jean Herbette à Jean Ernest-Charles du 10 janvier 1940, en réponse à une lettre du 7 janvier.

[4] BCUL fonds Herbette IS 4147 car. 5, lettres de Jean Herbette à Delrieu et à Tur des 18 janvier et 7 février 1940 et lettre de Bonjean à Jean Herbette du 11 janvier 1940.

Pour le nouvel an 1940, Herbette envoie des cartes de vœux tous azimuts. Marius Moutet, Maurice Sarraut, Louis Marin et d'autres sont ainsi contactés. Dans leurs réponses beaucoup d'entre eux semblent surpris de cette reprise de correspondance comme s'ils la croyaient éteinte à jamais. Cela nous amène à nous poser la question de la raison de cet assaut de mondanités de la part d'un Herbette qui veut se retirer du monde et poursuivre ses expériences scientifiques dans la solitude de son laboratoire suisse. On ne peut s'empêcher de penser que peut-être, Herbette caresse-t-il le secret espoir de pouvoir jouer encore quelque rôle … Des éléments de sa correspondance avec le sénateur de Seine-et-Oise Charles Reibel, un collaborateur et ancien ministre de Poincaré qui lui aussi s'était brouillé avec le Président, sont à cet égard assez révélateurs. Pour situer le personnage, il faut savoir qu'en tant que membre de la Commission des Affaires étrangères, Reibel avait interpellé les gouvernements du Front populaire sur la nécessité de reconnaître Franco. En 1938, il avait démissionné de l'Alliance démocratique dont il était le vice-président, parce que Flandin, son président, avait envoyé un télégramme à Hitler ; étant Alsacien par son père et Lorrain par sa mère, il ne pouvait le tolérer[1].

C'est donc à cet homme qu'Herbette fait part de ses sentiments devant le retard de l'armement français et les conséquences du pacte germano-soviétique. Reibel se souvient alors de la « perspicacité avec laquelle vous me parliez de la Russie et manifestiez des craintes que les événements ont si largement justifiées ». Le sénateur se rappelle également un séjour d'Herbette, chez lui à Rhinau, en septembre 1938, « où nous entendions ensemble, depuis le cimetière abandonné, le bruit des marteaux pilons allemands enfonçant au bord du Rhin les pieux de béton de la ligne Siegfried ». On a l'impression qu'Herbette cherche à réactiver certaines relations, et il y réussit : Reibel manifeste le désir de s'entretenir avec lui de toutes les questions évoquées dans sa lettre[2]. Or, le sénateur est alors très écouté à la Commission de l'Armée et à la Commission des Affaires étrangères : « je vous dirai objectivement, puisque je sais votre affection, que peu à peu ma position s'est faite très forte », écrit-il à Herbette. Et devant ses commissions, il défend des idées qui sont celles d'Herbette, comme « le danger qu'il a de faire croire au pays à la possibilité d'une victoire sans guerre et d'une guerre sans bataille ».

[1] *Dictionnaire des parlementaires français*, 1977, tome VIII, pages 2811–2812.

[2] BCUL fonds Herbette IS 4147 car. 11, lettre de Charles Reibel à Jean Herbette du 30 décembre 1939.

Il nous manque les lettres d'Herbette, mais Reibel y fait tellement allusion dans ses réponses, que l'on devine sans mal leur contenu. Ainsi, le sénateur écrit : « je vais continuer sans relâche mon effort : ce n'est pas pour rien comme vous me le dîtes que la tombe de mes aïeux est à Rhinau ». Reibel poursuit : « je pense comme vous que l'effort doit être porté sur le minerai de fer de Suède et sur le pétrole de Roumanie et du Caucase ». Enjeux qui se révèleront effectivement stratégiques pendant les opérations militaires des années suivantes. « Par ailleurs », écrit-il encore, « comme vous aussi je pense qu'il est indispensable de négocier au plus tôt d'une façon sérieuse avec l'Italie, non seulement pour préparer la symbiose franco-hispano-italienne dont vous parlez et qui sera indispensable après la guerre, mais encore, et pour des raisons immédiates, afin de rendre possible, ou au moins de faciliter, une action balkanique ». Herbette a toujours en tête le rapprochement avec l'Espagne et l'Italie, comme Laval qui rêvait de la constitution d'un « bloc latin » capable faire contrepoids à l'Allemagne. Mais l'ex-ambassadeur croit-il encore le dialogue avec Rome vraiment possible ? Peut-être a-t-il en tête le renversement des alliances de l'Italie et son entrée en guerre aux côtés de la France en 1915. Mais les choses ont bien changé, et Mussolini est trop compromis avec Hitler pour pouvoir se détacher de lui.

Malgré son retrait, Herbette n'a donc pas cessé de réfléchir à la politique étrangère de la France. Pour Reibel, il voit encore juste : « votre lettre suffirait à me montrer, si j'avais pu en douter, votre claire vision des problèmes qui nous assaillent », et le sénateur déplore qu'Herbette ait été mis à l'écart des affaires. « Sans doute, vous ne tenez pas les papiers et nul plus que moi ne le regrette ; mais les événements n'exigent pas autant que vos microbes un microscope et votre regard lointain découvre à merveille les ensembles. C'est pourquoi je serai toujours très heureux de recevoir vos lettres que je considère comme des guides précieux pour mon action »[1]. Voilà donc Herbette considéré comme une espèce d'éminence grise, qui de son exil volontaire indique la marche à suivre. Un mot de Louis Marin, le symbole de la droite nationaliste et qui combattra l'idée d'armistice et prêchera la résistance à outrance au sein du gouvernement Reynaud[2], peut confirmer cette influence de Jean Herbette. Marin lui écrit, ou plutôt lui répond : « je vais tout de suite utilisez la suggestion que vous me

[1] BCUL fonds Herbette IS 4147 car. 11, lettre de Charles Reibel à Jean Herbette du 30 janvier 1940. Reproduite en annexe n° 12.

[2] Benoit YVERT, *Dictionnaire des ministres (1789–1989)*, 1990, page 536.

donnez »[1]. Mais de quoi s'agit-il exactement ? Nous n'en savons rien, et nous ne pouvons pas, faute de sources suffisantes, évaluer le degré ou même la réalité de l'influence d'Herbette.

Nous n'avons retrouvé aucune correspondance pour la période de la guerre. Nous ne savons donc pas ce qu'Herbette a pensé du refus de Franco d'entrer en guerre aux côtés d'Hitler, du régime de Vichy et de la résistance, de la guerre entre l'Allemagne nazie et l'URSS, etc. Dans une lettre de décembre 1945, Herbette évoque son silence en ces termes : « ceux qui sont loin risquent de méconnaître involontairement la situation et, quelque bonne volonté qu'ils y mettent, de taire ce qu'ils devraient dire ou de dire ce qui ne les regarde pas. C'est ce qui m'a imposé une grande réserve depuis le début de la guerre, même envers des personnes qui venaient faire un séjour ici »[2]. Le silence d'Herbette s'explique aussi par la difficulté des relations postales entre la France et l'étranger. De plus, la correspondance qu'il entretient avec son frère est moins fournie après 1945 : deux ou trois lettres par an en moyenne.

[1] BCUL fonds Herbette IS 4147 car. 5, lettre de Louis Marin à Jean Herbette du 28 février 1940.

[2] Lettre de Jean Herbette à François Herbette du 10 décembre 1945, coll. part.

CHAPITRE II

UN AUTRE MONDE

L'APPRÉHENSION D'UN MONDE NOUVEAU

La fin de la Deuxième Guerre mondiale et les pénibles années qui la suivent inspirent à Jean Herbette davantage de questions que de certitudes. À plus de 65 ans, il sent confusément qu'une nouvelle ère débute pour le monde : « ceux qui commencent maintenant leur carrière auront certainement des occasions d'être heureux ». Cependant, il a du mal à définir les problèmes nouveaux qui se posent. Selon lui, « dans l'atmosphère de pessimisme qu'engendre une propagande impérieusement optimiste, il est presque impossible de discerner à distance le problème dont dépend le relèvement de la France. [...] Ne serait-ce pas aujourd'hui le problème financier comme en 1789 ? » Dans chacune de ses lettres désormais, il y a l'expression de ce manque d'informations dû à l'éloignement et de la difficulté d'appréhender la nouvelle France. Aussi, préfère-t-il parler de ce qu'il voit autour de lui, « des restrictions que la Suisse continue à subir et de la lutte quotidienne que ce pays pauvre soutient, sans jamais se plaindre, pour conserver une tenue décente et pour remplir son rôle hospitalier »[1]. Effectivement, Herbette ne semble pas avoir une idée très juste du sort des nations européennes et des degrés de privation qui les touchent. Mais après avoir reçu une lettre de son frère décrivant le rationnement en France, il écrit que « les souffrances des Français trouvent ici une sympathie touchante qui n'a peut-être d'égale nulle part ».

Alors que la France se cherche une nouvelle constitution, Jean Herbette poursuit ses réflexions sur la forme de régime politique

[1] Lettre de Jean Herbette à François Herbette du 10 décembre 1945, coll. part.

qui convient le mieux au pays : « qu'un régime populaire mène à un régime autoritaire, c'est ce que l'expérience a maintes fois montré [...] mais un régime autoritaire se verra obligé d'affronter les mêmes questions vitales qu'un régime populaire ». Et il évoque une fois encore l'une d'entre elles : « la fin de la période d'expansion coloniale, qui est probablement la cause essentielle des conflits sanglants du XXème siècle, oblige les États à procéder des uns après les autres à ce qu'on pourrait appeler une réduction de capital »[1]. Herbette envisage donc l'avenir comme un rétrécissement du monde, chaque pays se repliant sur lui-même puisqu'il n'y a plus d'aventure coloniale possible. D'où l'extrême nécessité d'opérer des changements radicaux dans la forme de gouvernement.

C'est la conception même de la République égalitaire qu'Herbette remet en cause lorsqu'il écrit : « il y a qu'on compte par têtes au lieu de compter par degrés d'intelligence, de moralité, d'efficacité. C'est le grand malheur de beaucoup de partis et de gouvernements, à notre époque, que leurs idées les plus "avancées" reposent sur une ignorance complète des facteurs les plus importants pour la vie des États : les facteurs de qualité et d'inégalité ». On retrouve là des idées déjà exprimées avant guerre par lui-même et d'autres qui réclamaient une réforme de la république française. La nature même du régime politique de la Quatrième République ne fait que redonner à ces conceptions plus de force, alors que la reconstruction tarde et que le rationnement demeure encore en 1949 pour certains produits. Aussi, selon Herbette, le redressement de la France pourra s'accomplir, « dès qu'elle sera mieux gouvernée ». Lorsqu'il lit un article affirmant que la France est « à un cheveu de la prospérité », il ajoute : « l'auteur ne précisait pas si l'on pouvait enlever ce cheveu sans toucher à la tête ». Alors que son frère François estime que la disparition de la tradition dynastique rend presque impossible un redressement français, Jean pense différemment. En effet, « l'influence croissante des masses » lui fait croire qu'une expérience monarchique serait implacablement vouée à l'échec. Il ne croit pas davantage à une solution apportée par la volonté d'un seul homme capable de compenser le poids des masses car « l'imperium est un régime sujet à des catastrophes ». Il poursuit, « plus modeste, mais probablement plus efficace, est la méthode qui consiste à rétablir progressivement l'indépendance des individus et, là où il est oblitéré, leur sens de la responsabilité ». C'est donc dans une « restauration des véritables valeurs sociales » qu'Herbette voit

[1] Lettre de Jean Herbette à François Herbette du 16 décembre 1945, coll. part.

une chance de salut pour la France : « les conditions matérielles d'un relèvement sont à peu près réalisées ; les conditions morales ne le sont pas encore ; à nous les forces morales ! » Plusieurs années après, en 1952, Herbette évoque ses impressions de « méthode, d'énergie et de probité » face à la gestion d'Antoine Pinay[1].

Les affaires internationales, marquées par la guerre froide qui s'est installée entre les États-Unis et l'URSS à partir de 1947, retiennent assez peu l'attention de Jean Herbette, du moins dans sa correspondance avec son frère. Régulièrement il évoque bien des risques de guerre générale, notamment lors de la guerre de Corée, mais il ne s'y attarde point. Il semble se désintéresser de plus en plus de la diplomatie et des affaires du monde. Il ne lit pratiquement plus de journaux français et se contente des *Basler Nachrichten*. Lorsqu'il évoque en 1951 la « question persane » ou « l'affaire d'Egypte », ce n'est que pour écrire quelques généralités sur les différences de cultures entre le monde arabe et le monde perse. « Nous vivons », écrit-il en 1954, « suivant la forte expression d'un parlementaire qui faisait rire dans ma jeunesse, "sous le régime de l'inexactitude de la position de la question". Il me paraît donc inutile de chercher à m'orienter, dans la vaste macédoine d'à présent ». Désormais, le présent le préoccupe peu. Il poursuit ses expériences scientifiques – sur lesquelles nous ne savons rien – et à plus de soixante-quinze ans, les questions métaphysiques occupent également son esprit. Il évoque, une « méthistoire » et un « ultra-passé » qui prendraient en compte tous les facteurs et toutes les dimensions du temps[2] ...

LE TEMPS QUI PASSE ...

« Le choix d'une carrière est une opération qui me déconcerte », répond Jean Herbette à François qui lui demande conseil sur l'avenir de son fils, car suivant Bonaparte, « I – il y a deux sortes de plans de guerre, les bons et les mauvais ; les bons échouent presque toujours. II – On s'engage, et puis on voit ». Certes, on ne peut pas reprocher au jeune Jean Herbette d'avoir conçu une carrière ! De la faculté des sciences aux rédactions des différents journaux pour lesquels il

[1] Lettres de Jean Herbette à François Herbette des 13 janvier 1948, 7 janvier 1949 et 21 décembre 1952, coll. part.

[2] Lettres de Jean Herbette à François Herbette des 11 juillet 1950, 4 décembre 1951, 22 août 1952, 5 septembre 1954 et 30 juillet 1955.

a travaillé et aux ambassades, il n'y a pas de logique carriériste. Et « comme nul ne s'instruit en définitive que par sa propre expérience », de conseil, il n'en donnera pas. Mais il évoque le métier de journaliste et cela a pour nous un intérêt rétrospectif. « Il a du charme pour qui aime à passer, de l'amertume pour qui aimerait à rester », affirme-t-il. « Le journaliste ne peut se fier qu'à des équations de mouvement, non à des points d'attache. Il doit respecter toutes les convictions et n'en partager aucune, car il est là pour observer et pour calculer s'il le peut la trajectoire des événements, qui remanient sans cesse toutes les opinions ». Donc, « si on éprouve le besoin d'une doctrine fixe, on fait mieux de s'abstenir »[1]. On comprend peut-être mieux maintenant les changements de rédaction du journaliste Herbette, mais la dimension politique de son évolution ne doit pas être occultée pour autant.

Dans plusieurs lettres, Herbette évoque également ses années de Russie comme lorsqu'il se rappelle ce vieux bolchevik qui lui expliqua un jour comment Lénine s'y était pris pour acquérir et conserver tant d'ascendant sur son parti. Lénine ne se trompait généralement pas dans ses prévisions, mais s'il se trouvait dans le parti un désir ardent de commettre une faute, il ne s'y opposait pas et il s'y associait même. Puis quand les conséquences apparaissaient, il disait : « nous nous sommes trompés !». Cette façon de n'avoir pas raison contre les autres lui valait une grande popularité. La prospérité occidentale, due selon Herbette à la croissance de la population et à la fin du colonialisme – grâce aux campagnes anticolonialistes de l'URSS – lui rappelle qu'il avait raison avant beaucoup : « quand je disais autrefois à Moscou que la faiblesse de l'URSS proviendrait de l'agitation communiste dans le monde, je ne persuadais personne »[2]. Mais la ficelle de la récupération et du sophisme est ici bien grosse pour suivre Herbette sur ce terrain.

La notion de temps revient dans presque toutes les lettres que Jean Herbette a écrites à son frère dans les années 1950. Il est convaincu que le temps n'a pas qu'une dimension linéaire, mais qu'il a une dimension intuitive essentielle dans la vie d'un homme ... et pour sa mort. « Comment diable peut-on définir vie et mort sans avoir aucune idée soutenable de ce qu'est le temps ? » Et à la veille de l'anniversaire de la mort de sa mère, il écrit : « pour moi, notre mère n'a nullement cessé de vivre le 27 décembre 1885. J'ai constamment senti sa présence au cours de ma vie. Et il n'y a pas à dire qu'un petit garçon de 7 ans,

[1] Lettre de Jean Herbette à François Herbette du 8 avril 1949, coll. part.

[2] Lettres de Jean Herbette à François Herbette des 29 août 1953 et 5 septembre 1954, coll. part.

ce que j'étais alors, a pu conserver une foule de souvenirs circonstanciés, des idées, des coutumes qu'avait sa mère. Quand j'avais 8 ans, je me le rappelle encore, j'ai entrepris de noter les mots de Maman que j'avais retenus : je n'en ai trouvé que 3 ou 4 et ils étaient d'une banalité désolante. Ce ne sont donc pas les souvenirs qui me sont revenus tout le long de ma vie : ce sont des intuitions, des influences qui sont venues. "*To be or not to be* ?" Non : *to feel or not to feel* serait plus approprié »[1]. Dès le début de cet ouvrage, nous avons souligné le traumatisme bien compréhensible que Jean Herbette a éprouvé face à la mort de sa mère. *A posteriori* et dans sa vieillesse avancée, il semble enfin pouvoir exprimer à son frère la force qu'il a trouvée dans cette épreuve et sa conception personnelle de la vie qui en a découlé.

Jean Herbette évoque également davantage son père dans les dernières années de sa vie. Il cite une expression qu'il répétait souvent, lui qui vécut aussi jusqu'à un âge avancé : « on arrive inexpérimenté à tous les âges de la vie ». Jean ajoute : « et on est chaque fois jeune ». Cependant, il pense qu'« il n'y a pas de frontières plus étanches, entre les hommes, que les différences d'âge entre les générations ». « En vieillissant », s'étonne-t-il, « on est frappé par la singulière disposition qu'ont les hommes, dont la préoccupation essentielle est de durer eux-mêmes, à vouloir sans cesse réformer, résoudre, faire place nette, etc., autrement dit à empêcher les choses qui les entourent de durer »[2].

La mort, qui « seule classe les hommes », est plusieurs fois évoquée dans la correspondance des frères Herbette, souvent à propos de la disparition de telle ou telle relation familiale. Alors que pour François, la fête de Pâques est un « défi à la mort », Jean fait observer « que l'on ne peut pas parler de la mort avant d'avoir défini, d'une part la personnalité et d'autre part le temps. Conçoit-on ce dernier comme une grandeur à une ou à plus d'une dimension ? S'il est à une, comment rend-on compte des phénomènes incontestables de prescience ? [...] Tu vois, mon cher François, que nous avons, toi et moi, des caboches qui ne sont pas superposables »[3]. Les deux frères appréhendent la mort de manières bien différentes, l'un en croyant l'autre en athée ; ils la rencontrent tous les deux en 1960.

[1] Lettre de Jean Herbette à François Herbette du 26 décembre 1956, coll. part.

[2] Lettres de Jean Herbette à François Herbette des 22 août 1952, 29 août 1953 et 30 juillet 1955, coll. part.

[3] Lettres de Jean Herbette à François Herbette des 16 décembre 1945 et 26 décembre 1958, coll. part.

ÉPILOGUE

Quelques semaines après s'être cassé accidentellement le col du fémur, Jean Herbette mourait à l'hôpital de Montreux le 21 novembre 1960. Conformément à ses vœux, ses obsèques eurent lieu dans la plus stricte intimité. Même la veuve de François Herbette qui a disparu quelques mois avant son frère, le 15 mars, apprend la nouvelle par *Le Figaro*. La presse suisse fait état de la mort de Jean Herbette en précisant qu'il « jouissait de la considération de la colonie française ». L'ambassadeur de France à Berne, Etienne Dennery – avec qui les Herbette entretenaient des relations amicales comme avec ses prédécesseurs Hoppenot et Chauvel[1] – témoigne à Jeanne Herbette de son « souvenir ému » et de sa « profonde sympathie ». Nous avons déjà cité les condoléances de l'ambassadeur de France à Stockholm, Édouard de la Chauvinière. Le duc de Baena, ambassadeur d'Espagne (franquiste) à La Haye après avoir été en poste à Berne, se rappelle « des sentiments affectueux et sympathiques » d'Herbette pour son pays[2].

Au début de l'année 1961, par deux fois, le Quai d'Orsay demande à la veuve de l'ex-ambassadeur s'il a gardé des papiers qui doivent être versés aux Archives du ministère des Affaires étrangères. Selon Jeanne Herbette, son mari n'a rien conservé, comme en témoigne cette déclaration rédigée par lui en 1952 : « je ne possède ni n'ai jamais possédé ou gardé chez moi ni en aucun lieu dépendant de moi aucun document quelconque appartenant au gouvernement français ou à aucun autre gouvernement, ni aucun renseignement, témoignage ou autre chose pouvant concerner la sécurité ou les secrets d'un État, la réputation de ses dirigeants ou agents ». Il est vrai que l'on trouve peu de documents de ce type dans les archives personnelles des Herbette

[1] AQO PA-AP Hoppenot n° 17, lettre de Jean Herbette à Henri Hoppenot du 29 juin 1949 évoquant un dîner à l'ambassade de France à Berne.

[2] BCUL Fonds Herbette IS 4147 car. 3, lettres, faire-part et coupures de presse relatifs à la mort de Jean Herbette, fin novembre 1960.

conservées à Lausanne. Jean Baillou accuse réception de la réponse en comprenant que les circonstances qui ont conduit Jean Herbette a quitté l'Espagne n'aient pas permis de conserver des papiers diplomatiques. « Soyez assurée que l'absence de ces documents n'empêchera pas la mémoire de l'ambassadeur de rester vivante au Département »[1]. Herbette n'en aurait sûrement pas tant demandé !

En raison de ses choix testamentaires, la mémoire de Jean Herbette est très présente à l'Université de Lausanne. En effet, en 1952 – année au cours de laquelle manifestement il met ses affaires en ordre – sans enfant, il prévoit par testament de léguer tous ses biens à l'Université de Lausanne, pour qu'ils soient vendus au profit de la faculté des Sciences ou qu'ils aillent enrichir les fonds du musée et de la bibliothèque. Par ailleurs, la villa Loraitz qu'il possède à Fontarabie est léguée à l'hôpital de cette ville. En 1970, après la mort de Jeanne Herbette, instituée légataire universelle dès 1908, les volontés de Jean Herbette sont exaucées[2]. Outre la maison de Clarens et l'appartement de Monaco, des collections d'icônes, d'objets d'art et de livres anciens, un mobilier de prix et des bijoux constituaient la fortune des Herbette. Tous ces biens sont réalisés en plusieurs fois, mais la vente la plus spectaculaire a lieu à Genève par Christie's en mai 1971. Ce jour là, les centaines de lots de la collection d'orfèvrerie russe sont mis en vente[3]. Une soupière en argent du service Orloff de Catherine II est adjugée à 360 000 francs suisses. Mais la plus grosse cote est atteinte par un diamant de 47,40 carats : 2 600 000 francs. D'autres pièces de Van Cleef-Paris et Cartier-New-York sont également vendues. La fortune des Herbette se révèle donc considérable[4].

On comprend que la faculté des Sciences de Lausanne a eu les moyens de se développer à partir des années 1970. Depuis 1974, une Fondation Herbette encourage la recherche en finançant des projets ; deux « symposium Herbette » de mycologie se sont tenus en 1976 et 1991 ; depuis 1981, la nouvelle salle de la présidence du rectorat de l'Université est appelée « salle Herbette » et on peut y voir du mobilier et des tapisseries qui appartenaient au couple. Afin de rendre hommage à son généreux donateur, en 1973 la Bibliothèque Cantonale et Universitaire de Lausanne a présenté une exposition de livres et

[1] BCUL Fonds Herbette IS 4147 car. 23, correspondance entre Jean Baillou et Jeanne Herbette des 2, 14 et 18 janvier et 17 juillet 1961.

[2] BCUL Fonds Herbette IS 4147 car. 3, testament et codicille de 1952.

[3] *The Herbette Collection and Important Europaen Silver*, catalogue de la vente réalisée par Christies à Genève les 25 et 26 mai 1971.

[4] Coupures de presse relatives à ces ventes, coll. part.

manuscrits de la collection de Jean Herbette qui compte plus de deux milles volumes rares. Une soixantaine de lettres manuscrites et d'ouvrages précieux sont présentés à cette occasion[1]. Le souvenir de notre personnage est donc bien encore vivant, mais moins en France qu'à Lausanne, où pourtant on ne sait rien sur lui ou presque !

Le parcours de Jean Herbette est pourtant exceptionnel. Quelle diversité d'activités tout d'abord : des paillasses de minéralogie aux rotatives des grands journaux parisiens qui font l'opinion ; des rédactions bruyantes aux chancelleries feutrées de Moscou et de Madrid ; des négociations internationales aux bombardements de la guerre civile d'Espagne ; de l'autorité à la disgrâce ... Quels liens établir entre ces différentes tranches de vie ? Le premier qui vient à l'esprit est que Jean Herbette a toujours agi en pensant défendre l'intérêt de la France. Pour autant, on ne saurait ignorer qu'il a également eu le souci constant de ses intérêts personnels. L'autre fil conducteur possible, c'est l'obsession du danger allemand qu'exprime Jean Herbette. Ses articles de *L'Écho de Paris*, stigmatisent une Allemagne menaçante ; ceux du *Temps* dénoncent un traité de Versailles trop doux. De Moscou, l'ambassadeur Herbette ne cesse de craindre une alliance germano-soviétique ; de Madrid, il dénonce sans relâche la propagande nazie en Espagne ... L'expression de ce danger est donc omniprésente. Lorsqu'il préconise la reconnaissance du général Franco, Herbette évoque encore l'Allemagne qu'il ne faut pas laisser devenir le seul partenaire des futurs vainqueurs de la guerre civile.

L'évocation de 1936–1937 nous amène à un autre aspect de la personnalité d'Herbette, c'est l'absence de permanence, voire l'inconsistance de ses opinions politiques. Son opportunisme lui permet de passer d'un journal ardemment républicain et anticlérical à un autre nationaliste et catholique puis à un troisième conservateur pour terminer au sein de la rédaction d'un organe du parti radical. On ressent la même instabilité de ses idées politiques en Espagne quand il cesse de soutenir Azaña – qu'il a encensé pendant cinq ans – du jour au lendemain ou presque après la chute d'Irun.

Tout cela au nom de quoi ? Nous y revenons toujours : l'intérêt suprême de la France dans le monde qui ne doit pas se déterminer en fonction des préférences politiques mais en tenant compte des « forces

[1] BCUL fonds Herbette IS 4147, plaquette de présentation de la fondation Herbette, « catalogue » de l'exposition de 1973.

profondes » : la démographie, la géostratégie, la géo-économie, la stabilité de la société, les interactions culturelles et politiques, etc. Lors de la crise marocaine de 1905–1906 puis dans ses premiers articles de presse, Jean Herbette exprime la conception d'une la politique étrangère de la France très moderne qui doit se baser sur les réalités. C'est pourquoi, il défend le principe de l'État-nation en Perse, en Turquie, en Europe. Pendant les années qu'il passe au *Temps*, il a assez d'influence pour faire avancer cette idée. Plus qu'un observateur, il est alors un véritable acteur des relations internationales, notamment au lendemain de la Première Guerre mondiale. Bien sûr, dès qu'il faut choisir entre la défense de principes ou l'intérêt de la France, c'est ce dernier qu'il l'emporte toujours. Ainsi, il dénonce le principe des nationalités exprimé par Wilson, car il contrarie la politique de sécurité de la France (Sarre, Rhénanie, etc.). On retrouve la même priorité dans son action diplomatique.

Le rôle de l'ambassadeur Herbette dans le mécanisme de la prise de décision dans la politique étrangère de la France peut être assez bien cerné au terme de cette étude. D'abord, il est clair que malgré ses efforts d'embrasser l'ensemble des relations internationales, Jean Herbette pense, comme tous les ambassadeurs peut-être, que les relations de la France avec les pays auprès desquels il est accrédité sont prioritaires. Pour reprendre une de ces métaphores scientifiques qu'il apprécie, on peut dire qu'Herbette présente au Quai d'Orsay une fonction à une seule variable, alors que la politique étrangère de la France est un ensemble de fonctions à plusieurs variables. C'est toute la question du bilatéral et du multilatéral qui est posée ici. Certes, souvent Herbette ne se prive pas d'évoquer la situation internationale dans toutes ses composantes, mais alors, le Quai d'Orsay lui prête assez peu d'attention et lui fait clairement comprendre qu'il sort de son rôle. Lorsqu'il est à Moscou, l'ambassadeur peut à juste titre présenter les relations franco-soviétiques comme étant déterminantes dans la politique étrangère de la France. Mais lorsqu'il est en poste à Madrid, c'est beaucoup plus difficile. Ainsi, le rôle d'Herbette dans le processus décisionnel de la diplomatie française apparaît bien plus important pendant les années de Russie que pendant les années d'Espagne, même au début de la guerre civile.

De plus, c'est lorsque Jean Herbette affiche les positions les moins tranchées, les plus classiques pourrions nous dire, qu'il est le plus entendu au Quai d'Orsay. C'est assez net quand il est Moscou. Au début de sa mission, ses prises de position trop favorables à l'URSS lui valent la méfiance du Département, d'autant plus qu'il n'est pas diplomate de carrière. À la fin de sa mission, son hostilité, voire son agressivité à l'égard de Moscou est condamnée à Paris. En définitive, Herbette est écouté et peut, dans une certaine mesure, orienter la politique soviétique de la France que lorsqu'il fait preuve d'une attitude classique, c'est-à-dire dans les années qui se situent au milieu de sa mission. Les années d'Espagne montrent elles clairement l'importance très inégale que le Quai d'Orsay et Herbette accordent aux relations avec Madrid. L'ambassadeur rêve d'une symbiose franco-espagnole alors que le Département pratique une politique suffisante à l'égard des voisins espagnols. Pendant la guerre civile, la détermination de la position française est relative à tant d'aspects subjectifs de politique intérieure et extérieure que les analyses d'Herbette, qui ne veut s'appuyer que sur des considérations de *Realpolitik*, ne peuvent pas être prises en compte.

Conscient de son impuissance à convaincre, comme de celle de tous les autres ambassadeurs, Herbette pratique alors seul la politique qu'il croît être bonne pour la France, et c'est la destitution. Une fois retiré des affaires, il exprime son dépit face à une politique étrangère de la France décidée et menée par des politiques et des fonctionnaires qui n'ont pas le souci de l'intérêt de la France et ne connaissent pas la réalité des choses. En fait, il souhaite une diplomatie qui soit davantage à l'écoute des ambassadeurs en poste à l'étranger, du moins ceux qui comme lui ont le souci de la grandeur de la France. Mais peut-être oublie-t-il un peu trop que dans la république, ce n'est pas une élite administrative, si compétente soit-elle, qui doit déterminer la politique de la France, mais le pouvoir politique élu par le peuple. D'où ces réflexions sur la nécessité de réformer la République française, par trop démocratique et donc mal armée face aux dangers qui la menacent de toutes parts.

L'action diplomatique de Jean Herbette se dirige toujours contre les forces dissolvantes de toute civilisation que sont pour lui l'anarchisme, le communisme, le fascisme et le nazisme. Après l'avoir bien définie, il dénonce la nature totalitaire des régimes en place à Moscou, Rome et Berlin. Quant à l'anarchie, c'est l'antithèse de la conception de la république d'ordre qu'il a héritée de son père. Selon les lieux et les années, en fonction de l'évolution de ses sentiments personnels et de l'intérêt de la France, il privilégie le combat contre l'une ou l'autre de ces forces. Pendant la guerre civile d'Espagne, il fait passer cette lutte avant la défense de l'idéal républicain. En somme, les campagnes journalistiques et les missions diplomatiques de Jean Herbette se ne sont que le prolongement de ses convictions personnelles. Derrière le journaliste et l'ambassadeur, l'homme se devine toujours.

SOURCES
ET
BIBLIOGRAPHIE

SOURCES

La nomenclature suivante ne présente que les principales cotes utilisées au cours de notre travail de recherche sur Jean Herbette.

1 – ARCHIVES DU MINISTÈRE DES AFFAIRES ÉTRANGÈRES

A – Archives du Quai d'Orsay (AQO)

Correspondances politiques et commerciales 1897–1918 – Perse

N° 8 – politique intérieure (avril 1911 – mars 1912)
N° 17 – politique étrangère, dossier général 1911
N° 24 – Angleterre et Russie (juillet 1910 – novembre 1911)
N° 32 – finances (1911–1912)

Série Europe 1914–1940

Russie-URSS 1918–1929
N° 3 – ambassade de France (1924–1929)
N° 9 – personnel diplomatique et consulaire (1924–1929)
N° 14 comités chargés de l'étude des questions Franco-soviétiques (1924–1926)
N° 108 à 116 – politique intérieure de l'URSS (1924–1929)
N° 141 à 146 – politique étrangère de l'URSS (1924–1929)
N° 356 à 362 – relations France/URSS (1924–1929)
N° 572 et 573 – Français en URSS (1924–1929)
N° 584 à 587 – défense des intérêts français en URSS (1924–1929)
N° 748 – presse (juin–décembre 1924)

URSS 1930–1940
N° 889 – représentation diplomatique de la France (1930–1935)
N° 956 à 958 – questions religieuses (1930–1933)
N° 959 – politique étrangère de l'URSS (1930–1932)
N° 1001 – relations France/URSS (1930–1931)

Supplément 1930–1940 :
N° 1269 et 1270 – procès des industriels de Moscou, accusations portées contre la France (octobre 1930 – avril 1931)
N° 1271 – documents annexes à la dépêche du 9 décembre 1930

Espagne 1930–1940
L'ensemble de cette sous-série a été dépouillé pour notre thèse. Il faut préciser que presque tous ces volumes ont été reconstitués à partir des archives conservées

à Nantes, ceux-là sont donc moins complets que celles-ci qui sont présentées plus loin et qui sont citées prioritairement dans les notes de bas de page. On ne retient ici que les cotes qui intéressent directement la biographie de Jean Herbette.

N° 137 – représentation diplomatique et consulaire française (1932–1937)
N° 141 et 142 – presse (1930–1937)
N° 151 à 180 – politique intérieure (1930–1937)
N° 182 à 184 – guerre civile : attitudes des puissances (1936–1937)
N° 187 – guerre civile : actions humanitaires, échanges d'otages (1936–1939)
N° 188 – guerre civile : réfugiés
N° 207 – politique étrangère : Allemagne et Italie (1930–1936)
N° 213 – politique étrangère : France et Angleterre (1930–1936)
N° 224 – politique de non-intervention, pacte méditerranéen
N° 241 – guerre civile : reconnaissance de Franco (1936–1939)
N° 260 à 262 – Français en Espagne (1930–1936)
Supplément 1930–1940 :
N° 274 – représentation diplomatique et consulaire (1935–1937)

Papiers d'agents

PA-AP 89 Herriot
N° 16, f 65 : lettre privée de Jean Herbette du 24 octobre 1925,
f 77 : lettre privée de Jean Herbette du 23 août 1927

PA-AP 270 Hoppenot
N° 17 lettre de Jean Herbette du 29 juin 1949

Papiers 1940

Papiers Leger
N° 7 – télégramme de Jean Herbette (Madrid, novembre 1933)
N° 11 – lettres particulières de Jean Herbette (octobre 1933)

Dossiers de personnel

3ème série
N° 132 – Jean Herbette

B – Centre des Archives Diplomatiques de Nantes (CADN)

Fonds de l'ambassade de France à Madrid

Fonds C 1918–1940 (MfC)

Collection chronologique des dépêches envoyées par l'ambassade de France à Madrid (registres microfilmés) :
Du volume 30 au volume 64 (2mi1085 à 2mi1108) de janvier 1931 à décembre 1937. Seuls les mois de octobre à décembre 1933 et janvier 1935 manquent. Fonds d'une extraordinaire richesse, dépouillé entièrement lors de notre thèse.

Cartons (seules sont mentionnées ici les cotes citées les plus fournies pour notre sujet) :
N° 4 – ambassadeurs, Herbette, papiers divers, destitution (1931–1937)
N° 28 – ambassade : cérémonies et fêtes (1922–1940)
N° 33 – séjours de l'ambassade à Saint-Sébastien (1929–1944)

N° 65 et 66 – événements politiques français, fêtes nationales (1920–1944)
N° 67 – voyages en Espagne de personnalités françaises (1921–1944)
N° 69 et 70 – correspondances avec le département, les consulats (1923–1944)
N° 116 – le Roi d'Espagne (1924–1935)
N° 118 – la famille royale, la cour (1918–1940)
N° 119 – constitution espagnole, liste des ministères (1918–1944)
N° 120 – personnel politique espagnol (1918–1944)
N° 122 – Cortès constituantes et législatives (1931–1933)
N° 128 à 132 – politique intérieure de l'Espagne (1930–1937)
N° 133 – élections (1927–1943)
N° 134 – partis politiques, élections (1920–1944)
N° 150 – communisme en Espagne et au Maroc (1918–1942)
N° 152 – question méditerranéenne (1918–1936)
N° 155 – projets de pacte méditerranéen (1907–1935)
N° 156 – relations bilatérales France-Espagne (1918–1936)
N° 162 à 173 – relations de l'Espagne avec d'autres pays européens
N° 189 – SDN dossier général (1918–1936)
N° 201 et 202 – propagande française en Espagne (1918–1943)
N° 206 à 210 – presse espagnole : journaux, journalistes (1918–1944)

Fonds B guerre civile 1936–1939 (MfB)

N° 553 – informations politiques générales, gouvernement de Valence (1936–1939)
N° 554 – considérations générales sur la guerre civile (septembre 1936 – mars 1938)
N° 555 – informations militaires (1936–1939)
N° 556 – informations militaires et incidents de frontières
N° 558 et 559 – nationalistes, Franco (1936–1939)
N° 560 – Non-intervention, contrôle (1936–1938)
N° 562 – reconnaissance de fait de Franco (1936–1939)
N° 563 – volontaires français, ravitaillement (1936–1939)
N° 564 et 565 – Allemagne et Italie (1936–1939)
N° 566 – URSS (1936–1938)
N° 567 – médiation humanitaire (1936–1938)
N° 568 – otages, « asilés », prisonniers (1936–1939)
N° 569 – ambassade, déplacements (juillet 1936 – octobre 1938)
N° 570 – mission de Barbier à Valence, mission de Bonjean à Madrid, relations avec le corps diplomatique (1936–1938)
N° 571 – évacuation de Français (1936–1938)
N° 572 à 574 – évacuation d'enfants espagnols, retour (1936–1939)
N° 581 – ambassade, divers (1936–1937)
N° 582 – correspondances diverses (1936–1939)

Photos allemandes

Fonds conservant les « photographies » de documents du Quai d'Orsay prises par les occupants allemands à partir de 1940. C'est notamment à partir des « documents Herbette » qu'a été rédigé l'ouvrage de propagande : *Un ambassadeur français parle du péril bolchevique.*

Documents Herbette sur la Russie
R 238 (carton 553) et R 239 (carton 554)

Espagne
V 65, 1935 et 1936 (carton 870)

C – Sources imprimées

Documents Diplomatiques Français (D.D.F.)

- Des mentions d'Herbette journaliste dans :
  1871–1914 troisième série (1911–1914) tomes I à XI
  1920 tome I (10 janvier – 18 mai)
- Des dépêches et surtout des télégrammes échangés entre Herbette, alors en poste à Madrid, et le Quai d'Orsay sont reproduits, surtout dans les volumes III à VI de la deuxième série des *D.D.F.* 1932–1939 qui couvrent le début de la guerre civile espagnole :
  1932–1939 première série (1932–1936) tomes I à XII
  1932–1939 deuxième série (1936–1939) tomes I à VI

Différentes éditions de l'Annuaire diplomatique (Imprimerie nationale), irremplaçables pour suivre les carrières des diplomates.

2 – ARCHIVES NATIONALES (AN)

Archives privées
N° 149 AP Mangin, n° 10, lettre de Jean Herbette du 8 novembre 1910.
N° 317 AP Marin, n° 4, notes sur Jean Herbette
N° 324 AP Tardieu, n° 9, quatre lettres de Jean Herbette, 1906 et 1911.
N° 370 AP Peycelon, n° 1 dr 4 (URSS), rapports de Jean Herbette (1925–1927)
N° 475 AP Lyautey, n° 284, lettre de Jean Herbette du 13 octobre 1922

Archives de presse
5 AR/280 agence Havas à Moscou; Jean Fontenoy (1925–1926)
11 AR/684 archives du *Petit Parisien*, dossiers biographiques dont celui de Jean Herbette.

Série F 7 ministère de l'Intérieur – police générale (Sûreté nationale)
F 7 13445 – notes et rapports sur anarchistes espagnols en France (1931)
F 7 13446 – révolution espagnole, presse (1931–1932)
F 7 13447 – notes et rapports sur l'Espagne (1932)
F 7 13448 – notes et rapports sur l'Espagne (1933)
F 7 13493 – URSS dossier général (1924)
F 7 13494 – URSS presse (1925)
F 7 13495 – notes russes (1925)
F 7 13496 – URSS dossier général (1926)
F 7 13497 à F 7 13503 – notes russes, presse, propagande (1927–1931)

3 – BIBLIOTHÈQUE NATIONALE DE FRANCE
(Fonds des Manuscrits – Nouvelles Acquisitions Françaises)

Papiers Poincaré
16004 – correspondance
14 lettres de Jean Herbette (ff50–71)
16060 – dîners intimes, listes des invités

Autres papiers privés
18451 – papiers Pierre et Marie Curie, billet de Jean Herbette (f101)
14775 – papiers Madame Decori, lettre à Jeanne Herbette du 4 mai 1925
15681 – papiers Ossip Hourié, correspondance

4 – ARCHIVES D'HISTOIRE CONTEMPORAINE (FONDATION NATIONALE DES SCIENCES POLITIQUES)

Fonds Anatole de Monzie
(constitué de photocopies confiées par Madame Hélène Carrère d'Encausse)
Correspondance échangée entre Jean Herbette et Eirik Labonne, secrétaire général de la Conférence franco-soviétique (1926–1927)
Lettres d'Anatole de Monzie à Jean Herbette
Articles de presse et notes d'Anatole de Monzie sur les relations franco-soviétiques

Fonds Vincent Auriol
(consultable aux Archives Nationales après dérogation accordée par le directeur des Archives d'histoire contemporaine)
552 AP 13 – missions de Vincent Auriol en Espagne, février 1935. Correspondance avec Maurice (en fait Jean) Herbette, ambassadeur de France à Madrid.

5 – BIBLIOTHÈQUE CANTONALE ET UNIVERSITAIRE DE LAUSANNE (BCUL)

Fonds de la famille Herbette IS 4147 (24 cartons)
N° 1 – Louis Herbette : articles et papiers personnels
N° 2 – Louis Herbette et son épouse Jeanne Barreswil : lettres, diplômes ...
N° 3 – documents d'ordre biographique concernant Jean Herbette : coupures de presse, titres et distinctions, études, pièces d'identité, testament ...
N° 4 – affaires financières et successorales, actions russes
N° 5 – cahier de brouillons de lettres envoyées (1912–1915)
N° 6 – correspondance reçue diverse en vrac
N° 7 et 8 – correspondance reçue grossièrement classée, quelques brouillons de réponses
N° 9, 10 et 11 – correspondance reçue classée par ordre alphabétique
N° 12 – activités diplomatiques, dettes russes, manuscrits d'articles de presse
N° 13 et 14 – manuscrits d'articles de presse d'auteurs divers classés par ordre alphabétique
N° 15 – collection d'autographes

N° 16 à 22 – collection de manuscrits historiques français d'auteurs divers, manuscrits arabes, persans et russes
N° 23 – Jeanne Herbette, correspondance particulière
N° 24 – iconographie : photographies officielles et de famille, dessins, caricatures

6 – ARCHIVES PRIVEES DE LA FAMILLE DE FRANCOIS HERBETTE

Environ quatre-vingts lettres de Jean Herbette reçues par son frère François Herbette de 1907 à 1959 (aucune de janvier 1940 à décembre 1945)

Notices biographiques et généalogiques des familles Herbette et Barreswil, rédigées par Mme François Herbette née Renée Herlein.

Photographies et portraits des membres des familles Herbette et Barreswil.

Articles de journaux relatifs à l'ambassade de Jean Herbette à Madrid (1932 et 1936)

Articles de journaux et faire-part relatifs au décès de Jean Herbette et à la vente de ses biens (1960 et 1972).

Plaquette de présentation de la fondation Herbette de l'Université de Lausanne.

7 – DIVERS

The Herbette Collection and Important European Silver, Christies, catalogue de la vente des biens de Jean et Jeanne Herbette avec les prix réalisés, 268 pages.

8 – PRESSE

Les articles de Jean Herbette parus dans les titres pour lesquels il a travaillé ont été dépouillés sur l'ensemble des années concernées ou en partie selon les numéros conservés et encore en état.

L'Action, 1908–1912
Le Siècle, 1911 – janvier 1913
La Politique Etrangère, 1913
L'Écho de Paris, 1913–1917
Le Temps, 1917–1924
L'Information, octobre–novembre 1924

Par ailleurs, d'autres titres ont été consultés pour des événements précis comme la nomination d'Herbette comme ambassadeur de France (novembre 1924), son arrivée à Moscou (janvier 1925), « l'affaire Rakovski » en 1927 … jusqu'à son rappel en 1937. Les notes de bas de pages précisent les journaux et les numéros cités dans le texte.

BIBILIOGRAPHIE

Par souci de clarté, après la présentation de quelques travaux sur le genre biographique et sur le ministère français des Affaires étrangères, nous mentionnons les ouvrages consultés lors de nos recherches en suivant le plan de notre ouvrage.

BIOGRAPHIE ET HISTOIRE

ALLAIN Jean-Claude, « De la personnalité au groupe de décision : leur pouvoir sur le cours de l'histoire internationale », *Relations Internationales*, n° 83, automne 1995, pages 317–326.

BOURDIEU Pierre, « L'illusion biographique », *Actes de la recherche en Sciences sociales*, juin 1986, n° 62–63, pages 69–72.

DETHAN Georges, « Une nouvelle conception de la biographie ? », *Revue d'Histoire Diplomatique*, n° 1–2, janvier–juin 1982, pages 57–67.

DVORAK Marta (dir.), *La création biographique*, Rennes, PUR/AFEC, 1997, 315 pages ; notamment, Colette COSNIER, « Les pièges de la biographie », p. 25–33.

LEVI Giovanni, « Les usages de la biographie », *Annales ESC*, 1989, n° 6, pages 1325–1336.

MADELENAT Daniel, *La biographie*, Paris, PUF, 1984, 222 pages.

MADELENAT Daniel, « Le biographique », *Revue des Sciences Humaines*, 1991, n° 224, pages 232–248.

Problèmes et méthodes de la biographie, Paris, Actes du colloque de mai 1985.

RÉMOND René, « Le rôle des hommes dans la pensée et l'œuvre de Jean-Baptiste Duroselle », *Relations Internationales*, n° 83, automne 1995, pages 311–316.

LE MINISTÈRE FRANÇAIS DES AFFAIRES ÉTRANGÈRES

ALLAIN Jean-Claude et AUFFRET Marc, « Le ministère français des Affaires étrangères. Crédits et effectifs pendant la Troisième République », *Relations Internationales*, n° 32, 1982, pages 405–446.

ALLAIN Jean-Claude, « Les ambassadeurs français en poste de 1900 à 1939 » in *Élites en France et en Allemagne aux XIXème et XXème siècles*, R. Oldenbourg Verlag München 1994, pages 265–279.

BAILLOU Jean (dir.), *Les Affaires étrangères et le corps diplomatique*, tome II : *1870–1980*, Paris, CNRS, 1984, 1018 pages.

BARBIER Colette, *Henri Hoppenot, diplomate (25 octobre 1891 – 10 août 1977)*, Direction des Archives du ministère des Affaires étrangères, 1996, 631 pages.

BONNEFOUS Georges et BONNEFOUS Édouard, *Histoire politique de la Troisième République*, tomes I (1906–1914) à VII (1936–1938).

Dictionnaire des Parlementaires français. Notices biographiques sur les ministres, députés et sénateurs français de 1889 à 1940, Paris, PUF, 1972–1977, 8 volumes.

DOISE Jean et VAÏSSE Maurice, *Politique étrangère de la France. Diplomatie et outil militaire 1871–1991*, Paris, seuil, 1992, 752 pages.

DUROSELLE Jean-Baptiste, *Histoire diplomatique de 1919 à nos jours*, Paris, Dalloz, 1993 (11ème édition), 1038 pages.

DUROSELLE Jean-Baptiste, *Tout empire périra, théorie des relations internationales*, Paris, Armand Colin, 1992, 346 pages.

RÉAU Élisabeth du, « L'information du décideur et l'élaboration de la décision diplomatique françaises dans le dernières années de la Troisième République », *Relations Internationales*, n° 32, 1982, pages 525–541.

RÉAU Élisabeth du, « Le renseignement et l'élaboration de la décision diplomatique et militaire : le cas de la France, 1933–1940 », *Relations Internationales*, n° 78, 1994, pages 241–260.

RENOUVIN Pierre, *Histoire des relations internationales*, Paris, Hachette, volumes VI, VII et VIII.

RENOUVIN Pierre et DUROSELLE Jean-Baptiste, *Introduction à l'histoire des relations internationales*, Paris, Armand Colin, 1991 (réédition), 521 pages.

VAÏSSE Maurice, « L'adaptation du Quai d'Orsay aux nouvelles conditions diplomatiques (1919–1939) », *Revue d'Histoire Moderne et Contemporaine*, tome XXXII, 1985, pages 145–162.

VILLATE Laurent, *Paul et Jules Cambon, deux acteurs de la diplomatie française (1843–1935)*, thèse de l'IEP de Paris sous la direction de Pierre Milza, thèse microfichée, 882 pages.

YVERT Benoît, *Dictionnaire des ministres (1789–1989)*, Paris, Perrin, 1990, 1028 pages.

LES ORIGINES ET LA JEUNESSE

La génération de Louis et Jules Herbette

ALBERT Pierre, *Histoire de la presse politique nationale au début de la Troisième République (1871–1879)*, Lille, ART, 1980, 1599 pages.

BOIS Paul, *Histoire de Nantes*, Paris, Privat, 1977, 478 pages.

BRUEZIÉRE Maurice, *L'alliance française. Histoire d'une institution*, Paris, Hachette, 1983, 248 pages.

CHARLE Christophe, *Les élites de la République 1880–1900*, Paris, Fayard, 1987, 556 pages.

DURAND Yves (dir.), *Le diocèse de Nantes*, Paris, Beauchesne, 1985, 310 pages.

GRÉVY Jérôme, *La République des opportunistes, 1870–1885*, Paris, Perrin, 1998, 415 pages.
GUILLEN Pierre, *Politique étrangère de la France, l'expansion 1881–1898*, Paris, Imprimerie Nationale, 1985, 521 pages.
PETIT Jacques-Guy, *Ces peines obscures, la prison pénale en France 1780–1875*, Paris, Fayard, 1990, 750 pages.
SCHMIDT Nelly, *Victor Schoelcher*, Paris, Fayard, 1994, 440 pages.

Indications bibliographiques des membres de la famille Herbette

HERBETTE François, *Franklin Delano Roosevelt*, 1932.
HERBETTE François, *La production soviétique et l'équilibre du marché de l'or*, 1937.
HERBETTE François, *Cafés d'Amérique et cafés coloniaux français*, 1945.
HERBETTE François, *L'expérience marxiste en France 1936–1938. Témoignage d'un cobaye conscient*, Paris, Génin, 1959, 349 pages. Recueil d'éditoriaux et d'articles parus dans le *Bulletin quotidien de la Société d'Études et d'Information économique* pendant la période du Front populaire.
HERBETTE Jean, *Contribution à l'étude de l'isomorphisme*, Paris, Gauthier-Villars, 1906, 96 pages.
HERBETTE Jules, *Les conditions du travail en Allemagne. Rapport au ministre des Affaires étrangères*, Paris, Berger-Levrault, 1890, 394 pages.
HERBETTE Louis, *Nos diplomates et notre diplomatie. Étude sur le ministère des Affaires étrangères*, Paris, Le Chevalier, 1874, 129 pages.
HERBETTE Louis, *Bonapartisme et bonapartistes*, Beauvais, Laffineur, 1875, 104 pages.
HERBETTE Louis, *Les vingt-cinq ans de la République*, Paris, 1895.
HERBETTE Maurice, *Une ambassade turque sous le Directoire*, Paris, Didier, Perrin et Cie, 1902, 343 pages.
HERBETTE Maurice, *Une ambassade persane sous Louis XIV, d'après des documents inédits*, Paris, Perrin, 1907, 399 pages.
HERBETTE Maurice, « la diplomatie », in *L'avenir de la France. Réformes nécessaires*, Paris, Félix Alcan, 1918, pages 1–24 et avant propos, pages V–VIII.

LES ENGAGEMENTS DU JOURNALISTE (1907–1924)

Témoignages et biographies

BERSTEIN Serge, *Édouard Herriot ou la République en personne*, Paris, FNSP, 1985, 327 pages.
DAUDET Léon, *Le nain de Lorraine, Raymond Poincaré*, Paris, Editions du Capitole, 1930, 201 pages.
Édouard Herriot, Études et témoignages, Paris, Publications de la Sorbonne, 1975, 193 pages.
HALEVY Élie, *Correspondance (1891–1937)*, Paris, De Fallois, 1996, 803 pages.
HERRIOT Édouard, *Jadis*, tome II : *D'une guerre à l'autre 1914–1936*, Paris, Flammarion, 1952, 650 pages.

JUNOT Michel, *André Tardieu, le mirobolant*, Paris, Denoël, 1996, 430 pages.

KEIGER J.-F., *Raymond Poincaré*, Cambridge, 1997, 411 pages.

MANIGAND-MAYET Christine, *Henry de Jouvenel*, Limoges, PUBLIM, 2000. Edition de la thèse *La carrière politique d'Henry de Jouvenel*, 1996.

MIQUEL Pierre, *Poincaré*, Paris, Arthème Fayard, 1961, 636 pages.

MONNET François, *Refaire la République. André Tardieu : une dérive réactionnaire (1876–1945)*, Paris, Fayard, 1993, 638 pages.

MURON Louis, *Édouard Herriot (1872–1957)*, Lyon, Editions lyonnaises d'art et d'histoire, 1997, 268 pages.

PAUL-BONCOUR Joseph, *Entre deux guerres*, tome II : *Les lendemains de la victoire 1919–1934*, Paris, Plon, 1945, 435 pages.

PAYEN Fernand, *Raymond Poincaré. L'homme, le parlementaire, l'avocat*, Paris, Grasset, 1936, 445 pages.

POINCARÉ Raymond, *Au service de la France*, tome XI : *À la recherche de la paix 1919*, Paris, Plon, 1974, 506 pages.

ROTH François, *Raymond Poincaré*, Paris, Fayard, 2000, 715 pages.

SOULIÉ Michel, *La vie politique d'Édouard Herriot*, Paris, Armand Colin, 1962, 626 pages.

La presse et les journalistes

Annuaire de la presse française et étrangère et du monde politique

BELLANGER Claude, GODECHOT Jacques, GUIRAL Pierre et TERROU Fernand, *Histoire générale de la presse française*, tome III : *1870–1940*, Paris, PUF, 1972, 688 pages.

DELPORTE Christian, « Les journalistes dans l'entre-deux guerres. Une identité en crise » in *Vingtième Siècle Revue d'Histoire*, n° 47, juillet–septembre 1995, pages 158–175.

DELPORTE Christian, *Les journalistes en France, 1880–1950. Naissance et construction d'une profession*, Paris, Seuil, 1999, 450 pages.

DE LIVOIS Robert, *Histoire de la Presse française*, Paris, CFA, 1965, 2 tomes, 664 pages.

FAURE Catherine, *L'Écho de Paris et les relations internationales, des crises marocaines à la Grande Guerre, 1905–1914*, thèse microfichée, 1993.

L'Illustration, Histoire d'un siècle, Paris, SEFAG, 1985.

MANEVY Raymond, *Histoire de la presse 1914–1939*, Paris, Corréa et Cie, 1945, 360 pages.

MARTIN Marc, *Médias et journalistes de la République*, Paris, Editions Odile Jacob, 1997, 494 pages.

NAVET-BOURON Françoise, *Censure et dessin de presse pendant la Grande Guerre*, thèse microfichée, 1997.

OSTENC Michel, « G. d'Annunzio et l'entrée en guerre de l'Italie dans la presse française », *Guerres Mondiales et Conflits Contemporains*, n° 185, janvier 1997, pages 89–110.

PERSE

AFARY Janet, *The Iranian Constitutional Revolution 1906–1911*, New York, Columbia University Press, 1996, 448 pages.

DIGARD Jean-Pierre, HOURCADE Bernard, RICHARD Yann, *L'Iran au XXème siècle*, Paris, Fayard, 1996, 459 pages.

SHUSTER W. Morgan, *The Strangling of Persia. Story of the European Diplomacy and Oriental Intrigue that resulted in the Denationalization of twelve million Mohammedans. A personal Narrative*, New York, The Century, 1912, 423 pages.

SIASSI Ali Akbar, *La Perse au contact de l'Occident. Étude historique et sociale*, Paris, E. Leroux, 1931, 273 pages.

THOBIE Jacques, « Banque impériale ottomane et Banque impériale de Perse jusqu'en 1914 : stratégies comparées de deux banques centrales dans un contexte semi-colonial », *Relations Internationales*, n° 56, hiver 1988, pages 427–456.

AVANT GUERRE ET GRANDE GUERRE

ALLAIN Jean-Claude, *Agadir1911, une crise impérialiste en Europe pour la conquête du Maroc*, Paris, Publications de la Sorbonne, 1976, 471 pages.

BECKER Jean-Jacques, *1914, comment les Français sont entrés dans la guerre*, Paris, presses FNSP, 1977, 638 pages.

BECKER Jean-Jacques, *Les Français dans la Grande Guerre*, Paris, Robert Laffont, 1980, 317 pages.

DIGEON Claude, *La crise allemande de la pensée française (1870–1914)*, Paris, PUF, 1959, 568 pages.

DUROSELLE Jean-Baptiste, *La France et les Français 1914–1920*, L'Univers contemporain, 1972, 395 pages.

MARÈS Antoine, *Le séjour d'Édouard Beneš en France 1915–1919*, thèse de troisième cycle, Paris I, 1975.

Opinion publique et politique extérieure, tome I : *1870–1915*, École française de Rome, 1981, 691 pages.

PÉDRONCINI Guy, *Le Haut-commandement, la conduite de la guerre mai 1917 – novembre 1919*, Lille, ART, 1971.

REBÉRIOUX Madeleine, *La République radicale ? 1898–1914*, Paris, Seuil, 1975, 256 pages.

PROBLÈMES INTERNATIONAUX DE L'APRÈS-GUERRE

BATU Hâmit et BACQUE-GRAMMONT Jean-Louis (dir.), *L'empire ottoman et la république de Turquie et la France*, Istanbul/Paris, Isis, 1986, 588 pages.

BECKER Jean-Jacques et BERSTEIN Serge, *Victoires et frustrations 1914–1929*, Paris, Seuil, 1990, 461 pages.

DELPORTE Christian, *La IIIème République 1919–1940 de Poincaré à Paul Reynaud*, Paris, Pygmalion, 1998, 427 pages.

DUMONT Paul et BACQUE-GRAMMONT Jean-Louis (dir.), *La Turquie et la France à l'époque d'Atatürk*, Paris, Association pour le développement des Études Turques, 1981, 322 pages.

HEFER Metin, *Historical Dictionary of Turkey*, Londres, The Scarecrow Press, 1994, 594 pages.

MARÈS Antoine, *Le séjour d'Édouard Beneš en France (1915–1919)*, thèse de 3ème cycle, Paris I, 1975, 636 pages et annexes.

MIQUEL Pierre, *La paix de Versailles et l'opinion publique française*, Paris, Flammarion, 1972, 611 pages.

Problèmes politiques de la Pologne contemporaine, tome II : *La Silésie polonaise*, Paris, Gebethener et Wolff, 1932, 470 pages.

SANDU Traian, *Le système de sécurité français en Europe centre-orientale. L'exemple roumain 1919–1933*, Paris, L'Harmattan, 2000, 495 pages.

TARDIEU André, *La paix*, Paris, Payot, 1921, 520 pages.

THOBIE Jacques, « Le nouveau cours des relations franco-turques et l'affaire du Sandjak d'Alexandrette, 1921–1939 », *Relations Internationales*, n° 19, automne 1979, pages 355–374.

WANDYCZ Piotr S., *France and her Eastern Allies 1919–1925*, Westport, Greenwood Press, 1974, 454 pages.

PREMIER AMBASSADEUR DE FRANCE EN URSS (1924–1931)

Témoignages et biographies

BARBUSSE Henri, *Russie*, Paris, Flammarion, 1930, 262 pages.

BÉRAUD Henri, *Ce que j'ai vu à Moscou*, Paris, éditions de France, 1926.

BIDAULT Suzanne, *Par une porte entrebâillée, ou comment les Françaises entrèrent dans la Carrière*, La Table Ronde, 1972, 226 pages.

BOISANGER Claude de, *Vivre en Russie au temps de la NEP*, Paris, Maisonneuve, 1981, 160 pages. Egalement paru avec très peu de différences sous le titre *Moscou en 1925. L'URSS entre Lénine et Staline*, Paris, La Pensée Universelle, 1981, 157 pages.

DESPRÉAUX Élise, *Trois ans chez les tsars rouges*, Paris, Spes, 1931, 248 pages

DOUILLET Joseph, *Moscou sans voiles. Neuf ans de travail au pays des Soviets*, Paris, Spes, 1928, 249 pages.

DUCLOS Jacques, *Mémoires*, tome I : *1896–1934 le chemin que j'ai choisi. De Verdun au Parti Communiste*, Paris, Fayard, 1968, 434 pages.

DUHAMEL Georges, *Le voyage de Moscou*, Paris, Mercure de France, 1927, 258 pages. Ouvrage dédié à Jean Herbette.

DUHAMEL Georges, *Le livre de l'amertume, journal intime 1925–1956*, Paris, Mercure de France, 1983, 471 pages.

DURTAIN Luc, *L'autre Europe. Moscou et sa foi*, Paris, Gallimard, 1928, 351 pages.

HERRIOT Édouard, *La Russie Nouvelle*, Paris, Ferenczi et fils, 1922, 302 pages.

KUPFERMAN Fred, *Au pays des Soviets. Le voyage français en Union soviétique 1917–1939*, Paris, Gallimard/Julliard, 1979, 189 pages.

LAROCHE Jules, *La Pologne de Pilsudski, souvenirs d'une ambassade 1926–1935*, Paris, Flammarion, 1953, 233 pages.

LESOURD Paul, *Le jésuite clandestin, Monseigneur Michel d'Herbigny*, Paris, Lethielleux, 1976, 240 pages.

LITVINOV Maxime (document apocryphe), *Notes for a Journal*, Londres, André Deutsch, 1955, 303 pages.

Mgr D'HERBIGNY, *Pâques 1926 en Russie. Du Jeudi-Saint (1er avril) au surlendemain de l'Ascension (15 mai)*, Paris, SPES, 1926, 141 pages.

MONZIE Anatole de, *Du Kremlin au Luxembourg*, Paris, Delpeuch, 1924, 268 pages.

MONZIE Anatole de, *Petit manuel de la Russie nouvelle*, Paris, Firmin-Didot, 1931, 340 pages.

PANNÉ Jean-Louis, *Boris Souvarine, le premier désenchanté du communisme*, Paris Robert Laffont, 1993, 491 pages.

PASCAL Pierre, *Mon journal de Russie*, tome 3 : *Mon état d'âme 1922–1926*, tome 4 : *1927*, Lausanne, L'Age d'Homme, 1982.

PESCHANSKI Denis (dir.), *Marcel Cachin. Carnets*, tome III : *1920–1935*, Paris, CNRS éditions, 1998.

RAFFALOVITCH Arthur, *L'abominable vénalité de la presse*, Paris, Librairie du travail, 1931, 450 pages.

TROTSKY Léon, *Ma vie*, Paris, Gallimard, 1953, 658 pages.

Un diplomate français parle du péril bolchevique (Jean Herbette), Commission des Archives du ministère des Affaires étrangères du Reich, Sceaux, 1943, 206 pages.

VAKSBERG Arcadi, *Lili Brik, portrait d'une séductrice*, Paris, Albin Michel, 1999, 360 pages.

Histoire intérieure de l'URSS

ELLEINSTEIN Jean, *Histoire de l'URSS*, tome 2 : *Le socialisme dans un seul pays (1922–1939)*, Paris, Editions Sociales, 1975, 318 pages.

GIRAULT René, *De la Russie à l'URSS, histoire de la Russie de 1850 à nos jours*, Paris, Nathan, 1989, 255 pages.

LLORCA Émile, *De la Russie à l'URSS 1900–1953. Histoire thématique, sept questions*, Paris, Ellipses, 1998, 256 pages.

RIASANOVSKY Nicolas V., *Histoire de la Russie des origines à 1992*, Paris, robert Laffont, 1994, 864 pages.

SORLIN Pierre et SORLIN Irène, *Lénine – Trotski – Staline, 1921–1927*, Paris, Armand Colin, 1972, 260 pages.

WERTH Nicolas, *Histoire de l'Union soviétique*, Paris, PUF, 1990, 558 pages.

Histoire de la politique étrangère soviétique et des relations franco-soviétiques

BORISOV I. V., *L'URSS et la France, 60 ans de relations diplomatiques* (en russe), Moscou, 1984, 240 pages. Compte rendu dans *La Vie Internationale*, 1985.

BOURNAZEL Renata, *Rapallo : naissance d'un mythe. La politique de la peur dans la France du Bloc National*, Paris, FNSP/Armand Colin, 1974, 260 pages.

BROUÉ Pierre, *Rakovsky ou la révolution dans tous les pays*, Paris, Fayard, 1996, 460 pages.

CARLEY Michael J., « Episodes from the early Cold War. Franco-soviet relations 1917–1927 », *Europe-Asia Studies*, vol. 52, n° 7 (november 2000), pages 1275–1305.

CARLEY Michael J., « Prelude to Defeat : Franco-Soviet Relations, 1919–1939 », *Historical Reflections*, n° 22, hiver 1996, pages 159–188.

CARLEY Michael J., « Five Kopecks for Five Kopecks : Franco-Soviet Trade Negociations, 1928–1939 », *Cahiers du monde russe et soviétique*, n° 33, 1992, pages 23–57.

CARRÈRE D'ENCAUSSE Hélène, « L'URSS et le monde extérieur. Révolution et intérêt national », *Relations Internationales*, n° 22, été 1980, pages 103–123.

COEURÉ Sophie, *Images de la Russie soviétique dans la culture politique française (1919–1939)*, thèse microfichée, 1992, 702 pages.

COEURÉ Sophie, *La grande lueur à l'Est. Les Français et l'Union Soviétique (1917–1939)*, Paris, Seuil, 1999, 364 pages.

CONTE Francis, *Christian Rakovski (1873–1941) Essai de biographie politique*, Lille, ART, 1975, deux tomes, 898 pages.

CONTE Francis, *Un révolutionnaire-diplomate, Christian Rakovski : l'URSS et l'Europe, 1922–1941*, Paris, Mouton, 1978.

DEGRAS Jane (dir.), *Soviet Documents on Foreign Policy*, volume II : *1925–1932*, Oxford University Press, 1952, 560 pages.

Documents on British Foreign Policy 1919–1939, volume XXV des *First Series 1919–1925*, portant sur la Russie 1923–1925.

DULLIN Sabine, *Diplomates et diplomatie soviétiques en Europe (1930–1939)*, thèse microfichée, 1998, 747 pages.

DUROSELLE Jean-Baptiste (dir.), *Les relations germano-soviétiques de 1933 à 1939*, Paris, Armand Colin, 1954, 280 pages.

FINK Carole et FROHN Axel, *Genoa, Rapallo, and European Reconstuction in 1922*, Washington, German Historical Institute, 1991, 262 pages.

FISCHER Louis, *Les Soviets dans les affaires mondiales*, Paris, Gallimard, 1933, 763 pages.

FISCHER Louis, *The Soviets in World Affairs. A History of the relations between the Soviet Union and the rest of the World 1917–1929*, Princeton University Press, 1951, deux tomes, 892 pages.

GIRAULT René, « Les relations franco-soviétiques devant la crise de 1929 », *Revue d'Histoire Moderne et Contemporaine*, tome XXVII, avril–juin 1980, pages 237–257.

HOGENHUIS-SELIVERSTOFF Anne, *Les relations franco-soviétiques 1917–1924*, Paris, publications de la Sorbonne, 1981, 316 pages.

HOGENHUIS Anne, « La Russie, l'Europe et la France » in *Une occasion Manquée ? 1922 ; la reconstruction de l'Europe*, Berne, Peter Lang, 1995, pages 319–333.

KOSYK Wolodymyr, *La politique de la France à l'égard de l'Ukraine, mars 1917 – février 1918*, Paris, publications de la Sorbonne, 1981, 304 pages.

LACROIX-RIZ Annie, *Le Vatican, l'Europe et le Reich de la Première Guerre mondiale à la Guerre froide*, Paris, Armand Colin, 1996, 539 pages.

LAGARDE Ernest, *La reconnaissance du gouvernement des Soviets*, Paris, Payot, 1924, 190 pages.

LARAN Michel et VAN REGEMORTER Jean-Louis, *La Russie et l'ex-URSS de 1914 à nos jours*, Paris, Armand Colin, 1996, 384 pages.

LEVESQUE Jacques, *L'URSS et sa politique internationale de Lénine à Gorbatchev*, Paris, Armand Colin, 1980, 404 pages.

MOREAU Émile, *Les relations anglo-soviétiques vues par la diplomatie française (fevrier 1924 – octobre 1927)*, mémoire de maîtrise d'histoire inédit sous la direction de Yves Denéchère, Université d'Angers, 2002, 166 pages et annexes.

MOURIN Maxime, *Le Vatican et l'URSS*, Paris, Payot, 1965, 298 pages.

MOURIN Maxime, *Les relations franco-soviétiques 1917–1967*, Paris, Payot, 1967, 372 pages.

SCOTT William E., *Le pacte franco-soviétique. Alliance contre Hitler*, Paris, Payot, 1965, 300 pages.

TRASATTI Sergio, *Vatican-Kremlin, les secrets d'un face-à-face*, Paris, Payot, 1995, 428 pages.

WATSON Denis, « *La Russie Nouvelle* : The Debate in France between Édouard Herriot and V. A. Maklakov » in *Une occasion Manquée ? 1922 ; la reconstruction de l'Europe*, Berne, Peter Lang, 1995, pages 335–349.

WENGER Antoine, *Rome et Moscou 1900–1950*, Paris, Desclée de Brouwer, 1987, 684 pages.

WENGER Antoine, *Catholiques en Russie d'après les archives du KGB 1920–1960*, Paris, Desclée de Brouwer, 1998, 322 pages.

AU CHEVET DE LA RÉPUBLIQUE ESPAGNOLE (1931–1936)

Témoignages et biographies

ALCALÁ ZAMORA Niceto, *Memorias*, Barcelona, Planeta, 1998, 659 pages.

AZAÑA Manuel, *Memorias políticas y de guerra*, *Diario-discursos*, Madrid, Afrodisio Agrado, 1976 et 1978, trois premiers tomes.

AZAÑA Manuel, *Diarios, 1932–1933. Los cuadernos robados*, Barcelona, Crítica, 1997, 441 pages.

BÉRARD Armand, *Un ambassadeur se souvient*, tome I : *Au temps du danger allemand*, Paris, Plon, 1976, 554 pages.

BÉRAUD Henri, *Emeutes en Espagne*, Paris, Editions de France, 1931, 273 pages.

BONNET Georges, *Vingt ans de vie politique, 1918–1938, de Clemenceau à Daladier*, Paris, Fayard, 1969.

BOWERS Claude, *Ma mission en Espagne (1933–1939)*, Paris, Flammarion, 1956, 412 pages.

DUCLOS Jacques, *Mémoires*, tome II : *1935–1939 aux jours ensoleillés du Front populaire*, Paris, Fayard, 1969, 451 pages.

HERRIOT Édouard, *La France dans le monde ?* Paris, Hachette, 1933.

MADARIAGA Salvador de, *Memorias (1921–1936) Amenecer sin mediodía ?* Madrid, Espasa Calpe, 1974, 760 pages.

NOEL Léon, *Les illusions de Stresa, l'Italie abandonnée à Hitler*, Paris, France-Empire, 1975, 206 pages.

PAUL-BONCOUR Joseph, *Entre-deux guerres*, tome III : *sur les chemins de la défaite 1935–1940*, Paris, Plon, 1945, 330 pages.

PEYREFITTE Roger, *Les ambassades*, Paris, Flammarion, 1951, 325 pages.

RÉAU Élisabeth du, *Édouard Daladier 1884–1970*, Paris, Fayard, 1993, 581 pages.

RIVAS CHERIF Cipriano de, *Retrato de un desconocido. Vida de Manuel Azaña ?* Mexico, Oasis, 1961, 415 pages.

TABOUIS Geneviève, *Vingt ans de « suspense » diplomatique*, Paris, Albin Michel, 1958, 411 pages.

WEYGAND Général, *Mémoires*, tome 2 : *Mirages et réalités*, Paris, Flammarion, 1957, 522 pages.

Histoire intérieure de l'Espagne

BENNASSAR Bartholomé, *Histoire des Espagnols*, Paris, Robert Laffont, 1992, 1132 pages.

BRENAN Gerald, *Le labyrinthe espagnol, origines sociales et politiques de la guerre civile*, Madrid, Ruedo Iberico, 1962, 281 pages.

HERMET Guy, *L'Espagne au XXème siècle*, Paris, PUF, 1992, 308 pages.

JACKSON Gabriel, *The Spanish Republic and the Civil War (1931–1939)*, Princeton University Press, 1965, 578 pages.

PÉREZ Joseph, *Histoire de l'Espagne*, Paris, Fayard, 1996, 921 pages.

PRESTON Paul, *The coming of the Spanish Civil War : reform, reaction and revolution in the Second Republic 1931–1936*, Londres, Mc Millan, 1975, 264 pages.

Studia Historica, Historia Contenporánea, vol. I, n° 4, 1983 consacré à la Deuxième République.

TUÑON DE LARA Manuel, *La Segunda República*, Madrid, Siglo XXI, 1976, deux volumes, 172 et 240 pages.

Histoire des relations franco-espagnoles

ALBA Victor, « Herriot, Azaña y la Legión de honor », *Diario 16*, 22 décembre 1982, page 2.

DELAUNAY Jean-Marc, *Méfiance cordiale, les relations franco-espagnoles au début du XXème siècle (1898–1914)*, thèse de doctorat d'État soutenue en 2000, 9 volumes, 3625 pages (microfichée).

DELAUNAY Jean-Marc, *Des palais en Espagne, l'École des Hautes Études Hispaniques et la Casa de Velázquez au cœur des relations franco-espagnoles du XXème siècle (1898–1979)*, Madrid, Casa de Velázquez, 1994, 670 pages.

DELAUNAY Jean-Marc, « L'Espagne dans la politique générale française au XXème siècle ; une réflexion sur la bilatéralité entre les nations » in *Images et influences de l'Espagne dans la France contemporaine*, Presses universitaires de Perpignan, 1994, pages 34–54.

DENÉCHÈRE Yves, *La politique espagnole de la France de 1931 à 1936. Une pratique française de rapports inégaux*, Paris, L'Harmattan, 1999, 336 pages.

DENÉCHÈRE Yves, « Un enfoque original de la inmigración en tiempos de crisis : un proyecto de simbiosis franco-española en los años treinta », *Historia Contemporánea*, n° 17, 1999, pages 231–248.

DENÉCHÈRE Yves, « L'inégalité de traitement des réfugiés politiques en France, l'exemple des Espagnols avant 1936 », *Annales de Bretagne et des Pays de l'Ouest*, tome 108, n° 3, 2001, pages 117–134.

EGIDO LEON María de los Angeles, *La concepción de la política exterior española durante la Segunda República*, Mardid, UNED, 1987, 653 pages.

GIRAULT René, « Réflexions sur la méthodologie de l'histoire des relations internationales, l'exemple des relations franco-espagnoles » in *Españoles y Franceses en la primera mitad del siglo XX ?* Madrid, CSIC, 1986, pages 151–159.

PÁEZ-CAMINO ARIAS Feliciano, *La significación de Francia en el contexto internacional de la Segunda República (1931–1936)*, thèse 1989, 1229 pages.

PIKE David Wingeate, « La victoire du front populaire en Espagne (février 1936) : la réaction de la droite en France », *Guerres Mondiales et Conflits Contemporains*, n° 184, 1996, pages 85–92.

SCHOR Ralph, *L'opinion publique française et les étrangers 1919–1939*, Paris, publications de la Sorbonne, 1985, 761 pages.

L'ÉPREUVE DE LA GUERRE CIVILE ESPAGNOLE (1936–1937)

Témoignages et biographies

AZAÑA Manuel, *Memorias políticas y de guerra, diario-discursos*, Madrid, Afrodisio Agrado, 1978, quatrième tome.

BACHOUD Andrée, *Franco ou la réussite d'un homme ordinaire*, Paris, Fayard, 1997, 527 pages.

BARBIER Jean-Baptiste, *Un frac de Nessus*, Rome, L'Alveare, 1951, 1400 pages.

BENNASSAR Bartholomé, *Franco*, Paris, Perrin, 1995, 409 pages.

CORTA Dominique de, *Le colonel Morel, attaché militaire à Madrid (1936–1939)*, mémoire de maîtrise sous la direction de J.-B. Duroselle, 1981.

GREILSAMMER Ilan, *Blum*, Paris, Flammarion, 1996, 610 pages.

HERBETTE François, *L'expérience marxiste en France 1936–1938. Témoignage d'un cobaye conscient*, Paris, Génin, 1959, 349 pages.

JUNOD Marcel, *Le troisième combattant*, Paris, Payot, 1962.

HOARE Samuel, *Ambassadeur en mission spéciale*, Paris, Vent du Large, 1947, 476 pages.

KOLTSOV Mijail, *Diario de la guerra de España*, 1963.

LACOUTURE Jean, *Léon Blum*, Paris, Seuil, 1977, 616 pages.

TUSELL Javier, *Franco en la guerra civil. Una biografía política*, Barcelone, Tusquets, 1993, 428 pages.

Histoire de la Guerre civile

BERDAH Jean-François, *La démocratie assassinée, la république espagnole et les grandes puissances 1931–1939*, Paris, Berg International Editeurs, 2000.

BRASILLACH Robert et BARDÈCHE Maurice, *Histoire de la guerre d'Espagne*, Paris, Plon, 1939, 442 pages.

BROUÉ Pierre et TÉMIME Émile, *La révolution et la guerre d'Espagne*, Paris, Editions de Minuit, 1961, 542 pages.

DE MEER Fernando, *El partido nacionalista vasco ante la guerra de España (1936–1937)*, Pamplona, Eunsa, 1992, 603 pages.

Enfants de la guerre civile espagnole. Vécus et représentations de la génération née entre 1925 et 1940, Paris, CHEVS, L'Harmattan, 1999, 223 pages.

HERMET Guy, *La guerre d'Espagne*, Paris, Seuil, 1989, 340 pages.

L'Histoire, n° 200, juin 1996, « 1936, la guerre d'Espagne », pages 20–47.

MALEFAKIS Edward, *La guerra de España (1936–1939)*, Madrid, Taurus, 1996, 679 pages.

PAPY Michel (dir.), *Les Espagnols et la guerre civile*, Biarritz, Atlantica, 1999, 441 pages.

SOUTHWORTH H. R., *La destrucción de Guernica. Periodismo, diplomacia, propaganda e historia*, 1977.

THOMAS Hugh, *La guerre d'Espagne*, Paris, Robert Laffont, 1985, 1026 pages.

La France et les Français face à la Guerre d'Espagne

AVILÉS FARRÉ Juan, *Pasión y farsa. Franceses y Británicos ante la guerra civil española*, Mardid, Eudema, 1994, 229 pages.

BARRUCH Marc-Olivier et DUCLERT Vincent (dir.), *Serviteurs de l'État. Une histoire politique de l'administration française*, Paris, La Découverte, 2000, 581 pages. Notamment le chapitre 30 par Emile TEMIME : « L'influence de la Guerre d'Espagne ».

BARRUSO Pedro, « La misión diplomática del embajador francés, Jean Herbette, durante la Guerra civil » in *Los protagonistas de las relaciones internacionales*, actes du colloque de 1994, *Bulletin d'Histoire Contemporaine de l'Espagne*, n° 28–29, décembre 1998 – juin 1999, pages 120–134.

BORRÁS LLOP José María, « Relaciones franco-españolas al comienzo de la guerra civil : la embajada de Jean Herbette (1936–1937) », *Arbor*, n° 491–492, novembre–décembre 1986, pages 77–99.

BORRÁS LLOP José María, « El Frente popular françès ante la guerra de España », *Historia 16 la guerra civil*, n° 8, 1986, pages 92–103.

BORRÁS LLOP José María, *Francia ante la Guerra civilespañola : burguesía, interès nacional e interès de clase*, Madrid, CISC, 1981, 414 pages.

BROUÉ Pierre, *Staline et la révolution. Le cas espagnol (1936–1939)*, Paris, Fayard, 1993, 365 pages.

CASANOVA Marina, *La diplomacia española durante la guerra civil*, Madrid, ministerio de Asuntos exteriores, 1996, 332 pages.

DEFFOIS Pauline, *Les consuls de France en Espagne dans la tourmente de la guerre civile (juillet 1936 – mars 1939)*, mémoire de maîtrise d'histoire inédit sous la direction de Yves Denéchère, Université d'Angers, 2002, 207 pages et annexes.

DENÉCHÈRE Yves, « Les États-Unis et la Deuxième République espagnole : l'ambassade de Claude G. Bowers (1933–1939) » in *Histoires d'Europe et d'Amérique, mélanges offerts à Yves-Henri Nouailhat*, Nantes, 1999, pages 271–286.

DENÉCHÈRE Yves, « Les Enfants espagnols réfugiés en Maine-et-Loire pendant la guerre civile d'Espagne (1936–1939) », *Archives d'Anjou*, n° 5, 2001, pages 147–163.

DOMERGUE Lucienne (dir.), *L'exil républicain espagnol à Toulouse 1939–1999*, Presses de l'Université du Mirail, 1999, 309 pages.

DREIFORT John E., *Yvon Delbos at the Quai d'Orsay, French Foreigne Policy during the Popular Front 1936–1938*, University Press of Kansas, 1973, 273 pages.

DREYFUS-ARMAND Geneviève, *L'exil des républicains espagnols en France. De la guerre civile à la mort de Franco*, paris, Albin Michel, 1999, 476 pages.

DUROSELLE Jean-Baptiste, *Politique étrangère de la France, la décadence 1932–1939*, Paris, Imprimerie Nationale, 1979, 568 pages.

LEFRANC Georges, *Histoire du front populaire (1934–1938)*, Paris, Payot, 1965, 501 pages.

MARQUÉS Pierre, *Les enfants espagnols réfugiés en France (1936–1939)*, Paris, 1993, 257 pages.

MARQUÉS Pierre, *La Croix-Rouge pendant la guerre d'Espagne (1936–1939) Les missionnaires de l'humanitaire*, Paris, L'Harmattan, 2000, 451 pages.

MIRALLES Ricardo, « La diplomatie de la république espagnole face à la non-intervention (1936–1939) », *Guerres Mondiales et Conflits Contemporains*, n° 186, 1997, pages 51–72.

Opinion publique et politique extérieure, tome II : *1915–1940*, École française de Rome, 1984.

PIKE David Wingeate, *Les Français et la Guerre d'Espagne 1936–1939*, Paris, PUF/Sorbonne, 1975, 467 pages.

SAGNES Jean et CAUCANAS Sylvie, *Les Français et la Guerre d'Espagne*, Université de Perpignan, 1990, 438 pages.

SERRANO Carlos, *L'enjeu espagnol. PCF et guerre d'Espagne*, Paris, Messidor/ Editions sociales, 1987, 291 pages.

SKOUTELSKY Rémi, *L'espoir guidait leurs pas. Les volontaires français des Brigades internationales 1936–1939*, Paris, Seuil, 1998, 410 pages.

VAÏSSE Maurice, « Le pacifisme français dans les années trente », *Relations Internationales*, n° 53, 1988, pages 37–52.

WARNER Geoffrey, « France and non-intervention in Spain, july–august 1936 », *International Affairs*, april 1962, volume 38 n° 2, pages 203–220.

ANNEXES

ANNEXE N° 1.

ARBRE GÉNÉALOGIQUE DE LA FAMILLE HERBETTE

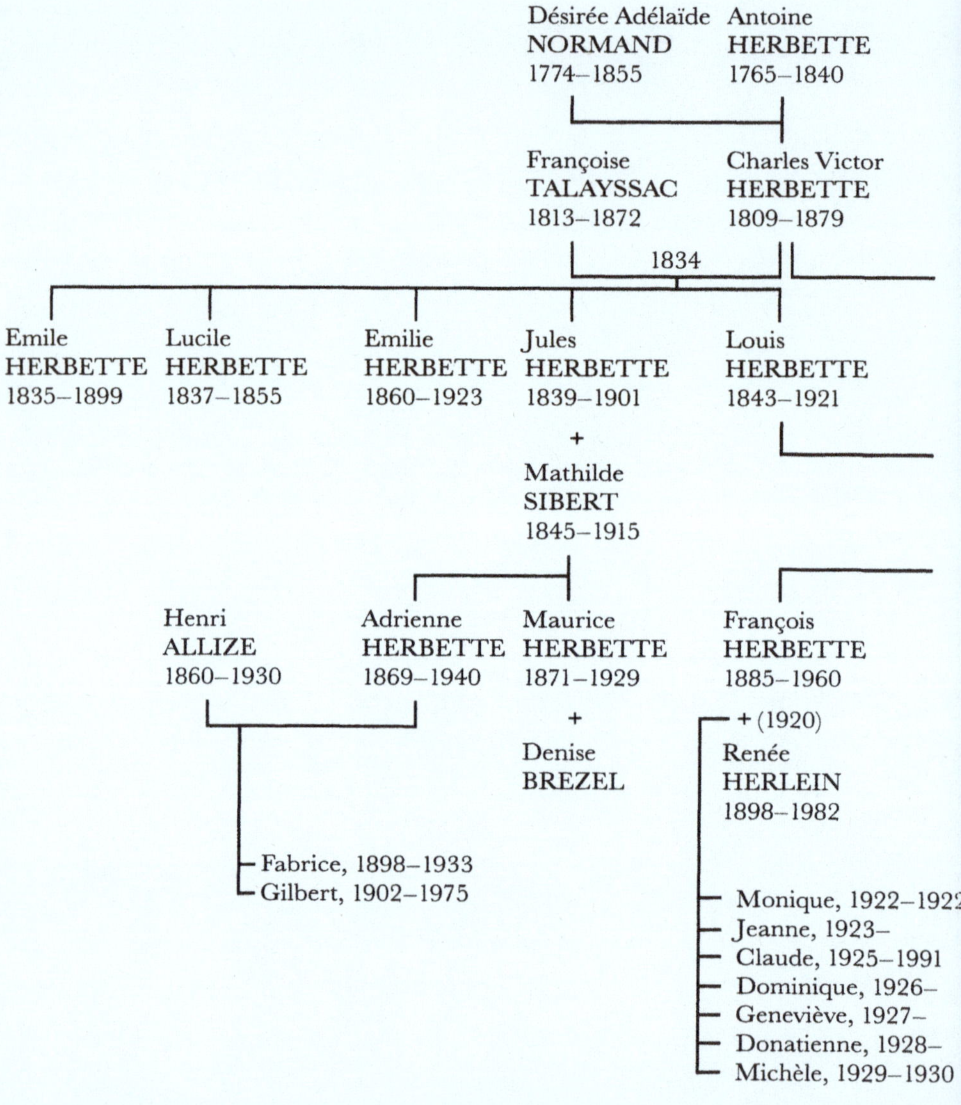

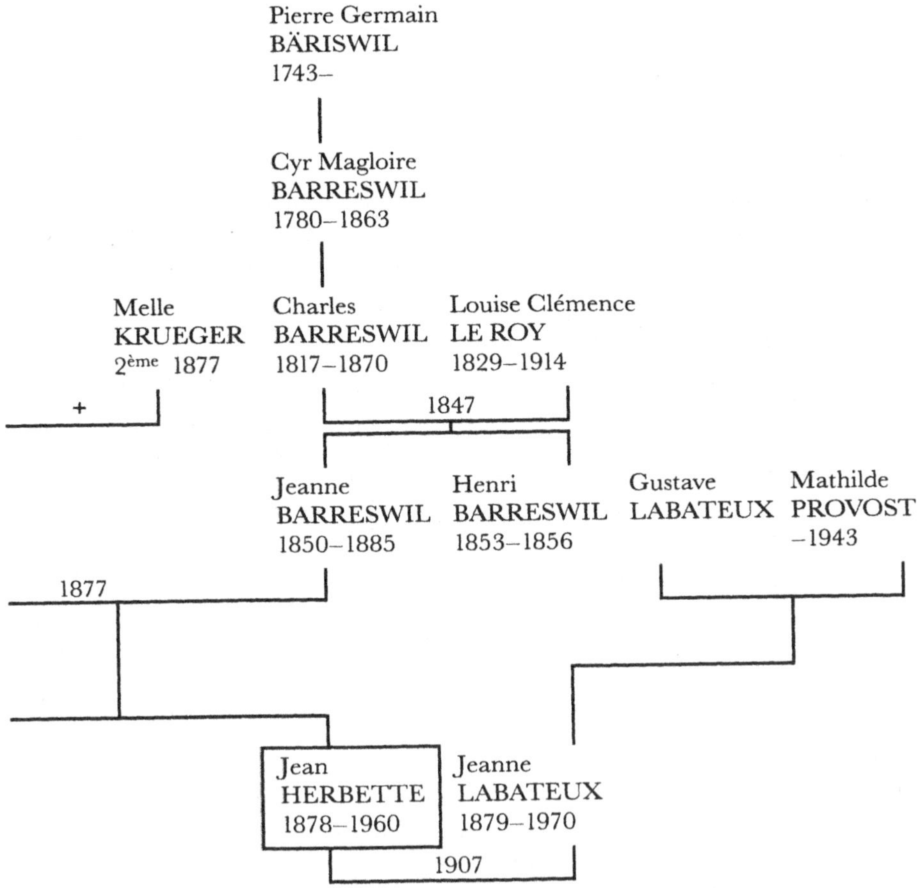
Pierre Germain
BÄRISWIL
1743–
Cyr Magloire
BARRESWIL
1780–1863
Melle
KRUEGER
2ème 1877
+
Charles
BARRESWIL
1817–1870
Louise Clémence
LE ROY
1829–1914
1847
Jeanne
BARRESWIL
1850–1885
Henri
BARRESWIL
1853–1856
Gustave
LABATEUX
Mathilde
PROVOST
–1943
1877
Jean
HERBETTE
1878–1960
Jeanne
LABATEUX
1879–1970
1907

ANNEXE N°2.

LETTRE DE JEAN HERBETTE Á FRANÇOIS HERBETTE PARIS, AOÛT 1914[1]

Vendredi matin, 1 heure

Mon cher François,

Je prends le parti de t'écrire à l'imprimerie en attendant qu'on me rapporte les épreuves de mon article n°1, car voici deux jours que je me promets de m'enfermer pendant une demie-heure pour t'écrire, et que je n'y parviens pas. Il faut dire que je me couche entre 3 heures et 4 heures du matin, que je me lève aux environs de midi (c'est absurde de dormir si longtemps, mais quand je ne le fais pas je suis complètement abruti) et qu'à partir de 2 heures je téléphone dans des directions variées. Tout cela n'est guère intéressant, mais c'est destiné à expliquer le retard de cette lettre.

[...] La préparation diplomatique de la guerre a été, je crois, aussi habile qu'elle pouvait l'être ; et d'ailleurs l'habileté n'a consisté qu'à mettre en œuvre les éléments les plus légitimes d'une juste cause. J'ai vu hier soir M. Jules Cambon qui revenait de son poste via Copenhague – Christiana – Bergen – Edimbourg – Lourdes – Boulogne ! Il était plus souriant et plus dispos que je ne l'avais jamais vu.

[...] Les journaux annoncent ce soir que l'offensive russe est commencée sur tout le front, et on me l'a redit rue de Grenelle. Les Serbes ont l'air de s'en tirer admirablement : ils ont planqué une bonne partie des trois corps d'armée d'Agram, Sarajevo et Raguse dans la Save ou dans la Drina. Les Grecs n'attendent qu'une invitation à la valse, mais je ne crois pas qu'on les prie de quitter leur chaise pour le moment. Les Italiens sont visiblement émoustillés par l'expédition de la flotte française dans l'Adriatique, mais c'est pour eux qu'on a dit : « mon Dieu, gardez-moi de mes amis ! » Quant aux Roumains, ils attendent le dernier moment, ce qui leur a déjà réussi une fois, et ils sont d'ailleurs tiraillés entre un roi qui a tout fait pour marcher avec l'Autriche-Hongrie et une opinion publique qui veut la Transylvanie. Aux dernières nouvelles, le roi des Bulgares est redevenu « le plus ancien ami de la Russie » ; mais celui-là aussi est un ami qui rentre

[1] Collection particulière de la famille de François Herbette.

dans la manche. La Hollande a l'air d'avoir pris, enfin, des précautions sérieuses pour défendre sa neutralité. Mais tout cela est bien peu intéressant auprès de la guerre [...].

Je t'embrasse de tout mon cœur, bien des fois, mon cher petit François.

Jean

ANNEXE N° 3.

LETTRE D'ÉDOUARD BENEŠ, SECRÉTAIRE GÉNÉRAL DU CONSEIL NATIONAL DES PAYS TCHÈQUES, À JEAN HERBETTE, PARIS, 29 JUIN 1918[1].

Cher monsieur,

Nos trouppes (*sic*) tchécoslovaques reçoivent le dimanche le 30 juin le drapeau des mains du président de la République. Des actes diplomatiques importants seront publiés, le Conseil National reconnu etc. etc.

Vous savez apprécier la Bohême mieux que personne. Vous savez aussi quelle importance a la première colonne « du *Temps* » en Autriche. Vous nous serez certainement aussi favorable comme aux Polonais. Dans tous les cas, je suis sûr que vous nous rendrez ce grand service, que vous n'allez pas nous oublier et que vous allez donner un réconfort à nos compatriotes enfermés dans les Empires Centraux. Je vous en remercie très chaleureusement d'avance. Ce sera pour la France et pour la Bohême.

Au nom du Conseil National des P[ays] T[chèques],

Edvard Beneš,

secrétaire général.

[1] Bibliothèque cantonale et universitaire de Lausanne, fonds Herbette, IS 4147.

ANNEXE N° 4.

LETTRE DE RAYMOND POINCARÉ À JEAN HERBETTE, PARIS, 13 SEPTEMBRE 1924[1].

Mon cher ami,

Quelque chagrin que m'eussent causé nos dernières conversations et plusieurs de vos articles, j'avais espéré que nos divergences politiques laisseraient intacte une affection dont vous m'aviez donné tant de preuves et qui m'avait toujours été très chère.

Depuis hier, je n'ai plus le droit de conserver mon illusion. Je me vois obligé de vous renvoyer les deux souvenirs que vous m'aviez remis avec une si cordiale insistance et dont je ne me sépare pas sans une grande mélancolie.

Je n'oublierai pas notre ancienne et amicale collaboration et mes sentiments personnels ne changeront pas.

R. Poincaré.

[1] Bibliothèque cantonale et universitaire de Lausanne, fonds Herbette, IS 4147, carton 11.

ANNEXE N° 5.

LETTRE DE MAURICE HERBETTE À JEAN HERBETTE, BRUXELLES, 5 NOVEMBRE 1924[1].

Mon cher Jean,

Ta nomination comme ambassadeur à Moscou ne m'a pas surpris car il était utile de « t'annexer » au ministère des Affaires étrangères dans une situation où tu es appelé à trouver, sinon du plaisir, du moins ta place marquée. Dois-je te féliciter, devons-nous vous féliciter ? Ceci est plus délicat. La responsabilité que tu assumes, après méditation, n'est pas de nature à t'effrayer, mais quelle vie aurez-vous ?

Je souhaite de tout cœur que vous vous plaisiez à Moscou et que tu mènes à bien la lourde tâche qui t'est confiée. Je n'ai d'ailleurs pas de crainte à cet égard.

Je souhaite aussi que le collier du fonctionnaire ne te semble pas trop lourd, car tu vas voir par toi-même, après les brèves satisfactions d'amour-propre que donne la dignité d'ambassadeur que la laisse qui attache au Quai d'Orsay est courte, et que tu as cessé d'être un homme libre. Peut-être n'osera-t-on pas vis-à-vis de toi, ce qu'on ose pour les autres et, en tout cas, je te conseille de profiter de ton « crédit » présent pour demander et obtenir beaucoup. L'expérience t'apprendra par la suite que l'heure est brève et qu'il ne faut pas remettre au lendemain ce qu'on peut obtenir de suite.

Nos bons souvenirs pour ta femme et affectueusement à toi.

Maurice Herbette.

Quand comptez-vous vous mettre en route ? Je pense que tu te commandes un uniforme !

[1] Bibliothèque cantonale et universitaire de Lausanne, fonds Herbette, IS 4147, carton 10.

ANNEXE N°6.

LETTRE DE JEAN HERBETTE Á FRANÇOIS HERBETTE MOSCOU, 15 AOÛT 1925[1]

Mon cher François,

Voilà des mois que je veux t'écrire chaque jour et que, débordé par un travail qui est vraiment intarissable, je n'y parviens pas. [...]

Peut-être es-tu curieux de savoir comment les choses se passent ici ? Eh bien, elles se passent très normalement. Les administrations publiques travaillent aux heures prescrites, les trains circulent régulièrement, les rues sont tenues avec ordre et propreté, les impôts rentrent convenablement, la monnaie est stable, et ainsi de suite. Je sais bien que ces constatations paraissent surprenantes quand on est loin. Mais tous les voyageurs que je vois venir ici les font tour à tour, et elles n'étonnent aucun des étrangers qui sont fixés ici.

Je me borne là, et je me garde bien de te convier à discuter les doctrines du régime qui est institué ici. Là aussi, d'ailleurs, ce qu'on voit de près ne ressemble que peu à ce qu'on entend dire de loin.

[...] Ne m'en veuille pas de t'avoir ennuyé avec ces détails médiocrement récréatifs. Je t'écris ce que je pense, et naturellement je ne l'écris que pour toi. [...] Mes meilleures amitiés à Renée.

Jean

[1] Collection particulière de la famille de François Herbette.

ANNEXE N°7.

LETTRE DE JEAN HERBETTE Á FRANÇOIS HERBETTE MADRID, 10 FÉVRIER 1932[1].

Mon cher François,

[...] J'ai lu avec intérêt l'exposé de la situation politique espagnole qui a paru dans le B. Q.[2] du 24 Janvier. C'est un travail très sérieusement fait, mais il ne tient peut-être pas suffisamment compte de ce que l'Espagne a passé par une révolution et de ce que cette révolution, purement politique, doit être suivie d'une transformation sociale sous peine d'aboutir un jour, après quelques péripéties que ce soit, à une révolution sociale. Les formules applicables à une vie parlementaire ordinaire, sous un régime déjà établi depuis longtemps, ne sont donc pas de mise ici. L'interpellation anarcho-syndicaliste qui a eu lieu aujourd'hui même aux Cortés, et à laquelle le président du Conseil et le ministre de l'Intérieur ont répondu avec une énergie qui leur a valu 159 voix contre 14, montre une fois de plus qu'un cabinet comprenant des socialistes est mieux qualifié que tout autre pour maintenir l'ordre public et pour faire l'économie d'un bouleversement social. Bien entendu, la présence de socialistes et le fait que les radicaux-socialistes y sont nécessairement aussi entraîne certaines conséquences dans la législation et l'administration. Mais ceux qui désapprouvent les conséquences doivent se rappeler que, selon le mot du cardinal de Retz, le propre d'un homme d'État est de savoir choisir entre des inconvénients [...]

Je finis à la hâte, car le courrier part. Garde cette lettre uniquement pour toi. Je te réécrirai bientôt.

Nos amitiés à Renée et aux enfants. Je t'embrasse.

Jean

[1] Collection particulière de la famille de François Herbette.

[2] Il s'agit du *Bulletin Quotidien de la Société d'Études et d'Information Economiques* que dirige alors François Herbette.

ANNEXE N° 8.

TÉLÉGRAMME DU MINISTRE DES AFFAIRES ÉTRANGÈRES YVON DELBOS À JEAN HERBETTE, PARIS, 2 OCTOBRE 1937, N° 508–510[1].

Déchiffrez vous-même.

Le Conseil des Ministres a dû examiner, sous tous ses aspects, la situation créée depuis longtemps par la difficulté où se trouvait le Gouvernement de répondre aux incessantes demandes du Gouvernement espagnol tendant à s'assurer la présence effective de l'ambassadeur de France au siège du Gouvernement régulier reconnu par la France.

Des conditions politiques, qui empruntent une force particulière aux circonstances les plus récentes, ont déterminé le Gouvernement à donner au chef actuel du Gouvernement espagnol une satisfaction dont on ne saurait, en droit, contester la légitimité.

En prenant cette détermination, le Gouvernement n'a pu, malheureusement, faire abstraction du fait que les préventions suscitées en Espagne contre votre personnalité par les conditions mêmes où s'est exercée votre mission depuis votre départ de Madrid, ne vous permettraient plus aujourd'hui de rencontrer à Valence le traitement qui doit être assuré au Représentant de la France. Le Conseil des Ministres de ce jour s'est donc vu dans l'obligation de mettre fin à la mission que vous remplissez déjà depuis plus de six ans et dont la prolongation, dans les conditions actuelles, ne serait plus compatible avec le cours des événements en Espagne.

Bien que six mois seulement vous séparent de l'âge normal de la retraite, je crois répondre au vœu que vous pourriez former vous-même en vous faisant bénéficier des avantages exceptionnels de l'un des deux postes du cadre spécial de disponibilité, au traitement de 75.000 francs, créés pour les ambassadeurs par le décret-loi du 30 octobre 1935.

J'invite, d'autre part, M. Payart à demander au Gouvernement espagnol son agrément à la désignation de votre successeur, en la personne de M. Eirik Labonne, directeur adjoint des Affaires politiques au Département.

[1] Archives du Ministère des Affaires étrangères, Dossiers de personnel, 3ème série, carton 132, Jean Herbette. Texte de la main d'Alexis Leger, signature autographe d'Yvon Delbos.

ANNEXE N° 9.

TÉLÉGRAMME DE JEAN HERBETTE AU MINISTRE DES AFFAIRES ÉTRANGÈRES YVON DELBOS, SAINT-JEAN DE LUZ, 3 OCTOBRE 1937, N° 1516[1].

J'ai l'honneur d'accuser réception du télégramme 508–510 de Votre Excellence qui m'est parvenu aujourd'hui.

Je remettrai demain le service à M. Bonjean, premier secrétaire de l'ambassade.

Le devoir qui s'impose plus que jamais à tous les Français de ménager les ressources de l'État ne me permet pas d'accepter le traitement que Votre Excellence veut bien m'offrir. Je prie donc Votre Excellence de m'admettre à faire valoir mes droits à la retraite (j'ai plus de 15 ans de services, en y comprenant les trois années pendant lesquelles j'ai exercé les fonctions de préparateur à la Faculté des Sciences de Paris) ; au cas où les prescriptions en vigueur ne s'y prêteraient pas, je prierais Votre Excellence de me placer à ma demande dans la position de disponibilité sans traitement.

[1] Archives du Ministère des Affaires étrangères, Dossiers de personnel, 3ème série, carton 132, Jean Herbette.

ANNEXE N° 10.

TÉLÉGRAMME DU MINISTRE DES AFFAIRES ÉTRANGÈRES YVON DELBOS À JEAN HERBETTE, PARIS, 4 OCTOBRE 1937, N° 513–515[1].

Déchiffrez vous-même.

Je réponds à votre télégramme n° 1516.

Aux termes de l'article 29 de la loi du 14 avril 1924 sur les retraites, les agents entrés après trente ans dans l'administration, quelle que soit la durée de leurs services, doivent avoir atteint l'âge légal de la retraite pour pouvoir bénéficier de la retraite proportionnelle. Vous ne pourriez donc, avant le 17 août 1938, être admis à faire valoir leurs (*sic*) droits à la retraite.

J'avoir (*sic*) souhaité d'ici là vous voir placé dans une position administrative qui vous laissât à la disposition immédiate du gouvernement, en vous assurant pendant ce temps la continuité d'un véritable traitement d'activité. Les termes dans lesquels vous formulez votre vœu ne me laissent d'autre latitude que d'y répondre en vous plaçant sans traitement dans la position de disponibilité sur votre demande.

[1] Archives du ministère des Affaires étrangères, Centre des Archives diplomatiques de Nantes, Madrid fonds C, carton 4.

ANNEXE N° 11.

LETTRE DE JEAN HERBETTE Á FRANÇOIS HERBETTE SAINT-JEAN-DE-LUZ, 13 OCTOBRE 1937[1]

Mon cher François,

Merci pour ton affectueuse lettre. Dis à Renée que nous avons été très sensibles, Jeanne et moi, à son souvenir et que nous lui envoyons, ainsi qu'aux enfants, nos meilleures amitiés.

C'est un grand soulagement pour moi de ne plus avoir à défendre nos ressortissants et nos intérêts contre les conséquences d'une politique opposée à mes conseils.

Je crois d'ailleurs qu'on finira par être obligé de faire ce qu'implique, depuis le début même de la guerre civile, la politique de non-intervention pour laquelle on s'était prononcé ; mais on le fera avec perte au lieu de le faire avec profit.

À force de perdre chaque fois que d'autres gagnent, où mène-t-on le pays ? Il me semble toujours entendre l'écho de la réponse que Napoléon III, incapable même alors de comprendre, ou bien n'osant montrer qu'il comprenait, faisait la veille de Sedan quand on lui annonçait la surprise de Beaumont : « Nous n'avons vraiment pas de chance ».

Il faut de grands changements pour sauver ce qui peut encore l'être.

Affectueusement à toi

Jean Herbette

[1] Collection particulière de la famille de François Herbette.

ANNEXE N° 12.

LETTRE DE CHARLES REIBEL À JEAN HERBETTE, S.L., 30 JANVIER 1940[1].

Mon bien cher ami, avec quel intérêt j'ai lu et relu votre lettre !

Sans doute, je suis au courant d'une façon très complète tant du côté militaire que du côté diplomatique et je vous dirai objectivement, puisque je sais votre affection, que peu à peu ma situation s'est faite très forte tant à la commission de l'Armée qu'à la commission des Affaires étrangères (vous avez dû voir dans « Le Temps » du 27 janvier le compte-rendu très flatteur que Henry Bérenger a tenu à donner lui-même de mon audition de vendredi où j'ai précisément souligné le danger qu'il y a à faire croire au pays à la possibilité d'une victoire sans guerre et d'une guerre sans batailles ; et j'ai été content de voir que tous comprenaient, y compris Paul-Boncour, Laval et Steeg).

Je vais continuer sans relâche mon effort : ce n'est pas pour rien, comme vous me le dîtes, que la tombe de mes aïeux est à Rhinau.

Je pense comme vous que l'effort doit être porté sur le minerai de fer de Suède et sur le pétrole de Roumanie et du Caucase.

Par ailleurs, comme vous aussi, je pense qu'il est indispensable de négocier au plus tôt d'une façon sérieuse avec l'Italie, non seulement pour préparer la symbiose franco-hispano-italienne dont vous parlez et qui sera indispensable après la guerre, mais encore, et pour des vues plus immédiates, afin de rendre possible, ou du moins faciliter, une action balkanique.

Bien souvent je songe, moi aussi, à cette nuit que nous avons passée ensemble dans ma grande pièce du premier [étage] et où, de façon si émouvante, nous examinions s'il était encore des moyens d'éviter la guerre, et en tout cas ce qu'il fallait faire pour la préparer si elle était inévitable.

Votre lettre suffirait à me montrer, si j'avais pu en douter, votre claire vision des problèmes qui nous assaillent.

Sans doute, vous ne tenez pas les « papiers » et nul plus que moi ne le regrette ; mais les événements n'exigent pas autant que vos microbes un microscope et votre regard lointain découvre à merveille les ensembles.

[1] Bibliothèque cantonale et universitaire de Lausanne, fonds Herbette.

C'est pourquoi je serai toujours très heureux de recevoir vos lettres que je considère comme des guides précieux pour mon action.

Et puis je les recevrai aussi avec joie à cause de l'affection profonde et fidèle que je vous porte à tous deux.

Partagez avec votre chère femme l'expression de ma vive affection.

Charles Reibel, sénateur, ancien ministre.

INDEX DES NOMS DE PERSONNES

N

O

P

Q

R

TABLE DES MATIÈRES

Quatrième partie
Au chevet de la République espagnole (1931–1936)

Cinquième partie
Dans la tourmente de la guerre civile d'Espagne (1936–1937)

Sixième partie
Le recul du temps et de l'espace (1937–1960)